Zhongguo Tese Shehui Zhuyi
Lilun yu Shijian Zhuanti Xinxiu

中国特色社会主义
理论与实践专题新修

主　编　陈正良

副主编　刘友女　刘举

ZHEJIANG UNIVERSITY PRESS
浙江大学出版社

图书在版编目（CIP）数据

中国特色社会主义理论与实践专题新修 / 陈正良主
编. -- 杭州 ： 浙江大学出版社，2021.12（2024.1重印）
ISBN 978-7-308-21773-6

Ⅰ．①中… Ⅱ．①陈… Ⅲ．①中国特色社会主义－理
论研究 Ⅳ．①D616

中国版本图书馆CIP数据核字(2021)第192187号

中国特色社会主义理论与实践专题新修

陈正良 主编

责任编辑	葛　娟	
责任校对	朱　辉	
装帧设计	春天书装	
出版发行	浙江大学出版社	
	（杭州市天目山路148号　　邮政编码　310007）	
	（网址：http://www.zjupress.com）	
排　　版	杭州林智广告有限公司	
印　　刷	广东虎彩云印刷有限公司绍兴分公司	
开　　本	710mm×1000mm　1/16	
印　　张	23	
字　　数	438千	
版 印 次	2021年12月第1版　2024年1月第4次印刷	
书　　号	ISBN 978-7-308-21773-6	
定　　价	65.00元	

目　录
Contents

中国特色社会主义

——指引中华民族走向复兴繁荣的伟大旗帜

　　旗帜问题至关重要。旗帜就是方向，方向错了，就会南辕北辙、人心涣散。对于一个政党、一个国家来说，选择一种主义，就是树立了一面旗帜，确立了前进的根本方向。一个国家究竟选择什么样的主义，关键要看这个主义能否解决这个国家面临的历史性课题。习近平总书记明确指出："中国特色社会主义，是科学社会主义理论逻辑和中国社会发展历史逻辑的辩证统一，是根植于中国大地、反映中国人民意愿、适应中国和时代发展进步要求的科学社会主义，是全面建成小康社会、加快推进社会主义现代化、实现中华民族伟大复兴的必由之路。"[①] 并强调："我们要坚信，中国特色社会主义道路是实现社会主义现代化的必由之路，是创造人民美好生活的必由之路。我们要坚信，中国特色社会主义理论体系是指导党和人民沿着中国特色社会主义道路实现中华民族伟大复兴的正确理论，是立于时代前沿、与时俱进的科学理论。我们要坚信，中国特色社会主义制度是当代中国发展进步的根本制度保障，是具有鲜明中国特色、明显制度优势、强大自我完善能力的先进制度。"[②] 事实充分证明，中国特色社会主义是近代以来中国社会发展的必然选择，是当代中国发展进步的根本方向；只有社会主义才能救中国，只有中国特色社会主义才能发展中国；步入新时代，中国特色社会主义始终是指引中华民族走向复兴繁荣的伟大旗帜，必须长期坚持和发展。

一、中国特色社会主义是科学社会主义在中国发展的新阶段

　　科学社会主义揭示了人类社会发展的规律，为人类社会的发展指明方向。科学社会主义是中国特色社会主义的源头和根本，中国特色社会主义是科学社会主义在中国发展的新阶段、新成果。在当代中国，坚持和发展中国特色社会主义，就是真

---

①　习近平. 习近平谈治国理政 [M]. 北京：外文出版社，2014：21.

②　习近平. 在庆祝中国共产党成立 95 周年大会上的讲话 [M]. 北京：人民出版社，2016：13.

正坚持科学社会主义。

（一）从科学社会主义到中国特色社会主义

中国特色社会主义开创于改革开放新时期，建立在我们党百年奋斗基础上，而其思想、理论和实践的源头，则可追溯到更远。2013 年 1 月，习近平总书记在新进中央委员会的委员、候补委员学习贯彻党的十八大精神研讨班上的讲话中，从六个时间段分析了社会主义思想从提出到现在的历史过程，展现了中国特色社会主义的历史渊源和发展进程。

第一个时间段，空想社会主义产生和发展。空想社会主义的开山之作，是 1516 年英国人莫尔发表的《乌托邦》一书。这本书深刻揭露了资本主义原始积累过程中的悲惨景象，同时描绘了一个没有剥削、人人平等的理想社会。此后一直到 19 世纪上半叶，有影响的空想社会主义者还有德国农民战争领袖闵采尔、意大利的康帕内拉、英国掘地派运动领袖温斯坦莱、法国的摩莱里和马布利等人，其中最重要的是 19 世纪初三大空想社会主义思想家——法国的圣西门、傅立叶和英国的欧文。空想社会主义者揭露资本主义社会的罪恶，批判资本主义制度的全部基础，论证未来社会代替资本主义的必然性和合理性，对未来社会提出一些积极主张和有价值的猜测。但是，他们的共同局限是唯心史观，无法找到实现其社会理想的正确道路和社会力量。

第二个时间段，马克思、恩格斯创立科学社会主义理论体系。19 世纪中叶，随着资本主义社会化大生产不断发展，工人阶级作为独立政治力量登上历史舞台。马克思、恩格斯深入考察资本主义经济、政治、社会状况，批判继承德国古典哲学、英国古典政治经济学和法国、英国空想社会主义的合理成分，创立了唯物史观和剩余价值学说，并把社会主义思想置于这两大理论基石之上，从而使社会主义实现了从空想到科学的伟大飞跃。科学社会主义深刻揭示了资本主义产生、发展、灭亡和共产主义取代资本主义的历史必然性，对未来社会主义社会的发展过程、发展方向、一般特征作了科学预测和设想。马克思、恩格斯对未来社会主义社会的设想主要是理论上的，如何付诸实践，是后来人的使命。

第三个时间段，列宁领导十月革命胜利并实践社会主义。20 世纪初，列宁把马克思主义基本原理同俄国具体实际结合起来，创造性地提出社会主义可能在一国或数国首先取得胜利的理论，并领导十月革命取得成功，建立了世界上第一个社会主义国家，使社会主义实现了从理论到实践的伟大飞跃。十月革命胜利后，究竟如何搞社会主义，没有先例，列宁进行了深入思考和艰辛探索。针对 1918 年下半年到

1921年春实行战时共产主义政策过程中暴露出的问题，列宁进行了深刻反思，提出了新经济政策，对战时共产主义政策进行了深刻调整。

第四个时间段，苏联模式逐步形成。列宁逝世以后，斯大林在领导苏联社会主义建设中，逐步形成了单一生产资料公有制和自上而下的指令性计划经济体制、权力高度集中的政治体制。苏联模式在特定的历史条件下促进了苏联经济社会快速发展，也为苏联军民夺取反法西斯战争胜利发挥了重要作用。但由于不尊重经济规律等，随着时间推移，其弊端日益暴露，成为经济社会发展的严重体制障碍。进入20世纪80年代后，面对经济社会发展困境，苏联和东欧国家也想进行一些调整，但在西方等各种势力强大攻势下，这种调整偏离了正确方向，终于导致1989年东欧国家先后发生剧变，1991年苏联解体、苏共解散，使世界社会主义遭受了重大挫折。

第五个时间段，新中国成立后我们党对社会主义的探索和实践。新中国成立后，以毛泽东同志为核心的党的第一代中央领导集体带领全党全国各族人民，在迅速医治战争创伤、恢复国民经济的基础上，创造性地进行社会主义改造，建立起社会主义基本制度。但是，如何在中国建设社会主义，是党面临的一个崭新课题。刚开始，我们只能学习苏联经验，但在实践中我们党很快就察觉到苏联模式的局限，提出要以苏为鉴，独立探索适合中国国情的社会主义建设道路。以毛泽东同志发表《论十大关系》《关于正确处理人民内部矛盾的问题》为主要标志，我们党对怎样建设社会主义有了自己新的重要认识。在后来的实践中，由于党在指导思想上"左"的错误，很多关于社会主义建设的正确思想没有得到贯彻落实，甚至发生了"文化大革命"那样的全局性、长时间的严重错误，使我们党在探索社会主义历程中遭到严重挫折。尽管探索艰辛坎坷，但我们党取得的积极成果是极其宝贵的，为新的历史时期开创中国特色社会主义提供了宝贵经验、理论准备、物质基础。

第六个时间段，我们党作出进行改革开放的历史性决策、开创和发展中国特色社会主义。党的十一届三中全会以后，以邓小平同志为核心的党的第二代中央领导集体，重新确立了解放思想、实事求是的思想路线，彻底否定了"以阶级斗争为纲"的错误理论和实践，以巨大的政治勇气和理论勇气提出改革开放，并明确提出必须搞清楚什么是社会主义、怎样建设社会主义这个重大理论和实际问题。1982年，邓小平同志在党的十二大上发出响亮的号召：把马克思主义的普遍真理同我国的具体实际结合起来，走自己的道路，建设有中国特色的社会主义。经过实践探索，邓小平同志第一次比较系统地初步回答了在中国这样的经济文化比较落后的国家如何建设社会主义、如何巩固和发展社会主义的一系列基本问题，用新的思想观点继承和发展了马克思主义，开拓了马克思主义新境界，把对社会主义的认识提高到新的科学水平，创立了邓小平理论，成功开创了中国特色社会主义。党的十三届四中全会以后，以江泽民同志为核心的党的第三代中央领导集体，在国内外形势十分复杂、世界社会主义出现严重曲折的严峻考验面前捍卫了中国特色社会主义，依据新的实践确立了党的基本纲领、基本经验，确立了社会主义市场经济体制的改革目标和基本框架，确立了社会主义初级阶段的基本经济制度和分配制度，推进党的建设新的伟大工程，创立了"三个代表"重要思想，开创全面改革开放新局面，成功把中国特色社会主义推向 21 世纪。新世纪新阶段，以胡锦涛同志为核心的党中央，强调坚持以人为本、全面协调可持续发展，提出构建社会主义和谐社会、加快生态文明建设，形成中国特色社会主义事业总体布局，着力保障和改善民生，促进社会公平正义，推动建设和谐世界，推进党的执政能力建设和先进性建设，形成了科学发展观，成功在新的历史起点上坚持和发展了中国特色社会主义。党的十八大以来，以习近平同志为核心的党中央，紧紧围绕"新时代坚持和发展什么样的中国特色社会主义、怎样坚持和发展中国特色社会主义"这一时代重大课题，创立了习近平新时代中国特色社会主义思想，提出了中华民族伟大复兴及建设社会主义现代化强国总任务，谱写了新时代中国特色社会主义新篇章。

（二）中国特色社会主义是历史和人民的必然选择

在社会主义 500 年的历史发展进程中，社会主义在实现从空想到科学、从理论到实践的飞跃后，无论历史发展还是逻辑要求，都必然把建设和巩固社会主义作为新的时代课题。苏联作为第一个社会主义大国，由于没能解决好这一课题，最终亡党亡国，世界社会主义运动由此陷入低潮。中国共产党人在总结我国社会主义胜利和挫折的历史经验特别是改革开放以来的成功实践，并借鉴其他社会主义国家兴衰成败历史经验的基础上，从理论和实践的结合上第一次比较系统地初步回答了在中国这样经济文化比较落后的国家如何建设社会主义、如何巩固和发展社会主义的一系列基本问题，开拓了科学社会主义新境界。中国特色社会主义是中国共产党人对科学社会主义作出的历史性贡献，是科学社会主义发展的必然结果，是科学社会主义理论逻辑和中国社会发展历史逻辑的辩证统一。

中国特色社会主义坚持了科学社会主义基本原则。中国特色社会主义是社会主义而不是其他什么主义。中国特色社会主义坚持辩证唯物主义和历史唯物主义的世界观方法论，坚持共产主义的最高理想和价值追求，坚持以工人阶级政党为领导核心，坚持人民主体地位，坚持以公有制为社会主义经济制度的基础，坚持以人民当家做主为社会主义民主政治的本质特征，坚持马克思主义在意识形态领域的指导地位，坚持共同富裕的目标，坚持促进人的全面发展等。这些都体现了科学社会主义的本质特征，都是科学社会主义基本原则在新的历史条件下的具体表现。尽管在具体运行层次上，在具体的管理方法、经营机制上，我们积极吸收借鉴西方发达资本主义国家一些具体做法，但在社会基本制度的本质层次上始终贯彻了科学社会主义的基本原则。

科学社会主义基本原则不能丢，丢了就不是社会主义。否定了中国特色社会主义所坚持的科学社会主义基本原则，就否定了中国特色社会主义的根本，中国特色社会主义也就没有了性质的界定，成了随便什么都可以装的"筐"，也就谈不上什么科学性。近年来国内外一些别有用心的人总拿中国特色社会主义的性质这一根本问题说事，讲我们搞的不是社会主义，是"资本社会主义"，甚至说是"国家资本主义"，等等。其要害就是把中国特色社会主义与科学社会主义割裂开来、对立起来，否认中国特色社会主义的科学社会主义本质。对此，习近平总书记深刻指出："中国特色社会主义是社会主义而不是其他什么主义，科学社会主义基本原则不能丢，丢了就不是社会主义。""历史和现实都告诉我们，只有社会主义才能救中国，只有中国特色社会主义才能发展中国，这是历史的结论、人民的选择。随着中国特色社会主义不断发展，我们的制度必将越来越成熟，我国社会主义制度的优越性必将进一步显现，我们的道路必将越走越宽广。"[①] 这些重要论述，鲜明地表达了我们党毫不动摇地坚持和发展中国特色社会主义的坚定立场。

二、中国特色社会主义理论体系与时代伟大实践的互动共进

中国特色社会主义是由道路、理论体系、制度构成的，是党和人民 100 年奋斗、创造、积累的根本成就。中国特色社会主义理论体系，是中国特色社会主义的理论载体，是在与时俱进的实践中破解难题、创立发展的，是坚持和发展中国特色社会主义的行动指南。在新的历史形势下，我们要把中国特色社会主义这篇大文章写得更加壮阔、更加优美，就一定要继续发扬与时俱进的精神，逢山开路、遇河架桥，在全面建成小康社会新的实践基础上，始终不渝坚持与发展中国特色社会主义理论体系。

（一）中国特色社会主义理论体系的实践基础与思想渊源

任何思想、任何理论都是时代的产物，既离不开对当时社会实践经验的总结和

---

① 习近平. 习近平谈治国理政 [M]. 北京：外文出版社，2014：22.

概括，也离不开对人类社会优秀文明成果的吸取和借鉴，总是植根于一定时代的社会历史条件，并随着时代的发展而发展。

1. 中国特色社会主义理论体系的实践基础

（1）改革开放时代课题的积极回应

20 世纪后半期世界形势发生了重大变化。世界多极化不可逆转，经济全球化深入发展，科技革命加速推进，发展经济、改善民生、增强综合国力成为各国的当务之急，和平与发展成为各国人民的共同愿望和不可阻挡的历史潮流：邓小平敏锐地洞察到："现在世界上真正大的问题，带全球性的战略问题，一个是和平问题，一个是经济问题或者说发展问题。"[①] 正是依据对时代主题的科学判断，以邓小平为核心的党的第二代领导集体，把马克思主义基本原理与当代中国具体实际相结合，科学回答了"什么是社会主义、怎样建设社会主义"等重大问题，深刻揭示了社会主义"解放生产力，发展生产力，消灭剥削，消除两极分化，最终达到共同富裕"的本质，摆脱了长期拘泥于具体模式而忽略社会主义本质的错误倾向，开辟了中国特色社会主义的发展道路。我们党在推进中国特色社会主义建设的历程中，正确把握生产力与生产关系、经济基础与上层建筑的辩证关系，把解放和发展生产力作为社会主义的根本任务，把改革作为社会主义发展的根本动力，把"三个有利于"作为衡量改革得失成败的根本标准，把实现人民生活共同富裕作为建设社会主义的根本目的，等等。这些都丰富和深化了对科学社会主义基本理论的认识，在开创改革开放新时期、激发社会主义生机活力的同时，创立了邓小平理论，为中国特色社会主义理论体系奠定了坚实的理论基础。

改革开放使中国社会的面貌发生了深刻的变化，也为推进中国特色社会主义建设不断提出新的课题。在新的历史条件下，社会经济成分、组织形式、利益关系和分配方式日益多样化，人们的思想观念变化很大。与此同时，我们党已经从一个领导人民为夺取全国政权而奋斗的党，成为一个领导人民掌握全国政权并长期执政的党；已经从一个在受到外部封锁和实行计划经济条件下领导国家建设的党，成为对外开放和发展社会主义市场经济条件下领导国家建设的党。党的地位和党所处的环境的变化，决定了对党的认识必须不断深化。虽然党在社会主义初级阶段的基本路线、基本纲领已经确定，但党的自身建设、队伍状况还存在不少问题，与党肩负的历史使命不相适应。如何加强和改进自身建设，不断提高领导水平和执政水平，增强拒腐防变和抵御风险的能力，是中国共产党发展过程中面临的新的严峻考验。以

---

① 邓小平.邓小平文选（3）[M].北京：人民出版社，1993：105.

江泽民为核心的党的第三代领导集体坚持以邓小平理论指导改革和建设，明确提出了关于党的历史方位的科学判断，提出了新时期执政党建设面临的"两大历史性课题"，提出了以强烈的紧迫感加强党的执政能力建设的新要求，进一步回答了"什么是社会主义、怎样建设社会主义"的问题，创造性地回答了"建设什么样的党、怎样建设党"等重大问题，形成了"三个代表"重要思想，丰富和发展了中国特色社会主义理论体系。

进入21世纪初期阶段，中国特色社会主义事业面临着新的时代课题，如何抓住重要战略机遇期实现中华民族的伟大复兴？面对新的时代课题，以胡锦涛同志为核心的党中央坚持以邓小平理论和"三个代表"重要思想为指导，从党和国家事业的发展全局出发，总结我国发展实践，借鉴国外发展经验，适应新的发展要求，科学回答了"实现什么样的发展、怎样发展"等重大问题，把以人为本作为科学发展观的核心，坚持科学发展、全面发展、协调发展、可持续发展、和谐发展、和平发展，不断推进中国特色社会主义经济建设、政治建设、文化建设和社会建设，把中国特色社会主义关于发展问题的认识提升到了新的高度，表明我们党对发展的本质、目的和意义的认识更为深刻、更为科学。科学发展观渗透着马克思主义的与时俱进精神，从根本上解决了为谁发展、靠谁发展、如何发展的重大问题，是对党的三代中央领导集体关于发展问题的重要思想的继承和发展，集中体现了马克思主义关于发展的世界观和方法论，赋予了马克思主义关于发展的理论以新的时代内涵，将中国特色社会主义理论体系拓展到了更宽广的领域，提升到了更高远的境界。

党的十八大以来，以习近平同志为核心的党中央，顺应时代发展，从理论和实践结合上系统回答了新时代坚持和发展什么样的中国特色社会主义、怎样坚持和发展中国特色社会主义这个重大时代课题，创立了习近平新时代中国特色社会主义思想。习近平新时代中国特色社会主义思想，是新时代中国共产党的思想旗帜，是国家政治生活和社会生活的根本指针，是引领中国、影响世界的当代中国马克思主义、21世纪马克思主义，是马克思主义中国化最新成果，开辟了马克思主义的崭新境界。

回顾中国特色社会主义理论体系形成的历史过程，可以认识到，这个理论体系是我们党历经艰辛探索创立和发展的，凝结了几代中国共产党人不懈探索实践的智慧和结晶。中国特色社会主义深刻改变了中国社会发展的面貌，赋予了中国以强大的发展动力，大幅提高了人民的生活水平，提升了中国的国际地位。中国特色社会主义之所以具有蓬勃的生命力，就在于它既坚持了科学社会主义的基本原则，又根据我国实际回答和解决了改革和建设面临的一系列重大现实问题。中国特色社会主义由实践层面上升到理论层面，抓住了马克思主义中国化的实质，赋予了马克思主义以鲜明的实践特色、民族特色、时代特色，使社会主义既符合人类社会发展的一般规律，又符合中国发展的特殊规律。正是在这个意义上，党的十七大报告指出："在当代中国，坚持中国特色社会主义理论体系，就是真正坚持马克思主义。"

（2）人民群众历史活动的理论升华

人民群众的历史活动，是最普遍、最持久、最基本的社会实践，体现着人类社会发展的本质、特征和主流。人民立场是马克思主义的根本立场。坚持马克思主义的群众观点和群众路线，是推进马克思主义中国化的根本保证。我们党在领导人民开创中国特色社会主义新局面的历史进程中，始终坚持从群众中来、到群众中去的群众路线，尊重人民的主体地位，注重发挥群众的首创精神，善于发现并及时总结人民群众在建设美好家园历史实践中的新创造，以此作为理论创新的基础和源泉，在理论与实践互动中不断推进马克思主义中国化，充分展示了中国特色社会主义理论体系集纳民智、反映民意、体现民利的鲜明时代特征。

中国特色社会主义理论体系是集纳民智的体系。只有依靠人民，坚持走群众路线，最广泛地集纳人民的智慧和力量，才能使理论在实践中不断开辟认识真理的道路。中国特色社会主义理论体系之所以具有强大的生命力和感召力，关键在于它源自广大人民群众的历史活动和社会实践，贯穿着人民群众的首创精神，体现了中国人民的伟大觉醒和伟大创造。40多年改革开放，从农村改革到城市改革，从经济体制改革到政治体制改革，再到文化、科技、教育等社会各方面的改革；从封闭半封闭到走向全方位、多层次、宽领域对外开放；从传统计划经济体制到确立社会主义市场经济体制；从经济建设、政治建设、文化建设到社会建设；从物质文明、政治文明、精神文明到生态文明……这些中国特色社会主义的鲜活内容，无不凝聚着亿万人民的智慧和创造，是总结和升华人民实践经验的必然结果。

中国特色社会主义理论体系是反映民意的体系。人民群众的意愿对人类文明进步具有决定性的影响。中国特色社会主义理论体系的生命力，就体现在它同人民意愿的密切联系上。这一理论体系坚持把群众满意不满意、高兴不高兴、赞成不赞成、答应不答应，作为理论创造的根本出发点和落脚点；坚持正确地反映群众意愿，提倡广泛深入群众，运用科学方法实事求是地分析各种群众意见，把具体的、分散的、不系统的群众认识，升华为丰富的、生动的、系统的理论成果；坚持听取群众批评，把群众公论、群众认同与否，作为检验方针政策是否正确、能否得到贯彻落实的"晴雨表",作为制定正确的方针政策、形成科学决策、实施有效领导的基本依据;坚持准确把握群众的思想脉搏,了解和把握群众的愿望、意见和要求,诚心诚意为人民办实事、办好事,作为履行党的根本宗旨,发扬党的优良作风,避免工作盲目性、片面性的根本途径,坚决反对和挞伐无视、违背甚至挫伤群众意愿的形式主义和官僚主义行为;坚持以人民群众为表现对象和主体,贴近实际、贴近生活、贴近群众,想群众之所想,急群众之所急,说群众想说的话,讲群众能懂的话,凝聚人民群众的共同意愿和心声。总之,中国特色社会主义理论体系源自人民、为了人民、属于人民。

中国特色社会主义理论体系是体现民利的体系。人民利益是共产党人的政治追求,是社会主义运动的价值目标。维护和实现人民利益,是中国特色社会主义理论体系的根本着眼点。我们党深刻把握改革开放进程中出现的一系列新问题、新矛盾,制定了一系列适应时代要求、维护和实现广大人民根本利益的方针政策。发展先进生产力,建设高度的物质文明,不断满足人民日益增长的物质生活需要,使全体人民逐步走向共同富裕;发展先进文化,建设高度的精神文明,不断满足人民日益增长的精神文化生活需要,实现人的全面发展;发展民主法制,建设高度的政治文明,不断满足人民日益增长的参与国家政治生活的需要,切实保障人民的各项民主自由权利。这就是说,始终把实现好、维护好、发展好最广大人民的根本利益作为党和国家一切工作的出发点和落脚点,统筹和兼顾不同方面群众的利益,有效协调各种利益关系,解决群众最关心、最直接、最现实的利益问题,切实保障人民各项权益,保障和改善民生,做到发展为了人民、发展依靠人民、发展成果由人民共享。这一切充分体现了我们党全心全意为人民服务的根本宗旨,体现了中国特色社会主义理论体系的价值取向。实现最大多数人的利益,是社会主义发展巩固的基础因素、决定力量和最终目的。中国特色社会主义理论体系之所以能够成为全国人民团结奋斗的共同思想基础,就在于它坚持和发展了历史唯物主义的群众观点和党的群众路线,把社会主义真正建立在维护和实现人民群众根本利益的基础上,最大限度地激发了人民群众创造历史的积极性、主动性和创造性,从而使中国社会主义建设事业获得持久的生机与活力。

改革开放40多年的实践表明,人民群众的历史活动是中国特色社会主义理论体系的坚实基础、发展之源,而中国特色社会主义理论体系则在人民群众的伟大实践中,充分显示出了强大的号召力、吸引力、感染力和凝聚力。

（3）社会主义运动经验教训的深刻反思

中国特色社会主义理论体系充分汲取了世界社会主义运动中脱离国情搞建设的教训。作为一种社会形态，社会主义社会在本质上具有一致性、共同性，但各国人民走向社会主义、建设社会主义的实践，从根本上说又是各自独立的、具体的运动，不可能套用一个统一的公式或固定模式。邓小平明确指出："照抄照搬别国经验、别国模式，从来不能得到成功。这方面我们有过不少教训。把马克思主义的普遍真理同我国的具体实际结合起来，走自己的道路，建设有中国特色的社会主义，这就是我们总结长期历史经验得出的基本结论。"[①] 历史还表明，社会主义国家容易犯"超越阶段"的错误。在实践中，常常不顾主客观条件，夸大主观意志和主观能动性，试图通过不断"变革生产关系"推动生产力的发展，急躁冒进，提出现阶段无法实现的任务。这种做法严重制约了生产力的发展，影响了人民生活水平的提高，更为重要的是，社会主义制度的优越性无法得到发挥，人们对社会主义的信念发生动摇。以此为鉴，中国特色社会主义理论体系始终以"走自己的路"为鲜明特色，坚持立足于中国社会主义初级阶段的具体国情，指导中国改革开放和现代化建设取得了举世瞩目的伟大成就，使中国特色社会主义道路越走越宽广，对当代社会主义运动产生了深远的影响。

中国特色社会主义理论体系深刻总结了一些社会主义国家脱离时代、不思革新、保守僵化的教训。恩格斯指出："所谓'社会主义社会'不是一种一成不变的东西，而应当和任何其他社会制度一样，把它看成是经常变化和改革的社会。"[②] 毫无疑问，社会主义社会以实现共产主义为最高目标，它从诞生之日起，就使自己的前途命运同创新熔铸在一起，始终要通过改革为自己开辟通向更高境界的道路。20世纪50年代以后，国际局势出现了有利于社会主义国家加快生产力发展的环境，苏东国家本应实行改革，克服高度集中模式带来的弊病，同时扩大开放，吸收世界各国先进的科学技术和管理经验。然而它们非但未能抓住机遇，反而在30多年中不断强化特殊历史条件下形成的高度集中的体制。而同期，西方国家正进行着一场新的科技革命。到20世纪80年代，苏东国家同西方国家在科技、经济领域的差距进一步拉大，社会危机重重。在这一背景下，戈尔巴乔夫在"新思维"的口号下，提出了以加快体制改革为内容的"加速战略"，却在推行"根本的经济改革"中最终葬送了社会主义。苏东执政党痛失改革机遇的教训，启示我们必须以发展的眼光看待

---

① 邓小平. 邓小平文选（3）[M]. 北京：人民出版社，1993：2-3.
② 马克思恩格斯选集（4）[M]. 北京：人民出版社，1995：693.

社会主义的理论与实践，否则必然导致社会主义吸引力的全面丧失。与当时苏东执政党不同，当代中国共产党人坚持与时俱进，大力推进理论创新和实践创新，不断推进马克思主义中国化，使中国特色社会主义理论体系展示出巨大的创新活力和开放视野。可以说，新时期马克思主义中国化的重大理论成果，包括邓小平理论、"三个代表"重要思想、科学发展观及习近平新时代中国特色社会主义思想等一系列重大战略思想，都是改革开放这一新的伟大革命理论和实践的表现。

中国特色社会主义理论体系深入反思了苏东共产党执政以后严重脱离群众的教训。无产阶级政党执政以后，最大的危险就是脱离群众。苏联和东欧共产党执政初期比较注意密切党群、干群关系，注意满足人民群众的物质文化生活需要。但是随着时间的推移，形式主义、享乐主义、官僚主义和腐败之风开始在党内泛滥。在党内生活中，下级服从上级、全党服从中央的原则被削弱；民主集中制被破坏，监督机制在许多重要环节上低效或无效，使不受监督的权力日益膨胀，助长了官僚主义、个人独裁和腐败之风。在社会生活中，出现了一个拥有特权的官僚腐败阶层，与工农群众相对立，从而破坏了党的阶级基础。在实际工作中，党的组织和各级干部日益远离人民群众，长期忽视人民生活水平的提高。匈牙利领导人拉科西公开宣称，改善人民生活就是牺牲掉我们的未来；波兰共产党中央委员会中央总书记哥穆尔卡号召人民勒紧裤带实现社会主义工业化。由于商品短缺，危机频发，苏东国家先后爆发了"面包荒""肥皂荒""药品荒"，引起人民群众强烈不满，党群、干群关系急剧恶化，成为社会不稳的导火索。中国特色社会主义理论体系正是在深刻总结一些国家共产党执政以后脱离群众、蜕化变质教训的基础上，科学揭示了共产党执政的基本规律，揭示了党的建设的基本规律。这一理论体系的一系列新观点、新论断都表达了这样的理念：党的一切理论和实践，其根本目的都在于不断实现好、维护好、发展好最广大人民的根本利益，在于保持党同人民群众的血肉联系，绝对不允许存在高居于人民之上的个人或小集团的特权与利益。党的理论和实践只有与人民群众相结合，共产党人只有与人民群众同命运，社会主义事业才能不断焕发出强大的生命力、创造力、感召力。

（4）人类社会发展规律的科学揭示

中国的发展离不开世界。作为当代世界发展改革潮流的重要组成部分，我国改革开放和社会主义现代化建设必须从本国国情出发，同时又必须吸收借鉴其他国家的经验教训。这就要求我们更加深刻地认识世界，把握人类社会发展的普遍规律，从而更好地立足国情，不断推进中国特色社会主义伟大事业。中国特色社会主义理论体系既是对马克思主义执政党建设规律、社会主义建设规律的正确认识，也是对人类社会发展规律的深刻把握。这一理论体系坚持以宽广的世界眼光观察和思考中国的发展道路，充分借鉴了世界各国现代化建设的经验，渗透了对当代世界基本态势的科学分析和各个领域现代化发展最新动态的及时掌握，是充分体现追踪时代进步和世界各国多样化文明发展成果的开放的理论体系。

第一，从发展生产力层面，自觉顺应世界经济发展大势，推动中国的发展不断汇入经济全球化的潮流中去。在科技革命、知识经济迅猛发展，综合国力竞争愈演愈烈的背景下，选择全面参与经济全球化，走新型工业化发展道路，是中国特色社会主义的题中应有之义。中国特色社会主义理论体系把实施中国现代化跨越式发展战略与当代世界经济、科技发展前沿联系起来，深刻揭示了科技革命的发展趋势对我国发展的重大影响及其在经济发展中的作用，提出了"科学技术是第一生产力"的思想，把发展科学技术和人才教育作为兴国之本，把以信息化带动工业化、以工业化促进信息化、实现跨越式发展作为社会主义现代化建设的重要途径，指明了中国发展振兴的必由之路。

第二，从调整生产关系层面，推动中国经济改革不断融入世界经济市场化的进程。进入工业化中后期特别是信息化阶段，经济关系日益复杂，社会利益关系日趋多样，经济运行信息量急剧增加，传统的计划经济体制越来越不适应客观要求，严重阻碍了生产力的发展。所以，经济体制进行改革，确立和发展社会主义市场经济新体制，就成了社会主义国家在发展中赢得比较优势的必然要求。经济市场化是当今经济社会发展的普遍趋势。市场化的实质是社会化，市场经济越发展，生产的社会化和与之相适应的资本的社会化就越发展。中国特色社会主义理论体系探索和揭示了社会主义制度与市场经济有机结合的基本途径和方式，科学指导中国确立了发展和完善社会主义市场经济的改革目标，指导中国通过深化改革，扩大开放，不断革除旧体制中高度集中、政企不分、排斥市场、缺乏竞争等固有的弊端，不断提高驾驭经济市场化的能力，促进生产力发展。把社会主义制度同现代市场机制有机结合起来，是中国共产党的伟大创举，也是科学社会主义理论的重大创新，充分体现了中国特色社会主义在自我完善中实现又好又快的发展的勃勃生机。

第三，从完善上层建筑层面，科学借鉴人类政治文明的发展成果，推动中国社会主义民主政治建设与世界政治民主化进程的交流和互动。社会主义制度的自我完善是全方位的，不限于经济技术层面，而且延伸到政治制度层面；不限于吸收人类物质文明发展的先进成果，而且扩展到借鉴人类政治文明发展的先进成果。因此，不断完善和发展社会主义民主，既是对人类政治文明发展进步趋势的自觉顺应，也是完善和发展社会主义制度的必然要求。改革开放40多年来，我们党领导人民通过积极稳妥地推进政治体制改革，不断打破旧体制对人的束缚，不断使人们从旧的不合理的政治、经济和社会关系中解放出来，不断使民主政治建设跃上新台阶。建立公平竞争机制，使人们获得了在同一起跑线上平等竞争的自由；实行政企分开，推行政务、厂务公开，使企业摆脱了由政府统一计划、"包办代替"的束缚，获得了按价值规律为社会也为自身创造最佳效益的自由，也使企业员工获得了国家政策、法律规定并大力保护的各项权益；推进农村基层民主，使广大普通农民有权直接投票选举自己拥护的乡、村两级干部，这是中国历史上从未有过的事情；实施依法治国方略，不仅使国家的立法、司法、执法水平明显提高，而且普通百姓也学会了运用法律武器维护自身权益，这标志着我国社会向法治社会的深刻转变。应当指出的是，社会主义民主的本质是人民当家做主。而发展社会主义民主，最重要的是坚持党的领导、人民当家做主和依法治国的有机统一。建设社会主义政治文明，必须走中国特色社会主义的政治发展道路，不断推进政治体制改革，但绝不能照搬西方的民主模式。

第四，从改善发展环境层面，充分吸收人类生态文明的发展成果，推动中国走全面、协调、可持续发展的生态化道路。生态文明不是一种主观臆想，而是历史发展的必然。它脱胎于工业文明，是人类在克服工业文明发展危机过程中形成的一种全新的、更加全面的发展观。20世纪70年代以前，人类发展观主要关注物质财富增加和经济增长。实践证明，这种单一追求经济增长的发展，不可能带动社会文明的全面发展和进步；正是基于国内外的发展经验教训，当代中国共产党人提出了一系列关于解决发展问题的新思想：从邓小平关于"发展是硬道理"的论断，到江泽民关于正确处理改革、发展、稳定关系，推进可持续发展的重要思想，再到以胡锦涛同志为总书记的党中央提出的坚持以人为本，树立全面、协调、可持续的发展观。作为中国特色社会主义理论体系的重要组成部分，科学发展观坚持以经济社会全面发展为目标，把经济增长同社会全面进步结合起来，把发展内涵扩大为包括经济、政治、文化、社会等在内的综合性概念，把建设资源节约型、环境友好型社会放在工业化、现代化发展战略的突出位置，明确要求摒弃传统的以大量能源和资源消耗、以生态环境破坏为代价的发展，代之以经济、社会、生态全面、协调、可持续的发展，从而形成"人—自然"的整体价值观和生态经济价值观，充分反映了人类社会发展的共同趋向。走建设生态文明的可持续发展之路，在更广泛、更深刻的意义上体现了中国特色社会主义的优越性。只有坚持这样一条发展道路，中国的发展才能持续不竭、生机永蓄。步入新时代，党和国家坚持"人与自然和谐共生"的科学自然观和"绿水青山就是金山银山"的绿色发展理念，严格实行生态环境保护制度，提出"共谋全球生态文明建设之路"的构想，不断满足人民日益增长的优美生态环境需要，为美丽中国建设做出了巨大贡献。

总之，中国特色社会主义理论体系是时代的产物、实践的产物。马克思、恩格斯说过："一切划时代的体系的真正的内容都是由于产生这些体系的那个时期的需要而形成起来的。"[1]正是始终植根于改革开放和社会主义现代化建设的伟大实践并以此为坚实基础，中国特色社会主义理论体系才得以不断丰富和发展，并在中国社会深刻变化的历史进程中获得了无可置疑的科学真理性。实践证明，在建设中国特色社会主义的进程中，我们党全部理论和全部实践的主题只有一个，这就是建设中国特色社会主义；党推进马克思主义中国化所形成的理论成果都属于一个科学体系，这就是中国特色社会主义理论体系。实践永无止境，创新也永无止境。随着中国特色社会主义事业在开拓中不断向前推进，中国特色社会主义理论体系必将不断得到丰富和创造性的发展。

2. 中国特色社会主义理论体系的思想渊源

（1）科学社会主义是中国特色社会主义理论体系的思想源头

科学社会主义是马克思主义经典作家在深刻分析人类社会基本矛盾和历史发展一般规律的基础上创立的。科学社会主义是以历史唯物主义为基石的社会主义，而不是以历史唯心主义或人道主义为基石的社会主义；科学社会主义是"置于现实的基础之上"的社会主义，而不是主观构想出来的一个尽可能完善的空想社会主义的社会体系；科学社会主义是适应社会化大生产发展的需要，并能促进社会化大生产发展的社会主义，而不是在小生产基础上形成的农业社会主义；科学社会主义是以工人阶级为物质实现力量、以工人阶级政党为领导核心，通过无产阶级革命和无产阶级专政建立起来的，实行公有制和按劳分配的社会主义，而不是资产阶级或小资产阶级的改良主义的产物；科学社会主义认为社会主义本质，是解放生产力，发展生产力，消灭剥削，消除两极分化，最终达到共同富裕，而不是贫穷、平均主义或两极分化；科学社会主义的理想是实现共产主义，形成以每个人的自由发展为一切人自由发展条件的"自由人的联合体"，而不是社会民主主义或民主社会主义；科学社会主义是遵循社会经济发展规律分阶段实现的一个发展过程，而不是离开生产力

---

① 马克思、恩格斯全集（3）[M]. 北京：人民出版社，1975：54.

发展的实际一蹴而就或一劳永逸地就能实现的理想社会；科学社会主义认为社会主义社会是一个在不断变革中不断完善的社会，而不是一成不变的僵化的社会。科学社会主义为人们追求和建设社会主义提供了规律上的依据，它传入中国，为中国的社会发展指明了新的方向，带来了光明的前途。

中国共产党人从科学社会主义那里悟出了只有社会主义才能救中国、才能发展中国的道理，并在实践中找到了拯救中国、发展中国的道路。中国特色社会主义理论体系的形成，就是科学社会主义与中国国情和时代特征相结合的产物，没有科学社会主义，就不可能有中国特色社会主义理论体系的形成和发展，如果说中国特色社会主义理论体系是潺潺活水，那么科学社会主义就是这一活水的源头，正如党的十七大报告所指出的："中国特色社会主义道路之所以完全正确、之所以能够引领中国发展进步，关键在于我们既坚持了科学社会主义的基本原则，又根据我国实际和时代特征赋予其鲜明的中国特色。" ①

科学社会主义的基本原理，为中国特色社会主义理论体系的形成提供了思想基础和方法论依据。

第一，中国特色社会主义理论体系坚持了科学社会主义的基本经济理论。一是高度重视发展生产力。认为社会主义优于资本主义之处，归根结底表现在它能够创造出比资本主义更高的社会生产力和劳动生产率，发展生产力是社会主义的根本任务。二是坚持生产资料公有制。认为社会主义是以共同占有生产资料为基础的社会。三是坚持按劳分配原则；四是坚持共同富裕原则，认为共同富裕是社会主义区别于以往所有剥削制度的重要标志，是社会主义优越性的集中体现。

第二，中国特色社会主义理论体系坚持了科学社会主义的基本政治理论。一是坚持无产阶级专政，认为无产阶级专政是社会主义国家的根本政治制度。二是坚持人民代表大会制度，认为国家的最高权力属于人民，人民代表由人民选举产生，权力机关应当由人民选举产生并监督之。三是坚持工人阶级政党领导。认为没有工人阶级政党的领导，就没有社会主义运动的兴起和发展。

第三，中国特色社会主义理论体系坚持了科学社会主义的基本理论。一是坚持以马克思主义指导。认为马克思主义是工人阶级及其劳动群众争取自身解放和整个人类解放的理论武器，是关于社会主义最终取代资本主义以及社会主义、共产主义发展的普遍规律的学说，是无产阶级政党的指导思想。二是必须吸收人类文化发展

---

① 胡锦涛 . 高举中国特色社会主义伟大旗帜为夺取全面建设小康社会新胜利而奋斗 [M]. 北京：人民出版社，2007.

的一切优秀成果。认为文化建设不能割断与整个人类文明发展的联系，而必须继承和借鉴人类历史上一切有价值的优秀文化成果。三是坚持人的全面自由发展原则。认为未来社会"每个人的自由发展是一切人的自由发展的条件"，社会主义必须为人的全面自由发展创造条件。

（2）毛泽东思想是中国特色社会主义理论体系的理论准备

诺贝尔经济学奖获得者阿马蒂亚·森说："毛泽东是有意识地为市场经济和资本主义的扩展建立基础的吗？这个假设是很难接受的。但是毛泽东的土地改革、普及识字、扩大公共医疗保健等政策，对改革后的经济增长起了非常有益的作用。改革后的中国受益于改革前中国所取得的成果的程度，应该得到更多的承认。"阿马蒂亚·森对毛泽东时期的经济成就的观点是他深入研究得出并至今不变的。他指出毛泽东思想给我们留下了很多理论财富，为中国特色社会主义道路的开拓和理论体系的形成起到了基础性的作用。

由于各种原因，以毛泽东为代表的第一代中央领导集体提出的许多有关中国社会主义建设的思想观点，有的还不够成熟，有的还处于萌芽状态，有的未能付诸实施，有的没能坚持下去，因而没能成功走出中国特色社会主义的建设道路。但是，他们在探索中提出的关于社会主义建设的许多真知灼见和实践中积累的经验，为中共十一届三中全会后建设中国特色社会主义道路的开辟和中国特色社会主义理论体系的形成，作了重要的思想理论准备。

第一，毛泽东思想活的灵魂是中国特色社会主义理论体系的理论准备之一。胡锦涛同志《在纪念毛泽东同志诞辰110周年座谈会上的讲话》更加鲜明地指出了毛泽东思想活的灵魂对中国特色社会主义理论创新和实践创新的指导意义，他说：高举毛泽东思想、邓小平理论、"三个代表"重要思想的旗帜，不断开创中国特色社会主义事业的新局面，不断开创马克思主义在中国发展的新境界，最重要的是始终坚持贯穿这个科学思想体系的活的灵魂，始终坚持马克思主义的立场、观点和方法，其基本方面就是坚持解放思想、实事求是、与时俱进，坚持党的群众路线，坚持独立自主地走自己的路。只要把握了这个活的灵魂，我们党在新世纪就一定能紧跟时代发展的潮流，不断研究新情况，解决新问题，不断进行中国特色社会主义的理论创新，把建设中国特色社会主义推向更高的发展阶段。

第二，毛泽东提出要走出一条适合中国国情的工业化道路。毛泽东从借鉴苏联工业化的经验教训和我国的国情出发，提出要树立农业是国民经济基础地位的观念，走一条工业和农业协调发展，经济发展和人民生活水平同步增长，以实现共同富裕为目标的社会主义建设道路。

第三，毛泽东提出了我国还处在不发达的社会主义阶段和分"两步走"实现"四个现代化"的发展战略思想。

第四，毛泽东提出了社会主义社会基本矛盾的学说。社会主义的基本矛盾仍然是生产关系和生产力之间、上层建筑和经济基础之间的矛盾，正是这些矛盾的运动推动着社会主义社会向前发展。而这些矛盾可以经过社会主义制度本身，不断地得到解决。这个理论为在坚持社会主义基本制度的前提下进行社会主义改革提供了理论依据。

毛泽东时代，我们党虽然对社会主义建设的规律进行了很多有益的探索，也取得了一些宝贵的历史经验，但从本质上看，当时中国的社会主义和以苏联为代表的传统社会主义是属于同一种类型的，没有体现出后发展社会主义国家的本来性质和特征。所以说，毛泽东关于如何建设社会主义所作的理论探索及其理论成果，属于马克思列宁主义与中国实际相结合的第一次历史性飞跃的延续，属于第二次历史性飞跃的准备。从理论形态上看，毛泽东关于社会主义建设道路的探索，仍然属于毛泽东思想，仍然属于第一次历史性飞跃的理论成果。就理论指导来说，毛泽东思想并不是中国特色社会主义理论体系的起点，但是毛泽东提出的关于社会主义建设的理论原则和经验总结，为改革开放后中国特色社会主义建设开创了先河，成为中国特色社会主义理论体系的理论基础和思想来源。我们在对中国特色社会主义理论体系进行研究时，不能割裂中国特色社会主义理论体系与毛泽东思想的联系，要准确把握它们的继承发展关系。

（二）中国特色社会主义理论体系的形成过程

中国特色社会主义的理论体系，是逐步形成的，大体上经历了以下三个阶段。

第一阶段：孕育和准备阶段。时间从 1978 年 12 月党的十一届三中全会到 1982 年 9 月党的十二大之前。十一届三中全会，在邓小平、叶剑英、陈云等老一辈无产阶级革命家的影响下，党和国家的工作重点转移到以经济建设为中心的社会主义现代化建设上来，并作出了具有历史意义的战略决策——实行改革开放。1981 年 6 月，党的十一届六中全会通过的《中国共产党中央委员会关于新中国成立以来党的若干历史问题的决议》中阐述了十一届三中全会以来逐步确立的中国社会主义现代化建设道路的十个主要方面，这是改革开放初期理论战线上的一座里程碑。

第二阶段：正式提出和形成阶段。时间从 1982 年 9 月党的十二大到 1987 年 10 月党的十三大。邓小平在党的十二大的开幕词中，首次正式提出建设有中国特色的社会主义的概念。十二大报告阐述了全面建设社会主义的伟大纲领，并且从这开始进行大规模的改革。1984年10月召开的党的十二届三中全会通过的《中共中央关于经济体制改革的决定》，提出和论述了社会主义经济的实质是在公有制基础上有计划的商品经济，对社会主义经济理论有重大突破。1987年10月召开了党的十三大，在报告中又明确阐述了十二个理论观点，构成了建设有中国特色社会主义理论的轮廓。从这时候起，开始形成了中国特色社会主义理论。

第三阶段：理论走向成熟和体系最终完成阶段。1992年初，邓小平在视察南方重要谈话中，精辟地分析了当时的国际国内形势，科学地总结了十一届三中全会以来党的基本实践和基本经验，并回答了当时人们困惑的问题，从而使中国特色社会主义理论走向成熟，并形成完整的科学体系。1992年10月，江泽民在党的十四大报告中，进一步将中国特色社会主义的主要内容归纳为九个方面，并且强调这个理论的创立者是邓小平。1997年邓小平逝世后，在同年10月召开的党的十五大将中国特色社会主义理论简化和改名为"邓小平理论"，并将其作为党的旗帜写进党章，同马列主义、毛泽东思想并列，成为党的指导思想。其历史功绩正如胡锦涛作的十七大报告所说："一九七八年，我们党召开具有重大历史意义的十一届三中全会，开启了改革开放历史新时期。从那时以来，中国共产党人和中国人民以一往无前的进取精神和波澜壮阔的创新实践，谱写了中华民族自强不息、顽强奋进新的壮丽史诗，中国人民的面貌、社会主义中国的面貌、中国共产党的面貌发生了历史性变化。"[①]党的十二大提出"走自己的路，建设有中国特色的社会主义"以来，党的十三大、十四大、十五大、十六大历次会议报告，都是紧紧围绕这个主题而展开的。党的十六大以来，我们党又根据新的形势和任务，提出了科学发展观、构建社会主义和谐社会等重大战略思想，进一步深化了对社会主义现代化建设规律的认识。党的十七大对科学发展观作出评价，并将改革开放以来马克思主义中国化的最新成果邓小平理论、"三个代表"重要思想以及科学发展观等重大战略思想，整合成"中国特色社会主义理论体系"这一内在统一的整体。党的十八大把科学发展观正式确立为全党的指导思想，并提出了建设中国特色社会主义的八项基本要求，对中国特色社会主义进行了更加系统的阐述。党的十九大把习近平新时代中国特色社会主义思想确立为党必须长期坚持的指导思想并庄严地写入党章，实现了党的指导思想的与时俱进。习近平新时代中国特色社会主义思想，正是在对科学社会主义理论与实践的

---

① 胡锦涛.高举中国特色社会主义伟大旗帜为夺取全面建设小康社会新胜利而奋斗[M].北京：人民出版社，2007：6.

深邃思考、深刻总结，对坚持和发展中国特色社会主义的不懈探索、砥砺前行中创立并不断丰富发展的，真正坚持了马克思主义立场观点方法，坚持科学社会主义基本原则，科学总结世界社会主义运动经验教训，根据时代和实践发展变化，以崭新的思想内容丰富和发展了马克思主义，形成了系统科学的理论体系。在当代中国，坚持和发展习近平新时代中国特色社会主义思想，就是真正坚持和发展马克思主义，就是真正坚持和发展科学社会主义。因此，我们必须高举马克思主义、中国特色社会主义伟大旗帜不动摇，必须坚持习近平新时代中国特色社会主义思想指导地位不动摇！

（三）中国特色社会主义理论的基本特质

我们追寻中国特色社会主义理论体系的发展轨迹，可以概括出如下两个方面。

第一，党对中国特色社会主义理论旗帜的提法，是有一个发展过程的。最早的表述，应当追溯到1982年党的十二大开幕词。这个开幕词是邓小平作的，他语重心长地强调说："把马克思主义的普遍真理同我国的具体实际结合起来，走自己的道路，建设有中国特色的社会主义，这就是我们总结长期历史经验得出的基本结论。"而党的十二大则第一次明确提出了"建设有中国特色的社会主义"，是邓小平首先举起了建设有中国特色社会主义这面伟大旗帜。1987年召开了党的十三大，会议的报告比较系统地论述了我国社会主义初级阶段的理论，概括和阐发了党的"一个中心、两个基本点"的基本路线，并明确提出，有中国特色的社会主义是扎根于当代中国的科学社会主义，是指引我们事业前进的伟大旗帜。到1992年，在邓小平视察南方并发表重要谈话之后召开了党的十四大，明确地指出了"邓小平同志建设有中国特色的社会主义理论"的科学概念，系统地论述了中国特色社会主义理论的主要内容、科学体系，并提出了用这个理论武装全党的任务，从而更高地举起了建设有中国特色的社会主义的伟大旗帜。党的十五大、十六大，又进一步强调提出了高举邓小平理论伟大旗帜，全面贯彻"三个代表"重要思想，继往开来，与时俱进，全面建设小康社会，加快推进社会主义现代化，为开创中国特色社会主义事业新局面而奋斗。党的十七大对中国特色社会主义道路和理论体系作了全面概括和总结。党的十八大首次将"中国特色社会主义制度"写入党的全国代表大会报告中，并科学阐述了中国特色社会主义道路、中国特色社会主义理论体系、中国特色社会主义制度的内涵及其相互关系。

第二，中国特色社会主义理论体系的形成过程体现了与时俱进的理论逻辑。我们党在中国特色社会主义理论体系创立发展过程中，既坚持马克思主义基本原理，又从实际出发，破解和回答实践中的一系列重大课题，从而以全新的视野深化了对共产党执政规律、社会主义建设规律、人类社会发展规律的认识，充分体现了与时俱进的理论品质。

走谁的路？谁来决定走什么路？"中国特色社会主义"的前缀是"中国特色"。提出这个前缀，首先基于我们党长期思考的一个重要问题：在中国这样一个发展中大国搞革命、建设、改革，到底应该走自己的道路还是走别人的道路？这是理论逻辑的前提问题。中国共产党成立后，曾经长期面临如何处理与共产国际、与苏联、与其他国家政党的关系，如何处理中国革命与世界革命、中国道路与苏联道路、中国模式与其他模式的关系问题。经过曲折探索，我们党认识到独立自主的重要性，认识到各国革命和建设的道路方针政策，必须由本国党从实际出发来制定，而不能由外国党干预和指挥。因此，毛泽东同志首先提出马克思主义与中国实际相结合的原则，在社会主义建设中又确立独立自主、自力更生的原则。1982年，邓小平同志郑重宣告建设有中国特色的社会主义，其前提就是"走自己的道路"。在中国特色社会主义发展过程中，中国的外部环境多次发生变化，但我们始终坚持独立自主的原则，坚持走自己的路，不在任何外来压力下屈服，也决不照搬任何外国模式。党的十八大再次郑重宣告：既不走封闭僵化的老路，也不走改旗易帜的邪路。实践证明，正是在破解了道路这样的前提性问题后，中国特色社会主义理论体系才得以创立并具有真正"中国特色"。

中国要不要改革？怎样推进改革？改革开放的伟大实践是中国特色社会主义理论体系的逻辑基石。改革开放是决定中国命运的一招。在结束"文化大革命"十年内乱后，中国不可阻挡地开启了改革开放大潮。党的十一届三中全会关于改革开放的历史决策，给中国社会主义的发展带来了生机和希望。按照传统的观念，社会主义制度是完美无瑕的，不能作任何变动。为了解决这个难题，我们党发明了一个概念："体制"，把体制与制度区分开来，为改革提供了理论上的依据。邓小平同志说，社会主义基本制度确立以后，还要从根本上改变束缚生产力发展的经济体制。改革是中国的第二次革命，是社会主义的自我完善。这就为改革提供了指导。党的十三届四中全会以后，以江泽民同志为核心的党的第三代中央领导集体，进一步确立了社会主义市场经济体制的改革目标和基本框架，使改革开放在更大规模和更深层次上展开。党的十六大以后，以胡锦涛同志为总书记的党中央，进一步完善社会主义市场经济体制，在全面建设小康社会的实践中把改革开放推向前进。

什么是社会主义？建设什么样的社会主义？这是理论逻辑的核心问题，也是中国特色社会主义理论体系的核心内容。为什么改革开放前会出现如此多的曲折失误？一个重要原因，就是没有把这个基本问题完全搞清楚。因此，在拨乱反正和改革开放的实践中，邓小平同志把"什么是社会主义、怎样建设社会主义"的问题鲜明地提到全党面前，领导党和人民不断深化对社会主义的认识，进而明确：我们建设的社会主义，只能是中国特色的社会主义。按这样的思路和方向，全党解放思想、实事求是，认真总结改革开放的实践经验，阐明了在中国建设、巩固和发展社会主义的一系列重要问题，从而创立了中国特色社会主义理论。"三个代表"重要思想最鲜明的特点和最突出的贡献，是用一系列紧密联系、相互贯通的新思想、新观点、新论断，进一步回答了什么是社会主义、怎样建设社会主义的问题，创造性地回答了在长期执政的历史条件下建设什么样的党、怎样建设党的问题。党的十六大以后，以胡锦涛同志为总书记的党中央提出科学发展观，提出了"社会和谐是中国特色社会主义的本质属性""实现社会公平正义是发展中国特色社会主义的重大任务""建设社会主义核心价值体系"等重要观点，进一步深化了对什么是社会主义、怎样建设社会主义问题的认识，使中国特色社会主义理论体系的内涵更加丰满。

怎样推进中国特色社会主义事业科学发展？发展是中国特色社会主义理论体系的主题词。对发展问题的认识，我们党同样经历了一个与时俱进的过程。邓小平同志在总结"文化大革命"教训时，强调解放和发展生产力是首要任务、中心任务，一定要扭住不放；同时也指出：现代化建设的任务是多方面的，各个方面需要综合平衡，不能单打一；两个文明都搞好，才是有中国特色的社会主义，等等。江泽民同志明确提出，要把发展作为党执政兴国的第一要务，并且指出：社会主义应该是以经济建设为重点的全面发展、全面进步的社会。胡锦涛同志进一步把实现什么样的发展、怎样发展的问题提到全党面前，强调科学发展观的第一要义是发展，必须聚精会神搞建设，一心一意谋发展；同时又突出强调社会的全面进步，要求更加注重经济与政治、文化、社会的全面、协调、可持续发展。党的十八大进一步提出了在新的历史条件下夺取中国特色社会主义新胜利必须牢牢把握的八项基本要求。这是历史逻辑和理论逻辑的进一步延续和升华。党的十九大提出毫不动摇地坚持和发展中国特色社会主义。步入新时代，"八个明确""十四个坚持"凝结着我们党坚持和发展中国特色社会主义的宝贵经验，反映了以习近平同志为核心的党中央对中国特色社会主义规律性认识的深化、拓展、升华，体现了理论与实际相结合、认识论和方法论相统一的鲜明特色。

总之，在改革开放进程中，我们党坚持与时俱进，不断破解发展难题，从而使中国特色社会主义理论体系具有严密的逻辑关系和强大的生命力。

三、在新时代坚持和发展中国特色社会主义续写中华民族伟大复兴新篇章

党的十九大以"不忘初心，牢记使命，高举中国特色社会主义伟大旗帜，决胜全面建成小康社会，夺取新时代中国特色社会主义伟大胜利，为实现中华民族复兴的中国梦不懈奋斗"为主题，作出了中国特色社会主义进入新时代这一重大政治判断，回答了新时代党和国家事业发展的战略方向和根本任务。在治国理政新的实践中，习近平总书记以非凡的理论勇气、高超的政治智慧、坚韧不拔的历史担当精神，把握时代大趋势，回答实践新要求，顺应人民新期待，围绕改革发展稳定、内政外交国防、治党治国治军发表一系列重要讲话，形成一系列治国理政新理念新思想新战略，进一步丰富和发展了党的科学理论，续写着中国特色社会主义理论的恢弘新篇章，为我们在新的历史起点上实现新的奋斗目标提供了实践遵循。

（一）中国特色社会主义步入新时代

中国特色社会主义步入新时代是当前我国发展的新的历史方位。从中华民族复兴角度看，步入新时代意味着从站起来到富起来，再到今天强起来的时代，实现了一场伟大的历史飞跃。距离中华民族复兴伟大目标实现越来越近，使社会主义在当代中国土壤中越来越具有活力和生命力。

习近平总书记在党的十九大报告中从五个方面概括了新时代的丰富内涵，指出："这个新时代，是承前启后、继往开来、在新的历史条件下继续夺取中国特色社会主义伟大胜利的时代，是决胜全面建成小康社会、进而全面建设社会主义现代化强国的时代，是全国各族人民团结奋斗、不断创造美好生活、逐步实现全体人民共同富裕的时代，是全体中华儿女勠力同心、奋力实现中华民族伟大复兴中国梦的时代，是我国日益走近世界舞台中央、不断为人类作出更大贡献的时代。"首先，就道路旗帜而言，这个新时代依然是高举中国特色社会主义伟大旗帜、坚定不移走中国特色社会主义道路的时代。新时代的伟大胜利，不是别的什么主义的伟大胜利，而是中国特色社会主义的伟大胜利。其次，就目标任务而言，这个新时代是对改革开放之初确立的"三步走"战略目标和20世纪末提出的"两个一百年"奋斗目标的延续、拓展和提升，从而确立了分"两步走"的新目标，在2035年基本实现社会主义现代化，比原计划提前了15年；将到本世纪中叶建成"社会主义现代化国家"目标提升为建成"社会主义现代化强国"目标，将从"四位一体"布局全面实现的现代化建设奋斗目标拓展到从"五位一体"总体布局与现代化建设目标对接。最后，这个

新时代把不断创造美好生活、逐步实现全体人民共同富裕作为发展的目标和归宿，始终把人民对美好生活的向往当成我们党的奋斗目标，体现了我们党全心全意为人民服务的根本宗旨，也体现了中国特色社会主义的本质要求。

判断新时代的主要标准是我国社会主要矛盾的变化。当前我国社会主要矛盾已经转化为人民日益增长的美好生活需要和不平衡不充分的发展之间的矛盾。而在此之前，我国社会的主要矛盾是人民日益增长的物质文化需求同落后的社会生产之间的矛盾。社会主要矛盾的变化表明我们的时代发生了重大变化和深刻变革，从而步入了一个新的历史发展阶段。首先，我国生产力水平总体上已不再落后，而且在某些领域走在世界前列。因此，当前的供给已不是总量匮乏的问题，而是质的水平不足的难题，因而要求要有高质量、高水平的发展。其次，人民的生活需求不再是基本的温饱生活需求，而变成了更高质量、全方位的需求，也不仅仅是物质文化的简单需求，在民主、法治、公平、正义、安全、环境等方面的需求也日趋增长。最后，当前，实现中华民族复兴必须在解决发展不平衡、不充分上下功夫，这也是制约我国发展的主要因素。因此，必须通过结构调整、战略优化、现代治理能力水平提升等方面予以解决，必须紧紧围绕提升发展质量和效益做好文章，以此推进人的全面发展和社会的全面进步。

（二）坚持和发展中国特色社会主义是当代中国发展进步的根本方向

新时代中国特色社会主义思想，系统地回答了新时代坚持和发展什么样的中国特色社会主义以及怎么坚持和发展中国特色社会主义的重要问题，形成了党和国家必须长期坚持的指导思想。新思想内涵丰富，涵盖了中国特色社会主义的总目标、总任务、总体布局、战略布局和发展方向、发展方式、发展动力、战略步骤、外部条件、政治保证等基本问题，并要求在各具体领域中给予理论分析和政策指导。

新思想的核心内容主要包括"八个明确"和"十四个坚持"。"八个明确"具体是指：明确坚持和发展中国特色社会主义，总任务是实现社会主义现代化和中华民族伟大复兴，在全面建成小康社会的基础上，分"两步走"在本世纪中叶建成富强民主文明和谐美丽的社会主义现代化强国。明确新时代我国社会主要矛盾是人民日益增长的美好生活需要和不平衡不充分的发展之间的矛盾，必须坚持以人民为中心的发展思想，不断促进人的全面发展、全体人民共同富裕。明确中国特色社会主义事业总体布局是"五位一体"、战略布局是"四个全面"，强调坚定道路自信、理论自信、制度自信、文化自信。明确全面深化改革总目标是完善和发展中国特色社会主义制度、推进国家治理体系和治理能力现代化。明确全面推进依法治国总目标是建设中国特色社会主义法治体系、建设社会主义法治国家。明确党在新时代的强军目标是建设一支听党指挥、能打胜仗、作风优良的人民军队，把人民军队建设成为世界一流军队。明确中国特色大国外交要推动构建新型国际关系，推动构建人类命运共同体。明确中国特色社会主义最本质的特征是中国共产党领导，中国特色社会主义制度的最大优势是中国共产党领导，党是最高政治领导力量，提出新时代党的建设总要求，突出政治建设在党的建设中的重要地位。"十四个坚持"具体是指：坚持党对一切工作的领导。坚持以人民为中心。坚持全面深化改革。坚持新发展理念。坚持人民当家做主。坚持全面依法治国。坚持社会主义核心价值体系。坚持在发展中保障和改善民生。坚持人与自然和谐共生。坚持总体国家安全观。坚持党对人民军队的绝对领导。坚持"一国两制"和推进祖国统一。坚持推动构建人类命运共同体。坚持全面从严治党。

其中，"八个明确"主要回答了新时代我们要坚持和发展什么样的中国特色社会主义。从理论层面讲，它是习近平新时代中国特色社会主义思想的基本内涵、四梁八柱、核心要义。"八个明确"每一个都很重要，点明了总任务、总布局和主要矛盾，囊括了"五位一体"总体布局、"四个全面"战略布局、外交国防等各个方面，支撑起了宏伟思想大厦的整体框架。掌握了这"八个明确"，就能真正做到观其全貌、提纲挈领、举要驭繁。

如果说"八个明确"主要从理论上讲"是什么"的问题，那么"十四个坚持"也就是从实践上讲"怎么办"的问题，因此二者是相辅相成的关系。"十四个坚持"构成了新时代坚持和发展中国特色社会主义的基本方略，主要回答的是新时代我们怎么坚持和发展中国特色社会主义，它告诉我们坚持和发展中国特色社会主义的目标、路径、方略、步骤等等，是对习近平新时代中国特色社会主义思想的实践展开。可以说，这"十四个坚持"的每一个都有很强的现实针对性和指导性，是思想化为行动的导航仪、路线图、方法论。"八个明确"和"十四个坚持"缺一不可、相辅相成，构成了习近平新时代中国特色社会主义思想的主体内容，必须贯通起来把握。把这两者融为一体，恰恰体现了习近平新时代中国特色社会主义思想理论与实践相统一、战略与战术相结合的理论特色，为我们从纷繁复杂的事物表象中把准脉搏、掌握规律，不断提高攻坚克难、驾驭复杂局面的能力，提供了行动指南和方法论指引。

中国特色社会主义的发展历程告诉我们，中国特色社会主义是历史的必然选择，是人民的必然选择。实践证明，中国道路是当代中国大踏步赶上时代、引领时代发展的康庄大道，是中国共产党人必须始终高扬的旗帜，我们必须倍加珍惜、长期坚持、永不动摇。

（三）高擎中国特色社会主义旗帜，为实现中华民族伟大复兴接续奋斗

习近平总书记以"我将无我，不负人民"的责任担当，提出了新时代中国特色社会主义发展新战略，引领和团结全国各族人民为实现中华民族伟大复兴宏伟目标而奋斗。民族复兴凝结着中国人民的共同梦想，体现了我们党在理论和实践上的伟大创造。党的十八大以来，我们党的所有理论和实践，都紧紧围绕着实现这个崇高奋斗目标精进展开。习近平总书记在参观"复兴之路"展览时指出："现在，大家都在讨论'中国梦'，我以为，实现中华民族伟大复兴，就是中华民族近代以来最伟大的梦想。"[1] 以后，他又在各个场合，对"中国梦"的历史、"中国梦"的精神实质、"中国梦"的重大意义、实现"中国梦"的途径和条件、"中国梦"与世界各国人民美好梦想的关系等等，进行了深刻系统的阐述，释放出强大的号召力和感染力。"中国梦"这一重要战略思想的提出，是以习近平同志为核心的新一届中央领导集体对全体人民的庄严承诺，是党和国家面向未来的政治宣言，为坚持和发展中国特色社会主义确立了宏伟愿景，成为激励中华儿女团结奋进、开辟未来的一面精神旗帜。作为马克思主义中国化最新成果，习近平新时代中国特色社会主义思想在中华民族伟大复兴征程上矗立起思想的灯塔，提供了行动指南，让科学社会主义在21世纪的中国焕发强大青春活力。[2] 40多年的改革开放历程充分证明了中国特色社会主义是党和人民长期实践取得的根本成就，是实现全面建成小康社会、全面建成社会主义现代化强国、实现中华民族伟大复兴的必由之路。

1. 必须紧紧围绕中国特色社会主义总任务规划发展战略步骤，充分发挥中国共产党治国理政的智慧和优势。紧紧抓住中国特色社会主义总任务，在总任务的牵引下，划分出若干环环相扣、层层递进的阶段，按照阶段性目标倒推每个时间节点必须完成的具体任务，稳扎稳打向前走，在不断达成阶段性目标的基础上完成总任务，这是中国共产党治国理政的智慧和优势。首先，有利于一张蓝图干到底。实现中国特色社会主义总任务，需要一代又一代的中国人为之奋斗。在确定总任务的基础上，制定切实可行的战略步骤，一步一个脚印往前推进，脚踏实地把既定的科学目标、工作蓝图变为现实。其次，有利于鼓舞斗志。我们党在不同历史时期，根据人民意愿和事业发展需要，提出富有感召力的奋斗目标，团结带领人民为之奋斗，

---

① 习近平. 习近平谈治国理政 [M]. 北京：外文出版社，2014：36.
② "八个明确"为全面把握新思想 提供了思想钥匙 [N]. 南京日报，2018-1-2

这是中国共产党的一个重要政治领导艺术。再次，有利于检验执政成效。中国共产党的执政成效最终需要人民来评判，能否如期实现奋斗目标是人民评判的重要依据。最后，有利于体现社会主义制度的优越性。阶段性目标的实现过程也是逐步展现社会主义制度优越性的过程，其为增强道路自信、理论自信、制度自信、文化自信提供了强大的物质力量和精神力量。中国特色社会主义战略安排，既表明我国的雄心壮志，也表明社会主义现代化和中华民族伟大复兴不是轻轻松松就能实现的，需要发扬实干精神，积小胜为大胜，确保总任务如期完成。

2. 更加重视统筹推进"五位一体"的总体布局，更加重视协调推进"四个全面"的战略布局。坚持和发展中国特色社会主义是一项宏大持久的系统工程，既要通过改革注入强大动力，也要通过加强整体性协调性使之实现动态平衡、可持续发展。党的十八大以来，以习近平同志为核心的党中央形成并积极推进"五位一体"的总体布局和"四个全面"战略布局，妥善应对重大风险挑战，着力深化改革开放，以新发展理念引领经济社会平稳健康发展，开启了治国理政新时代。"五位一体"强调的是中国特色社会主义，是全面发展的社会主义，它的实现必然是一个伟大而艰巨的工程，其中涵括了"四个全面"中"把战略目标与战略举措内在统一"的基本原则，从而强调如何保证全面发展的社会主义真正实现。因此，从内涵上看，"五位一体"是"总体"，是社会主义建设事业的全部；"四个全面"是"战略"，是以全面建成小康社会为中心的战略体系，包括目标、动力、保证和保障等。[①] 中国特色社会主义建设的总布局是中国特色社会主义经济建设、中国特色社会主义政治建设、中国特色社会主义文化建设、中国特色社会主义社会建设、中国特色社会主义生态文明建设"五位一体"全面发展。习近平新时代中国特色社会主义思想提倡的创新、协调、绿色、开放、共享的新发展理念，更是为实现中国特色社会主义现代化、民族复兴给出了切实可行的具体实践行动方略。而"五位一体"总布局是和全面建成中国特色社会主义现代化强国密切相连，关系到中华民族复兴的全局。党的十八大以来，以习近平同志为核心的党中央从坚持和发展中国特色社会主义全局出发，形成并积极推进全面建成小康社会、全面深化改革、全面依法治国、全面从严治党的战略布局。"四个全面"战略布局，实现了战略目标、战略举措高度统一，是我们党在新形势下治国理政的总方略，是续写中国特色社会主义大文章的行动纲领。"四个全面"的本质，就是"战略布局"。这个战略布局，蕴含了深刻的战略思想。将全面建成小康社会定位为"实现中华民族伟大复兴中国梦的关键一步"；将全面深化改

---

① 黄进. 深入理解"四个全面"与"五位一体"的逻辑关系 [J]. 群众·大众学堂，2017（3）：17.

革的总目标确定为"完善和发展中国特色社会主义制度、推进国家治理体系和治理能力现代化";将全面依法治国论述为全面深化改革的抓手、定海神针和助推器;第一次为全面从严治党标定路径,要求"增强从严治党的系统性、预见性、创造性、实效性"。每一个"全面",都是一整套结合实际、继往开来、勇于创新、独具特色的系统思想。"四个全面"加起来,相辅相成、相得益彰,是我们党治国理政方略与时俱进的新创造、马克思主义与中国实践相结合的新飞跃。

3. 努力推进国家治理体系和治理能力现代化。国家治理体系和治理能力现代化是实现社会主义现代化的题中应有之义。党的十九届四中全会全面总结了党领导人民在我国国家制度建设和国家治理方面取得的成就、积累的经验、形成的原则,概括了我国国家制度和国家治理体系所具有的显著优势,明确了新时代坚持和完善中国特色社会主义制度、推进国家治理体系和治理能力现代化的总体要求、总体目标和重点任务。

国家治理体系和治理能力现代化是一项需要稳步推进的前无古人的宏大系统工程。习近平总书记指出,纵观社会主义从诞生到现在的历史过程,怎样治理社会主义社会这样的全新社会,在以往的世界社会主义实践中没有解决得很好。改革开放以来,我们党开始以全新的角度思考国家治理体系问题,强调领导制度、组织制度问题更带有根本性、全局性、稳定性和长期性。邓小平同志在 1992 年提出,再有30 年的时间,我们才能在各方面形成一整套更加成熟更加定型的制度。党的十八届三中全会作出决策,把推进国家治理体系和治理能力现代化提上党和国家制度建设总揽全局的日程,扎实推进、克期克成。这项工程极为宏大,必须是全面的系统的改革和改进,是各领域改革和改进的联动和集成,在国家治理体系和治理能力现代化上形成总体效应、取得总体效果。中国特色社会主义制度是党和人民在长期实践探索中形成的科学制度体系,我国国家治理一切工作和活动都依照中国特色社会主义制度展开,我国国家治理体系和治理能力是中国特色社会主义制度及其执行能力的集中体现。中国特色社会主义制度契合中国国情、具有独特优势,能最大限度整合资源、集中力量办大事、聚焦最大公约数、形成最大同心圆,从而为提升国家治理效能奠定坚实基础。因此,在推进国家治理体系和治理能力现代化的进程中,我们党始终把推动制度优势转化为治理效能作为重要取向,增强按制度办事、依法办事意识,善于运用制度和法律治理国家,把各方面制度优势转化为管理国家的效能,提高党科学执政、民主执政、依法执政水平,[①] 从而使中国特色社会主义制度

---

① 习近平 . 习近平新时代中国特色社会主义思想学习纲要 [M]. 北京:人民出版社,2019:88.

优势得到彰显。摆在我们党面前的一项重大历史任务，就是推动中国特色社会主义制度更加成熟更加定型，实现党、国家、社会各项事务治理制度化、规范化、程序化，善于运用制度和法律治理国家，提高党科学执政、民主执政、依法执政水平，为党和国家事业、为人民幸福安康、为社会和谐稳定、为国家长治久安提供一整套更完备、更稳定、更管用的制度体系。

我国今天的国家治理体系，是在我国历史传承、文化传统、经济社会发展的基础上长期发展、渐进改进、内生性演化的结果，是一条不同于西方国家的成功发展道路。推进国家治理体系和治理能力现代化，绝不是西方化、资本主义化，绝不能照搬西方政治制度模式，绝不能以西方政治制度模式为标准，绝不能放弃我国社会主义政治制度的根本。中国特色社会主义是不是好，要看事实，要看中国人民的判断。我们说要坚定中国特色社会主义道路自信、理论自信、制度自信，说到底是要坚定文化自信。当代中国的伟大社会变革，不是简单延续我国历史文化的母版，不是简单套用马克思主义经典作家设想的模板，不是其他国家社会主义实践的再版，也不是国外现代化发展的翻版。无论问题多么复杂、探索多么艰难，我们一定要把制度创新和实践创新的立足点、主动权、评判权和历史命运牢牢掌握在自己手中。

4. 坚持和发展中国特色社会主义，实现中华民族复兴必须根植于中国大地、反映中国人民意愿、适应中国和时代发展进步要求。中国特色社会主义是科学社会主义理论逻辑和中国社会发展历史逻辑的辩证统一，既坚持了科学社会主义基本原则，又根据时代条件赋予其鲜明的中国特色。中国特色社会主义进入新时代，意味着科学社会主义在 21 世纪的中国焕发出强大生机活力，在世界上高高举起了中国特色社会主义伟大旗帜。中国特色社会主义是能够在全方位开放中不断发展的社会主义。实践告诉我们，中国特色社会主义要发展壮大，必须主动顺应经济全球化潮流，坚持对外开放，充分运用人类社会创造的先进科学技术成果和有益管理经验。中国特色社会主义是亿万人民自己的事业，既能够发挥人民主人翁精神、保证人民当家做主，又能够充分调动人民的创造性。实现中华民族伟大复兴，要依靠 14 亿多人民的力量。中国特色社会主义是广大人民群众在党的领导下的伟大实践创造，是坚持人民主体地位和党的全面领导有机统一的伟大实践创造。在这一伟大实践中，人民群众的历史创造性发挥得淋漓尽致，主观能动性发挥得无比充分。历史证明，人民是决定中国特色社会主义生机活力的决定性因素。正因如此，习近平总书记指出："时代是出卷人，我们是答卷人，人民是阅卷人。"[1] 中国特色社会主义始终

---

① 中共中央宣传部. 习近平新时代中国特色社会主义发展学习纲要 [M]. 北京：学习出版社，2019：43.

以实现广大人民的根本利益和现实利益为出发点和落脚点。改革开放以来，我们不断坚持和发展中国特色社会主义，持续改善人民生活、增进人民福祉，使人民群众的获得感、幸福感、安全感显著增强，人民美好生活的需要正在得到更加全面的实现。当前世界处于百年未有之大变局，正确看待我国经济社会发展面临战略机遇期与风险交织期并存、光明前景与严峻挑战同在，这对于从全局上把握新时代中国特色社会主义发展的战略方向具有较强的现实意义。

　　5. 坚持和发展中国特色社会主义必须始终坚持党的领导核心地位，不断把党的建设新的伟大工程推向前进，充分发挥好中国特色社会主义制度的最大优势。习近平总书记强调："中国特色社会主义最本质的特征是中国共产党领导，中国特色社会主义制度的最大优势是中国共产党领导。"[1] 离开中国共产党的领导，就没有中国特色社会主义的开创与发展；离开中国共产党的领导，中国特色社会主义就会迷失方向。中国共产党是全心全意为人民服务的马克思主义执政党，它的初心和使命就是为中国人民谋幸福、为中华民族谋复兴。带领人民创造美好生活、实现共同富裕，是我们党始终不渝的奋斗目标。中国共产党始终把握时代脉动，从人民日益增长的物质文化需要到美好生活需要，从落后的社会生产到不平衡不充分的发展，我们党对社会主要矛盾的认识科学而敏锐。与此同时，中国共产党拥有强大的解决社会矛盾的能力。我们党能够动员各种力量去解决矛盾，这种能力令很多国家的政要和国际组织为之叹服。习近平总书记深刻指出："中国特色社会主义，承载着几代中国共产党人的理想和探索，寄托着无数仁人志士的夙愿和期盼，凝聚着亿万人民的奋斗和牺牲，是近代以来中国社会发展的必然选择，是发展中国、稳定中国的必由之路。"[2] 这些理想和探索、夙愿和期盼、奋斗和牺牲已经凝结成一股强大的力量，一股可以冲决任何阻碍中国发展的围堰堤坝的巨浪洪流，这股洪流向着实现人民美好生活、中华民族伟大复兴的目标滚滚而去。全面总结中华民族伟大复兴过程中从推翻"三座大山"实现民族独立以来，历经新中国成立开辟历史新纪元、改革开放走向繁荣富强直到进入新时代，中华民族以更加昂扬的姿态屹立于世界民族之林的时代变迁，回顾了中华民族伟大复兴征途中取得的辉煌成就，有助于更加坚定走中国特色社会主义道路的决心。正如习近平所说，历史已经并将继续证明，只有社会主义才能救中国，只有坚持和发展中国特色社会主义才能实现中华民族伟大复兴。

---

[1]　中共中央宣传部. 习近平新时代中国特色社会主义发展学习纲要 [M]. 北京：学习出版社，2019：68.
[2]　本报评论员. 新征程上，必须坚持和发展中国特色社会主义 [N]. 人民日报，2021-7-8（2）.

参考文献：

1. 江泽民.高举邓小平理论伟大旗帜把建设有中国特色社会主义事业全面推向 21 世纪 [M].北京：人民出版社，1997.

2. 胡锦涛.坚定不移沿着中国特色社会主义道路前进为全面建成小康社会而奋斗 [M].北京：人民出版社，2012.

3. 习近平.在纪念邓小平同志诞辰 110 周年座谈会上的讲话 [N].北京：人民日报，2014-08-21.

4. 习近平.习近平谈治国理政 [M].北京：外文出版社，2014.

5. 中共中央宣传部.习近平总书记系列重要讲话读本 [M].北京：学习出版社，人民出版社，2016.

6. 习近平.在庆祝中国共产党成立 95 周年大会上的讲话 [M].北京：人民出版社，2016.

7. 习近平.习近平新时代中国特色社会主义思想学习纲要 [M].北京：人民出版社，2019.

8. 习近平.习近平新时代中国特色社会主义思想三十讲 [M].北京：学习出版社，2018.

思考题：

1. 如何理解中国特色社会主义是科学社会主义理论逻辑和中国社会发展历史逻辑的辩证统一？

2. 为什么说中国特色社会主义理论体系是实现中华民族伟大复兴的行动指南？

3. 如何深刻理解新时代中国特色社会主义思想在中华民族伟大复兴中的思想引领作用？

中国特色社会主义本质论及实践中的认识深化

社会主义本质是社会主义社会的根本属性和内在规定性，是社会主义社会区别于其他社会的根本标志，贯穿于社会主义社会发展全过程，决定着社会主义社会的基本特征和发展规律。社会主义本质从社会形态属性上回答了"什么是社会主义、怎样建设社会主义"这个根本问题。人们对社会主义的本质认识，只能随着实践的发展而不断丰富、深化和发展。我们党在探索中国特色社会主义建设道路的实践过程中，努力把马克思主义基本原理同中国具体实际结合起来，对"什么是社会主义、怎样建设社会主义"这一根本问题进行了深入的思考，不断推进理论创新，从而对社会主义本质的认识逐步加深、逐渐清晰、不断深化。

一、马克思主义经典作家关于"什么是社会主义"的论断

（一）马克思、恩格斯对社会主义社会的大致预测

社会主义，作为一种新型的社会形态，究竟是一种什么样的社会制度？这个社会制度具有哪些基本特征？这个问题，科学社会主义的创始人马克思、恩格斯持谨慎严肃的态度。他们一贯反对"教条式的预测未来"，反复强调要"从最顽强的事实出发"，一再声明："我们对未来非资本主义社会区别于现代社会的特征的看法，是从历史事实和发展过程中得出的确切结论：脱离这些事实和过程，就没有任何理论价值和实际价值。"[1] 马克思、恩格斯对未来社会的预测只限于指出一个大致的轮廓和方向，不愿意并且坚决反对规定未来社会的具体细节。

马克思深知，他所面临的任务是揭示历史发展的一般规律，揭示共产主义社会取代资本主义社会的历史必然性，而不是为某个国家具体地规划实现共产主义的道路，更不是描绘未来社会的详细蓝图。他反复强调，未来社会是一幅什么图景，将采取哪些具体措施，这完全应由当事人根据当时的条件来决定。

马克思、恩格斯关于未来社会的总的看法，或者说战略构想，一言以蔽之：未

---

① 马克思、恩格斯全集（36）[M]，北京：人民出版社，1974：419-420.

来社会是一个"自由人联合体"。具体说来，就是《共产党宣言》中的这段名言："代替那存在着阶级和阶级对立的资产阶级旧社会的，将是这样一个联合体，在那里，每个人的自由发展是一切人的自由发展的条件。"1894年，恩格斯的一位意大利友人致信恩格斯，征询他对未来社会的基本看法，恩格斯回答说，关于对未来社会的基本看法，除了从《共产党宣言》中摘出这段话外，再也找不出合适的词句了。可见，尽管马克思、恩格斯没有使用社会主义本质这个概念，但在他们看来，社会主义的本质规定，或者说最根本的特点，就是在自由人联合体中实现人的自由全面发展。关于这一点，马克思多次阐述过。他们认为未来社会就是一个"以每个人的全面而自由的发展为基本原则的社会形式"①。马克思、恩格斯在这里强调的是未来社会的生存状态、生活方式和社会组织形式。在未来社会，由于生产力的巨大进步，由于消灭了阶级剥削和阶级对立，"人终于成为自己的社会结合的主人，从而也就成为自然界的主人，成为自身的主人——自由的人"。只是从这时起，"人在一定意义上才最终地脱离了动物界，从动物的生存条件进入真正人的生存条件"，"人们才完全自觉地自己创造自己的历史"②。恩格斯这里讲的自由，有三重含义，一是，相对于必然的自由，即人与自然的关系；二是，相对于社会关系的自由，即人与社会的关系；三是，相对于人自身的自由，即人类对自身的超越。由于生产力的进步和科学技术的发展，人类通过认识自然，进而改造自然，使自然为人类服务，从而超越了自然，成为自然的主人，从自然界获得了自由。由于消灭了阶级剥削和阶级压迫，人们从社会关系的奴役下解放出来，成为自己社会结合的主人，从而从社会中获得自由，人一旦成为自己社会关系的主人，个人利益就不再与他人利益和社会利益相对立，个人的发展就不再妨碍他人的发展或者牺牲他人的发展。而是个人利益与他人利益相一致，个人发展目标与社会发展目标相一致。这就是每个人的自由发展是一切人自由发展的条件的深刻内涵。

在马克思、恩格斯看来，未来新社会的创立，将全面改造人类的生存环境及人本身，不仅要改造社会经济关系，还将改造人的思想、人的观念以及人的行为方式。将创造一个崭新的社会、一代全新的人，将全面提高人的科学文化素养和道德素质，将全面提升人的生存方式和生活方式，人们可以自由地支配自身，自由自主地从事生产和生活，即"成为自身的主人"。

马克思、恩格斯以唯物史观为指导，针对资本主义社会存在的弊端，在论证社

---

① 马克思、恩格斯全集（23）[M]. 北京：人民出版社，1972：649.
② 马克思、恩格斯全集（3）[M]. 北京：人民出版社，1995：757-760.

会主义必然代替资本主义的历史规律时，对未来社会主义的基本轮廓，即什么是社会主义作过若干科学的预见，主要有六个方面：

第一，社会主义是在资本主义社会基础上产生的，生产力的高度发达是社会主义的物质基础。也就是说，社会主义是资本主义充分发展的产物，是生产力高度发展的产物。他们认为，生产力的巨大增长和高度发展，是建立社会主义社会"绝对必须的实际前提"。如果没有生产力的巨大发展，社会主义社会"将没有任何物质前提，它将建立在纯粹的理论上面，就是说，将纯粹是一种怪想"。没有生产力的巨大进步和普遍交往的发展，"那就只会有贫困的普遍化，而在极端贫困的情况下，就必须重新开始争取必需品的斗争，也就是说，全部陈腐的东西又要死灰复燃"①。

第二，生产资料归全社会共同占有。社会主义社会消灭了资本主义私有制，生产资料归整个社会占有，实现了全体社会成员对生产资料的平等关系。他们认为，社会主义社会与资本主义社会具有决定意义的差别是在生产资料公有制的基础上组织生产。

第三，满足全体社会成员的需要，是社会主义生产的根本目的。在马克思看来，建立社会主义社会，就是为了让全体人民生活得更美好。

第四，实行按劳分配的原则，即等量劳动领取等量产品。

第五，社会主义社会将实行计划经济，没有商品和货币。

第六，社会主义社会中人们将获得自由和全面的发展。资本主义社会存在着许多弊端，其中最大的弊端是由于社会的片面发展而造成了人的畸形发展，即在社会物质财富日益增长的同时，人的价值却在不断贬值。未来社会主义社会由于实行生产资料公有制，社会生产力大大提高，消灭了阶级和阶级差别，消除了奴隶般的社会分工，因而社会成员可以得到自由和全面的发展。

这是马克思、恩格斯对未来社会主义所做的预测。我们应该看到，一方面，这些预见是在科学解释资本主义基本矛盾和人类社会发展规律的基础上提出来的，因此它不同于空想社会主义。现在看来，这些预测，在最主要方面，是符合实际的。另一方面，马克思、恩格斯对未来社会主义社会的预见，是以欧美"文明国家"的革命同时发生为条件，以高度发达的资本主义经济和优秀的人类文明成果为前提的。但实践中的社会主义是在生产力落后的国家中发生的，因此，他们对未来社会的某些预测和设想，实践证明也是不切实际的。

---

① 马克思、恩格斯全集（1）[M]. 北京：人民出版社，1995：39.

（二）列宁对社会主义的实践探索和重新认识

俄国十月革命前，列宁全面接受了马克思、恩格斯关于社会主义社会的基本观点。在十月革命胜利以后，社会主义理想首先在东方经济文化相对落后的国家变为现实。怎样在经济文化相对落后的国家建设社会主义，便成了列宁和布尔什维克党人首先面临的重大课题。在十月革命胜利以后，列宁根据当时的形势，制定了"战时共产主义政策"，试图在小农经济占优势的国家里，跨过商品经济阶段，直接实行共产主义原则。但是，后来列宁很快发现，这样做根本行不通。经过十月革命后短短几年创建社会主义制度的实践，列宁深有感触地说，他关于社会主义的整个看法根本改变了。于是，列宁提出了著名的"新经济政策"，试图利用商品货币关系，利用资本主义成果来建设社会主义。列宁对社会主义的认识之所以发生根本转变，最深刻的根源是俄国社会主义建设的实践与科学社会主义理论出现了差异。列宁的实践是在经济文化都比较落后的俄国建设社会主义。这就同马克思、恩格斯对几个最发达的资本主义国家的无产阶级同时取得政权后建立的新社会所作的预测产生了矛盾，这是社会主义理论与社会主义实践的矛盾。列宁是一位彻底的辩证唯物论者。面对这样一个新的现实，列宁鲜明地指出：社会主义在实践中。他强调，现在工人和农民正在用自己的双手建设社会主义。今天只能根据经验来谈论社会主义。对于俄国来说，社会主义已经从书本和纲领变成了实际的工作，根据书本争论社会主义纲领的时代已经过去了。"现在一切都在于实践，现在已经到了这样一个历史关头：理论在变为实践，理论由实践赋予活力，由实践来修正，由实践来检验。"①列宁依据俄国建设社会主义的新的实践经验，对社会主义的新认识，主要表现在六个方面：

第一，无产阶级政党在夺取政权以后，只要条件允许，应始终把经济文化建设作为工作重心，放到一个极为重要的地位。

第二，提高劳动生产率，是社会主义社会的根本任务。列宁指出：在任何社会主义革命中，当无产阶级夺取政权的任务解决以后，必然要把创造高于资本主义社会经济制度的根本任务提到首位，这个根本任务就是提高劳动生产率。因为只有创造比资本主义制度更高的劳动生产率，才能最终地过渡到共产主义，这毕竟是新社会战胜旧社会最根本的东西。

第三，在社会主义条件下，文明的合作社制度，就是社会主义制度。

第四，在一个经济文化比较落后的国家进行社会主义建设时，还必须利用商品

---

① 列宁选集（3）[M]. 北京：人民出版社，1995：398.

和货币，必须大力发展商品生产和商品交换，否则，便不能迅速地提高生产力，从而也就不能建立强大的社会主义物质基础。

第五，利用资本主义创造的文明成果建设社会主义。资本主义在其发生发展的几百年间，创造了极其丰富的文明成果。在经济文化落后国家建设社会主义，必须大胆借鉴、充分吸收资本主义国家创造的一切优秀成果。这样才能赶上并超过资本主义国家。列宁指出"社会主义能否实现，就取决于我们把苏维埃政权和苏维埃管理组织同资本主义最新的进步的东西结合得好坏"[①]。他还指出：我不知道别的什么社会主义，只知有一种社会主义，即接受了资本主义一切优秀成果的那样一种社会主义。他还使用一个公式来说明什么是社会主义，即"乐于吸收外国的好东西：苏维埃政权＋普鲁士铁路秩序＋美国的技术和托拉斯组织＋美国的国民教育等……＋……＋＝总和＝社会主义"。[②]

第六，改良（即改革）是推动社会主义社会发展的主要手段。列宁指出，在无产阶级革命时期，改良只是革命斗争的副产品，在无产阶级夺取政权后的社会主义建设时期，改良上升为推动社会主义事业发展的主要手段。实践证明，列宁依据俄国建设社会主义的初步实践，对社会主义的再认识，思路是正确的，结论是可贵的。可惜，由于列宁的早逝，这种积极的探索中断了。

（三）斯大林对社会主义的界定

斯大林创建了第一个社会主义的实践形式，人们通常称之为斯大林模式。斯大林模式坚持了社会主义的基本制度和根本原则，是社会主义的一种模式。从整个社会主义发展史来看，这是一个贡献。这个模式是在特殊历史条件下形成的，对于迅速实现国家的工业化，奠定苏联社会主义的物质基础，取得反法西斯战争的胜利，起到了巨大作用。但是，斯大林把苏联在特定历史条件下形成的社会主义模式当作任何国家任何时期社会主义建设都必须仿效的唯一模式，搞"唯苏独社""唯苏独尊"，不切实际地向外推广，使本来应当生机勃勃的社会主义实践，僵化了、凝固了，限制了人民群众和共产党人的积极性和创造性的发挥。长期以来，人们对于生机勃勃、极为丰富的社会主义的认识变成了几句教条，即社会主义＝公有制＋计划经济＋按劳分配。由于斯大林在国际共运史上的特殊地位，上述认识成为关于社会主义的正统观念和普遍原则，深深地影响了几乎所有的社会主义国家，对国际共产主义运动的发展产生了不良影响。在我国，1978 年十一届三中全会之前，这种关于

---

① 列宁选集（3）[M]. 北京：人民出版社，1995：170-171.

② 列宁选集（3）[M]. 北京：人民出版社，1995：520.

社会主义的传统观念，一直占据支配地位，直到今天，仍然影响着相当一些人的思想和行动。

（四）毛泽东对社会主义的探索

中国是在经济文化十分落后的半殖民地半封建社会的基础上建设社会主义的，与马克思、恩格斯设想的社会主义建设条件有着重大的差别，因此，必须把马克思主义基本原理同中国具体实际相结合，努力探索和找到适合中国国情的、具有中国特色的社会主义建设道路。新中国成立之初，由于缺乏经验，我们中国共产党人基本上接受了斯大林关于社会主义的观念，在社会主义建设中，基本上照搬了苏联模式。但到了20世纪50年代中期，中国社会主义建设的实践使我们党的领导层开始意识到苏联体制的弊端以及斯大林有关社会主义的理论观点，不完全符合中国实际，于是更多地进行了自己的探索努力。毛泽东提出过许多关于中国社会主义建设的重要观点，涉及政治、经济、文化、国防、外交、党建等各个方面。他曾经认识到发展生产力的重要性，依据我国社会主义建设的初步实践，结合苏联的经验，提出了中国式工业化道路这一精辟深刻的思路；还把中国社会主义的发展分为不发达社会主义阶段与发达社会主义阶段；提出要把经济文化落后的中国转变为一个现代化的国家需要上百年时间等重要论断。但是，由于后来国内外形势的变化，毛泽东逐渐放弃了他早期的一些正确观点，而且由于受苏联模式的影响，在很长一段时间内，在我国的社会主义实践中存在着忽视发展生产力、片面强调阶级斗争的错误倾向。毛泽东对社会主义本质没有明确的表述，他在论及社会主义基本矛盾时，提出了对社会主义具有决定意义的几个要素：社会主义公有制和按劳分配、社会主义计划经济、人民民主专政的国家制度和法制，以及以马列主义为指导的社会主义意识形态等。实际上这些是对社会主义的特征描述。以毛泽东为代表的中国共产党人对于中国社会主义建设所作的初步探索并提出的许多有重要理论价值的思想观点，尽管有的还是不够成熟的设想，有的并未付诸实施，有的后来也没能坚持下去，但它们都为后来的探索做了开创性工作，有着十分重要的理论和实践价值。正如邓小平指出的："现在我们还是把毛泽东同志已经提出、但是没有做的事情做起来，把他反对错了的改正过来，把他没有做好的事情做好。今后相当长的时期，还是做这件事。当然，我们也要发展，而且还要继续发展。"[1]

---

[1] 邓小平.邓小平文选（2）[M].北京：人民出版社，1991：300.

二、改革开放的伟大实践与邓小平对社会主义本质理论的突破

1978 年，十一届三中全会推开尘封的大门，拉开了改革开放的帷幕。改革开放以来，中国共产党遇到的首要的基本问题，就是"什么是社会主义，怎样建设社会主义"。这个问题的核心，是如何认识社会主义的本质。何谓本质？唯物辩证法告诉我们，本质是事物内部最深刻、最稳定、最高层次的东西，是贯穿于事物发展全过程、决定事物性质和发展的根本属性。社会主义本质是社会主义最高层次的概念，是社会主义最为根本的范畴，它对于回答社会主义的一切问题具有根本性和决定性的指导意义。社会主义本质搞不清，社会主义的其他问题就辩不明。胡锦涛在纪念党的十一届三中全会召开 30 周年大会上的讲话中指出："马克思主义是我们立党立国的根本指导思想。坚持和巩固马克思主义指导地位，是党和人民团结一致、始终沿着正确方向前进的根本思想保证。同时，马克思主义只有同本国国情和时代特征紧密结合，在实践中不断丰富和发展，才能更好发挥指导实践的作用。"[①] 社会主义本质理论，既不是从天上掉下来的，也不是从书本上抄来的，而是我们党在改革开放中悟出的新知、讲出的新话。

改革开放面临的一系列崭新课题，迫切要求我们党从社会主义本质的高度做出回答。翻开《邓小平文选》可以看到，论及"社会主义的本质"共有四处，反映出邓小平对社会主义本质的认识，是在思考改革开放面临的重大问题中，逐步清晰、渐显明朗的。改革开放之初，邓小平反思新中国成立后的经验教训，针对面临的种种思想障碍，强调指出："不解放思想不行，甚至包括什么叫社会主义这个问题也要解放思想。"[②]1980 年，邓小平在会见几内亚总统杜尔时指出："社会主义是一个很好的名词，但是如果搞不好，不能正确理解，不能采取正确的政策，那就体现不出社会主义的本质。"[③] 这是邓小平第一次提出"社会主义本质"的概念。1985 年，邓小平会见坦桑尼亚总统尼雷尔时，针对世界上对中国改革的两种评价指出："对内搞活经济，是活了社会主义，没有伤害社会主义的本质。"[④] 随着改革从农村进入城市，客观上要求突破传统的公有制模式，突破高度集中的计划经济体制，但在理论上遇到了重重阻力，改革实践呼唤理论的突破。1990 年邓小平指出："社会主义最大的优越性就是共同富裕，这是体现社会主义本质的一个东西。"[⑤] 这是邓小平第一次谈及

---

① 胡锦涛. 在纪念党的十一届三中全会召开 30 周年大会上的讲话 [N]. 人民日报，2008-12-19.
② 邓小平. 邓小平文选（2）[M]. 北京：人民出版社，1994：312.
③ 邓小平. 邓小平文选（2）[M]. 北京：人民出版社，1994：313.
④ 邓小平. 邓小平文选（3）[M]. 北京：人民出版社，1993：135.
⑤ 邓小平. 邓小平文选（3）[M]. 北京：人民出版社，1993：364.

社会主义本质的内涵。随着我国改革开放走向深入，旧体制的弊端明显暴露，迫切要求把社会主义市场经济作为我国经济体制改革的目标。1992年，邓小平在南方谈话中，在指出社会主义也可以搞市场经济的同时，首次深刻精辟地阐述了社会主义本质的内涵，明确指出："社会主义的本质，是解放生产力，发展生产力，消灭剥削，消除两极分化，最终达到共同富裕。"[①] 这一经典概括，如同石破天惊，一扫改革开放遇到的犹疑和困惑，如同雪消冰融，引发一江春水向东流。至此，改革开放进入了新天地。邓小平对社会主义本质这一重要命题的崭新界定，是一种新的科学论断。邓小平对社会主义本质的概括，既继承了科学社会主义的基本原则，又总结了社会主义建设的历史经验，尤其是中国社会主义建设的历史经验，是对科学社会主义理论的一个重要贡献，把人们对社会主义本质的认识提高到了一个新的水平。为什么说邓小平的社会主义本质观是一种新的科学论断呢？这是因为：

第一，邓小平是从生产力与生产关系的统一中来把握社会主义本质的。特别突出地强调解放生产力和发展生产力，纠正了过去多年来离开生产力抽象地谈论社会主义，脱离生产力的要求，片面地强调生产关系的变革，把许多束缚生产力发展、本来不属于社会主义本质属性的东西当作"社会主义的原则"加以固守这些错误，吸取了把许多有利于生产力发展的东西当作"资本主义复辟"加以反对的历史教训，把发展生产力视为社会主义的根本任务，把发达的生产力视为巩固和发展社会主义的基础。邓小平强调指出："经济长期处于停滞状态总不能叫社会主义。人民生活长期停止在很低的水平总不能叫社会主义"，"根据我们自己的经验，讲社会主义，首先就是要使生产力发展，这是主要的。只有这样，才能表明社会主义的优越性"。这就抓住了中国人民浴血奋战创建社会主义制度的根本，集中反映了中国社会主义初级阶段的基本国情，集中体现了现阶段全体中国人民富民强国的迫切要求和强烈愿望，从而也拓展了人们对社会主义的认识。

第二，邓小平的社会主义本质观，是从建立社会主义制度的目的和实现其目的的途径之中统一来把握社会主义本质的。社会主义学说从它诞生的那一天起，就憧憬并设计了一种更美好的社会，在那个社会中，全体人民都过着幸福美好的生活。马克思、恩格斯也反复申明，之所以要建立社会主义制度，就是为了让人们生活得更美好。邓小平也反复强调指出，贫穷不是社会主义，发展太慢也不是社会主义，"社会主义原则，第一是发展生产，第二是共同富裕"。在邓小平的社会主义本质观中，包含着建设社会主义的目的和实现这一目标的基本途径这两个方面。目标是共

---

① 邓小平.邓小平文选（3）[M].北京：人民出版社，1993：373.

同富裕，即使全体劳动人民过上幸福美好的生活。实现这一目标的基本途径是通过解放和发展生产力。而解放和发展生产力是基础，是首要任务。因此，邓小平的社会主义本质观，用一句话概括就是：通过解放和发展生产力达到共同富裕。这既反映了中国社会主义初级阶段的实际，又从社会生产的目的上指明了社会主义制度与一切剥削阶级统治的社会的本质差别。这就是说，邓小平的社会主义本质观有两个要点：一是解放和发展生产力；二是共同富裕。

第三，邓小平的社会主义本质观体现了效率与公平的统一。资本主义制度的优点，就在于它充分利用了人们对个人利益的不懈追求，在资本主义制度下最大限度地刺激了人们的生产积极性和创造性，这种积极性和创造性成为推动生产力发展的主要动力，从而大大提高了劳动生产率，较好地解决了效率问题。但是，在资本主义制度内，还不能从根本上解决社会公平问题。社会主义思潮的诞生，就是对资本主义社会产生的社会不平等进行批判的产物。其本意就是建立一个更加合理、更加公正的社会制度，解决在生产力高度发展以后的社会公平问题，即不是使少数人，而是使多数人生活得更美好。正如邓小平所指出的那样："社会主义不是少数人富起来、大多数人穷，不是那个样子。社会主义最大的优越性就是共同富裕，这是体现社会主义本质的一个东西。"解放和发展生产力是解决效率问题，共同富裕是解决公平问题。通过解放和发展生产力，达到共同富裕，就是效率与公平的统一。在中国社会主义初级阶段，因为生产力水平比较低，这就决定了其根本任务，首要的问题是发展生产力。因此，我们在效率与公平的相互关系上，提出"效率优先，兼顾公平"。让一部分人、一部分地区通过辛勤劳动合法经营先富起来的政策，就是基于这种考虑。

第四，邓小平的社会主义本质观，是从社会主义制度的功能和作用，即人们为什么要花那么大的代价去建立一个社会主义制度的角度来认识社会主义的，即是从根本上论证社会主义的价值取向，就是说，人们苦苦追求的社会主义社会是干什么的？它又能够做些什么？因此，他对社会主义本质的界定是从建立社会主义制度的目的性出发的，都是用的动宾结构：解放生产力、发展生产力、消灭剥削、消除两极分化、最终达到共同富裕，而且把社会主义本质的实现视为一个动态的过程，一个不断发展逐步实现的过程。

第五，邓小平关于社会主义本质的重新界定，突破了长期笼罩在社会主义理论上的种种传统观念，为人们根据新的实际、新的实践重新认识社会主义开辟了道路，为中国改革和发展奠定了理论基础。既然社会主义的本质是解放生产力，发展生产力，那么不利于解放和发展生产力的，或者说束缚生产力发展的理论、观念、政策措施，都不具有社会主义本质属性，都不应该当作"社会主义原则"加以固守。首先是计划经济不能作为社会主义的本质特征。邓小平指出："计划多一点还是市场多一点，不是社会主义与资本主义的本质区别。计划经济不等于社会主义，资本主义也有计划；市场经济不等于资本主义，社会主义也有市场。计划和市场都是经济手段。"这就从根本上解除了把市场经济当作资本主义基本特征的思想束缚，明确了我国经济体制改革的目标——建立社会主义市场经济体制。从而结束了长达14年的艰苦探索和激烈争论，即解决了中国改革向何处去的问题。改革一开始，我们只知道从哪里来，即从"十年文革"造成的废墟中走出来，但当时并不清楚到哪里去，因此提出"摸着石头过河"的改革思路，就是边走、边看、边实践、边总结，对的坚持，错的赶快改，不足的加把劲，因为当时别无选择，是被逼上改革之路的。

第六，有关邓小平社会主义本质观的几个认识问题。邓小平对社会主义本质的界定，是依据社会主义建设的历史经验，尤其是中国社会主义建设的历史经验，有很强的现实针对性。长时期以来，我们脱离生产力水平和生产力发展，片面界定社会主义的基本特征，使我国人民和中华民族付出了沉重的代价，吃尽了苦头。正是为了纠正这种偏差，吸取这个教训，才突出地强调解放生产力和发展生产力这个社会主义的根本任务。邓小平对社会主义本质的界定，是从我国改革开放和现代化建设的现实需要出发，为党在社会主义初级阶段的基本路线和基本纲领奠定更为扎实的理论基础，为进一步深化改革、扩大开放、加快发展扫清思想障碍，要害是不能教条主义地对待马克思、恩格斯的某些论述和纠缠于姓"社"姓"资"的抽象争论，关键是要正确看待计划与市场的关系问题。这一点从邓小平论述问题的角度来看，表现得很明显。邓小平鲜明地指出："计划和市场都是经济手段。……社会主义要赢得与资本主义相比较的优势，就必须大胆吸收和借鉴人类社会创造的一切文明成果，吸收和借鉴当今世界各国包括资本主义发达国家的一切反映现代社会化生产规律的先进经营方式、管理方法。"邓小平把计划与市场仅仅看作一种经济手段，并不将其作为一种社会制度的本质特征来看待，从而廓清了长期笼罩在人们对于社会主义与资本主义制度本质认识上的最大迷障，开启了第二次思想解放的闸门，解决了中国经济改革的目标模式，催发了第二轮改革潮，这一思想方法非常值得借鉴。在南方谈话的相关论述中，邓小平还有一个重要的思想方法：即，只要有利于解放和发展生产力，有利于社会主义赢得与资本主义相比较的优势，就必须大胆吸收和借鉴人类社会创造的一切文明成果，吸收和借鉴当今世界各国包括资本主义发达国家的一切反映现代社会化生产规律的先进经营方式、管理方法，目的是赢得社会主义的优势，吸收和借鉴是为其目的服务的手段。这一点，对于中国的理论创新、制度创新和技术创新都具有非常重要的启迪作用。有一点特别需要指出的是，邓小平在阐述他对社会主义本质的认识时为什么没有提及公有制？是不是他的一种疏忽？这是一个不少人感到困惑的问题。实际上，这并不是由于疏忽，而恰恰是一种深思熟虑的结果。其一，在邓小平看来，社会主义就其本质而言，有两个要点，一是解放和发展生产力；二是共同富裕。而所有制相对于这两个要点而言，只不过是途径或手段。马克思为什么主张用公有制代替私有制？这是因为，在马克思看来，资本主义私有制束缚生产力发展，公有制更有利于解放和发展生产力，更有利于全体人民的富裕和幸福。其二，邓小平一向务实，他只讲他看准的东西，他深知自己在中国的分量和影响，不愿意束缚后人的手脚。因为实践中的两种公有制形式，即所谓全民所有制和集体所有制效果均不理想。因此，在讲社会主义本质时，有意避开了公有制，便于留待后人探索，自己得出结论。也正由于此，才有了后来我国在公有制实现形式多样化上的重大突破。

鉴于邓小平首先是一位政治家、战略家，他在界定社会主义本质时是从现实需要出发的，有着很强的针对性。因此，这个本质观并不是从纯学理的角度为社会主义本质下一个完整的定义，而是强调社会主义本质的最主要方面、中国改革开放实践中最需要的方面，其内涵中并未包含社会主义本质的全部。所以，邓小平对社会主义本质的界定，只是反映了当时阶段中国共产党对社会主义本质的认识，随着时间的推移，随着社会主义现代化建设的全面展开和实践中的进一步深入，人们无疑必将继续拓展和深化对社会主义本质的认识。

三、新世纪中国共产党在社会主义本质认识上的进一步丰富发展

（一）关于建设社会主义新社会本质要求的新概括

进入 21 世纪，中国总体上跨入小康社会，在解决人民温饱问题之后，经济、政治、文化、社会全面协调发展的问题突出出来，人自身的全面发展问题也凸显出来。实践在一个新的层次上展开，必然要求理论进入一个新的起点。以江泽民同志为核心的中央领导集体坚持和发展了邓小平的社会主义本质论。江泽民在 2001 年"七一"讲话中指出：共产主义社会，将是物质财富极大丰富，人民精神境界极大提高，每个人自由而全面发展的社会；社会主义社会是共产主义社会的低级阶段，因此，社会主义社会要努力促进人的全面发展；实现人的自由全面发展是共产主义的

远大目标，需要经过一个漫长的过程。"我们建设有中国特色社会主义的各项事业，我们进行的一切工作，既要着眼于人民现实的物质文化生活需要，同时又要着眼于促进人民素质的提高，也就是要努力促进人的全面发展。这是马克思主义关于建设社会主义新社会的本质要求。"① 这一重要论述，明确了社会主义与人的全面发展的关系，与马克思主义关于未来社会是"以每个人的全面而自由的发展为基本原则的社会形式"② 的崇高理想一脉相承。这一科学论断，把我们党对社会主义本质的认识进一步引向深入。这一对社会主义本质的新认识，既坚持了科学社会主义基本原则，又对过去的认识有了重大突破：一是把社会主义社会和共产主义社会的本质贯通了，都是着眼于人的发展。作为无产阶级解放的性质和条件的学说，科学社会主义关于社会主义（即共产主义）社会的本质规定就是实现人的自由全面发展。这是进步人类的共同追求，是人类社会发展的必然趋势。二是把社会主义本质与中国特色社会主义本质贯通了。中国特色社会主义是科学社会主义的一种实践形式，我们坚持科学社会主义基本原则，根本上是要坚持社会主义本质规定，把促进人的自由全面发展作为中国特色社会主义的本质。三是把推进人的全面发展与社会发展联系起来了，反映了人的发展和社会发展的规律，体现了我们党的最高纲领与最低纲领的统一。

完全实现人的全面发展需要经过一个漫长的过程。我国社会主义制度是在经济文化比较落后的基础上建立的，现在还处在初级阶段，也就是建设中国特色社会主义漫长历史过程中的初始阶段，把人的全面发展作为发展目标和前进方向，需要创造各方面的条件。江泽民在"七一"讲话中指出："推进人的全面发展，同推进经济、文化的发展和改善人民物质文化生活，是互为前提和基础的。人越全面发展，社会的物质文化财富就会创造得越多，人民的生活就越能得到改善，而物质文化条件越充分，又越能推进人的全面发展。社会生产力和经济文化的发展水平是逐步提高、永无止境的历史过程，人的全面发展程度也是逐步提高、永无止境的历史过程。这两个过程相互结合、相互促进地向前发展""我们要在发展社会主义社会物质文明和精神文明的基础上，不断推进人的全面发展"③。

总之，江泽民同志关于建设社会主义新社会本质要求的新概括，是对社会主义历史经验的深刻总结，是对马克思主义关于人的发展理论的继承与创新，充分体现

---

① 江泽民.论党的建设[M].北京：中央文献出版社，2001：523.
② 马克思、恩格斯全集（23）[M].北京：人民出版社，1972：649.
③ 江泽民.论党的建设[M].北京：中央文献出版社，2001：523.

了我们党对社会主义建设的规律、对人类社会的发展规律在认识上达到的新水平。

（二）提出以人为本的原则和"社会和谐是中国特色社会主义的本质属性"重要论断

党的十六大以来，随着对社会主义与人的全面发展的关系以及以人为本的认识不断拓展和深化，我们对社会主义本质和社会主义价值的认识也不断升华。2003年党的十六届三中全会提出了科学发展观，强调坚持以人为本，促进人的全面发展。2006年党的十六届六中全会把以人为本作为构建和谐社会的首要原则。2007年，胡锦涛的"6·25讲话"和党的十七大都把以人为本作为科学发展观的核心。我们党强调，坚持以人为本，就是要贯彻全心全意为人民服务的根本宗旨，始终把实现好、维护好、发展好最广大人民的根本利益作为党和国家一切工作的出发点和落脚点，尊重人民主体地位，发挥人民首创精神，保障人民各项权益，走共同富裕道路，促进人的全面发展，做到发展为了人民、发展依靠人民、发展成果由人民共享。提出以人为本的原则和最高价值取向，突出了社会主义本质的主体向度，体现了人的自由而全面发展的要求。

党的十六大以来，还提出了"中国特色社会主义本质属性"的概念，丰富了中国特色社会主义本质的内涵。2006年党的十六届六中全会通过的《中共中央关于构建社会主义和谐社会若干重大问题的决定》和党的十七大都明确提出"社会和谐是中国特色社会主义的本质属性"。把社会和谐作为中国特色社会主义的本质属性，拓展了我们认识社会主义本质和本质属性的思路，具有重大而深远的意义。

首先，社会和谐是社会主义与资本主义的本质区别。将社会和谐作为中国特色社会主义的本质属性，反映了科学社会主义关于未来社会的本质规定性。社会主义是作为资本主义的对立物和代替物被提出来的，社会主义者在批判资本主义、预见社会主义时，始终把社会是否和谐作为两个社会形态之间的本质区别，认为社会和谐是社会主义的根本特征。马克思、恩格斯揭示了人类社会发展的客观规律，认为作为资本主义的对立物和代替物的未来社会是一个人与人、人与社会、人与自然之间都应形成和谐关系的社会。马克思在《1844年经济学哲学手稿》中，把共产主义定义为"人与自然之间，人与人之间的矛盾的真正解决"。《共产党宣言》明确提出，"代替那存在着阶级和阶级对立的资产阶级旧社会的，将是这样一个联合体，在那里，每个人的自由发展是一切人的自由发展的条件"。可见，社会和谐是科学社会主义的基本思想，党中央将社会和谐作为中国特色社会主义的本质属性，反映了科学社会主义关于未来社会的本质规定性。

其次，经济社会全面发展是社会主义的本质要求。将社会和谐作为中国特色社会主义的本质属性，从社会的角度丰富和发展了我们党关于社会主义本质的理论。随着经济改革的不断深入，我国经济结构和社会结构发生了重大的变化，社会阶层分化加快，社会矛盾日益凸显，中国共产党对社会建设的认识进一步深化，并将社会建设与社会主义本质联系起来。党的十六大将"社会更加和谐"纳入全面建设小康社会的奋斗目标。党的十六大以来，新一届党中央形成了构建社会主义和谐社会的重大战略思想，将社会建设纳入中国特色社会主义的总体布局，提出了"民主法治、公平正义、诚信友爱、充满活力、安定有序、人与自然和谐相处"的社会主义和谐社会的总要求。在此基础上，党的十六届六中全会明确提出"社会和谐是中国特色社会主义的本质属性"，进一步深化了中国共产党对社会主义本质的认识，丰富了党关于社会主义本质的理论。

最后，将社会和谐作为中国特色社会主义的本质属性，对于指导我们在中国特色社会主义道路上实现社会主义现代化具有重大而深远的意义。这一重要论断进一步凸显了社会建设在中国特色社会主义总体布局中的地位和作用，使中国共产党关于中国特色社会主义总体布局（经济建设、政治建设、文化建设、社会建设"四位一体"）的理论进一步充实和完善，成为指导我们通过推动社会建设与经济建设、政治建设、文化建设协调发展，从整体上推进中国特色社会主义事业的强大思想武器；这一重要论断也进一步明确了社会主义现代化国家"富强民主文明和谐"的根本特征。

（三）对中国特色社会主义道路、理论、制度的提炼概括

2007 年，党的十七大在深刻总结党的历史经验的基础上，对中国特色社会主义道路、中国特色社会主义理论体系作了高度的提炼概括。党的十八大在此基础上，对中国特色社会主义道路、中国特色社会主义理论体系、中国特色社会主义制度作了进一步的新概括："中国特色社会主义道路，就是在中国共产党领导下，立足基本国情，以经济建设为中心，坚持四项基本原则，坚持改革开放，解放和发展社会生产力，建设社会主义市场经济、社会主义民主政治、社会主义先进文化、社会主义和谐社会、社会主义生态文明，促进人的全面发展，逐步实现全体人民共同富裕，建设富强民主文明和谐的社会主义现代化国家。中国特色社会主义理论体系，就是包括邓小平理论、"三个代表"重要思想、科学发展观在内的科学理论体系，是对马克思列宁主义、毛泽东思想的坚持和发展。中国特色社会主义制度，就是人民代表大会制度的根本政治制度，中国共产党领导的多党合作和政治协商制度、民族区域

自治制度以及基层群众自治制度等基本政治制度，中国特色社会主义法律体系，公有制为主体、多种所有制经济共同发展的基本经济制度，以及建立在这些制度基础上的经济体制、政治体制、文化体制、社会体制等各项具体制度。"①

与此同时，党的十八大还对中国特色社会主义道路、理论、制度三者关系进行了阐述："中国特色社会主义道路是实现途径，中国特色社会主义理论体系是行动指南，中国特色社会主义制度是根本保障，三者统一于中国特色社会主义伟大实践。"党的十八大报告进而强调在新的历史条件下要夺取中国特色社会主义新胜利，必须牢牢把握以下八个方面的基本要求：

（1）必须坚持人民主体地位。中国特色社会主义是亿万人民自己的事业。要发挥人民主人翁精神，坚持依法治国这个党领导人民治理国家的基本方略，最广泛地动员和组织人民依法管理国家事务和社会事务、管理经济和文化事业、积极投身社会主义现代化建设，保障人民权益，更好保证人民当家做主。

（2）必须坚持解放和发展社会生产力。解放和发展社会生产力是中国特色社会主义的根本任务。要坚持以经济建设为中心，以科学发展为主题，全面推进经济建设、政治建设、文化建设、社会建设、生态文明建设，实现以人为本、全面协调可持续的科学发展。

（3）必须坚持推进改革开放。改革开放是坚持和发展中国特色社会主义的必由之路。要始终把改革创新精神贯彻到治国理政的各个环节，坚持社会主义市场经济的改革方向，坚持对外开放的基本国策，不断推进理论创新、制度创新、科技创新、文化创新以及其他各方面创新，不断推进我国社会主义制度自我完善和发展。

（4）必须坚持维护社会公平正义。公平正义是中国特色社会主义的内在要求。要在全体人民共同奋斗、经济社会发展的基础上，加紧建设对保障社会公平正义具有重大作用的制度，逐步建立以权利公平、机会公平、规则公平为主要内容的社会公平保障体系，努力营造公平的社会环境，保证人民平等参与、平等发展权利。

（5）必须坚持走共同富裕道路。共同富裕是中国特色社会主义的根本原则。要坚持社会主义基本经济制度和分配制度，调整国民收入分配格局，加大再分配调节力度，着力解决收入分配差距较大问题，使发展成果更多更公平惠及全体人民，朝着共同富裕方向稳步前进。

（6）必须坚持促进社会和谐。社会和谐是中国特色社会主义的本质属性。要把

---

① 胡锦涛.坚定不移沿着中国特色社会主义道路前进　为全面建成小康社会而奋斗[M].北京：人民出版社，2012：13.

保障和改善民生放在更加突出的位置，加强和创新社会管理，正确处理改革发展稳定关系，团结一切可以团结的力量，最大限度增加和谐因素，增强社会创造力，确保人民安居乐业、社会安定有序、国家长治久安。

（7）必须坚持和平发展。和平发展是中国特色社会主义的必然选择。要坚持开放的发展、合作的发展、共赢的发展，通过争取和平国际环境发展自己，又以自身发展维护和促进世界和平，扩大同各方利益汇合点，推动建设持久和平、共同繁荣的和谐世界。

（8）必须坚持党的领导。中国共产党是中国特色社会主义事业的领导核心。要坚持立党为公、执政为民，加强和改善党的领导，坚持党总揽全局、协调各方的领导核心作用，保持党的先进性和纯洁性，增强党的创造力、凝聚力、战斗力，提高党科学执政、民主执政、依法执政水平。

党的十八大对中国特色社会主义道路、理论、制度的提炼概括，以及上述"八个方面的基本要求"，反映了中国共产党领导广大人民群众对中国特色社会主义实践的探索不断推向深入，也有助于深化我们对中国特色社会主义本质的相关认识。

（四）"中国共产党的领导是中国特色社会主义最本质的特征"

党的十八大以来，以习近平同志为核心的党中央团结带领全党全军全国各族人民，面对国内外一系列复杂的环境变化，不忘初心，砥砺奋进，统筹推进"五位一体"总体布局、协调推进"四个全面"战略布局，经济保持中高速增长，国内生产总值稳居世界第二，人民生活不断改善，6000多万贫困人口稳定脱贫，民主法制、思想文化、生态文明、中国特色大国外交等方面建设成效显著，取得了改革开放和社会主义现代化建设的历史性成就。经过改革开放40多年探索，我们逐渐认识到中国共产党在体现和实现中国特色社会主义本质中的重要性。习近平总书记指出："中国共产党的领导是中国特色社会主义最本质的特征，是中国特色社会主义制度的最大优势。"[1]这一论断深刻揭示了党的领导同社会主义本质之间的内在关联。当下，我国将进入为建设社会主义现代化强国而努力的新阶段。我们必须从以下几个方面理解中国共产党的领导同社会主义本质之间的内在关系。

（1）最本质特征和本质既有联系，又有区别。本质是指中国特色社会主义的根本属性；最本质特征具体是指最能体现中国特色社会主义根本属性的特征。因此，中国共产党的领导是中国特色社会主义的最本质体现，也最能反映和深刻把握社会

---

[1] 习近平.决胜全面建成小康社会　夺取新时代中国特色社会主义伟大胜利——在中国共产党第十九次全国代表大会上的报告 [N].人民日报，2017-10-28（001）.

主义的本质。坚持社会主义本质，首要的就是要坚持党的领导地位不动摇。中国的事情要办好，关键在党。离开中国共产党的领导，中国特色社会主义本质要求就难以实现，就难以有效应对社会主义道路上的各种风险和挑战。

（2）社会主义本质是社会主义社会的基本规律，是中国共产党带领广大人民群众在社会主义实践探索中得出的宝贵经验，始终引领和指导着中国共产党按照社会主义本质要求来建设中国特色社会主义。因而，中国特色社会主义本质探索和践行的主体是中国共产党，中国共产党的领导是最高政治领导力量，是社会主义政治制度的最大优势，因而应始终贯穿于实现中国特色社会主义本质的各项工作之中。

（3）共产党的领导是我们区分科学社会主义和其他各种形式的社会主义的重要依据。坚持科学社会主义就必须坚持党的领导，坚持中国特色社会主义就必须坚持"四项基本原则"不动摇。否定共产党的领导，也就违背了社会主义的本质，违背了最广大人民群众的根本利益。因此，判断一个国家是不是真正的社会主义，主要看其是否坚持共产党的领导。

（4）必须始终按照社会主义的本质要求推进中国共产党的建设。坚持社会主义是共产党领导的基本原则，实现社会主义是中国共产党领导的根本目标。偏离社会主义的本质要求，党的领导就会有风险。因此，要保持党的领导地位不动摇，就必须按照社会主义本质要求推进党的建设。做到始终保持党的初心使命不变，始终坚定党的政治立场不动摇。做到既不走封闭僵化的老路，也不走改旗易帜的邪路，要坚定不移走中国特色社会主义道路。

（5）从新使命看，新时代需要党有新作为。离开党的领导，中华民族伟大复兴的目标就难以实现。是历史和人民选择了中国共产党，也赋予了其强有力的政治领导地位，因而其肩负着巨大的政治责任。中国共产党领导广大人民建设中国特色社会主义强国，必须始终彰显社会主义的本质要求。这一本质要求不是空洞的、抽象的，而是体现在中国特色社会主义现代化强国的各环节之中，需要发挥中国共产党人的实干奋斗精神。

站在新的历史起点上，党的十九大回答了我们要高举什么样的旗帜，我们坚持和发展什么样的中国特色社会主义，怎样坚持和发展中国特色社会主义的重大时代课题，从而，也为中国特色社会主义本质赋予了新时代内涵。

第一，步入新时代，我们必须贯彻落实中国特色社会主义本质要求，坚定不移地走中国特色社会主义道路不动摇。方向决定道路，道路决定命运，中国特色社会主义道路是我们党和人民历尽千辛万苦、付出巨大代价探索出来的道路，弥足珍贯。彰显中国特色社会主义本质，必须坚持中国共产党的领导，立足基本国情，以经济建设为中心，坚持四项基本原则，坚持改革开放，解放和发展社会生产力，建设社会主义市场经济、社会主义民主政治、社会主义先进文化、社会主义和谐社会、社会主义生态文明、促进人的全面发展，逐步实现全体人民共同富裕，建设富强民主文明和谐的社会主义现代化强国。

第二，步入新时代，中国共产党要"不忘初心，牢记使命"，坚持为中国人民谋幸福，为中华民族谋复兴。"全党要更加自觉地增强道路自信、理论自信、制度自信、文化自信"，"保持政治定力，坚持实干兴邦，始终坚持和发展中国特色社会主义"，"要坚定信心，奋发有为，让中国特色社会主义展现出更加强大的生命力"[①]；"以永不懈怠的精神状态和一往无前的奋斗姿态，继续朝着实现中华民族伟大复兴的宏伟目标奋勇前进"[②]；"要坚忍不拔、锲而不舍，奋力谱写社会主义现代化新征程的壮丽篇章"；要"居安思危、勇于创新"，永不僵化、永不停滞，团结带领全国各族人民决胜全面建成小康社会，奋力夺取新时代中国特色社会主义伟大胜利。

总之，坚持中国特色社会主义本质必须坚定不移地走中国特色社会主义道路，这是历史的结论、人民的选择，关系到中国人民和中华民族的前途命运。新时代，坚持中国特色社会主义本质要一以贯之，独立自主走自己的路，不断开创和发展中国特色社会主义新局面。自邓小平1992年初提出社会主义本质观以来，中国共产党对社会主义本质的认识也逐步走向深入，不断把握人类社会发展规律和社会主义建设规律，不断丰富和完善着我们对社会主义本质的认识。

四、在推进中国特色社会主义实践中深化对社会主义本质的认识

与对社会主义本质的认识密切相关，值得我们讨论的一个重要问题是关于社会主义核心理念的概括提炼的问题。所谓核心理念，就是一个社会占统治地位的核心价值观，就是一种社会制度普遍遵循的基本原则，或者说一种文化区别于另一种文化的基本原则。这是比社会制度更深层的东西，社会制度就是在这些核心理念的指导下由统治集团所做的制度安排，一种社会制度的核心理念是相对稳定的，是一种普遍原则，而遵循这些原则所进行的制度建构又可能是多种多样的。因为原则是一种基本理念，是一种价值观，而这种原则和理念要转化为社会制度的实践，又必须与各个国家、各个民族的具体情况相结合，在不同文化背景、不同民族传统、不同

---

① 中共中央宣传部.习近平新时代中国特色社会主义思想三十讲[M].北京：学习出版社，2018：5.
② 中共中央宣传部.习近平新时代中国特色社会主义思想三十讲[M].北京：学习出版社，2018：5.

发展水平的不同国度，其制度安排会表现出不同特色。

以资本主义制度为例。现在世界上有100多个资本主义国家，或者说属于资本主义性质的国家，法国的资本主义不同于德国的资本主义，德国的不同于美国的，美国的不同于日本的，日本的不同于拉美的，拉美国家又不同于非洲的，可谓形形色色、千姿百态。但这并不妨碍他们把自己统称为资本主义制度。因为在这些形式的种种不同背后又有着普遍的"同"。这个"同"，就是他们有着共同的价值观，有着共同的核心理念，有着普遍认同的基本原则。各个国家的社会制度，都是这些普遍原则在本国的具体化，都是按照这些核心理念进行的制度安排。他们之间呈现出的不同形式，只是这些基本原则在同本国实际相结合过程中表现出来的不同特色。

那么，资本主义社会的核心理念，或者普遍强调遵循的基本原则是什么呢？初步可以概括为：一是崇尚自由；二是个体本位；三是财产私有；四是主权在民；五是多数决定；六是法律至上；七是权力制衡。这些都是当初资产阶级作为上升的新生阶级在反对封建主义的斗争中提出来的口号主张，无疑具有其巨大的进步意义，在资产阶级掌握了统治权之后，一定程度上也就成为资本主义建构其制度和社会政治运行要遵循和体现的基本原则，其中许多也体现了人类社会的共同价值追求。

但应当指出的是，资本主义制度从出生到发展，已经历了400多年的发展历史，虽然各资本主义国家在践行这些理念和原则的过程中至今仍存在着的各种现实问题和种种缺陷，如金钱对政治的腐蚀，使资产阶级民主难以克服其"虚伪"的本质；对个体本位、个人权利的过度强化必然导致极端个人主义；私有制最终将成为社会不平等、两极分化产生发展和严重化的根源；权力制衡在一些政客手里，也会演变成一种彼此争权夺利的工具，极端情况下甚至造成政治运转不灵等等。但实事求是地说，现实资本主义制度在实践这些核心理念过程中，应该说还是有一些比较成熟、比较典型发展积累，也不能说一无是处、未有兑现，如在社会法治方面的成就。而社会主义制度从俄国十月革命算起，才近百年，中国的社会主义建设才70余年。社会主义制度就其发展而言，处在初级阶段，尚不完善。我们对社会主义制度的认识也还是初步的，很不成熟的。然而，社会主义制度既然是一种新型的社会制度，就应该有其特有的核心理念，有其特有的核心价值观，有其特有的基本原则。否则，它就难以成为一个独立的社会形态。

根据科学社会主义的基本原理，以及社会主义建设的历史经验，社会主义社会的核心理念或者基本原则或可作如下概括。

一是财产社会所有。这里的社会所有，既不是原来意义上的公有，也不是私有，而是让大部分社会成员拥有财产权。在当前中国社会实践中的具体形式就是股份制和股份合作制，即以劳动者个人财产为基础的合作占有制。

二是一切权力属于人民。社会主义作为一种与以往的社会制度相比较更为理想的社会制度，无疑应是体现现代社会民主本质要求的社会制度形式，人民是国家的主人，国家的一切权力属于人民，社会主义必须体现和实现人民当家做主的要求。中华人民共和国作为一个实行社会主义制度的国家，其实行人民民主专政的国家性质决定了国家的各级立法机关、行政机关、司法机关以及各种社会组织的各种权力均来源于人民，应当全心全意地为人民谋福利，为人民服务。

三是共创共富共享。社会主义必须体现社会财富共创共享要求，社会主义应是一个人人平等的社会，人人都应通过自己的劳动去创造美好生活，社会主义最终必须消灭剥削现象，同时还要防止造成社会贫富过于悬殊，更不能使社会出现两极分化。关于这一点，早在一个半世纪之前，马克思、恩格斯就明确指出：社会主义运动是"为绝大多数人谋利益"的运动，未来社会要实现"一切人的自由发展"。因此，中国共产党人致力于社会主义建设的根本目的，就是造福于全体人民，使全体国民都能依靠自己的劳动创造过上幸福富裕的生活。

四是实现社会公正。社会主义思潮的兴起，就是为了克服资本主义制度缺陷所导致的不公正、不公平等弊端。因此，社会主义必须高举社会公正的旗帜，采取切实措施，克服现实中出现的种种社会不公正现象。联系我国当前的实践，强调社会公正显得尤为重要。

五是以人为本，促进人的自由全面发展。社会主义社会不仅是一个物质富裕的社会，更应该是政治制度更加民主、人们的精神境界更加高尚、社会关系更加和谐、社会生活环境更加美好、人们的综合素质更高的新型社会形态；归根结底，应是一个能够促进全体公民自由全面发展的社会形态。

对社会主义本质的继续探讨，离不开对社会主义核心理念问题的研究，社会主义核心理念体现的是社会主义的核心价值追求，而社会主义本质与社会主义的核心价值追求应该是一致的。

同时，对社会主义本质的继续探讨，也需要联系对中国特色社会主义基本特征的分析，中国特色社会主义基本特征是社会主义本质在中国的实践体现，中国特色社会主义是不是或在多大程度上反映社会主义本质要求，这是关乎中国社会发展方向的大事。中华人民共和国成立至今的 70 多年，中国社会生活的主旋律，就是建设中国特色社会主义。中国共产党人和中国人民的奋斗目标，用一句话来概括，就是要把中国建设成为一个具有中国特色的社会主义现代化国家。

从新中国成立之初毛泽东、周恩来提出要把中国从落后的农业国转变为先进的工业国，到邓小平在20世纪80年代提出"三步走"、70年基本实现现代化的战略构想，到党的十六大、十七大、十八大、十九大提出全面建设与建成小康社会的战略任务，都是围绕建设中国特色社会主义现代化强国展开的，要讲中国共产党的一脉相承，其脉就在这里。那么，中国特色社会主义的基本特征是什么呢？

中国特色社会主义，就是指社会主义的核心理念或基本原则在与中国社会主义现代化建设实践相结合的过程中形成的中国风格和中国特点，是中国人民在社会主义现代化建设实践中的独特创造。对中国特色社会主义的探索和建设，开始于毛泽东时代，形成于邓小平时期，推进于20世纪90年代，目前仍在探索与建设之中。

依据社会主义的核心理念，总结社会主义现代化建设的实践经验，根据我们目前已经获得的认识，中国特色社会主义在实践中呈现出的基本特征可以作如下概括。

第一，中国特色社会主义的建设需要经历一个比较长的社会主义初级阶段。这一初级阶段大约需要100年时间，这个时期的根本任务是集中精力持续、快速、高效、协调地发展生产力，基本实现国家的社会主义现代化。

第二，中国特色的社会主义经济制度具有三个主要特征：一是以生产资料社会所有为主体，多种所有制经济共同发展的混合所有制结构；二是按劳分配与按生产要素分配相结合的多元分配体制；三是以国家宏观调控为主导的现代市场经济制度，或者说社会主义市场经济体制。

第三，中国特色的社会主义政治制度有四个显著特征：一是以中国共产党为核心领导（本质特征）；二是以人民代表大会制度为根本的政治制度；三是中国共产党领导的多党合作和政治协商制度；四是逐步建立高度民主、法制完备的社会主义政治体制。政治发展的目标，就是建设社会主义政治文明和法治国家。

第四，中国特色的社会主义文化主要有五个特征：一是坚持以马克思主义为指导思想；二是坚持为人民大众服务、为社会主义建设服务的方向和"百花齐放、百家争鸣"的方针；三是以中华传统文化为背景继续发扬民族优秀传统文化又充分体现社会主义时代精神；四是坚持文化的现代化方向，充分吸收人类一切优秀文化成果，尤其是近代西方现代化过程中创造的一切优秀文化成果和具有时代特点的人文精神；五是创造人民大众的、健康积极的、科学文明的生活方式。社会主义文化建设的目标，是提高全体国民的文化道德素质，提升中华民族的整体文明水平。

第五，坚持以人民为中心是坚持和发展中国特色社会主义的根本立场，永远把人民对美好生活的向往作为奋斗的目标，依靠人民创造历史伟业，朝着实现全体人民共同富裕不断迈进，群众路线是党的生命线和根本工作路线，习近平总书记指出："时代是出卷人，我们是答卷人，人民是阅卷人。"[①] 人民始终是我们党工作的最高裁决者和最终评判者。

第六，中国特色的社会主义所要致力构建的社会是一个和谐社会。这一和谐社会则是一个"民主法治、公平正义、诚信友爱、充满活力、安定有序、人与自然和谐相处的社会"。

第七，实现中华民族伟大复兴的"中国梦"是坚持和发展中国特色社会主义的奋斗目标。中国共产党义无反顾地肩负起实现中华民族伟大复兴的历史使命，"中国梦"的本质是国家富强、民族振兴、人民幸福。

当前，中国特色社会主义已步入新时代，中国人民历来把自己的前途命运同各国人民的前途命运紧密联系在一起，中国共产党始终把为人类作出新的更大的贡献作为自己的使命。在新时代，中国与世界的关系发生深刻变化，我国同国际社会的互联互动空前紧密，成为促进世界和平发展的强大力量，必须统筹国内国际两个大局，坚持和平发展道路，在坚定推进中国特色社会主义伟大事业的进程中，推动构建人类命运共同体。

中国特色社会主义最重要的、最鲜明的特征，概而言之就是：走自己的路。中国从自己和别人的历史经验教训中，深切地体会到：只有将科学社会主义的基本原则与中国特殊国情有机结合，才能找到一条真正适合自己的社会主义发展道路。因此，根据科学社会主义的基本原则，遵循邓小平思考社会主义本质的思路，我们党对社会主义的一系列新的认识成果，关于社会主义本质这个根本问题可以作如下概括：社会主义本质是"解放和发展生产力，逐步达到共同富裕，不断实现社会民主、文明、公正、和谐、共享，以人为本，促进人的自由全面发展"。当然，这个概括有很大的讨论余地，仅反映的是我们今天获得的认识，随着中国特色社会主义事业的发展，还将继续深化对此的认识。

总之，正如任何客观事物的发生、发展都有一个过程，其本质的显露也有一个过程。同时，本质自身也在不断发展，对本质的认识需要不断深化。社会主义本质的显露和我们对社会主义本质的认识也有一个不断深化的过程。巩固和发展社会主义制度，需要我们几代人、十几代人甚至几十代人坚持不懈地努力奋斗。中国特色社会主义是在我们党领导人民进行伟大社会革命100年的实践中得出来的，中国共

---

① 人民日报评论部. 论学习贯彻习近平总书记"1·5"重要讲话 [M]. 北京：人民出版社，2018：18.

产党一经成立，就把实现共产主义作为党的最高理想和最终目标，义无反顾肩负起实现中华民族伟大复兴的历史使命，进行了艰苦卓绝的伟大社会革命与实践，社会主义是一个不断发展和完善的过程，社会主义本质的实现也是一个长期的过程。恩格斯指出："所谓'社会主义社会'不是一种一成不变的东西，而应当和任何其他社会制度一样，把它看成是经常变化和改革的社会。"①社会主义本质的实现具有过程性，必须经过一个长期的历史发展的动态过程才能逐步实现。由邓小平首先提出，经江泽民、胡锦涛、习近平等丰富发展的社会主义本质论，没有穷尽真理，也不可能穷尽真理。科学的真理观决不是"终极的绝对真理"，而是思想武器，它为继续探究真理、发现真理，继续深化对社会主义本质的认识开辟了无限广阔的道路。习近平总书记在庆祝建党 95 周年讲话中指出："实践发展永无止境，我们认识真理、进行理论创新就永无止境。今天，时代变化和我国发展的广度和深度远远超出了马克思主义经典作家当时的想象。同时，我国社会主义只有几十年实践、还处在初级阶段，事业越发展新情况新问题就越多，也就越需要我们在实践上大胆探索、在理论上不断突破。"②

当前，我们既站在新的历史起点上，也面临逐步显现的深层次矛盾，机遇和挑战并存，迫切要求我们继续解放思想，深化对社会主义本质的认识。中国特色社会主义，既坚持了科学社会主义基本原则，又根据时代条件赋予其鲜明的中国特色，以全新的视野深化了对共产党执政规律、社会主义建设规律、人类社会发展规律的认识，从理论和实践结合上系统回答了在中国这样人口多底子薄的东方大国建设什么样的社会主义、怎样建设社会主义这个根本问题，使我们国家快速发展起来，使我国人民生活水平快速提高起来。实践充分证明，中国特色社会主义是当代中国发展进步的根本方向，只有中国特色社会主义才能发展中国。中国特色社会主义是中国共产党人在对社会主义本质深刻认识基础上的理论和实践结晶。

参考文献：

1. 马克思恩格斯选集 [M]. 北京：人民出版社，1995.

2. 列宁全集 [M]. 北京：人民出版社，1985.

3. 邓小平 . 邓小平文选（3）[M]. 北京：人民出版社，1993.

4. 江泽民 . 论党的建设 [M]. 北京：中央文献出版社，2001.

---

① 马克思恩格斯选集（37 卷）[M]. 北京：人民出版社，1971：443.
② 习近平 . 在庆祝中国共产党成立 95 周年大会上的讲话 [M]. 北京：人民出版社，2016：07.

5. 胡锦涛 . 高举中国特色社会主义伟大旗帜 为夺取全面建设小康社会新胜利而奋斗 [M]. 北京：人民出版社，2007.

6. 中共中央文献研究室 . 十六大以来重要文献选编（下）[M]. 北京：人民出版社，2005.

7. 胡锦涛 . 在纪念党的十一届三中全会召开 30 周年大会上的讲话 [N]. 人民日报，2008-12-19.

8. 胡锦涛 . 坚定不移沿着中国特色社会主义道路前进 为全面建成小康社会而奋斗 [M]. 北京：人民出版社，2012.

9. 石泰峰 . 中共中央党校讲稿选（6）[M]. 北京：中共中央党校出版社，2006.

10. 中共中央宣传部 . 习近平总书记系列重要讲话读本 [M]. 北京：学习出版社，2014.

11. 国务院新闻办公室，等 . 习近平谈治国理政 [M]. 北京：外文出版社，2014 .

12. 中共中央关于全面推进依法治国若干重大问题的决定 [M]. 北京：人民出版社，2014.

13. 习近平 . 在庆祝中国共产党成立 95 周年大会上的讲话 [M]. 北京：人民出版社，2016.

14. 中共中央宣传部 . 习近平新时代中国特色社会主义思想三十讲 [M]. 北京：学习出版社，2018.

思考题：

1. 为什么说邓小平的社会主义本质论把人们对社会主义本质的认识提高到了一个新的水平？

2. 新时代中国共产党在社会主义本质认识上有哪些方面的丰富发展？

3. 社会主义核心理念应包括哪些方面？为什么我们应继续深化对社会主义本质的认识？

4. 我国社会主要矛盾发生了哪些历史性变化？

中国特色社会主义的国情基础与发展实际

中国社会主义处于一个什么样的发展阶段，这一阶段社会的主要矛盾和根本任务是什么，应该制定什么样的路线方针政策以及发展战略？所有这些，都是改革开放前我们党进行过探索但又未能很好解决的问题。中国之所以会发生"文化大革命"等"左"的错误，一个重要的原因就是对我国社会主义发展阶段缺乏科学的、清醒的认识，制定的政策超越了社会主义的初级阶段。党的十一届三中全会以后，党对社会主义初级阶段基本国情的统一认识和准确把握，从整体上解决了我国社会主义发展的现实起点问题。习近平总书记指出："独特的文化传统，独特的历史命运，独特的基本国情，注定了我们必然要适合自己特点的发展道路。"[①] 这一重要论断，深刻揭示了中国特色社会主义的深厚历史渊源、广泛现实基础和客观发展规律。在党的十三大上，社会主义初级阶段理论的提出，丰富和发展了马克思主义关于社会发展阶段的理论，是中国共产党对当代中国国情的科学判断，同时，也为我们党制定路线、方针、政策提供了基本依据。

一、当代中国的基本国情及其特征趋势

国情是指一个国家在特定的历史时期内的社会性质及其所处的社会发展阶段，是自然地理环境、历史文化传统、社会经济发展状况以及国际关系等各个方面的总和。中国共产党领导的革命、建设和改革事业能否顺利发展，都与能否正确认识和把握基本国情密切相关。

早在民主革命时期，毛泽东就指出："认清中国的国情，乃是认清一切革命问题的基本的根据。"[②] 认识国情，最重要的是搞清楚现实社会的性质和发展阶段，认识社会主要矛盾和它的变化。正是以毛泽东为核心的党的第一代中央领导集体全面地、准确地把握了我国处于半殖民地半封建社会这一基本国情，才正确地解决了新民主主义革命的对象、任务、性质、动力和前途等一系列基本问题，引导中国革命

---

① 习近平在全国宣传思想工作会议上的讲话，2013-11-01.
② 毛泽东.毛泽东选集（2）[M].北京：人民出版社，1991：633.

取得了胜利。社会主义制度建立以后，也有一个如何认清国情、正确判断我国社会所处历史方位的问题。像中国这样一个脱胎于半殖民地半封建社会、经过新民主主义革命和时间不长的社会主义改造建立起来的社会主义国家，对它的基本国情应该怎样认识？我们党一直进行着极其艰苦和有益的探索，但直到十一届三中全会以前，总的来说仍处于不完全清醒的状态。我国处在社会主义初级阶段，是中国共产党对当代中国基本国情的科学判断。我们讲从实际出发建设社会主义，最大的"实际"就是这一基本国情。

（一）中国正处于并将长期处于社会主义初级阶段

社会主义初级阶段理论是在总结第一个社会主义国家建立以来的历史发展、特别是中国社会主义建设曲折发展的历史经验和教训的基础上逐步形成的。提出"社会主义初级阶段"这一具有特定内涵的新概念，在马克思主义发展史上是第一次。

在社会主义思想发展史上，最早提到社会主义发展阶段问题的是列宁。十月革命后，社会主义本身的发展阶段问题成为现实的实践问题。列宁认为，在经济落后的俄国，只能建成"初级形式的社会主义"，而不能立即建成"发达的社会主义"。这里包含着社会主义社会也要有一个由低级到高级、由不完备到比较完备的发展过程的思想。但是，列宁当时主要是回答俄国怎样过渡到社会主义的问题，还没有来得及具体分析社会主义制度建立以后的发展阶段问题，因而对这一思想未能作出进一步的阐发。

我国社会主义制度确立后，毛泽东曾比较正确地提出我国社会主义发展的阶段问题，他在 1956 年 1 月召开的知识分子问题会议上提出了我国的社会主义社会已经进入、尚未完成的思想。后来，他又明确地指出，我国社会主义制度只是"刚刚建立"，还没有"完全建成"，需要经过一段时间建立起现代工业和现代农业的基础，生产力得到比较充分的发展后，我们的社会主义经济制度和政治制度才算获得了比较充分的物质基础，社会主义社会才算从根本上建成了。但由于我国当时刚刚进入社会主义社会，没有足够的经验使我们能够对社会主义建设和社会主义社会的发展规律有很清楚的认识。因此，关于社会主义发展阶段的思想没有能够坚持和得到进一步发展。

党的十一届三中全会以后，在总结新中国成立以来历史经验和改革开放以来新的实践经验的基础上，党对我国社会主义所处的历史阶段进行了新的探索，逐步作出了我国还处于并将长期处于社会主义初级阶段的科学论断，准确地把握了我国的基本国情。

新时期党对社会主义发展阶段的认识经历了一个过程。党的十一届三中全会以后不久，邓小平就提出，底子薄、人口多、生产力落后，这是中国的现实国情，强调中国的现代化建设必然是长期的。叶剑英在庆祝新中国成立 30 周年大会上的讲话中也指出：我国社会主义制度还处在幼年时期，还不成熟、不完善，在我国实现现代化，必然要有一个初级到高级的过程。1981 年，党的十一届六中全会通过的《关于新中国成立以来党的若干历史问题的决议》，第一次提出我国社会主义制度还处于初级阶段。之后，1982 年党的十二大报告和 1986 年十二届六中全会通过的《关于社会主义精神文明建设指导方针的决议》，分别对这一阶段的内容作了一定的分析。但总的说来，这三次提出社会主义社会初级阶段或初级发展阶段时，都还没有把它作为建设中国特色社会主义的全局性问题加以把握，因而也还没有从理论上作为制定党的路线和政策的根本依据加以展开和发挥。

党的十三大召开前夕，邓小平强调指出："党的十三大要阐述中国社会主义是处在一个什么阶段，就是处在初级阶段，是初级阶段的社会主义。社会主义本身是共产主义的初级阶段，而我们中国又处在社会主义的初级阶段，就是不发达的阶段。一切都要从这个实际出发，根据这个实际来制订规划。"[①] 这个论述，第一次把社会主义初级阶段作为事关全局的基本国情加以把握，明确了这一问题是制定路线、政策的出发点和根本依据。

党的十五大再次强调社会主义初级阶段问题，指出，面对世纪之交改革攻坚和开创新局面的艰巨任务，我们解决种种矛盾，澄清种种疑惑，认识为什么必须实行现在这样的路线和政策，关键还在于对所处社会主义初级阶段的基本国情要有统一认识和准确把握。正是基于我国现在处于并将长期处于社会主义初级阶段这一基本认识，党的十五大制定了党在社会主义初级阶段的基本纲领，精辟地回答了什么是社会主义初级阶段中国特色社会主义的经济、政治和文化，以及怎样建设这样的经济、政治和文化，进一步统一了全党全国人民的思想。

当我国人民生活总体上达到小康水平后，党的十六大再次强调，我国正处于并将长期处于社会主义初级阶段，现在达到的小康还是低水平的、不全面的、发展很不平衡的小康，巩固和提高目前达到的小康水平，还需要进行长时期的艰苦奋斗。

党的十八大总结十年奋斗历程，再次指出，我们必须清醒认识到，我国仍处于并将长期处于社会主义初级阶段的基本国情没有变，人民日益增长的物质文化需要同落后的社会生产之间的矛盾这一社会主要矛盾没有变，我国是世界最大发展中国

---

① 邓小平. 邓小平文选（3）[M]. 北京：人民出版社，1993：252.

家的国际地位没有变。这"三个没有变"是对中国基本国情的清醒定位和科学认识，是准确观察问题、作出正确决策的出发点和落脚点。随着中国特色社会主义进入新时代，我国社会主要矛盾已经转化为人民日益增长的美好生活需要和不平衡不充分的发展之间的矛盾。在社会主要矛盾发生变化的情况下，习近平在党的十九大报告中再次强调："我国社会主要矛盾的变化，没有改变我们对我国社会主义所处历史阶段的判断，我国仍处于并将长期处于社会主义初级阶段的基本国情没有变，我国是世界最大发展中国家的国际地位没有变。"要求全党牢牢把握社会主义初级阶段这个基本国情，牢牢立足社会主义初级阶段这个最大实际，为把我国建设成为富强民主文明和谐美丽的社会主义现代化强国而奋斗。

（二）当前中国发展的阶段性特征和趋势性变化

社会主义制度的发展和完善是一个长期的历史过程。社会主义初级阶段是一个相当长的历史发展阶段，在发展进程中必然还要经历若干具体的发展阶段，不同时期会显现出不同的阶段性特征。这种动态的发展过程，是由量变积累引起部分的质变，在新的基础上再由新的量变积累引起新的部分质变的过程。党的十七大从八个方面分析和概括了新世纪新阶段我国发展呈现出的新的阶段性特征。一是经济实力显著增强，同时生产力水平总体还不高，自主创新能力还不强，长期形成的结构性矛盾和粗放型增长方式尚未根本改变；二是社会主义市场经济体制初步建立，同时影响发展的体制机制障碍依然存在，改革攻坚面临深层次矛盾和问题；三是人民生活总体上达到小康水平，同时收入分配差距拉大趋势还未根本扭转，城乡贫困人口和低收入人口还有相当数量，统筹兼顾各方面利益难度加大；四是协调发展取得显著成绩，同时农业基础薄弱、农村发展滞后的局面尚未改变，缩小城乡、区域发展差距和促进经济社会协调发展任务艰巨；五是社会主义民主政治不断发展、依法治国方略扎实贯彻，同时民主法制建设与扩大人民民主和经济社会发展的要求还不完全适应，政治体制改革需要继续深化；六是社会主义文化更加繁荣，同时人民精神文化需求日趋旺盛，人们思想活动的独立性、选择性、多变性、差异性明显增强，对发展社会主义先进文化提出了更高要求；七是社会活力显著增强，同时社会结构、社会组织形式、社会利益格局发生深刻变化，社会建设和管理面临诸多新课题；八是对外开放日益扩大，同时面临的国际竞争日趋激烈，发达国家在经济科技上占优势的压力长期存在，可以预见和难以预见的风险增多，统筹国内发展和对外开放要求更高。党的十七大强调指出，经过新中国成立以来特别是改革开放以来的不懈努力，我国取得了举世瞩目的发展成就，从生产力到生产关系、从经济基础到上层建筑都发生了意义深远的重大变化，但我国仍处于并将长期处于社会主义初级阶段的基本国情没有变，人民日益增长的物质文化需要同落后的社会生产之间的矛盾这一社会主要矛盾没有变。当前我国发展的阶段性特征，是社会主义初级阶段基本国情在新世纪新阶段的具体表现。只有既牢牢把握社会主义初级阶段这个大的历史阶段，又认真分析不同时期具体的阶段性特征，才能准确判断我国社会发展的主流和方向，并据以制定正确的发展战略和政策。

目前，我国发展取得了举世瞩目的巨大成就，未来发展前景持续光明，这是由发展的长期支撑条件决定的。同时也要清醒认识到，经济发展新常态下出现了明显的趋势性变化，中期存在一些不容忽视的风险挑战，国民经济将经历调整转型的考验。

1. 经济长期向好基本面没有改变。

一是我国产业体系、基础设施等物质技术基础比较完备，人力资源丰富，总储蓄率持续处于较高水平，具有进一步推动发展的较好条件和雄厚基础。二是我国"大国经济"的韧性、潜力和回旋余地巨大，有 14 亿多人口的内需市场，正处于新型工业化、信息化、城镇化、农业现代化"四化"同步发展阶段，中等收入群体正在崛起，消费结构升级孕育巨大需求，城乡和区域发展不平衡存在可观发展空间，有利于培育形成发展的强大动力。三是中国特色社会主义具有更加明显的制度优势，全面深化改革、全面依法治国和全面从严治党将不断释放更多的制度红利和发展潜力，宏观调控体系持续完善和能力进一步增强，能够有效应对发展过程中碰到的各种困难和挑战。

2. 经济发展方式转变的压力更加明显。

"十三五"时期，我国经济发展处于传统动力弱化而新动力生成的调整期，面临经济下行和转型升级双重压力，周期性和结构性双重矛盾特征突出，加快转变经济发展方式，促进经济结构调整升级，解决发展不平衡、不协调、不可持续问题，已经迫在眉睫。

一是原有低成本要素优势逐步减弱。过去 30 多年经济高速增长，是充分利用劳动力、土地等低成本要素优势，在经济全球化的背景下有效发挥后发优势的结果。当前和今后一个时期，人口老龄化加快，劳动年龄人口总量持续下降，劳动力和土地等要素成本将不断上升，依赖低成本要素大规模投入的粗放发展模式已经难以为继，塑造新要素竞争优势的紧迫性大大增强。

二是结构性矛盾更加突出。随着经济发展进入新常态，创新能力不强、技术进步对经济发展带动力偏弱问题凸显；产业结构不合理、产能过剩问题突出；城乡与区域发展还不够平衡，中西部同东部地区的发展差距依然很大，老少边穷地区仍存在大量贫困人口。这些结构性矛盾已经开始拖累经济发展，并将制约经济持续发展后劲，埋下经济风险隐患。

三是资源环境约束趋紧。我国能源资源瓶颈制约加剧，主要能源和矿产资源对外依存度持续提高，水资源等短缺问题不断显现。生态环境恶化趋势没有得到根本扭转，城市空气质量不达标，水和土壤污染加剧，地面沉降、水土流失、土地沙化、草原退化等生态问题严重，自然灾害频发，生态环境承载能力已经达到或接近上限，人民群众对良好生态环境的要求更加迫切。

四是经济运行潜在风险增多。经济增速换挡，下行压力加大，使得经济运行中的矛盾和风险"水落石出"，逐步显现。企业经营效益下滑，财政收支压力加大，地方政府、产能过剩行业等债务大幅增加，银行不良资产上升，亏损企业退出带来失业压力加大，一些区域和行业面临的困难增多，都加剧了未来经济社会发展的不稳定和不确定性。

五是社会事业发展和社会治理能力建设相对滞后。经济社会发展不协调问题仍然突出，基本公共服务供给不充分，社会保障体系有待继续完善，收入差距较大，消除贫困任务艰巨等问题突出。在社会结构和利益格局深刻变动、社会管理环境深刻变化的新背景下，社会矛盾和冲突易发多发，加强和创新社会治理、实现共享发展的紧迫性大大增强。此外，公民文明素质和社会文明程度有待提高，法治建设有待加强，领导干部思想作风和能力水平有待提高等，也是制约我国未来发展的重要因素。

综合看，"十三五"时期，世情、国情深刻变化下的时和势总体于我有利，我国发展仍然处于可以大有作为的重要战略机遇期，但战略机遇期的内涵已发生深刻变化，它不再是依靠原有要素低成本优势、依赖规模扩张外延发展的机遇，而是通过提升教育和人力资本素质、实施创新驱动发展的机遇；不再是单纯依靠扩大出口、吸引外资加快发展的机遇，而是扩大内需、实现结构优化和动力转换的机遇；不再是依靠简单加入全球产业分工体系发展的机遇，而是发挥大国影响力、积极参与全球治理和规则制定、保护和拓展我国发展利益主动发展的机遇。我们必须深刻认识和准确把握战略机遇期的这些变化，既增强信心，坚定不移地执行既定的长期发展战略，又主动适应环境变化，及时主动进行必要的策略调整，开拓进取，奋发有为，将机遇和潜力化为现实，将风险和挑战化为动力，继续集中力量把自己的事情办好。

二、当代中国的历史方位和重要战略机遇期

当代中国正在经历一个前所未有的时代，一方面，世界变革潮流更趋强劲，中国同外部世界利益融合进一步加深，相互影响、相互作用更加紧密；另一方面，中国经济社会飞速向前，民族复兴前景已然可期。"来而不可失者，时也。蹈而不可失者，机也。"如何在历史的关键点上抓住千载难逢的发展机遇，再现中华民族的历史辉煌，需要对当前中国所处的历史方位有清醒理性的认识、清晰准确的定位、审慎乐观的态度。

（一）当代中国的历史方位

历史方位是指一个国家、一个民族在历史发展进程中所处的位置。国家的进步只有从历史发展的坐标上去认识，才能更加准确；社会的变革只有从时代变化的对比中去把握，才能更加清晰。认清当代中国的历史方位，对于深刻认识当代中国的基本国情和未来走向具有重要的现实意义。

习近平总书记立足于"社会主义初级阶段"的总依据，针对当前中国发展的历史方位明确提出了"我们前所未有地靠近世界舞台中心，前所未有地接近实现中华民族伟大复兴的目标，前所未有地具有实现这个目标的能力和信心"的"三个前所未有"科学论断，在空间与时间、世界与历史的坐标上标示出当代中国在世界发展大势与民族复兴进程中的历史方位，科学回答了我们处于什么环境、站在什么方位、面临什么挑战等一系列基本问题。

今天的中国，前所未有地靠近世界舞台中心。在全球坐标上，正在崛起的中国不但已经成为世界体系不可或缺的一部分，更在国际舞台上扮演着至关重要的角色。中国与世界的关系正经历着历史性的深刻变化。1840年，西方列强用坚船利炮将中国拖入近代世界的秩序之中，曾经有着五千多年文明史的中国渐渐沦为半殖民地半封建社会。面对列强的军事侵略、政治控制、经济掠夺和文化渗透，中国只能孤立无助地任其宰割。灾难深重的中国长期处于世界边缘。

1949年中华人民共和国成立之后，废除了一切不平等条约，取消了帝国主义在华特权，从根本上改变了中国和世界关系的基础，为中国和其他各国建立平等互利的新型国家关系开辟了广阔道路，走上了崛起之路。从此，中华民族自立于世界民族之林，揭开了中国和世界关系的崭新篇章。1978年党的十一届三中全会胜利召开，党中央以巨大的政治勇气和理论勇气做出改革开放的历史性决策，开创和发展中国

特色社会主义。"中国因素""中国符号"日渐成为影响现代世界历史进程的重要力量之一。中国开始从世界舞台的边缘向中心迈进。

在改革开放40多年后的今天,世界正面对一个日新月异的中国。作为一个发展中的社会主义大国,中国的崛起与世界历史上任何大国的崛起都截然不同。中国不是通过损害他国利益来谋求自己的强盛,更不是实施对外扩张和掠夺来建立霸权,而是靠始终不渝地走和平发展道路来实现民族复兴的美好梦想。随着综合国力的稳步提升,越来越多的国家和人民愿意尊重中国声音,关心中国故事,认同中国道路,学习中国经验,中国的国际战略正在由"韬光养晦"变成"有所作为",在国际舞台上扮演更为关键的角色。时至今日,中国不再是处于世界体系边缘的旁观者,也不再是国际秩序被动的接受者,而是积极的参与者和建设者。

今天的中国,前所未有地接近实现中华民族伟大复兴的目标。在历史的坐标上,历经苦难与屈辱的中华民族正在中国共产党的带领下为实现国家富强、民族复兴、人民幸福的"中国梦"大步前进。

以党的十八大为标志,愈加成熟的中国共产党以"面向世界""面向未来"的主动姿态,坚持并发展中国特色社会主义体系,不断为中华民族的伟大复兴注入生机和活力。

今天的中国,前所未有地具有实现这个目标的能力和信心。在过去与未来的梦想交汇点上,中国对自己的未来和世界前景充满信心。近代史中屈辱的片段曾给中国人民的心灵蒙上了阴影,西方列强的欺凌又使之时常面临"亡国保种"的危机,酝酿出一种悲情、苦恨的情绪。同时,百余年中国人民反抗侵略,争取国家独立富强的过程又谱写了一幅波澜壮阔的历史画卷。中国的历史就是一部不断唤起自信、凝聚自信、坚定自信、升华自信的发展史。在农业时代创造灿烂文明,1840年以后一步步走向衰落,又从灾难深重中挣扎着站起来的中华民族,从内忧外患、一穷二白的困境中发展起来的中国人民,在中国共产党的领导下,经过30多年的改革开放、风雨兼程、创新发展,创造了人类经济发展史上的奇迹,走出了一条不同于西方发达国家的现代化之路。

历史已经证明,还将继续证明,中国有能力也有信心实现民族复兴的"中国梦"。这种自信,内生于中国特色社会主义理论体系,植根于中华文化的传统积淀,彰显于改革开放的伟大实践,直接来源于中国特色社会主义建设所取得的成就,具有很强的集聚、动员与感召效应,总能呈现出雄浑朴茂、厚积薄发的恢宏气象,是实现民族复兴伟大"中国梦"的旗帜引领和动力源泉。

时至今日，伴随着综合国力、民族凝聚力、国际影响力的不断提升，中国有充分的理由一扫民族复兴道路上的悲苦情绪，以更加开阔、宽厚的胸怀，更加积极、阳光的心态，去设计和实现有关未来的梦想。党的十八大明确提出，到中国共产党成立100年时实现全面建成小康社会，到新中国成立100年时建成富强民主文明和谐的社会主义现代化国家。"两个一百年"目标的确立，代表了党中央有信心也有能力带领中国人民早日实现民族伟大复兴的梦想。

"三个前所未有"的科学论断，既是历史经验的科学总结，也是展望未来的基本遵循。它指明了中国在世界历史和民族复兴中的历史方位，体现了党中央对错综复杂的国际局势和快速发展的国内形势的深刻把握。一方面，它指明中国正行走在民族振兴的正确道路上，只要继续坚定不移地走中国特色社会主义的发展道路，梦圆之时指日可待；另一方面，它又明确指出当前中国仍然处于社会主义初级阶段，"中国梦"的实现仍然需要克服各种负面因素，需要全国人民居安思危、同心同德、携手前行。当今世界，中国的崛起已是不争的事实，中国人民需要保持高度的冷静和理性，以更加自信、审慎的态度，做好应对复杂局势的智识准备和心理准备，以迎接新的挑战。因此，只有充分认识"三个前所未有"论断的基本内涵，以之为面对新形势、采用新思维、谋划新未来的基本理念，才能更好地把握世情、国情，在时代前进潮流中把握主动、赢得发展；才能凝聚起引领时代、改变时代的力量，奋发图强，不断开创中国特色社会主义事业新局面。

（二）中国发展的重要战略机遇期

任何国家的发展，都是机遇与挑战的统一。如何从纷繁复杂的国际国内发展局势中捕捉机遇，抓住机遇，创造发展的机会，反映着一国治国方略的智慧。党的十八大报告指出："综观国际国内大势，我国发展仍处于可以大有作为的重要战略机遇期。"这一战略判断为我国未来5—10年的发展确立了清晰而准确的战略方位。在这一思想指导下，中国在未来10年将坚定不移沿着中国特色社会主义道路前进，为全面建成小康社会而奋斗。

与此同时，党的十八大报告还清醒地认识到，新时期战略机遇期的内涵和条件已经发生了变化，突出强调："我们要准确判断重要战略机遇期内涵和条件的变化，全面把握机遇，沉着应对挑战，赢得主动，赢得优势，赢得未来，确保到2020年实现全面建成小康社会宏伟目标。"因此，如何准确判断重要战略机遇期内涵和条件的变化，成为十八大报告向全党提出的一项重要战略任务，必须切实抓紧抓好。

从国际看，各种风险积累交织，各国角力更为激烈，国际形势非常严峻。

首先，地缘政治、大国关系更为复杂敏感。随着我国综合国力持续增强，一些国家同我国的摩擦上升，那些国家不愿意看到中国发展壮大的势力，对我国的防范和戒备心理加重，联手对我国进行牵制和打压。我国和平发展的国际环境出现新变化，我们维护国家主权、安全、发展利益的任务加重。同时也要看到，虽然各种政治、经济、地缘因素相互交织，但世界政治经济形势总体上有利于维护世界和平与发展大局。对我国而言，中美关系出现紧张状态，中俄关系处于历史上最好的时期，中欧关系相对稳定，我们与各大力量战略互动中的有利地位没有改变。我们与绝大多数周边国家的关系处于深化合作之中，经济互补性不断增强，与非洲、拉丁美洲等发展中国家的传统友谊进一步巩固。我们完全可以利用这些积极因素，巩固和拓展重要战略机遇期来加快发展。

其次，全球尚处于国际金融危机后的深度调整期，全球需求增长和贸易增长乏力，但经济总体复苏趋势显现。习近平总书记指出："全球经济增长持续低于预期，潜在增长率下滑，国际贸易和投资低迷，世界经济可能出现多个引擎同时失速进而陷入停滞状态。"[①] 由于世界经济较快增长的时期已经过去，目前全球仍处国际金融危机后的深度调整期，主要国家去杠杆、去债务，全球需求增长和贸易增长乏力，保护主义抬头，市场成为最稀缺的资源，我们利用外部环境加快自身发展的条件发生改变。尤其是新冠疫情的冲击，各国经济发展陷入困顿状态。中共中央政治局会议明确提出："加快形成以国内大循环为主体、国内国际双循环相互促进的新发展格局。"面对相对复杂的国际经济形势，我们一方面要运用既有经贸规则妥善应对国际经贸摩擦；另一方面要把发展的立足点更多放在国内，更多依靠扩大内需带动经济增长，实现以内循环为主的国际国内双循环。

再次，利益博弈更为激烈，但全球治理体系深刻变革，国际力量对比趋向平衡。当前，国际经济合作和竞争格局正在发生深刻变化，全球经济治理体系和规则正在面临重大调整，各国之间的利益博弈将会更为激烈，利用原有规则促进我国发展的条件发生了深刻改变。现有的全球治理格局建立在布雷顿森林体系之上，其特征是西方主导、大国协调。但随着新兴经济体发展步伐日益加快，发展中国家的经济实力普遍增强，必然会推动全球经济治理体系改革完善，向着更加公平公正的方向前进。我国提出并正在实施的"一带一路"倡议得到60多个国家和地区的积极响应，亚投行、丝路基金等已显现出积极效果，这些都有利于包括我国在内的广大发展中国家参与全球经济治理，引导全球经济议程，争取国际经济话语权，保护和扩

---

① 习近平在亚太经合组织工商领导人峰会上的主旨演讲，2015.11.18.

大发展中国家的利益。

最后，科技能力比拼更趋白热化，但新一轮科技革命和产业变革孕育兴起为后发国家实现赶超提供了窗口期。世界新一轮科技革命和产业变革蓄势待发，一方面，国际金融危机后各主要发达国家着手推进更高起点的"再工业化"；另一方面，以新兴经济体为代表的广大发展中国家加快工业化进程，我国处于前有堵截后有追兵的境地，发展空间收窄。加之我国要素成本快速提高，资源环境压力日益增加，我们构筑在原有比较优势上的竞争能力正在发生改变。虽然我国现有创新能力不强，科技对经济社会发展的支撑能力不足，科技对经济增长的贡献率远低于发达国家水平，但历史发展经验表明，每一轮科技革命和产业变革都会引起世界各国综合实力的结构性变化，为后发国家提供有利的赶超窗口期。与前三次科技革命发生时期相比，我国的经济实力、科技状况、制度条件都已大为改观，只要能顺利完成发展模式从要素驱动向创新驱动的转变，我们就完全有可能成为新一轮科技革命和产业变革的领航者。

从国内看，虽然新常态背景下经济下行压力加大，但我国经济发展长期向好的基本面没有变，经济韧性好、潜力足、回旋余地大的基本特征没有变，经济持续增长的良好支撑基础和条件没有变，经济结构调整优化的前进态势没有变。总体而言，我国经济正在向形态更高级、分工更复杂、结构更合理阶段转换。我国发展重要战略机遇期，正在由原来加快发展速度的机遇转变为加快经济发展方式转变的机遇，正在由原来规模快速扩张的机遇转变为提高发展质量和效益的机遇。

首先，增长速度换挡的同时发展方式加快转变。进入新常态，我国经济增长由高速转为中高速，增长速度换挡不可避免。要正确认识增速换挡现象，并不是经济发展速度高一点，形势就"好得很"，也不是经济发展速度下来一点，形势就"糟得很"。问题的关键在于提高发展的质量和效益。诚然，粗放型经济发展方式曾经在我国高速增长过程中发挥过很大作用，但现在支撑发展的条件已经发生深刻变化，再按照过去那种粗放型发展方式来做，是不可持续的。经济发展方式从粗放向集约、从简单分工向复杂分工的高级形态演进是客观要求，必须加快形成引领经济发展新常态的体制机制和发展方式。通过转变经济发展方式，实现更高质量、更有效率、更加公平、更可持续的更高水平的发展，是中等收入国家跨越"中等收入陷阱"必经的阶段，是发挥我国经济巨大潜能和强大优势的必然要求。

其次，落后产能不断淘汰的同时经济结构优化升级。经过多年发展，我国经济结构优化升级步伐正在加快。从城乡结构来看，2019 年我国的城镇化水平首次超过

60%，进入了城镇带动农村发展的新时期。从区域结构来看，区域协调发展新格局基本形成。东中西部和东北地区都在积极寻找比较优势实现稳步发展，特别是"一带一路"、京津冀协同发展、长江经济带"三大战略"的实施，以及革命老区、民族地区、边疆地区、贫困地区加快发展，进一步优化了区域发展格局。从产业结构来看，积极构建产业新体系，各种新技术、新产业、新业态蓬勃发展。培育了一批战略性新兴产业，构建了现代农业产业体系，加快建设制造强国，加快发展现代服务业。第三产业的比重快速上升，成为国民经济第一大产业。三大产业的劳动生产率、科技进步贡献率不断提高，升级趋势明显。从企业组织结构来看，大企业强小企业多的格局已经形成。当然，看到成绩的同时也要看到问题，当前我国结构性产能过剩比较严重，"十四五"期间，供给侧结构性改革的重要性有增无减。

再次，新旧动力衔接转换的同时改革开放激发新的活力。当前我国正处于新旧发展动力转换的关键时期，发展动力要从主要依靠资源和低成本劳动力等要素投入转向创新驱动，这是我国发展阶段性特征的必然要求。新一轮科技革命带来的是更加激烈的科技竞争，如果科技创新搞不上去，发展动力就不可能实现转换，我们在全球经济竞争中就会处于下风。创新是引领发展的第一动力，必须把发展基点放在创新上，更多依靠大众创业万众创新激发内生动力，尽快培育新的经济增长点以实现可持续发展。面对新旧增长动力实现平稳衔接的关键任务，一方面，我们要系统推进各项改革向纵深发展。全面深化改革不仅是抓住战略机遇期的关键，而且能够通过改革激发新的制度、体制和机制优势，创造新的战略机遇。我们要加快推进有利于实现创新发展、协调发展、绿色发展、开放发展、共享发展的改革，加快推进有利于提高资源配置效率、提高发展质量和效益的改革，加快推进有利于充分调动各方面积极性的改革，加快推进有利于国家治理体系和治理能力现代化的改革。另一方面，我们要积极构建开放型经济新体制。面对经济全球化浪潮，我们要敞开胸怀拥抱世界，而不是孤立于世界之外，只有这样，才能抓住新的战略机遇。我们要继续坚持对外开放的基本国策，丰富对外开放内涵，提高对外开放水平，充分利用好国际国内两个市场、两种资源、两类规则。

"十四五"时期仍是我国发展面临的各方面风险不断积累甚至集中显露的时期。有效防范和化解各类风险，是我们利用好重要战略机遇期的前提。一是我国仍处于体制转轨、经济转型和既往政策消化期，新旧矛盾交织；二是全面深化改革要涉及重大利益关系调整，可能引发新的矛盾；三是改革发展步伐加快，经济社会面临的主要矛盾和矛盾的主要方面随之发生变化；四是伴随经济全球化深入推进，国际风险会以更快的速度、更大的规模和更深刻的影响传递到国内。各种风险往往不是孤立出现的，很可能是相互交织并形成一个风险综合体。为此，我们必须把防范风险摆在突出位置，着力提高防范风险的意识和化解风险的能力，力争把风险化解在源头，不让小风险演化为大风险，不让个别风险演化为综合风险，不让局部风险演化为区域性或系统性风险，不让国际风险演化为国内风险。

三、全面建成小康社会——为实现"中国梦"奠定坚实基础

党的十八大以来，面对世界经济复苏乏力、局部冲突和动荡频发、全球性问题加剧的外部环境，面对我国经济发展进入新常态等一系列深刻变化，以习近平同志为核心的党中央从坚持和发展中国特色社会主义全局出发，提出了全面建成小康社会、全面深化改革、全面依法治国、全面从严治党的战略布局。"四个全面"战略布局是有机联系、相互贯通的顶层设计，全面建成小康社会是处于统领地位的战略目标，深刻认识全面建成小康社会的重要性和紧迫性，深刻把握全面建成小康社会的新要求新机遇，主动适应经济发展新常态，坚持稳中求进工作总基调，切实把全面建成小康社会的各项决策部署落到实处，迎难而上，开拓进取，取得了改革开放和社会主义现代化建设的历史性成就，为实现"中国梦"奠定坚实基础。

（一）全面建设小康社会是实现"中国梦"的关键一步

首先，全面建成小康社会是中国人民梦寐以求的夙愿，是实现中华民族伟大复兴中国梦的重要里程碑。

党的十八大是在我国进入全面建成小康社会决定性阶段召开的一次十分重要的大会。以习近平同志为核心的新一届中央领导集体，励精图治、奋发进取，团结带领全党全国各族人民，在全面贯彻落实党的十八大精神中提出了实现中华民族伟大复兴的"中国梦"。习近平总书记指出："现在，全面建成小康社会的号角已经吹响，关键是要树立起攻坚克难的坚定信心，凝聚起推进事业的强大力量，紧紧依靠全国各族人民，推动党和国家事业不断从胜利走向新的胜利。"[①] 面对十分复杂的国际形势和艰巨繁重的国内改革发展稳定任务，如何凝聚力量、攻坚克难、全面建成小康社会？在这里，关键是对目标的认同，寻求最大公约数，抓住不同阶层人们的普遍愿望，取得共识。正是在这样的背景下，"中国梦"应运而生。习近平总书记提出的"中国梦"，把实现中华民族伟大复兴定为施政方向、把成就"中国梦"想当作未来愿景，充分反映了全党全国各族人民的共同心愿，深刻道出了中国近代以来历史发

---

① 习近平在全国政协新年茶话会上的讲话，2013-01-01.

展的主题主线，进一步揭示了中华民族的历史命运和当代中国的发展走向，为坚持和发展中国特色社会主义注入了新的内涵，从而在全国上下、国内国外引起强烈反响，具有强大的感召力、亲和力和凝聚力，成为凝聚全党全国各族人民团结奋斗的一面精神旗帜。

习近平总书记对什么是"中国梦"作了大量论述，内容博大精深。他指出："实现中华民族伟大复兴，是近代以来中国人民最伟大的梦想，我们称之为'中国梦'"；"实现全面建成小康社会、建成富强民主文明和谐的社会主义现代化国家的奋斗目标，实现中华民族伟大复兴的"中国梦"，就是要实现国家富强、民族振兴、人民幸福，既深深体现了今天中国人的理想，也深深反映了我国先人们不懈追求进步的光荣传统"；"中国已经进入全面建成小康社会的决定性阶段。实现这个目标是实现中华民族伟大复兴中国梦的关键一步"。这些重要论断告诉我们，"中国梦"是中华民族近代以来实现中华民族伟大复兴的伟大梦想，是过去、现在和未来的统一；全面建成小康社会是实现"中国梦"的阶段性目标，在实现"中国梦"中具有重要的历史地位，成为中国共产党带领全国各族人民共同奋斗的时代主题。

其次，全面建成小康社会是内涵丰富的崭新目标，展示了中国特色社会主义事业全面发展的美好前景。

"小康"是一个古老的词汇，源出《诗经》，是中国百姓对安定、幸福生活的恒久守望。社会主义制度的建立为实现这一愿景提供了可能。新中国成立以来，我们党为此进行了艰辛探索。党的十三大立足社会主义初级阶段的基本国情，根据邓小平同志"三步走"的战略构想，把"人民生活达到小康水平"上升为国家战略。经过近20年改革开放的伟大实践，我国在世纪之交实现了国民生产总值翻两番，人民生活总体上达到小康水平的目标。进入新世纪后，党的十六大提出"全面建设小康社会"的奋斗目标，并在第一个10年中取得一系列新的历史性成就，经济总量从世界第六位跃升到第二位，为全面建成小康社会打下了坚实基础。党的十八大顺应国内外形势的新变化，在十六大、十七大确立的全面建设小康社会目标的基础上，提出了全面建成小康社会目标的新的更高要求，即：经济持续健康发展，包括转变经济发展方式取得重大进展，实现国内生产总值和城乡居民人均收入比2010年翻一番等；人民民主不断扩大，包括民主制度更加完善，民主形式更加丰富，依法治国基本方略全面落实等；文化软实力显著增强，包括社会主义核心价值体系深入人心，公共文化服务体系基本建成等；人民生活水平全面提高，包括基本公共服务均等化总体实现，就业更加充分，收入分配差距缩小，扶贫对象大幅减少等；资源节约型、环境友好型社会建设取得重大进展，包括主体功能区布局基本形成，人居环境明显改善等。这五个方面的新要求，立足现实，与时俱进，覆盖了经济建设、政治建设、文化建设、社会建设、生态文明建设五大系统，是根据中国特色社会主义事业五位一体总体布局而制定的，集中精力着重解决全面建成小康社会进程中出现的不平衡、不协调、不可持续的突出问题，符合中国特色社会主义全面发展的内在要求，既与十六大、十七大提出的全面建设小康社会目标相衔接，又更加切合我国新的发展实际，更具明确政策导向、更加针对发展难题、更好顺应人民意愿，是目标的提高和追求的提升，反映了中国特色社会主义道路在实践中的不断拓展，展示了中国特色社会主义事业全面发展的美好前景。

如期全面建成小康社会，是我们党向人民作出的庄严承诺。党的十八大以来，习近平总书记足迹遍及 20 多个省区市，念兹在兹的是亿万人民的小康生活，奔波谋划的是落实全面建成小康社会新要求。"小康不小康，关键看老乡""全面建成小康社会，最艰巨最繁重的任务在农村、特别是在贫困地区"，"绝不能让一个少数民族、一个地区掉队"，我们要建成的全面小康，就是要有"更好的教育、更稳定的工作、更满意的收入、更可靠的社会保障、更高水平的医疗卫生服务、更舒适的居住条件、更优美的环境"，是"国家物质力量和精神力量都增强，全国各族人民物质生活和精神生活都改善"的全面小康，是"干部清正、政府清廉、政治清明"的全面小康，是"望得见山、看得见水、记得住乡愁"的全面小康，等等。这一系列新论断，准确把握当代中国实际，精准聚焦现代化建设中的重点和难点，科学回答了全面建成小康社会面临的诸多重大问题。从中可以看出，全面建成小康社会的核心就在"全面"，这个"全面"既体现在覆盖的人群是全面的，是不分地域的全面小康，是不让一个人掉队的全面小康，意味着全国各个地区都要迈入小康社会，又体现在涉及的领域是全面的，覆盖了经济建设、政治建设、文化建设、社会建设、生态文明建设和党的建设，既坚持以经济建设为中心，又全面推进政治、文化、社会、生态文明及其他各方面建设；既不断解放和发展社会生产力，又逐步实现全体人民共同富裕、促进人的全面发展，建成更高水平、更高质量、更加公平、更加和谐、更加绿色并惠及全体人民的小康社会，进一步呈现出党的十八大描绘的全面建成小康社会的宏伟蓝图，把全面建成小康社会的美好图景更具体更生动地呈现在全国人民面前，承载着全国人民对过上更好生活的新期待。

再次，发展是全面建成小康社会的关键，我们所有奋斗都要聚焦于全面建成小康社会。

全面建成小康社会，关键在发展。而在当前和今后一个时期，贯彻发展是硬道理这一战略思想的关键，又是如何认识、适应、引领经济发展新常态。习近平总书记强调："认识新常态、适应新常态、引领新常态，是当前和今后一个时期我国经济发展的大逻辑。"① 这为进一步解放和发展社会生产力、解放和增强社会活力、全面建成小康社会指明了方向。

发展仍然是当代中国的核心问题。全面建成小康社会，必须进一步解决好实现什么样的发展、怎样实现更有质量、更加均衡、更加全面、更加绿色、更可持续的发展的问题。当前，我国经济总量居世界第二，已经进入中等收入国家行列。2020年，我国国内生产总值首次突破 100 万亿，而且在 2020 年底完成全国脱贫。但这仍是相对标准较低基础上的脱贫。以经济建设为中心是兴国之要，发展仍然是解决一切问题的基础和关键，我们必须坚持发展这个硬道理，努力把中国自己的事情办好。

发展必须增强信心、稳定预期。全面建成小康社会胜利在望，就是最大的信心和预期。全面建成小康社会，不但要有实体经济的发展，还要有服务业的发展；不但要有城市建设的提质发展，还要有农村和中小城镇的提质发展；不但要拉动城乡居民的生活消费，还要拉动城乡居民的文化消费；不但要有民生投入和公共服务投入，还要有社会建设与治理的投入；不但要有资源开发性投入，还要有环境保护性投入，等等。在这些方面，蕴藏着广阔的发展潜力与空间。党中央和国务院提出，着眼于保持经济中高速增长和迈向中高端水平"双目标"，打造大众创业、万众创新和增加公共产品、公共服务"双引擎"，就是从经济发展新常态的实际出发，确保全面建成小康社会目标如期实现的关键之举。要看到，新常态将给中国带来新的发展机遇，没有改变我国发展仍处于重要战略机遇期的判断，没有改变我国经济发展总体向好的基本面。我国经济体量大、韧性好、潜力足、回旋空间大、政策工具多。我们正在推进新型工业化、信息化、城镇化、农业现代化，基础设施状况持续改善，劳动力素质不断提高，改革正在不断深化，完全有条件有能力实现经济持续健康发展。

发展必须讲求质量和效益。这是全面建成小康社会的内在要求。在经济发展新常态下，我国传统发展方式不可持续，我们必须推动经济发展提质增效升级。以速度换挡、结构优化、动力转换为基本特征的经济发展新常态，无疑是我国经济迈向更高水平的必经阶段。如果说速度换挡是表象，那么，结构优化和动力转换则是本

---

① 习近平中央经济工作会议上的讲话，2014.12.09.

质，其实质是转变经济发展方式。能不能更好地适应和引领经济发展新常态，关键取决于改革创新的力度、发展动力的转换。创新是引领发展的第一动力。我们要更加注重科技创新，强化创新驱动，加快形成经济发展的新动力，以提高科技进步贡献率、劳动生产率、资源配置效率来支撑发展。要把转方式调结构放到更加重要位置，坚持稳政策稳预期和促改革调结构"双结合"，坚定地深化改革开放，更加充分地激发创造活力，更加有效地维护公平正义，更加有力地保障和改善民生，更加注重生态文明。我们要在完成"十三五"经济社会发展主要目标任务的基础上，以改革的精神、创新的理念和科学的方法，谋划好未来五年的发展蓝图，确保在全面建成惠及十几亿人口的小康社会基础上全面推进社会主义现代化建设进程。

（二）全面建成小康社会的目标任务

党的十八届五中全会通过的《中共中央关于制定国民经济和社会发展第十三个五年规划的建议》（以下简称《建议》），确定了"十三五"时期我国经济社会发展的指导思想、目标任务和重大举措。"十三五"时期是全面建成小康社会决胜阶段，我们要全面把握新的目标要求，坚持创新发展、协调发展、绿色发展、开放发展、共享发展，统筹做好各项工作，确保如期全面建成小康社会，为实现第二个百年奋斗目标、实现中华民族伟大复兴的"中国梦"奠定更加坚实的基础。

第一，努力实现全面建成小康社会目标。

党的十六大提出全面建设小康社会奋斗目标以来，全党全国各族人民接续奋斗，经济社会发展取得巨大成就。2000年，我国经济总量迈上10万亿元的台阶，2020年又突破100万亿元大关，20年内，经济总量规模扩大至10倍，城乡居民人均可支配收入达到32189元。对于我们这样一个有着14亿多人口的大国来说，这确实是很了不起的成就。经济实力和综合国力进一步增强，人民生活进一步改善，发展将开始向更高水平迈进。

当前，我国仍处于并将长期处于社会主义初级阶段的基本国情没有变，人民日益增长的物质文化需要同落后的社会生产之间的矛盾这一社会主要矛盾没有变，我国是世界最大发展中国家的国际地位没有变。这"三个没有变"，即使实现全面建成小康社会目标以后相当长时间内依然如此。目前虽然从总量上看，我国主要经济指标已居世界前列，但按人均算就排到后面了。从综合发展水平看，特别是在创新能力、劳动生产率、社会福利水平等方面，我国与发达国家仍有很大差距。发展是硬道理，是解决中国一切问题的基础和关键。我们必须坚持发展是第一要务，以提高发展质量和效益为中心，全面深化改革，实施创新驱动发展战略，打造大众创业、万众创新和增加公共产品、公共服务"双引擎",不断释放改革红利和人才红利,努力把经济潜在增长率充分发挥出来,推动我国发展不断迈上新台阶。习近平总书记在"十九大"报告中指出:从十九大到二十大,是"两个一百年"奋斗目标的历史交汇期。我们既要全面建成小康社会、实现第一个百年奋斗目标,又要乘势而上开启全面建设社会主义现代化国家新征程,向第二个百年奋斗目标进军。

其次,经济保持中高速增长,产业迈向中高端水平。

目前我们虽然已实现全面建成小康社会的目标,但在相当长时间仍需保持一定的增长速度,才能实现第二个百年奋斗目标。因此,保持经济中高速增长是我们长期的任务。在我国经济发展进入新常态的背景下,要长期保持经济中高速增长,必须加快转变经济发展方式,促进经济转型升级、迈向中高端水平。世界上不少发展中国家在进入中等收入阶段后,就是因为没有实现转型升级,经济长期停滞,结果陷入"中等收入陷阱"。我们提出"双中高",是要推动实现更高质量、更有效率、更加公平、更可持续的发展。"双中高"是两位一体、互促共进的。只有保持中高速增长,才能为转方式、调结构留下空间,为迈向中高端水平创造好的条件;只有迈向中高端水平,才能既扩大需求、又创造供给,培育发展新动能,实现可持续的中高速增长。

我国作为世界第二大经济体,在超过10万亿美元高基数之上和复杂多变的国内外环境中,在新旧动能转换时期,要实现"双中高"并不容易。从国际看,当前世界经济增长乏力,复苏进程艰难曲折,不稳定、不确定因素较多。我国经济与世界经济深度交融,外部环境的复杂性、多变性必然会影响到我国。从国内看,我国正处在"三期叠加"阶段,长期积累的结构性矛盾逐步显现,资源环境约束趋紧,劳动力成本上升,不平衡、不协调、不可持续问题仍然突出,推动经济从粗放增长到集约增长的升级发展,从过度依赖投资拉动到消费和投资协调拉动的转换,是一个充满阵痛、十分艰难的过程。我们对此必须有清醒的认识。同时,我国发展仍处于可以大有作为的重要战略机遇期,有不少有利条件。新一轮世界科技革命和产业革命在孕育形成,将给经济发展带来新的机遇。我国新型工业化、信息化、城镇化、农业现代化在深入推进,经济发展有很大的潜力、韧性和回旋余地。"十三五"期间,面对世界经济增长乏力和我国经济增长下行压力加大的严峻形势,我们坚持稳中求进工作总基调,统筹稳增长、促改革、调结构、惠民生、防风险,不断创新宏观调控思路和方式,取得显著成效。经济保持6%左右的增长,增速仍居于世界主要经济体前列,增量比过去两位数增长时还要大,而且经济结构出现积极变化,新的经济增长点加快形成，民生不断改善。这些成绩确实来之不易，也增强了各方面的发展信心。

第三，人民生活水平和质量普遍提高。

发展的目的是让人民过上好日子，全面建成小康社会也主要以人民生活水平和质量普遍提高为衡量标准。要坚持共享发展，在经济平稳增长基础上，促进居民收入持续提高，健全公共服务体系，着力解决群众最关心最直接最现实的切身利益问题，不断增进人民福祉。

抓好保障和改善民生的重点任务。就业是民生之本、社会稳定之基。这几年，在经济下行压力很大的情况下，就业一直保持稳定，已很不容易。"十三五"时期，就业压力依然不小，结构性矛盾更加突出。要继续实施更加积极的就业政策，更好发挥市场在促进就业中的作用，鼓励以创业带动就业，加强职业培训，着力解决好高校毕业生、农村转移劳动力和其他重点人群的就业问题，努力实现比较充分的就业。教育是经济发展和社会进步的根本，要大力促进教育公平发展和质量提升，使劳动年龄人口受教育年限得到明显提高，教育现代化取得重要进展。继续发展医疗卫生事业，努力保障人民群众健康。

增加公共产品、公共服务供给，既是普遍提高人民生活水平和质量的重要保障，也是经济发展的重要引擎。目前，公共产品短缺、公共服务薄弱等问题依然突出。解决这一问题，应合理区分基本需求与非基本需求，政府主要是保基本、兜底线，非基本需求主要依靠市场来解决。要创新公共产品、公共服务供给机制，通过政府与社会资本合作、特许经营等市场化办法，引导社会资本及外商投资参与，使公共服务体系更加健全，基本公共服务均等化水平不断提高，公平性和可及性明显增强。按照保基本、建机制原则，完善社会保障制度，筑牢保障基本民生的安全网。"十三五"期间，要基本完成棚户区改造任务，让中低收入群众和困难群众居住条件进一步得到改善。农村贫困人口脱贫是全面建成小康社会最艰巨的任务。《建议》要求，到2020年，现行标准下的贫困人口实现脱贫，贫困县全部摘帽，解决区域性整体贫困。我们要加大扶贫攻坚力度，实施精准扶贫、精准脱贫，多渠道增加投入，确保让贫困地区和贫困人口与全国一道迈入全面小康社会。

推动形成合理的收入分配格局，既关系效率也关系公平。城乡收入差距大是收入分配中的突出问题。近几年，农村居民收入增速出现了由过去低于城镇居民到持续高于城镇居民的重大变化，城乡收入相对差距趋于缩小。《建议》提出，今后五年，收入差距缩小，中等收入人口比重上升。完成这一任务，仅靠"二次分配"是不够的，主要得靠"一次分配"。很重要的在于推进"双创"，让更多的人富起来，畅通社会纵向流动渠道，实现效率和公平的有机统一，逐步形成中间大、两头小的橄榄型收入分配结构。

第四，国民素质和社会文明程度显著提高。

实现全面建成小康社会目标，既要努力满足人民物质需求，也要努力满足人民精神文化需求。我们要在抓好物质文明建设的同时，大力加强精神文明建设，使人民思想道德素质、科学文化素质、健康素质明显提高。

一个国家国民素质和社会文明程度，与文化密不可分。《建议》要求，要使"中国梦"和社会主义核心价值观更加深入人心。要大力推动社会主义文化大发展大繁荣，提高国家文化软实力，更好发挥文化引领风尚、教育人民、服务社会、推动发展的作用。创新是社会进步的动力，是中华优秀传统文化的精髓。我国过去30多年取得的巨大成就，也可以说是规模宏大的社会创业创新行动的结果。实现全面建成小康社会目标，必须更好发挥创新这个引领发展的第一动力作用。要积极倡导创业创新文化、理念和社会氛围，推动大众创业、万众创新，使人们在创造物质财富的同时，实现人生价值，凝聚起推动发展的强大新动能。

《建议》要求到2020年基本建成公共文化服务体系。完成这一任务，政府、市场、社会要共同参与，构建起多层次、多方式的公共文化服务供给体系。政府主要是推动文化事业发展，创新向社会力量购买公共文化服务模式，使人民群众基本文化权益得到更好保障。要围绕"文化产业成为国民经济支柱性产业"要求，深化文化体制改革，促进文化产业转型升级，大力发展新型文化业态。同时，要推动中华文化走向世界，持续扩大感召力和影响力。

第五，生态环境质量总体改善。

良好生态环境，是提升人民生活质量的重要内容，也是全面建成小康社会的应有之义。目前我国发展面临资源约束趋紧、环境污染严重、生态系统退化的严峻形势。作为仍处在工业化进程中的发展中国家，如何在经济发展与生态环境保护之间找到平衡，从而实现双赢，是亟须破解的难题。要牢固树立绿色发展理念，把经济建设与生态文明建设有机融合起来，让良好生态环境成为全面小康社会普惠的公共产品和民生福祉。

经过多年的努力，我们取得了一定的成绩。但目前我国能源资源消耗强度仍然偏高，节能减排潜力很大。"十四五"期间，我们要多措并举，促进能源资源使用效率大幅提高，能源和水资源消耗、建设用地、碳排放总量得到有效控制，主要污染物排放总量大幅减少。同时要大力发展节能环保产业，这不仅是促进环境保护的有效途径，也是新的经济增长点。

第六，依靠改革开放推动制度建设。

经过长期的探索实践，中国特色社会主义根本政治制度、基本政治制度、基本经济制度、法律体系等以及建立在这些制度之上的经济体制、政治体制、文化体制、社会体制等各项具体制度基本形成，为促进经济社会发展提供了强大动力和制度保障。但一些领域的具体制度仍不完善，存在着不少体制机制弊端。改革开放既是推动发展的根本保障，也是推动制度建设的重要动力。2012 年党的十八大强调："全面建成小康社会，必须坚决破除一切妨碍科学发展的思想观念和体制机制弊端，构建系统完备、科学规范、运行有效的制度体系，使各方面制度更加成熟、更加定型。"

2019 年 10 月 31 日中国共产党第十九届中央委员会第四次全体会议通过《中共中央关于坚持和完善中国特色社会主义制度、推进国家治理体系和治理能力现代化若干重大问题的决定》。全面深化改革、进一步扩大开放，革除体制机制弊端，到 2020 年，国家治理体系和治理能力现代化取得了重大进展，各领域基础性制度体系基本形成，各方面制度更加成熟更加定型。

经济体制改革是全面深化改革的重点，核心问题是处理好政府和市场的关系，使市场在资源配置中起决定性作用和更好发挥政府作用，而其中的关键又在于转变政府职能，推进简政放权、放管结合、优化服务改革。这项改革取得重要进展。减少行政审批 1/3 的目标提前完成，非行政许可审批全部取消。特别是推进商事制度改革，使新增市场主体呈井喷式增长。下一步，要继续推进"放管服"改革，健全既能激发市场活力和社会创造力，又能保障公平竞争，也能提供优质公共服务的体制机制。要加快构建开放型经济新体制，实施新一轮高水平对外开放，培育国际合作和竞争新优势。创新外贸发展机制、推动"大进大出"向"优进优出"转变，创新外商投资管理体制、推动向准入前国民待遇加负面清单的管理模式转变，创新对外投资合作方式、推动"一带一路"建设和国际产能合作，创新内陆开放机制、推动形成全方位的区域开放新格局。

同时，要协调推进政治、文化、社会、生态文明及党的建设等领域的具体制度建设。人民民主更加健全，民主制度更加完善，民主形式更加丰富。司法公信力明显提高。人权得到切实保障，产权受到有效保护，人民群众的积极性、主动性、创造性进一步得到发挥。中国特色现代军事组织体系更加完善，支撑国家安全发展能力增强。党的建设制度化水平显著提高。

（三）全面建成小康社会的路径选择

党的十八大提出全面建成小康社会的新要求、十八届三中全会提出全面深化改革、四中全会提出全面推进依法治国，以及贯穿群众路线教育实践活动的全面从严治党要求，是环环相扣、步步深入的全局谋划和战略部署。2020年全面建成小康社会，这是党的一份政治承诺。习近平总书记指出："全面建成小康社会是我们的战略目标，全面深化改革、全面依法治国、全面从严治党是三大战略举措。"全面深化改革、全面依法治国、全面从严治党是三大战略举措，也是全面建成小康社会的现实路径。

首先，全面深化改革为全面建成小康社会提供强大动力，是破除体制机制弊端的有力武器，是铲除利益集团、扼杀寻租护租的利刃。全面建成小康社会，必须以更大的政治勇气和历史担当，不失时机深化重要领域改革，坚决破除一切妨碍发展为人人分享的体制机制弊端，建立适合现代国家治理的制度体系，使各方面制度更加成熟更加定型。值得注意的是，三中全会提出的深改是"全面深改"，不同于以往偏向于经济体制改革，而是包含经济治理改革、政治体制改革、文化治理改革、社会治理改革、生态治理改革以及党的改革。

"精心以图之，实心以行之。"当前中国面临的转型困局，必须依靠这样一种前所未有、力度罕见的改革。中国改革开放三十余年，创造了闪耀的经济成绩，羡煞很多后发展国家。但是，不得不认识到，发展不均、贫富差距、生态污染等成为"效率优先、兼顾公平"政策的副产品。全面依法治国为全面建成小康社会提供强大保障，是铲除中国"人治"阴霾、保证市场健康发展的重大布局。"法令既行，纪律自正，则无不治之国，无不化之民。"运用法律衡量政治、规范经济、改善社会文化，是古今中外历史反复证明的有效办法。要实现经济发展、政治清明、文化昌盛、社会公正、生态良好，在2020年全面建成小康社会目标，必须用好法治方式，建设法治中国。

其次，全面依法治国为全面建成小康社会提供制度保障，是社会安定有序的基本前提。国无常强，无常弱。奉法者强则国强，奉法者弱则国弱。提出"历史终结论"的美籍学者福山最新提出，一个秩序良好的社会需要三个构成要素：强政府、法治和民主负责制。而且，三者之间有着严格的时间顺序。中国正是在这样的渐进顺序上探索着自己的现代化道路。中国是开发国家制度的先行者，是创造韦伯式现代国家的第一个世界文明。然而，中国历史上缺乏法治传统，现代法治进程也是充满坎坷。当前，群体性事件、信访不信法、"塔西佗陷阱"等中国"成长中的烦恼"，就是缘由法治权威不足，大众（包括官员）还没有建立对法律的信仰和敬畏。

"法者，所以齐天下之动，至公大定之制也。"全面建成的小康社会，首先是一个法律良性运转的社会。依靠法治全面建成的小康社会中，公民权利能够得到充分尊重，其经济模式是现代型、法治型市场经济，社会以法律为准绳，文化发展、生态发展有法治作保障。一句话，利益关系以法治调整为主。

再次，全面从严治党为全面建成小康社会提供强大政党组织保障，是转型国家有序化、组织化、制度化发展的力量保证。美国政治学家亨廷顿在历史比较的基础上得出结论，处于现代化之中的国家，一党制度较之多元政党体制更趋向于稳定，多党制是脆弱的政党体制；就政治发展而言，重要的不是政党的数量而是政党制度的力量和适应性。可以说，处于现代化转型的中国，目前的政党制度是合适的，是符合国家演进一般规律的。办好中国的事，关键在党。一个管理严格、制度执行力强的政党，是实现全面建成小康社会的重要力量保证。

中共的最大优势在于选贤任能和执行效率。包括习近平在内的绝大部分中共干部，是一步一步、一个台阶接着一个台阶逐级历练成长起来的。他们有着丰富的治理经历和管理经验，即使是治理一乡、一县的主政者都是在激烈竞争中产生的，更不论市级、省级主政者。他们是全面建成小康社会重要操盘手，意义重大。中共历来强调政治纪律、政治规矩的重要性，习近平此次将它们提到更加突出的地位，原因之一就是希望党的干部切实加强执行力，不折不扣完成党的部署，顺利实现全面建成小康社会战略目标。相反，如果党内不纯洁，制度和规矩成为软约束，全面建成小康社会无疑将成为空中楼阁。

四、全面深化改革——发展中国特色社会主义的必然要求

全面深化改革是"四个全面"战略布局中具有突破性和先导性的关键环节。党的十八大以来，以习近平同志为核心的党中央高举改革开放旗帜，以更大的政治勇气和政治智慧推进改革，用全局观念和系统思维谋划改革，推动新一轮改革大潮涌起。党中央为此召开七次全会，分别就政府机构改革和职能转变、全面深化改革、全面推进依法治国、制定"十三五"规划、全面从严治党等重大问题作出决定和部署。各领域改革不断提速，改革举措出台的数量之多，力度之大前所未有，呈现全面发力、多点突破、纵深推进的良好态势。全面深化改革，是发展中国特色社会主义的必然要求。

（一）改革进入攻坚期和深水区

中国的改革又到了一个新的历史关头，美好的目标就在前面，风险和考验也摆在我们面前。党的"十八大"之后，我国改革已经进入攻坚期和深水区，具体表现在：

一是经过以往几十年的改革，容易改的问题都已经改了，留下来的都是比较难啃的硬骨头，而这些硬骨头又不是来自某一方面，而是来自经济、政治、文化、社会、生态、军队以及党的建设等各个方面。

二是继续深化各项改革必然要涉及一些重大利益关系的调整。这种调整既不能简单用阶级斗争的方法，更不能关起门来瞎折腾。对此，习近平有着清醒的认识，他强调："改革开放中的矛盾只能用改革开放的办法来解决。"[1]

三是深化改革必然要涉及牵动全局的敏感问题和重大问题，如所有制改革特别是深化国有企业改革、财政体制改革、金融体制改革、收入分配体制改革、干部人事制度改革等，诸如此类的改革牵一发而动全身，任何一项改革都会涉及其他多项改革，涉及千千万万人的直接利益。

四是改革涉及面越来越广，不仅要深化经济体制改革，还需要深化政治体制、文化体制、社会体制、生态体制、国防和军队体制以及加强和改善党的领导等诸多方面，可以说我国的改革是中国历史也是人类发展史上涉及面最广、受众最多、程度最深、难度最大、持续时间最长的一场轰轰烈烈的革命。

随着改革的不断深化，各领域各环节的关联性和互动性明显增强，如果不把握全局、整体推进，不仅全面改革无法深化，重点改革也很难突进。全面理解、系统把握，才能走出盲人摸象、以偏概全的误区；全局考量、勇于担当，才能摆脱合意则取、不合意则舍的倾向。这是中央一再强调"更加注重改革的系统性、整体性、协同性"的深意所在，也是全面深化改革的基本方法论。

全面深化改革是顺应时代厚积薄发的必然表现。改革意味着对既有格局的打破与革除，因而在改革起始阶段不可能四处开花，只能选择容易改革的、必须改革的某一节点率先突破。然而正是在无数次"摸石头"的过程中，逐渐认识和掌握了"过河"的规律，并运用这些规律指导实践，以点带面，积累条件，逐步展开，才有了今天的成就。目前，改革已进入攻坚区、深水区。经过35年的改革，改革积累了丰富的经验，积累了相对殷实的物质基础，也积累了人民群众对改革的新期待，让我们有经验、有条件、有动力、也有压力在更广范围内拓展改革的步伐。

---

[1]　习近平. 习近平谈治国理政 [M]. 北京：中央文献研究室，2014：69.

全面深化改革是实现中华民族伟大复兴的必然要求。党的十八届三中全会是在我国改革开放新的重要关头召开的一次重要会议，这次全会高屋建瓴总揽全局，就全面深化改革作出战略部署，向全党全国发出了深化改革开放新的宣言书、动员令，充分体现了以习近平同志为核心的党中央坚持走中国特色社会主义道路和高举改革开放旗帜的高度自觉，标志着我国改革开放事业迈入全面深化的新阶段，对于实现"两个一百年"奋斗目标、实现中华民族伟大复兴的"中国梦"具有里程碑意义。

全面深化改革是新时期人民群众的殷切希望。今日的中国社会，人民群众对改革的期望已经不再仅仅是物质的温饱。今天的中国老百姓更关心的是经济小康之后的政治小康、文化小康，要求社会主义民主大进步，要求社会主义文化大繁荣，要求社会环境更美丽，过上更加幸福、更有尊严的生活，生活在更加公正、更加和谐的社会。

（二）全面深化改革的目标和任务

十八届三中全会把"完善和发展中国特色社会主义制度，推进国家治理体系和治理能力现代化"作为全面深化改革的总目标。这一目标深刻反映了改革发展的趋势和要求，综合考虑了国际国内的形势和条件，回应了人民群众的期盼和关切，为在新的历史起点上全面深化改革指明了总的方向。

第一，完善和发展中国特色社会主义制度，推进国家治理体系和治理能力现代化，是实现社会主义现代化题中应有之义。完善和发展中国特色社会主义制度，目的是更好地提高党带领人民管理经济社会事务的能力；推进国家治理体系和治理能力现代化，是为了更好地发挥制度优势，把制度优势转化为管理经济社会事务的效能。两者一脉相承、有机统一。国家治理体系实际上就是我国经济社会管理制度体系，既包括人民代表大会制度这一根本政治制度和中国共产党领导的政治协商制度、民族区域自治制度、基层群众自治制度等基本政治制度，中国特色社会主义法律体系，公有制为主体、多种所有制经济共同发展的基本经济制度，也包括经济、政治、文化、社会、生态文明等各领域的制度安排、体制机制。治理能力则是我们运用这些制度和体制机制管理经济社会事务的能力。有了好的治理体系，才能提高治理能力；提高治理能力，才能发挥治理体系的效能。推进国家治理体系和治理能力现代化，是继"四个现代化"后我们党提出的又一个"现代化"战略目标，是推进社会主义现代化题中应有之义，是完善和发展中国特色社会主义制度的必然要求。

第二，完善和发展中国特色社会主义制度，推进国家治理体系和治理能力现代化，是新的时代条件下加强党的执政能力建设的必然要求。我们党已经在全国执政70多年，无论是在制度建设还是在管理经济社会事务方面都取得了巨大成就，积累了许多经验。特别是改革开放以来，我国以世界上少有的速度持续快速发展起来，人民生活显著改善，城乡面貌发生翻天覆地变化，充分说明我们党在制度建设和管理经济社会事务上的智慧和能力。但我们也要看到，相比经济社会发展要求，相比人民群众的期待，相比当今世界激烈的国际竞争，我们在制度建设和管理能力方面还有许多不足，还有许多亟待完善和提高的地方。特别是在新的时代条件下，我们党的执政能力越来越多体现在制度建设和治理能力上。完善和发展中国特色社会主义制度，推进国家治理体系和治理能力现代化，就是要适应时代发展要求，既改革不适应实践要求的体制机制，又不断构建新的制度和体制机制，使经济、政治、文化、社会、生态文明和党的建设等各方面制度和体制机制更加科学、更加完善，推动党和国家各项工作制度化、规范化、程序化，不断提高党科学执政、民主执政、依法执政能力。

第三，完善和发展中国特色社会主义制度，推进国家治理体系和治理能力现代化，要求我们在加强制度建设的同时，把治理能力建设摆在更加突出的位置。长期以来，我们十分重视制度建设，通过不懈努力不断完善各方面的制度和体制机制，但在如何发挥好制度效能方面重视不够。同时，随着经济社会发展，社会管理面临许多新情况新问题，许多问题尚未找到有效的解决办法。因此，一方面要求完善和发展中国特色社会主义制度；另一方面要求推进国家治理体系和治理能力现代化，更加注重治理能力建设，加强和创新社会管理，把各方面制度和体制机制的优势转化为管理经济社会事务的实际效能。

党的十八届三中全会通过的《中共中央关于全面深化改革若干重大问题的决定》（以下简称《决定》），对2020年前我国重要领域和关键环节的改革作出了部署，是指导推进全面深化改革的纲领性文件。《决定》提出的"六个紧紧围绕"实际上就是全面深化改革的总体思路，也是全面深化改革的路线图，进一步明确了全面深化改革的任务。

一是紧紧围绕使市场在资源配置中起决定性作用深化经济体制改革，坚持和完善基本经济制度。《决定》所指的市场，是广义上的一定地区商品或劳务等的供给和有支付能力需求间的关系，也就是商品和劳务之间的供求关系。以理顺关系，完善市场体系、宏观调控体系、开放型经济体系，加快发展方式转变，推动经济高效、公平与可持续发展。置于宏观调控之下的市场配置，既不是全盘放弃计划，也不是在美国都早已寿终正寝的弃管制化的"市场至上论"。

二是紧紧围绕坚持党的领导、人民当家做主、依法治国有机统一深化政治体制改革。党的领导作为社会主义制度的重要保障，只能通过改革予以强化而不能削弱；人民当家做主，是要通过改革发挥主人翁作用而不是改革的冷落者或"民粹"；依法治国，是要通过改革确保领导行为都在宪法法律的范围内活动，而不是随心所欲地逾越法律规范，要实现建设社会主义法治国家。

三是紧紧围绕建设社会主义核心价值体系、社会主义文化强国深化文化体制改革。社会主义核心价值体系，因是基于社会存在的社会意识，既是一种经济因素，也是一种文化现象，还是一种具有最高普遍性的社会价值观，因此在经济关系调整、利益关系调节、文化观念强化等方面，都有亟待解决的问题。只有重视这些问题而不是随心所欲地加剧这些问题，社会主义文化大发展大繁荣才有坚实的基础。

四是紧紧围绕更好保障和改善民生、促进社会公平正义深化社会体制改革，改革收入分配制度，促进共同富裕，推进社会领域制度创新，推进基本公共服务均等化，加快形成科学有效的社会治理体制，确保社会既充满活力又和谐有序。保障和改善民生，以公平正义、收入分配制度、促进共同富裕等治理手段为切入点，以民生为立足点和落脚点，事实上已经成了六个"紧紧围绕"和全部改革赖以旋转的中心。

五是紧紧围绕建设美丽中国深化生态文明体制改革，加快建立生态文明制度，健全国土空间开发、资源节约利用、生态环境保护的体制机制，推动形成人与自然和谐发展现代化建设新格局。通过深化改革，让全体人民吃到干净无污染的水和食物，呼吸到新鲜而不是危害身心健康的空气，让利益配置与财富增值，都与社会共享和谐发展而不是南辕北辙、背道而驰，乃是生态文明建设的重点。

六是紧紧围绕提高科学执政、民主执政、依法执政水平深化党的建设制度改革，加强民主集中制建设，完善党的领导体制和执政方式，保持党的先进性和纯洁性，为改革开放和社会主义现代化建设提供坚强政治保证。改革党的领导体制和执政方式，是解决中国一切问题的关键，什么时候把党的领导体现在党和国家一切工作中，党的事业就发展，否则就要出现困难和问题。改善党的领导，已经不是习惯了的"官本位"，而是体现在科学、民主和依法的上面。

（三）全面深化改革的原则和方法

改革是一场革命，革命带来的结果是双向的，有成功的，也有失败的。成功固然是好事，但是也不能因为害怕失败就固步自封，停滞不前，要把改革看成一件很重要且必须做的事。《决定》的公布，更显示出党中央全面推进改革的决心和信心，也看到了实现伟大"中国梦"的希望。在全面深化改革的实践中，我们必须坚持基本原则，把握好改革的方向。

一是必须始终坚持好党的领导。

改革开放40多年来，我们在实践中积累了大量的经验和教训，为今天全面推进深化改革奠定了良好的基础。这些成功的经验，我们都必须长期坚持，那些失败的教训，我们也必须牢记。其中最重要的经验就是要始终坚持党的领导，始终坚持党的基本路线、方针和政策，继续走改革开放之路，不走封闭僵化的老路，继续走中国特色社会主义道路，不走改旗易帜的邪路，始终确保改革的正确方向。因此，坚持党的领导对于推进全面深化改革具有极其重要的意义，事关中国特色社会主义新一轮改革事业成败。

在社会变革进程中，任何一项重大的社会改革，都是有组织的活动，都需要有一个领导核心。当下全面深化改革对我国未来的发展必将产生深远的影响，决定着中国的成功或失败，同样需要有一个坚强的领导核心，必须有中国共产党的领导。这种领导是全面深化改革取得成功的根本保证。这种保证不是依靠行政权力来实现的，而是要依靠广大人民群众的积极参与，尤其是广大人民群众的信任和拥护来实现的。当然，从历史上看，党的领导在不同的历史时期发挥着不同的作用，实现党的领导作用的具体形式和方法也不一样。但是，无论什么样的客观环境，党的领导核心就是要抓好党的政治领导、思想领导和组织领导，这是我们始终必须坚持的。

二是必须始终坚持一切从实际出发。

坚持一切从实际出发，就要深入实际开展调查研究。每一项改革政策出台之前，进行广泛的实地调研是重要内容。从上到下、自下而上，大量的关于全面深化改革开放的意见和建议从全国各地不断地汇集到北京来，反映到党中央。正因为有了这样深入的调查研究，党的每一项政策都在推动着中国的发展。

坚持一切从实际出发，就要全面把握好客观实际。正确地把握客观实际，是我们认识世界和改造世界的根本立足点，是我们做好各项改革工作的基础。十八届三中全会的《决定》共16个部分、60条、300多项改革举措，这些改革措施都在我们的生活范畴里，影响着我们的生活和国家的发展政策。具体涉及放开"单独二胎"、延迟退休、高考减科目、废止劳教制度、取消以药补医、推行房地产税、完善城管执法体制，在理论上有了一些突破，也将使改革走在新的实践道路上。这些改革政策都是党和政府在充分调研的基础上，对当下中国在经济、政治、社会、文化和生态文明建设中存在的问题进行了周致的研判，对影响民生的各项政策进行了全面的研究，结合国内外的改革经验和教训，对影响中国未来发展的重要领域和关键环节提出的改革计划。正所谓"知己知彼，百战不殆"，有了这样对现实情况的正确分析，今后的改革才会一步一步走得踏实和坚决。

三是必须始终坚持以人为本。

党的十八届三中全会公告中，明确指出了广大人民群众是推进全面深化改革的主体力量。要紧紧依靠广大人民群众的力量来推动各项改革，没有广大人民群众的支持，我们所有的改革都会变得没有基础，难以实现。要充分尊重人民的主体地位，尊重人民的首创精神，尊重人的全面发展，始终做到以人为本。

改革要获得成功，就要关注和改善民生，这就是说改革的主题必须是与人民群众的生活密切相关的。因为改革必然会涉及人民切身利害的问题，会出现许多利益的调整和再分配，会影响到成亿人的生活，因此要把改革看成一件造福世代的大事。把人作为主体，我们的改革就会把改善民生作为发展的出发点和落脚点，就会心中有民，就会把人民群众最关心的生活问题、工作问题以及各种利益问题放在心上，想方设法去改善人民群众的生活，去满足人民群众的各种需求，这样的全面深化改革必将得到广大人民群众的尊重和支持，这样的发展成果将会更好地惠及全体人民。

改革要取得成功，就要充分调动广大人民群众的积极性和参与性。没有广大人民群众的积极性，当下的深化改革就没有了前进的动力；没有广大人民群众的参与性，我们的改革就会"冷场"，就会淡化了全面深化改革的重要性。因此，在全面推进深化改革过程中，要重视发动广大人民群众的参与性和积极性，要培养广大人民群众参与深化改革的兴趣和感情，要让广大人民群众树立"改革就是革命""改革才有机会"的意识，认同改革，支持改革。

四是必须始终坚持可持续发展。

深化改革必须坚持把发展尤其是可持续发展放在第一位，所有改革的内容、形式、措施和具体方法都必须遵循这一原则，正如党的《决定》中所强调的，全面深化改革一定要顾及我国的基本国情，我们最大的国情就是我国依然处于社会主义初级阶段，我们依然需要加快改革，需要通过改革来解决我国所有的问题和困难，需要通过改革来推动经济社会的持续健康发展。离开了发展这个目标，我们所有的改革就变得毫无意义，甚至会造成社会动荡，破坏了社会稳定。

改革促进发展，良好的发展又是可持续发展的前提。我们今天的改革不仅着眼于当下的经济社会发展，更要着眼于未来经济社会的发展，要把深化改革作为一项战略来规划实施。我们今天的发展既要满足当代社会发展和人民群众生活的需求，也要满足未来社会发展和人民群众生活的需要，做到近景目标和远景追求相统一，绝不能干急功近利的事情，深化改革应该是注重长远发展的改革，应该是注重社会、经济、文化、资源、环境、生活等各方面协调发展的改革。所以说，改革在保障当代人权利的同时，也要顾及未来社会的发展需要，要深谋远虑，绝不能去破坏后来人生存和发展的权利，这是人类生存与发展的可持续性原则。

五是必须始终做到有秩序。

做到有秩序，首先要继续高举中国特色社会主义伟大旗帜，要坚持走中国特色社会主义道路，这是一个旗帜问题和道路问题。旗帜是党的事业发展方向，道路是党的生命，坚持好旗帜问题就会确保国家的发展方向不会改变，改革的方向不会改变，发展的目标不会改变。坚持好道路问题，我们党的事业就会生机勃勃，充满活力。旗帜不倒，道路不变，人心就不会动摇，思想也不会乱，这对于建立良好的社会秩序具有很强的指导性作用。

其次要在经济、政治、劳动、伦理道德和社会日常生活等诸多方面建立相关的社会规范和规则，要从实际出发，及时根据时代的发展要求制定一些新的制度和法律，构建系统完备、科学规范、运行有效的制度体系和法律体系。这些规范和规则的稳定，这些制度体系和法律体系的建立，对稳定社会秩序会起到决定性作用，会使我们的改革在一个规范的框架内良性运行，不会越轨。

最后要将深化改革能够继续进行下去，不能因为害怕深化改革带来的诸多影响就去延缓改革的步伐，这样做的后果反而会阻碍经济社会的发展，会引起一些社会矛盾。只要是有秩序的改革，我们可以坚持。可以通过改革来改变国家发展中出现的一些弊端和问题，来实现国家和社会的健康发展。中国不能乱哄哄的，只有在安定团结的局面下搞建设才有出路，只有在有秩序的社会状态下全面深化改革才变得可行，才会最后取得成效。所以说，有秩序才会有力量。

习近平总书记十分重视改革的方法问题，他说，"改革开放是前无古人的崭新事业，必须坚持正确的方法论，在不断实践探索中推进"。[①] 在改革进入攻坚期和深水区的今天，各种矛盾错综复杂。我们要以正确的方法推进全面深化改革。

第一，坚持解放思想与实事求是相统一。

全面深化改革要有新突破，就必须进一步解放思想。一方面，冲破思想观念的

---

① 习近平谈治国理政（第 1 卷）[M]. 北京：外文出版社，2018：67.

障碍、破除体制机制弊端，需要思想解放，领导改革开放这一前无古人、世所罕见的伟大事业，最要不得的是思想僵化、固步自封。另一方面，当前的改革不仅要解放禁锢的头脑，而且要击碎固化的利益。这更需要解放思想。因为"思想不解放，我们就很难看清各种利益固化的症结所在，很难找准突破的方向和着力点，很难拿出创造性的改革举措"。一些人嘴上说思想解放，骨子里怕思想解放；一些部门抽象地赞成思想解放，具体地反对思想解放。这说到底是一个利益问题。在新形势下解放思想，不仅要有时不我待的历史紧迫感，更要有自外于既得利益的政治担当。当然，解放思想必须以实事求是为准则，不能脱离客观实际蛮干。"刻舟求剑不行，闭门造车不行，异想天开也不行。"

第二，坚持战略思维与底线思维相统一。

改革的战略思维是要把握全面深化改革的社会主义方向，是战略定力和政治定位。习近平指出："我国的改革面临十分复杂的国内国际环境，各种思想观念和利益诉求互相激荡。要从纷繁复杂的事物表象中把准改革脉搏，在众说纷纭中开好改革药方，没有很强的战略定力是不行的。"改革不是改向，不是对社会主义制度的否定。改革的底线思维是要把原则的坚定性和策略的灵活性结合起来，既不能以原则性损害灵活性，又不能以原则性束缚灵活性。习近平引述晚清洋务派代表人物张之洞的话说："旧者不知通，新者不知本。不知通则无应敌制变之术，不知本则有非薄名教之心。"习近平还要求："各地区各部门要善于把自觉维护中央大政方针的统一性严肃性和因地制宜、充分发挥主观能动性结合起来，既坚决按中央确定的方向、目标、原则办事，又勇于探索、勇于创造。"

第三，坚持整体推进与重点突破相统一。

改革的整体推进是党的十八届三中全会提出全面深化改革的重要特点。习近平总书记指出，过去我们也提出过改革目标，但大多是从具体领域提的。党的十八届三中全会提出全面深化改革的总目标，并在总目标统领下明确了经济体制、政治体制、文化体制、社会体制、生态文明体制和党的建设制度深化改革的分目标。这是改革进程本身向前拓展提出的客观要求，体现了我们党对改革认识的深化和系统化。"这项工程极为宏大，零敲碎打调整不行，碎片化修补也不行，必须是全面的系统的改革和改进。"宏观经济改革要与微观经济改革配套实施，经济、政治、文化、社会、生态文明各领域的体制改革也应协调推进。如此，改革才有方向、有动力，才能确保改革成果惠及人民群众、不断提高人民群众的思想道德素质和科学文化素质，进而保障人民群众充分享有各方面合法权益。当然，整体推进并不意味着没有重点。习近平指出："整体推进不是平均用力、齐头并进，而是要注重抓主要矛盾和矛盾的主要方面，注重抓重要领域和关键环节，努力做到全局和局部相配套、治本和治标相结合、渐进和突破相衔接，实现整体推进和重点突破相统一。"

第四，坚持顶层设计与摸着石头过河相统一。

顶层设计与摸着石头过河，不是非此即彼或厚此薄彼，而是有机统一，互相促进的关系。全面深化改革，需要做好改革的顶层设计。习近平指出："改革推进到现在，必须在深入调查研究的基础上提出全面深化改革的顶层设计和总体规划，提出改革的战略目标、战略重点、优先顺序、主攻方向、工作机制、推进方式，提出改革总体方案、路线图、时间表。"所谓顶层设计，就是要对经济体制、政治体制、文化体制、社会体制、生态文明体制做出统筹设计，加强对各项改革关联性的研判，努力做到全局和局部相配套、治本和治标相结合、渐进和突破相促进。改革进入深水区，但是摸着石头过河的方法没有过时。摸着石头过河就是摸规律，从实践中获得真知。随着改革的深入，我们确实积累了一些经验，认识了一些规律，但是实践在发展变化，我国各地情况差异较大，新情况、新问题层出不穷，提高改革决策科学性的要求越来越高，这就要求在基层一线大胆探索、先行先试，取得经验，形成共识。摸着石头过河，富有中国智慧，适合中国国情，符合人们对客观规律的认识过程，符合事物从量变到质变的辩证法。通过试点探索，投石问路，看得很准了再推开，是避免出现无法弥补的颠覆性失误的好方法。

第五，坚持胆子要大与步子要稳相统一。

胆子要大，就是要坚定改革的决心和勇气。改革开放是决定当代中国命运的关键一招。现在，推进改革矛盾多，难度大，但不改不行。习近平总书记指出，下一步改革将不可避免触及深层次社会关系和利益矛盾，牵动既有利益格局变化。全面深化改革涉及面广，重大改革举措可能牵一发而动全身，必须慎之又慎。在越来越深的水中前行，遇到的阻力必然越来越大，面对的暗礁、潜流、旋涡可能越来越多。现阶段推进改革，必须识得水性、把握大局、稳中求进。实践告诉我们，有的政策经过一段时间后发现有偏差，要扭转回来很不容易。因此改革措施的出台一定要经过大量调研、充分论证和科学评估，不能随便"翻烧饼"。胆子要大与步子要稳相结合，就是既要有排险闯关、突破自我、敢为人先的胆识，又要有把握规律、循序渐进、锲而不舍的智慧；点上试点胆子要大，勇于探索、敢闯敢试，面上推行步子要稳，审慎稳妥、稳扎稳打。

参考文献：

1. 毛泽东. 毛泽东选集（2）[M]. 北京：人民出版社，1991.

2. 毛泽东. 毛泽东选集（3）[M]. 北京：人民出版社，1991.

3. 毛泽东. 毛泽东文集（7）[M]. 北京：人民出版社，1999.

4. 毛泽东. 毛泽东文集（8）[M]. 北京：人民出版社，1999.

5. 邓小平. 邓小平文选（2）[M]. 北京：人民出版社，1994.

6. 邓小平. 邓小平文选（3）[M]. 北京：人民出版社，1993.

7. 江泽民. 江泽民文选（3）[M]. 北京：人民出版社，2006.

8. 周恩来. 周恩来选集（下）[M]. 北京：人民出版社，1984.

9. 十六大以来重要文献选编 [M]. 北京：中央文献出版社，2005.

10. 新中国成立以来重要文献选编（9）[M]. 北京：中央文献出版社，1994.

11. 习近平. 习近平谈治国理政 [M]. 北京：中央文献研究室，2014.

12. 中共中央宣传部. 习近平总书记系列重要讲话读本 [M]. 北京：学习出版社，人民出版社，2016.

13. 中共中央关于制定国民经济和社会发展第十三个五年规划的建议

14. 中华人民共和国国民经济和社会发展第十三个五年规划纲要

15. 中共中央关于全面推进依法治国若干重大问题的决定

思考题：

1. 当代中国发展的趋势性变化体现在哪些方面？如何理解当代中国的历史方位和重要战略期？

2. 为什么说全面建成小康社会是实现"中国梦"的关键一步？

3. 为什么说在任何情况下都要牢牢把握社会主义初级阶段这个最大国情，推进任何方面的改革发展都要牢牢立足社会主义初级阶段这个最大实际？

新时代坚持和发展中国特色社会主义的根本立场、奋斗目标与战略安排

新时代坚持和发展中国特色社会主义的根本立场是以人民为中心。习近平总书记指出：必须牢记我们的共和国是中华人民共和国，始终要把人民放在心中最高的位置，始终全心全意为人民服务，始终为人民利益和幸福而努力工作。中国共产党自成立以来，便始终致力于实现人民利益，为人民谋求幸福生活，始终自觉将人民群众作为我们党前进、奋斗的力量源泉，始终坚定"以人民为中心"的信念，始终坚守人民立场。可以说，以人民为中心的根本立场贯穿于党全部工作中，是中国共产党人始终遵循的信条；新时代坚持和发展中国特色社会主义的奋斗目标是实现中华民族伟大复兴。习近平总书记指出，中国共产党人的初心和使命，就是为中国人民谋幸福，为中华民族谋复兴。实现中华民族伟大复兴的"中国梦"，是以习近平同志为核心的党中央对全体人民的庄严承诺，是党和国家面向未来的政治宣言，是新时代我们党确立起的奋斗目标，也是新时代全党和全国人民团结一致、披荆斩棘的目标追求；新时代坚持和发展中国特色社会主义的战略安排是开启全面建设社会主义现代化国家新征程。习近平总书记在党的十九大上对新时代推进我国社会主义现代化建设，作出新的顶层设计，提出分"两步走"在本世纪中叶建成社会主义现代化强国的战略安排，为全面开启建设社会主义现代化国家新征程指明了前进的方向。以人民为中心这一根本立场贯穿于奋斗目标和战略安排的始终，是奋斗目标和战略安排的出发点和落脚点，解决的是"为谁实现"的问题；实现中华民族伟大复兴的"中国梦"的奋斗目标，是根本立场和战略安排的目标追求，解决的是"实现什么"的问题；社会主义现代化国家"两步走"战略安排，是遵循、实现根本立场和奋斗目标的重要路径，解决的是"怎么实现"的问题。新时代的今天，我们必定要戒骄戒躁、勇往直前，始终坚定根本立场，始终践行战略安排，为实现中华民族伟大复兴的"中国梦"而奋斗。

一、根本立场——坚持以人民为中心

以人民为中心是新时代坚持和发展中国特色社会主义的根本立场。中国共产党的根本政治立场是人民立场。习近平总书记指出："必须牢记我们的共和国是中华人民共和国，始终要把人民放在心中最高的位置，始终全心全意为人民服务，始终为人民利益和幸福而努力工作。"[1] 深入领悟人民立场、一以贯之人民立场，对于准确领会和全面贯彻习近平新时代中国特色社会主义思想，对于实现"两个一百年"奋斗目标和中华民族伟大复兴的"中国梦"具有重要意义。

（一）满足人民对美好生活的向往是党的奋斗目标

我将无我，不负人民。习近平总书记强调："为人民谋幸福，是中国共产党人的初心。我们要时刻不忘这个初心，永远把人民对美好生活的向往作为奋斗目标。"[2] 坚持发展为了人民，带领人民不断奋斗，生动诠释了中国共产党的人民立场，生动诠释了中国共产党人的根本宗旨，生动诠释了新时代中国特色社会主义的根本追求。

马克思主义政党始终坚持人民立场，一切为了人民，为人民利益而奋斗，人民性是马克思主义最鲜明的品格。新时代，中国共产党作为马克思主义政党，党性和人民性是一致的，中国共产党代表最广大人民根本利益，除了国家和人民的利益，中国共产党没有任何自己的特殊利益。只有克己奉公、不谋私利才能为民族谋大利，才能从党的性质出发，从党的宗旨出发，从人民根本利益出发，全心全意为人民服务。从党带领人民奋斗历程来看，我们进行革命斗争、社会主义建设、改革开放、脱贫攻坚都是为人民谋利益，为使人民过上美好生活。党领导人民打土豪、分田地，是为人民根本利益而斗争；领导人民抗击日本帝国主义、国民党反动派，是为人民根本利益而斗争；领导人民进行社会主义革命和建设，是为人民根本利益而斗争；领导人民进行改革开放和全面建设小康社会，是为人民根本利益而斗争。

党的奋斗目标是助力人民实现美好生活，这从根本上回答了发展"为了谁"的问题，是党立党为公、执政为民的生动体现，是中国共产党人始终坚持的政治灵魂和精神支柱。我们党来自人民、植根人民、服务人民，始终将维护群众利益放在第一位，绝不允许存在凌驾于群众之上的特殊利益。"为什么人"的问题，是检验一个政党、一个政权性质的试金石。2016 年在纪念红军长征胜利 80 周年大会上，习

---

① 中共中央宣传部. 习近平新时代中国特色社会主义思想三十讲 [M]. 北京：学习出版社，2018:85.
② 中共中央宣传部. 习近平新时代中国特色社会主义思想三十讲 [M]. 北京：学习出版社，2018:85.

近平总书记向全体党员同志讲述了长征路上的军民鱼水情故事，在湖南汝城县沙洲村，三名女红军借宿徐解秀老人家中，临走时，把自己仅有的一床被子剪下一半给老人留下了。老人说，什么是共产党？共产党就是自己有一条被子，也要剪下半条给老百姓的人。[1] 同人民风雨同舟，建立命运共同体关系，是中国共产党和红军取得长征胜利的根本保证，也是我们战胜一切困难和风险的根本保证。一滴水可以折射出太阳的光辉，半床棉被可以体现出共产党人的底色。无论是在革命、建设还是改革开放新时期，我们党始终坚持全心全意为人民服务，始终坚持以人民为中心，始终坚持发展为了人民，始终为了人民的利益而奋斗。我们党制定的路线、方针、政策都体现了最广大人民的根本利益，中国共产党的发展史，就是一部全心全意为人民服务的历史。

党的十八大以来，习近平总书记始终坚持全心全意为人民服务，坚持人民立场，风雨兼程，访贫问苦，从黄土高坡到青藏高原，从太行山区到革命老区，从零下几十摄氏度到炎热高温，从生态环境保护到脱贫攻坚，从"贫瘠甲天下"的甘肃定西到"隔山走一天"的四川大凉山，从指挥全国疫情防控到深入疫情重灾区武汉考察调研，足迹遍布大江南北各个领域，遍布全国 14 个集中连片特困地区，夙兴夜寐，勤勉为民，践行着为人民谋幸福的初心和使命，践行着人民至上的价值理念。

树立人民对美好生活向往的奋斗目标，关键是站稳人民立场。人民立场是马克思主义唯物史观的生动诠释，体现了人民是历史创造者的深刻认识，体现了共产党对人类社会发展规律的把握，体现了党对先进性、纯洁性和科学性的坚定追求，是马克思主义政党区别于其他政党的显著标志。只有领悟了人民立场的本质与真谛，才能自觉维护人民利益，才能自觉站在人民立场上，想问题、做决策、做事情才能真正有利于人民，有益于人民。习近平总书记经常讲福建省东山县县委书记谷文昌同志的事迹。20 世纪五六十年代，谷文昌同志在东山县工作了 15 年，带领全县人民脱贫致富，植树造林、修建水库、治理生态，东山岛从原先的荒芜贫瘠的岛屿摇身一变为富饶的粮仓，使东山县全县人民摆脱了世代逃荒要饭的贫困命运。

树立人民对美好生活向往的奋斗目标，最终要落实到实现好、维护好、发展好最广大人民的根本利益上。"水能载舟，亦能覆舟。"习近平总书记指出："党的一切工作，必须以最广大人民根本利益为最高标准。""我们要不断解决人民最关心最直

---

[1] 中共中央宣传部. 习近平新时代中国特色社会主义思想三十讲 [M]. 北京：学习出版社，2018：86.

接最现实的利益问题，努力让人民过上更好生活。"① 以习近平同志为核心的党中央始终秉持人民立场，坚持以人民为中心的发展思想，思民生之苦，解民生之忧，以造福全体人民为最大政绩，把改革发展责任扛在肩上，推动一大批惠民举措落地实施，推动发展成果更多更公平惠及全体人民。未来，要顺应我国主要矛盾变化的现实要求，牢记全心全意为人民服务的本质要求，着力解决发展过程中的不平衡不充分问题，满足人民日益增长的美好生活需要。

（二）群众路线是我们党推进各项事业的基本遵循

习近平总书记指出："群众路线是我们党的生命线和根本工作路线，是我们党永葆青春活力和战斗力的重要法宝。"② 不论过去、现在和将来，我们都必须坚持一切为了群众，一切依靠群众，坚持从群众中来到群众中去的工作路线，把党的正确主张变为群众的自觉行动，把群众路线贯彻到治国理政的全部行动当中去。

始终与人民群众保持血肉联系，一刻也不脱离群众，是坚持群众路线必须关注的核心问题。群众路线生动诠释了党的性质和宗旨。我们党诞生于人民之中，并且是在同人民群众的密切联系中成长、发展、壮大起来的，是依靠宣传群众、组织群众、联系群众起家的。与其他政党相比，中国共产党最大的优势就是密切联系群众，党执政后的最大危险就是脱离群众。这样来看，党的事业的成败取决于党是否同人民保持血肉联系，取决于是否密切联系群众。要从政治的高度深刻认识密切联系群众的重要性，端正态度，摆正位置。无论什么时候，无论在什么情况，无论什么条件，与人民群众同呼吸共命运的立场不能变，全心全意为人民服务的宗旨不能忘，坚定不移地秉持历史唯物主义观点，相信人民，依靠人民。

在中共七大闭幕词《愚公移山》中，毛泽东同志特别指出："人民，只有人民，才是创造世界历史的真正动力。"邓小平同志指出："群众路线和群众观点是我们的传家宝。"坚持一切为了群众，一切依靠群众和从群众中来，到群众中去的群众路线，是我们党始终坚持的根本工作方法。坚持走群众路线，绝不是简简单单地喊喊口号，敲锣打鼓地走个过场，而是要真心实意，真干实做。要善于通过提出并贯彻正确的政策、路线和理论来引领人民前进，要善于从人民的实践创造和发展要求中完善政策主张，要善于从基层百姓中寻找解决问题的方案和办法，使制定的政策和方案更充分地体现民心民意。要深入研究新形势下群众工作的规律和特点，拓展群

① 中共中央宣传部. 习近平新时代中国特色社会主义思想三十讲 [M]. 北京：学习出版社，2018:87.

② 中共中央宣传部. 习近平新时代中国特色社会主义思想学习纲要 [M]. 北京：学习出版社，人民出版社，2019:46.

众路线的实现方式，把党的优良传统和新技术新手段结合起来，要尝试通过网络等技术手段走群众路线，切实提高做好群众工作的本领。

新时代，要把群众路线融汇到经济社会发展全过程。现阶段，要将新发展理念贯彻到发展的各个环节，做到人民群众关心什么、期盼什么，我们党和政府就抓住什么、推进什么，通过党和政府的不懈努力，让改革开放的成果惠及更多人民，给人民带来更多的实惠。要坚定不移地走中国特色社会主义政治发展道路，在政治生活和社会生活中真正保证人民当家做主的权利，巩固和发展生动活泼、安定团结的政治局面。要坚持走中国特色社会主义文化发展道路，坚持为人民服务，坚持为社会主义服务，坚持百花齐放，百家争鸣，坚持创造性转化，创新性发展，不断为人民群众提供丰富、优质的精神食粮，满足人民日益增长的精神文化需要。在全面建成小康社会决胜时期，要建设惠及全体人民的小康，在工作中，紧紧抓住人民最关心、最直接、最现实的利益问题，从人民群众关心的事情做起，从人民群众满意的事情做起，不断增强人民群众的获得感、幸福感和安全感，通过不懈努力，使人民群众的生活更加充实、更加有保障。要坚定不移地走生产发展、生活富裕、生态良好的文明发展道路，实现人与自然的和谐共生，建设社会主义生态文明，为人民群众提供更多更优质的生态产品。

新时代，要把群众路线贯穿于党的全部工作之中。做好群众工作是领导干部的重要职责，是衡量一个领导干部政治上是否合格、工作上是否称职、领导能力达不达标的基本标准。习近平总书记强调，每一个党员干部特别是担负一定领导责任的同志，都应当同焦裕禄同志做个比较，经常想一想，自己为人民服务是不是做到"完全""彻底"了。[1]总体而言，当前各级党组织和党员干部将群众路线贯彻到实处，在工作中认真执行群众路线。广大党员干部在全面建成小康社会决胜阶段和脱贫攻坚时期的各项工作中，冲锋陷阵、忘我奉献，发挥了领头羊的作用，特别是在2020年新冠肺炎疫情暴发期间，广大党员干部更是舍生忘死、迎难而上。他们深入医院、社区一线，昼夜值勤、严防死守，全力宣传、全方位保障，构筑起群防群治、联防联控的严密防线，凝聚起众志成城、共克时艰的强大力量，以实际行动将党的光辉形象显现在疫情防控第一线。"我是党员我先上"，各种"请战书"，都充分彰显了党员干部先锋模范的光辉形象。这是绝大多数党员的行为和举动，必须得到充分肯定、充分弘扬。同时，必须承认，在党员干部中间还存在一些脱离群众的现象，有的问题还相当严重。在这些现象中，既有立场问题、思想问题，也有方法问

---

[1] 中共中央宣传部. 习近平新时代中国特色社会主义思想三十讲 [M]. 北京: 学习出版社，2018:93.

题、能力问题。广大党员干部要从政治的高度，深刻认识密切联系群众的重要性，在全心全意为人民服务的实际工作中提升政治站位、提高工作能力，在向人民群众谦虚学习中提升理论联系实际的工作水平和工作经验，提升为民服务的本领，在倾听人民心声、接受人民监督中进行自我反省、自我教育、自我批评、自我提升，在为民服务中不断充实自身、不断完善自身，持之以恒，克服形式主义、官僚主义、享乐主义和奢靡之风。实践证明，只有保持同人民群众的血肉联系，才能真正做到以人民为中心，才能真正保证人民当家做主。

（三）人民群众是创造历史伟业的根本力量

人民群众是历史的创造者，是决定党和国家前途命运的根本力量，中华民族每一步成绩的取得都离不开人民，离开了人民，我们就会一事无成。只有坚持马克思主义唯物史观中人民群众是历史创造者的原理，才能把握发展的核心要素，把握历史前进规律。只有把握发展规律，才能无往而不胜。

勤劳勇敢的中国人民是中华民族生生不息、繁荣昌盛的脊梁。回望中华民族上下五千年，波澜壮阔的中华民族发展史是由中国人民书写的，博大精深的中华文明是中国人民创造的，自强不息的中华民族精神是由中国人民培育的，中华民族从站起来、富起来到强起来的伟大飞跃是由中国人民奋斗出来的。新时代，必须深刻认识到人民群众是历史发展和社会进步的主体力量，要依靠人民发展各项事业，依靠人民创造历史伟业。

坚持依靠人民群众创造历史伟业，必须在思想上树立人民群众的主体地位。习近平总书记说："老百姓是天，老百姓是地。忘记了人民，脱离了人民，我们就会成为无源之水、无本之木，就会一事无成。"[①] 中国共产党扎根于人民，力量来自人民，与人民血脉相承。唯物史观和唯心史观的分界线在于：是否承认人民是历史的创造者，是否承认人民是社会发展的决定力量，是否尊重人民群众的主体地位。回顾历史，谋划发展，最了解实际情况的，是人民群众；推动改革，最坚强的依靠力量，是人民群众。治国理政，只有亲身征询于田野，虚心问计于百姓，才能真正凝聚民心民智民力，才能依靠人民创造历史伟业，实现中华民族伟大复兴的目标。基层是最大的课堂，群众是最好的老师。习近平总书记强调："在人民面前，我们永远是小学生，必须自觉拜人民为师，向能者求教，向智者问策。"[②] 坚持以人民为中心，把尊重历史发展客观规律与尊重人民主体地位有机统一起来，就没有完成不了的目

---

① 中共中央宣传部．习近平新时代中国特色社会主义思想三十讲 [M]．北京：学习出版社，2018：88．
② 中共中央宣传部．习近平新时代中国特色社会主义思想三十讲 [M]．北京：学习出版社，2018：89．

标，没有克服不了的困难。

坚持依靠人民群众创造历史伟业，必须尊重人民的首创精神。新时代，我们的工作要想获得人民群众的广泛认同与支持，就必须尊重人民首创精神，必须激发人民的创造热情。建设中国特色社会主义的伟大实践，从本质上说，是人民群众在党的领导下自己探索社会主义建设的实践，人民在实践中创造、总结的历史经验，反映了事物发展的客观规律，代表社会的前进方向。正如习近平总书记所指出的，改革开放中每一个新事物的产生和发展，改革开放每一个方面经验的创造和积累，无不来自亿万人民的实践和智慧。从几十人的小党发展到今天9000多万党员的大党的历史经验来看，非常重要的一点就是，我们党始终把人民作为智慧和力量的源泉，始终紧紧依靠人民，将党和政府的一切任务都深深扎根于人民的创造性实践中。在全面建成小康社会的关键时期，面对新形势新任务，我们一切工作必须扎根于人民群众的伟大实践，将人民群众的伟大实践作为制定政策、规划发展的理论源泉，及时总结人民群众创造出来的新鲜经验，使之上升为科学的理论、政策。同时，指导人民群众开展新的社会实践，推动党和国家各项事业不断向前发展，推动全面建成小康社会目标的实现。

坚持依靠人民群众创造历史伟业，必须把人民群众满意作为检验工作的第一标准。以什么标准来衡量实质上是一个对谁负责、让谁满意的问题。中国共产党代表最广大人民的根本利益，坚持让人民群众来检验一切工作得失，以人民群众拥护不拥护、赞成不赞成、承认不承认、答应不答应作为根本标准。人民群众的意见是衡量工作水平的一把最好的尺子，最能衡量我们工作的长短优劣。习近平总书记指出："时代是出卷人，我们是答卷人，人民是阅卷人。"坚持让群众满意作为衡量工作的标准，由群众评判，由群众监督，群众拥护什么就倡导什么，群众期盼什么就做好什么，群众反对什么就杜绝什么。无论是制定政策、出台文件，还是考核选评、人事任命，都必须注重群众评价，增强群众的发言权、话语权，不能关起门来自我欣赏、自我评价。同时，必须时刻反思工作中存在的问题，不断改进工作方法，让群众满意而不是"被满意"，使中国特色社会主义事业始终体现群众意愿，经受得住实践、历史和人民的检验。

（四）不断朝着实现全体人民共同富裕的目标迈进

共同富裕，是中国共产党带领人民追求的一个基本目标，是中国人民内心深处的一个共同追求。按照马克思、恩格斯的学说，在共产主义社会，阶级之间、城乡之间、脑力劳动和体力劳动之间直接的对立和差别将彻底消失，在分配环节实行各尽所能、按需分配，真正实现社会共享，实现每个人自由而全面的发展。在共产主义社会，真正实现"所有人共同享受大家创造出来的福利"，社会生产的目的是供给全体社会成员享用。实现共同富裕，体现了社会主义的本质要求，反映了以人民为中心的根本立场。①

不忘初心，牢记使命。我们党从诞生之初，就开始带领人民为创造幸福、美好生活而奋斗，为实现共同富裕而不懈奋斗。新中国成立之初，毛泽东同志就提出了国家发展富强的目标，指出："这个富，是共同的富，这个强，是共同的强，大家都有份。"邓小平同志曾经多次强调共同富裕，指出："社会主义不是少数人富起来、大多数人穷，不是那个样子。社会主义最大的优越性就是共同富裕，这是体现社会主义本质的一个东西。"江泽民同志强调："实现共同富裕是社会主义的根本原则和本质特征，绝不能动摇。"胡锦涛同志也强调："使全体人民共享改革发展成果，使全体人民朝着共同富裕的方向稳步前进。"进入新时代，我们走上了通往美好生活的康庄大道，走向了逐步实现全体人民共同富裕的新征程。习近平总书记指出，共同富裕是中国特色社会主义的根本原则，实现共同富裕是我们党的重要使命。习近平同志还强调："我们追求的发展是造福人民的发展，我们追求的富裕是全体人民共同富裕。"② 回顾革命、建设和改革的历史进程，我们党为实现人民幸福、迈向共同富裕而不懈奋斗。特别是党的十八大以来，以习近平同志为核心的党中央始终坚持、着力践行以人民为中心的发展思想，把实现人民幸福作为发展的根本目的和归宿，努力使改革、发展的成果更多更公平惠及全体人民，不断朝着共同富裕的目标迈进。

经过 70 多年的艰苦奋斗，我们党在社会主义建设的实践中，形成了先富带动后富、逐步实现共同富裕的规律性认识，经过一代人又一代人的接力，我国人民生活质量和生活水平显著提升。计划经济年代盛行的粮票、布票、肉票、油票、鱼票等与老百姓生活息息相关的票证，都已经进入了历史博物馆。饥寒交迫、缺衣少食、生活贫苦、疾病缠身等这些几千年来困扰中华民族的问题总体上被解决了，中国人民迎来了从温饱不足到小康富裕的伟大飞跃。

在社会主义新时代，全国各族人民团结奋斗、不断创造美好生活、逐步实现全体人民的共同富裕，是新时代的一个鲜明特征。2020 年，是实现第一个百年奋斗目标、全面建成小康社会的关键时期、决胜时期，我们党和政府要着力实施精准

---

① 中共中央宣传部. 习近平新时代中国特色社会主义思想三十讲 [M]. 北京：学习出版社，2018:90.
② 中共中央宣传部. 习近平新时代中国特色社会主义思想三十讲 [M]. 北京：学习出版社，2018:90.

扶贫、精准脱贫，进一步推动改革开放，推动经济社会进一步发展，使人民生活更加美好、更加殷实，使全面建成小康社会的成果得到人民的认同、经得起历史的检验。同时，党的十九大进一步明确了全面建设社会主义现代化强国的战略步骤，第一步，到 2035 年基本实现社会主义现代化，全体人民向共同富裕迈出坚实一步，人民生活更加富裕，城乡区域发展和居民生活水平差距显著缩小，社会基本公共服务均等化基本实现；第二步，到本世纪中叶，将我国建设成为富强民主文明和谐美丽的社会主义现代化强国，充分展现社会主义的优越性，这标志着我国人民将享有更加富裕、更加公平、更加幸福的美好生活。由此看来，把全体人民共同富裕作为建设社会主义现代化强国的重要内容，对新时代坚持和发展中国特色社会主义必将产生重大和深远的影响。

实现全体人民共同富裕的宏伟目标，最终依靠的是发展。发展是解决一切贫困落后问题的关键，发展是基础，是内在动力，唯有发展才能满足人民对于美好生活的热切向往，唯有发展才有机会实现全体人民共同富裕的目标。没有发展，没有切切实实的发展成果，全体人民的共同富裕也就无从谈起。在社会主义新时代，要继续坚持科学发展观，贯彻落实新发展理念，毫不动摇地坚持"发展是硬道理"思想，毫不动摇地坚持科学发展和高质量发展的战略思想，不断扩大改革开放成果，不断把"蛋糕"做大。与此同时，还要在社会不断发展的基础上维护社会公平正义，把不断做大的"蛋糕"分好，让人民共享社会发展的成果，让社会主义制度的优越性在当代中国更加充分地体现出来，让全体人民共同富裕在广大人民现实生活中更加充分地展示出来。在社会主义现代化建设过程中，特别是全面建成小康社会以后，决不能出现"朱门酒肉臭，路有冻死骨""富者累巨万，而贫者食糟糠"的现象。

实现全体人民共同富裕的宏伟目标，要全面深化改革。全面深化改革是决定当代中国命运的关键一招，是四个全面战略布局中具有突破性和先导性的关键环节。[①]党的十八大以来，以习近平同志为核心的党中央高举改革开放的大旗，以巨大的政治勇气和强烈的责任担当来推进全面深化改革。经过几十年的改革开放，中国的改革到了一个新的历史关头，美好的彼岸就在前方，但风险和考验也摆在我们眼前。习近平总书记指出，中国的改革已经进入深水区，容易的改革已经完成了，剩下的都是难啃的硬骨头。[②]新时代，全面深化改革必须把坚持和完善中国特色社会主义制度、推进国家治理体系和治理能力现代化作为全面深化改革的总目标。党的十九

---

① 中共中央宣传部.习近平新总书记系列讲话重要读本 [M].北京：学习出版社，2016:67.
② 中共中央宣传部.习近平新总书记系列讲话重要读本 [M].北京：学习出版社，2016:70.

届四中全会提出，到我们党成立一百年时，在各方面制度更加成熟更加定型上取得明显成效；到 2035 年，各方面制度更加完善，基本实现国家治理体系和治理能力现代化；到新中国成立一百年时，全面实现国家治理体系和治理的现代化，使中国特色社会主义制度更加巩固、优越性充分展现。[①] 人民有所呼，改革就有所应。要把促进社会公平正义作为改革发展的一面镜子，哪里不符合公平正义的要求哪里就需要改革。哪个领域存在突出矛盾，哪个领域就是改革的重点。通过不断改革创新制度安排，实现好、维护好、发展好最广大人民根本利益。

实现全体人民共同富裕的宏伟目标，要统筹兼顾。在朝着目标奋进的过程中，必须坚持以人民为中心的发展思想，在全民共享、全面共享、共建共享、渐进共享中，不断实现好、维护好、发展好最广大人民的根本利益。要紧扣新时代我国社会主要矛盾的变化，在改革发展过程中，要自觉用新发展理念统领全局，解决好发展过程中存在的不平衡不充分问题，不断满足人民日益增长的美好生活需要。要以改善和保障民生为重点，多解民生之忧、多谋民生之利，调节收入分配，将"蛋糕"分好，坚决打赢脱贫攻坚战，补齐民生短板，促进社会公平正义。要大力弘扬"幸福都是奋斗出来的"理念，鼓励全国各族人民艰苦奋斗、勤劳致富、勇于创业，通过自身努力创造美好生活，通过自身努力实现财富自由，通过每个成员的富裕实现全体人民的共同富裕。

蓝图已绘，重在落实。实现全体人民共同富裕的目标需要一个很长的历史过程，是要由一代又一代人的不懈努力和一个又一个的阶段性目标逐步达成的。目前，我国正处于并将长期处于社会主义初级阶段，我们必须遵循社会发展的客观规律，不能做超越发展阶段的事情，我们必须脚踏实地，积小胜为大胜，不断朝着全体人民共同富裕的目标迈进。

二、奋斗目标——实现中华民族的伟大复兴

实现中华民族伟大复兴，是中华民族几代人的梦想，是激励中华儿女不断披荆斩棘、团结奋进的动力源泉。习近平总书记指出："中国共产党人的初心和使命，就是为中国人民谋幸福，为中华民族谋复兴。"[②] 实现中华民族伟大复兴凸显出党中央对现实和未来的热烈关切，凸显出我们党高度的使命感和责任感，为新时代背景下

---

① 中共中央关于坚持和完善中国特色社会主义制度推进国家治理体系和治理能力现代化若干重大问题的决定 [M]. 北京：人民出版社，2019:5.
② 决胜全面建成小康社会夺取新时代中国特色社会主义伟大胜利——在中国共产党第十九次全国代表大会上的报告 [M]. 北京：人民出版社，2017:1.

坚持和发展中国特色社会主义道路增添了新的色彩。

（一）中华民族近代以来的愿望和追求

中国特色社会主义的总任务，是实现社会主义现代化和中华民族伟大复兴，是在 2020 年全面建成小康社会的基础上，分"两步走"，于 21 世纪中叶实现建设社会主义现代化强国的伟大目标。其中，"中国梦"是中华民族伟大复兴的形象表达。2012 年 11 月 29 日，习近平总书记率中央政治局常委和中央书记处的同志到国家博物馆，参观"复兴之路"的展览。习近平总书记在参观时指出："现在大家都讨论'中国梦'，我认为，实现中华民族伟大复兴，就是中华民族近代以来最伟大的梦想。"[①] 实现中华民族伟大复兴的"中国梦"，是近代以来好几代中国人孜孜以求的目标和追求。

"只有创造过辉煌的民族，才懂得复兴的意义；只有经历过苦难的民族，才对复兴有如此深切的渴望。"[②] 中国历史源远流长，中华文化绵延数千年。中国曾与古埃及、古印度、古巴比伦并称为四大文明古国，是世界上唯一一个文明没有中断的国家。在地理大发现及殖民主义得到发展之前，中国在各方面处于优势领先地位。3000 多年前的商代中国有书写文字时，希腊辉煌的城邦文明还没创立，罗马帝国的建立还在 1000 年以后。中国古代科技成就领先世界。在天文历法方面，早在战国时期，中国已经出现了世界上最早的天文学著作——《甘石星经》，两汉时期，地动仪的发明创造更是领先欧洲 1700 多年；在数学方面，《九章算术》成为世界上最先进的应用数学，南朝祖冲之更是精确确定圆周率范围，这一成果比外国早近 1000 年。此外，中国古代四大发明、医学、航海更是领先并造福于全世界。古代中国出现了多个"治世""盛世"，如文景之治、光武中兴、贞观之治、开元盛世、康乾盛世，这为中国构建了一幅经济繁荣、文化昌盛的宏伟蓝图，充分彰显了中国古代治理社会、国家的博大智慧。

17 世纪中叶以后，西方一些国家先后爆发资产阶级革命，并相继完成工业革命，他们借助新的生产方式迅速成长壮大起来，开启了全世界范围内的原始积累和殖民掠夺征程。而清王朝却继续沉迷于"天朝上国"的美梦，对正在经历巨变的世界各国漠不关心，继续将中国以外的国家视作"夷狄蛮貊"，将西方先进的科学技术当作"奇技淫巧"，不屑一顾。此时的清王朝，在经济、政治、文化、军事等方面全

---

① 习近平. 习近平谈治国理政：第 1 卷 [M]. 北京：外文出版社，2014:36.
② 中共中央宣传部. 习近平新时代中国特色社会主义思想学习纲要 [M]. 北京：学习出版社，人民出版社，2019:49.

面滞后而不自知。直至 1840 年，英国用坚船利炮轰开了中国尘封已久的国门，随后清政府被迫签订《南京条约》。从此，西方列强纷至沓来，穷凶极恶地发动了一次又一次侵略战争，清政府被迫签订《北京条约》《瑷珲条约》等一个又一个丧权辱国的不平等条约，中国逐渐沦为半殖民地半封建社会，此时的中国人民承受着世界少见的贫困和不自由。但是，中国人民并未屈服。从鸦片战争开始，中国人民为了抵御外辱和改革国内现状，实现民族复兴，同外国帝国主义势力和国内封建势力进行了长期英勇的斗争。从鸦片战争爆发至五四运动的近 80 年里，中国社会各个阶级、各个阶层和多种政治力量都试图力挽狂澜，救国于危难之中。反帝反封建斗争的主力最初是农民。由农民发起的太平天国革命运动旨在推翻清王朝统治和击退外国资本主义侵略；义和团反帝爱国运动矛头直指帝国主义侵略者。但是由于农民阶级不能代表新的生产方式，提不出新的具有远见卓识的斗争纲领，最终以失败而告终。中国民族资产阶级登上政治舞台后，以康有为、梁启超、谭嗣同为代表的民族资产阶级以"救亡图存"为号召，发动变法维新运动，试图以改良的方式实现中华民族复兴。但是最终由于资产阶级力量的弱小，被封建势力所扼杀。辛亥革命虽成功结束了在中国存在两千多年的封建帝制，在中国建立了资产阶级共和国。但是，中华民国的建立并没有从根本上铲除帝国主义和封建势力在中国的统治根基，也没有改变中国深层次的社会结构，更没有改变中国半殖民地半封建社会的性质，人民仍然处于水深火热之中。

中国近代历史是中国人民反抗封建势力、反抗帝国主义侵略的斗争史，是中国人民凭借不屈不挠的革命斗志，为实现民族复兴抛头颅、洒热血的奋斗史。这一段特殊的历史时期，中国人民爆发出前所未有的革命大无畏精神，令全世界动容。与此同时，中国近代历史证明，由农民阶级领导的旧式农民革命和资产阶级领导的革命，由于自身的局限性和软弱性，根本无法带领全中国人民完成反帝反封建的历史任务，更不可能肩负起实现中华民族伟大复兴的历史使命。

（二）中国共产党人的使命和担当

十月革命的一声炮响，给我们送来了马克思主义。经过五四运动的发酵和宣传，马克思主义在中国得到了广泛的传播，且与中国工人运动联系日益紧密。就在马克思列宁主义同中国工人运动相结合的过程中，中国共产党应运而生。中国共产党自诞生起，就持有马克思列宁主义这一最先进的思想武器。它所提出的奋斗目标和纲领，始终代表着中国社会前进的方向和光明的未来。它满怀信心地以改造旧中国、建立新中国为己任，旗帜鲜明地将实现社会主义、共产主义作为自己的奋斗目标，矢志不渝地主动肩负起实现中华民族伟大复兴的历史使命。近百年来，无论是困境还是逆境，无论是弱小还是强大，中国共产党都坚守初心使命，为改变中国人民受剥削、受压迫的状况，实现民族独立、人民解放和国家富强，追求实现中华民族伟大复兴，追求共产主义远大理想，进行艰苦卓绝地斗争。

中国共产党自成立起，便义无反顾地带领中国人民进行艰苦卓绝的斗争，为实现中华民族伟大复兴而浴血奋战。面对20世纪20年代初期军阀割据、中国四分五裂的态势，中国共产党与孙中山领导的国民党建立起统一战线，打开了革命的新局面；中国共产党人创新性地提出了"农村包围城市，武装夺取政权"，带领全国人民发动了武装反抗国民党反动统治的斗争，建立了革命根据地；面对日本帝国主义咄咄逼人的侵略态势，中国共产党为争取实现全面抗战路线，不断巩固发展抗日民主阵地，带领人民群众实现了抗日战争的最终胜利。面对国民党的针锋相对，中国共产党力争实现国内和平，逐步粉碎了国民党军队的战略进攻，带领全中国人民夺取了解放战争的胜利，完成了新民主主义革命，建立了中华人民共和国。中国共产党带领全国人民共同奋斗，彻底结束了中国半殖民地半封建社会的历史，中国人民从此站起来了，真正成为国家的主人。

新中国成立后，我们党秉持初心，不断探索，为了实现中华民族伟大复兴不断奋斗着。我们党面对凋敝的国民经济，面对极端贫穷的人民生活状况，团结带领人民恢复生产发展，经过三年艰苦奋斗，解放前遭到严重破坏的国民经济得到全面恢复与发展。我们党逐步带领全国人民完成了社会主义改造，建立了农村集体所有制，完成了农业合作化、手工业合作化，实现了资本主义工商业的全行业公私合营，实现了社会主义改造的伟大胜利，建立了社会主义制度，开启了社会主义建设新征程。这些伟大举措具有深刻的历史和现实意义，即完成了中华民族有史以来最为广泛而深刻的社会变革，为当代中国一切发展进步奠定了根本政治前提和制度基础，为中国发展富强、中国人民生活富裕奠定了坚实的基础。

十一届三中全会以来，我们党总结经验、披荆斩棘，终于找到实现中华民族伟大复兴的正确道路，并带领全国人民取得了举世瞩目的伟大成就。我们党于十一届三中全会上确定了解放思想、开动脑筋、实事求是、团结一致向前看的指导方针，作出了将党和国家的工作中心转移到经济建设上来，实行改革开放的伟大决策。农村家庭联产承包责任制的推行，乡镇企业的兴起，极大地激发了广大人民群众的积极性和创造性，极大地解放了社会生产力，极大地增强了社会发展活力。在前进的道路上，我国经济实力、综合国力、国际影响力大大增强，人民生活水平有了飞跃式发展，实现了从单纯解决温饱问题到总体小康再到全面小康的跨越式发展。总之，这一时期，在党的带领下，我们开辟了中国特色社会主义道路，形成了中国特色社会主义理论体系，确立了中国特色社会主义制度，发展了中国特色社会主义文化，使中国大踏步赶上时代。

新时代的今天，中国共产党立足于新时代现实情况，开启了实现中华民族伟大复兴的新征程。在党的带领下，我国在各方面取得了丰硕的成果，使拥有五千多年悠久历史的中华民族迈向了现代化，让中华五千年历史文化在新时代大放异彩；使具有五百多年历史的社会主义在世界上人口最多的国家生根发芽，成功开辟出符合中国国情且极具潜力的中国道路，让科学社会主义在 21 世纪的今天大放光彩；使具有 70 多年历史的新中国建设取得了辉煌的成就，使世界上最大的发展中国家在较短时间内摆脱贫困，一跃成为世界第二大经济体，实现了"近年来最重要的全球变革"，使中华民族焕发出强大的生机。正如习近平总书记所指出的："现在，我们比历史上任何时刻都更接近中华民族伟大复兴的目标，比历史上任何时期都更有信心、有能力实现这个目标。"[1] 经过鸦片战争以来 170 年多年来的持续奋斗，中华民族伟大复兴出现了光明的前景。

"雄关漫道真如铁""人间正道是沧桑""长风破浪会有时"三句诗，形象地勾勒出中国的昨天、今天、明天，生动地描绘出中华民族寻梦、追梦、圆梦的壮阔图景。"中国梦"，深刻反映了近代以来一代又一代中国人的夙愿和追求，指明了全党和全国各族人民的奋斗目标。实现中华民族伟大复兴的"中国梦"，是以习近平同志为核心的党中央对全体人民的庄严承诺，是我们党的历史责任和历史使命。如今的我们，应凝聚起力量，全力为实现中华民族伟大复兴的"中国梦"而奋斗。

（三）中华民族伟大复兴的"中国梦"的本质

"中国梦"代表着中华民族和中国人民的整体利益，深刻反映了伟大的中国人民自古以来积极向上、追求进步的传统，也深切阐释了新时代背景下中国人的理想目标和坚定信仰。"中国梦"将国家的追求、民族的向往和人民的期盼融为一体，是国家的梦、民族的梦，也是人民的梦，其具有丰富的内涵和深刻的本质。

"中国梦"视野宽广、内涵丰富、意蕴深远。习近平指出："'中国梦'的本质是国家富强、民族振兴、人民幸福。"[2] 概而言之，国家富强，是指我国综合国力得

---

[1] 中共中央宣传部. 习近平新时代中国特色社会主义思想学习纲要 [M]. 北京：学习出版社，人民出版社，2019:53.

[2] 习近平. 习近平谈治国理政：第 1 卷 [M]. 北京：外文出版社，2014:56.

到进一步提升，中国特色社会主义事业得到进一步发展。经济更加发达，科学技术创新在经济发展中所发挥的作用日益增强，政治更加民主，文化更加昌盛，社会更加和谐，生态更加美好。国家富强，就是指 2020 年要实现全面建成小康社会，并在此基础上扎实步子、勇于拼搏，实现建设富强民主文明和谐美丽的社会主义现代化强国目标。民族振兴，即通过自身的不断发展与壮大，继承发展中华民族优秀传统文化，吸收一切人类先进的文明成果，使中华民族重新处于世界领先地位，再次以雄伟的身姿屹立于世界民族之林。民族振兴，能够更好地造福中国人民，能够与世界各国人民一道共建、共享世界美好未来。人民幸福，就是始终坚持以人民为中心，全面增进人民福祉，使每一个生活在伟大祖国和伟大时代的中国人民的权利得到更加充分的保障，使人人享有共同发展的机会，人人享有人生出彩的机会，人人享有梦想实现的机会，人人享有全面发展的机遇，最终实现全体人民的共同富裕。

国家富强、民族振兴、人民幸福，三者密不可分、相辅相成。国家富强、民族振兴是人民幸福的基础和保障。中国近代的屈辱历史已经给我们做出了最好的证明，民族不独立，国家谈不上富强，就会招致欺辱，人民的生存权利就无法得到保障，实现人民幸福生活更是无从谈起。唯有民族以独立的姿态屹立于世界民族之林，国家综合实力不断提升，才能守卫人民，进而人民权利才能得到充分保障，人民才能追求幸福生活。人民幸福是国家富强、民族振兴的题中之义和必然要求。民为邦本、本固邦宁。一个国家、一个民族只有维护好、守护好人民群众的利益，才能保卫国家的根本。一个国家、一个民族只有切实保障好人民的权利，切实实现人民的权益，切实助力人民追求美好幸福生活，才能切实维护民族根本。可以说，人民幸福是国家富强、民族振兴的根本出发点和落脚点。

"中国梦"具有广泛的包容性，其将国家追求、民族向往和人民期盼融为一体，充分表达了每一位中华儿女的生活愿景，成为回荡在 14 亿中华儿女心中的高昂旋律，也成为中华民族团结奋斗的最大公约数。

"中国梦"是国家情怀、民族情怀、人民情怀相统一的梦。家是国的缩影，国是家的扩影。唯有人民安居乐业，国家才能走向富强。国家、民族、人民三者总是在实现"中国梦"中互相依赖、相互依存。正如习近平总书记指出的："'中国梦'是国家的、民族的，也是每一个中国人的。国家好、民族好、大家才会好。"[1]"中国梦"最为鲜明的特点，就是将国家利益、民族利益和个人利益紧密结合在了一起。每个人为实现个人利益汇聚起的强大力量，成为实现国家富强、民族振兴的重要推动

---

[1] 习近平. 习近平谈治国理政：第 1 卷 [M]. 北京：外文出版社，2018:49.

力。与此同时，在追求和实现国家利益和民族利益的奋斗征程中，也不断维护和实现人民利益，实现个人价值。这从根本上体现了中国传统"家国一体"、"家国天下"的情怀。

"中国梦"是国家的梦、民族的梦，归根到底是人民的梦。伟大的中国人民素来拥有最为深沉厚重的精神追求，即使是中国人民历尽近代以来的艰难险阻，饱受被压迫、被奴役的屈辱磨难，也从没有自怨自艾、自甘堕落，而是始终怀有希望的火种，怀揣民族复兴的梦想，抱有追求美好未来的希望。人民是"中国梦"的主体，是"中国梦"的创造者和享有者。"中国梦"不是空中楼阁，更不是水中月、镜中花。"中国梦"早已深深扎根于每一个中国人民的心中，必须紧紧依靠全体人民来实现，必须不断增进人民福祉。"实现中华民族伟大复兴，不是哪一个人、哪一部分人的梦想，而是全体中国人民共同的追求；'中国梦'的实现，不是成就哪一个人、哪一部分人，而是造福全体人民。"① 由此可见，"中国梦"的深厚源泉在于人民，根本归宿也在于人民，只有将中国与人民群众对美好生活的向往与追求结合起来才能取得最终的成功。

中国日益走近世界舞台中央的国际地位和国际影响力，决定了"中国梦"不仅仅关乎中国的前途命运，也关乎世界的命运。正如习近平总书记所指出的："'中国梦'是和平、发展、合作、共赢的梦，与世界各国人民的美好梦想息息相通，中国始终做全球发展的贡献者，坚持走共同发展道路，继续奉行互利共赢的开放战略，将自身发展经验和机遇同世界各国分享，欢迎各国搭乘中国发展'快车''便车''顺风车'，实现共同发展，让大家一起过上好日子。"② 这清晰地阐释了实现中华民族伟大复兴的"中国梦"与世界各国人民的梦想之间的关系，也充分概括了"中国梦"将对全世界做出的重大贡献。

"中国梦"是中国人追求幸福的梦，也是全世界人民共同追求的梦。"中国梦"同世界人民的梦想息息相通。具体而言，"中国梦"是追求和平的梦。中国民族历来就是爱好和平的民族，追求天下太平、实现大同理想是中华民族绵延数千年的优良传统。"穷则独善其身、达则兼济天下"是中华民族始终秉持的初心。即使中国历经近代战乱，历经折辱、饱经风霜，中国人民也从未放弃过对和平的追求与向往。中国人民怕的是战争与动荡，盼的是天下太平。中国始终力争和平，在和平中发展壮大自己，也始终凭借自身发展促成世界和平。中国如同一头睡醒的狮子，这只狮子

---

① 习近平总书记系列讲话读本 [M]. 北京：人民出版社，2016：9.
② 习近平总书记系列讲话读本 [M]. 北京：人民出版社，2016：15.

不是暴力的、凶猛的，而是和平的、可亲的、文明的。中国始终坚持不称霸、不扩张，是维护世界和平的中坚力量，中国始终传递的是有利于和平发展的正能量。

"中国梦"是奉献世界的梦。"中国梦"不仅仅是中国人民的梦，不仅仅造福于中国人民，而且造福于全世界各国人民。"中国梦"是中国人民和世界各国人民共同的福祉。作为一个拥有14亿多人口的发展中大国，中国全身心投入发展自己的事业中去，将实现国家发展和维护国家稳定作为自己的目标追求，这既是对自己的负责，也是对世界的贡献。与此同时，中国在追求自身发展的同时，兼顾全世界利益。据统计，中国对世界经济增长的贡献率稳居世界第一。在新冠疫情这一全球突发卫生公共事件暴发期间，中国在国内对医疗物资还有较大需求的现实情况下，克服困难，向多个国家提供了医疗物资援助，通过派遣医疗队积极援助公共卫生体系薄弱的中小国家筑牢抵御病毒的安全防线。可见，中国已然成为世界经济增长的主要动力源和稳定器，成为维护全世界人民共同利益的重要力量。随着综合国力的不断增强，中国将在力所能及的范围内承担更多国际责任和义务，将更加致力于构建人类命运共同体。中国愿同国际社会一道，推动实现持久和平、共同繁荣的世界梦，为人类和平与发展的崇高事业做出更大贡献！

（四）奋力实现伟大梦想

如今，中国特色社会主义已经进入新时代，我们比历史上任何时期都更接近、更有信心和能力实现中华民族伟大复兴的目标。但是，实现中华民族伟大复兴，绝不是轻轻松松、敲锣打鼓就能实现的，必须付出更为艰巨、更为艰苦的努力。党的十九大会议中，习近平总书记明确指出：实现伟大梦想，必须进行伟大斗争、建设伟大工程、推进伟大事业。

实现伟大梦想，必须进行伟大斗争。社会是在矛盾运动中前进的，只要有矛盾的存在就会存在斗争。我们党要团结带领人民抵御风险、应对困难、化解矛盾、解决问题，必然要立足于新时代、掌握新事物新特点，进行伟大斗争，要牢牢掌握斗争主动权，不断发扬光荣的斗争精神、斗争本领；要敢于、勇于直面问题，在改革发展稳定工作中敢于碰硬，在全面从严治党上敢于动硬，在维护国家核心利益上敢于针锋相对。要始终坚持树立底线思维，面对事关中国特色社会主义前途命运的大是大非问题，坚定自身立场不动摇；坚决杜绝一切贪图享受、斗志消沉、回避矛盾的思想和行为；要始终坚持和拥护党的领导和我国社会主义制度，勇于与一切诋毁、歪曲、否定党的领导以及社会主义制度的言行作斗争；要始终坚持人民主体地位，自觉维护人民群众利益，贯彻执行党的群众路线，做到从群众中来，到群众中去，坚决抵制一切侵害人民权益、脱离群众的言论和行为；要积极投身于科学技术改革创新的时代浪潮，为坚决破除一切顽瘴痼疾积蓄力量；要更加自觉主动地维护我国国家主权、安全、发展利益，坚决反对一切危害我国国家利益、破坏民族团结、威胁社会稳定的行为。要充分认识到，这场伟大斗争所具有的长期性、复杂性、艰巨性特征，并积极争取到斗争一线磨砺心志、增强斗争本领，不断以顽强的斗志和高超的本领夺取伟大斗争的胜利。

实现伟大梦想，必须建设伟大工程。这个伟大工程就是我们党正在深入推进的党的建设的新的伟大工程。深入推进党的建设新的伟大工程，是保持党的先进性和纯洁性的必然要求，是确保党对一切工作的领导的必然要求。历史已经并将继续证明，只有中国共产党才能领导中国实现伟大复兴，没有中国共产党的领导，实现中华民族伟大复兴必将是空中楼阁、海市蜃楼。我们党要始终凝聚力量，成为时代的先锋、民族的脊梁，始终坚定马克思主义立场，始终成为马克思主义执政党，始终不断加强自身本领。全党要自觉坚定党性原则，勇于、敢于直面问题，敢于拿出刮骨疗毒的勇气与意志力，清除一切损害党的先进性与纯洁性的因素，清除一切侵蚀党的肌体健康的病毒，确保我们党永葆生命力和战斗力，确保我们党在世情党情国情深刻变化的今天始终走在时代前列，确保我们党在应对国内外各种风险和考验的历史进程中始终成为全国人民的主心骨，在坚持和发展中国特色社会主义的历史进程中始终成为坚强的领导核心。

实现伟大梦想，必须推进伟大事业。中国特色社会主义是改革开放以来党的全部理论和实践的主题。自中国共产党成立以来，我们党紧紧团结人民、紧紧依靠人民，与人民群众一道推翻了压在人民群众头上的"三座大山"，结束了近代以来中国被欺辱、被压迫的历史，开启了中华民族发展壮大、走向复兴的伟大征程。中国特色社会主义是我们党和人民在浴血奋战、苦心建设和锐意改革中实现的。"中国特色社会主义道路是实现社会主义现代化、创造人民美好生活的必由之路，中国特色社会主义理论体系是指导党和人民实现中华民族伟大复兴的正确理论，中国特色社会主义制度是当代中国发展进步的根本制度保障，中国特色社会主义文化是激励全党全国各族人民奋勇前进的强大精神力量。"[①] 全党要更加自觉地高举中国特色社会主义伟大旗帜，更加自觉地增强道路自信、理论自信、制度自信、文化自信，不断探索把握中国特色社会主义发展规律，永葆政治定力、永葆政治活力，始终坚定走

①　习近平. 决胜全面建成小康社会夺取新时代中国特色社会主义伟大胜利——在中国共产党第十九次全国代表大会上的报告 [M]. 北京：人民出版社，2017:16.

中国特色社会主义道路。

近代以来，中国人民遭受着世界罕见的不自由与贫困，中国人民经受了太多战争的洗礼，经历了太多被剥削、被统治的屈辱，为了寻求民族复兴之路也付出了巨大的代价。现如今的中国，再也不是一百多年前积贫积弱的中国，更不是一百多年前待宰的羔羊。在中国共产党的带领下，中国人民已经大踏步赶上了时代潮流，他们在伟大历史进程中所积蓄的强大力量已经充分爆发出来了，成为新时代中华民族实现伟大复兴的巨大推动力。在充满无限可能的今天，我们必定不能固步自封、骄傲自满，不能犹豫不决、彷徨徘徊，必须凝心聚神、勇于拼搏，统揽伟大斗争、伟大工程、伟大事业、伟大梦想，奋力实现中华民族伟大复兴的"中国梦"。

三、战略安排——开启全面建设社会主义现代化国家新征程

自中国共产党成立以来，我们党便树立起全面建设社会主义现代化强国的伟大目标。党的十九大明确提出要把我国建成富强民主文明和谐美丽的社会主义现代化强国，这是伟大的中华民族立足于新时代背景下新的战略安排。现阶段，全面建设社会主义现代化强国至关重要的一步——全面建成小康社会，即将实现。在这关键的历史时期，我们要始终坚持贯彻执行实现社会主义现代化强国"两步走"战略安排，脚踏实地、扎实步子以实现建设社会主义现代化强国的宏伟目标。

（一）全面建设社会主义现代化强国是党树立起的伟大目标

建设社会主义现代化强国，实现中华民族伟大复兴，是中华民族的最高利益和根本利益。中国共产党自诞生起，便树立起这一伟大目标，中国共产党领导中国人民进行的一切斗争和一切努力，归根究底就是为了实现这一伟大目标。

万丈高楼平地起。实现社会主义现代化这一伟大目标，不可能一蹴而就。唯有将远大目标转化为每一阶段切实可行的任务，按步骤、分阶段实施，才能在不断取得新进展的基础上完成远大和宏伟的目标。回顾历史，中国共产党始终将社会主义现代化建设作为自身的职责和使命，并依据国情党情世情提出该时期内切实可行的行动规划和步骤纲领。1945 年，毛泽东在党的七大政治报告中明确指出："中国工人阶级的任务，不但是为着建立新民主主义的国家而斗争，而且是为着中国的工业化和农业近代化而斗争。"[1] 党的七届二中全会上，毛泽东进一步明确了当时中国的奋斗目标是由落后的农业国转变为先进的工业国。

新中国成立后，我们党对社会主义现代化建设进行了艰辛的探索，奠定了中国

---

[1] 毛泽东.毛泽东选集：第 3 卷 [M].北京：人民出版社，1991:1081.

社会主义现代化建设的基础。1954年，毛泽东在论述中国社会主义现代化问题时明确指出："要实现社会主义工业化，要实现农业的社会化、机械化，要建成一个伟大的社会主义国家。"[①]随后，周恩来在全国人大一届一次会议上的《政府工作报告》中，提出要建设起强大的现代化工业、农业、交通运输业和国防，这也是"四个现代化"最初的提法。1956年，党的八大正式将这一任务写入了党章。1957年2、3月间，毛泽东再次提到要把中国建设成为具有现代化工业、农业和科学文化的现代化强国。随后，在1959年至1960年初，毛泽东在读《政治经济学（教科书）》时，对上述说法进行了补充和修正："建设社会主义，原来要求是工业现代化、农业现代化和科学文化现代化，现在要加上国防现代化。"[②]1964年，周恩来在全国人大三届一次会议上的《政府工作报告》中，向全国人民正式提出了"全面实现农业、工业、国防和科学技术的现代化"，并为实现"四个现代化"提出了切实可行的"两步走"战略，即第一步，用十五年时间，即在1980年以前，建成独立的和比较完整的工业体系和国民经济体系；第二步，在本世纪内，全面实现农业、工业、国防和科学技术的现代化，使我国国民经济走在前列。

党的十一届三中全会后，我们党仍旧在探索实现社会主义现代化建设的道路上不断前进，开创了社会主义现代化建设的新局面。在解放思想、实事求是的思想路线的指引下，以邓小平为核心的党的第二代领导集体，立足于时代与实践基础，提出了我国正处于并将长期处于社会主义初级阶段的科学论断。在此基础上，邓小平提出了社会主义初级阶段基本路线，即以经济建设为中心，坚持四项基本原则，坚持改革开放。基本路线理清了社会主义现代化建设道路中经济建设和阶级斗争的关系问题；规定了实现社会主义现代化建设的政治方向、根本性质和根本前提；明确了实现社会主义现代化建设的手段。随着现代化进程的不断深入推进，邓小平提出了"富强、民主、文明"的现代化目标，并制定了"三步走"战略步骤，为社会主义现代化建设指明了方向和路径。1987年，党的领导人于党的十三大明确提出了"把我国建设成为富强、民主、文明的社会主义国家"的战略发展目标，明确了实现社会主义现代化的目标。此外，邓小平对社会主义本质的科学概括，对"先富、后富、共富"的阐释为我们坚持走有中国特色的社会主义现代化的道路指明了方向。

新形势新背景下，我们党立足于中国国情和不断变化着的国际形势，不断创新丰富发展新世纪我国社会主义现代化建设理论，促进了社会主义现代化建设的全面

---

① 新中国成立以来重要文献选编：第5册[M].北京：中央文献出版社，1993:291.
② 毛泽东.毛泽东文集：第8卷[M].北京：人民出版社，1999:116.

发展。在大力推进现代化进程中，中国共产党领导人在不断深化对现代化建设规律认识的基础上，提出了建设社会主义市场经济体制的要求，并将市场化、现代化和社会主义改革这三个伟大的变革结合了起来，以社会主义市场经济为驱动力不断推动现代化进程。这一时期，中国共产党领导人更加重视科学技术的重要作用，提出了"科教兴国"和"可持续发展战略"，寻找到了"知识经济""人口、经济、社会、资源、环境可持续发展"的新路子。在此基础上，我们党进一步提出了社会全面协调发展的目标。江泽民在党的十四大报告中就明确提出：要围绕经济建设这个中心，加强社会主义民主法治和精神文明建设，促进社会全面进步。党的十五大报告中，江泽民进一步强调：我们要紧紧围绕经济建设这个中心，经济体制改革要有新的突破，政治体制改革要进一步深入，精神文明要进一步加强，实现经济发展和社会全面进步。此外，我们党根据实际变化着的国情和世情，制定了"新三步走"的战略步骤。为实现共同富裕和区域经济协调发展的目标，我们党还提出了"西部大开发"战略。我们党对现实问题的深刻思考，进一步指明了新世纪基本实现现代化战略目标的方向和道路。

党的十六大以来，我们党面对突如其来的非典疫情和重大自然灾害，面对复杂的国际形势和繁重的国内改革发展稳定任务，坚定不移地推进社会主义现代化建设。这一时期，党的新一代领导人根据我国社会主义现代化建设的新形势、新任务，提出了"科学发展观"，并明确了科学发展观的内涵。构建社会主义和谐社会这一科学命题于2004年提出。"科学发展观"和"构建社会主义和谐社会"这两个概念，一个阐述了发展问题，一个阐述了社会建设问题。但是，它们所共同解决的问题是"要兼顾好改革进程中的各种利益关系"，全面推进了社会主义现代化事业的发展。

党的十八大以来，围绕如何全面建设社会主义现代化这一重要问题，习近平总书记提出了一系列新思想新观念。习近平总书记在党的十九大报告中提出，我们要全面建成小康社会、实现第一个一百年奋斗目标，然后乘胜追击开启全面建设社会主义现代化国家新征程，向第二个百年奋斗目标发起冲锋。习近平总书记强调，要不断推进"国家治理体系和治理能力现代化"，完善现代化国家的治理体系，完善充分彰显社会公平正义的制度体系；要不断创新改革现代化的经济体制和劳动生产方式，充分发挥社会主义集中力量办大事的优势，也积极调动起广大人民群众的力量，为社会主义现代化建设贡献力量；要建立和完善以人为本的大数据社会管理系统和信息网络平台，为人民群众追求实现美好幸福生活提供更为高效、便捷、现代化技术服务；要在大力弘扬中华民族优秀传统文化的基础上，发展中国特色社会主义文化产业，不断提升中华优秀文化的影响力；要建设人与自然和谐共生的现代化国家，坚持建立和完善现代化的生态文明理论体系和制度体系，不断倡导人与自然和谐共生，不断增强人类可持续发展能力。概而言之，就是要在"坚持以经济建设为中心的同时，全面推进经济建设、政治建设、文化建设、社会建设、生态建设，促进现代化各个环节、各个方面协调发展"[①] 等。新时代新思想、新战略、新部署，极大地深化了我们党对社会主义现代化建设规律的认识，有力地推动了我国社会主义现代化建设进程。

中国实现现代化，是人类历史上前所未有的大变革。中国作为全球人口最多的国家，作为世界上最大的发展中国家，实现了现代化，则意味着世界上有更多人民步入了现代化行列，具有世界性的影响。如今的我们，更应该积蓄力量，鼓足勇气，勇于迎接时代的挑战，为实现社会主义现代化而奋勇前行。

（二）全面建成小康社会宏伟目标的内涵、目标要求与实现路径

全面建成小康社会，是"两个一百年"奋斗目标的第一个百年奋斗目标，是我们党向人民做出的庄严承诺，也是中国人民、世界人民共同的愿望追求和期盼。实现全面建成小康社会这个目标，标志着我们向全面建成社会主义现代化强国迈出了坚实的一步。现如今，全面建成小康社会已经进入了决胜期，我们更要坚定信心、补足短板，跑好全面建成小康社会"最后一公里"。

全面建成小康社会这一宏伟目标的确立，并不是一蹴而就的，而是在党长期的实践探索中不断实现的。改革开放之初，邓小平同志首先运用"小康"这一词汇来描绘中国的现代化发展前景，明确提出到 20 世纪末，要在中国建立一个小康社会的奋斗目标，指明要切实解决人民的温饱问题，要使人民生活总体上达到小康水平。1990 年，党的十三届七中全会对小康目标做出了更为详尽的阐述：人民生活从温饱到小康，生活资料更加丰裕，消费结构趋于合理，居住条件明显改善，文化生活进一步丰富，健康水平继续提高，社会服务设施不断完善。1997 年，党的十五大适时地提出"使人民的小康生活更加宽裕"的目标。党的十六大确立了全面建设小康社会的奋斗目标。党的十七大提出了确保到 2020 年实现全面建成小康社会奋斗目标的新要求，并从经济、政治、文化、民生、生态文明五方面确立了新的奋斗方向。党的十八大明确提出："坚定不移地沿着中国特色社会主义道路前进，为全面建

---

① 习近平. 习近平谈治国理政：第 2 卷 [M]. 北京：外文出版社，2017:79.

成小康社会而奋斗"。党的十九大报告明确指出：全面建成小康社会已经进入了决胜期，并指出：到建党一百周年时建成经济更加发展、民主更加健全、科教更加进步、文化更加繁荣、社会更加和谐、人民生活更加殷实的小康社会，然后在此基础上，再奋斗30年，到新中国成立100周年时，基本实现现代化，把我国建设成为社会主义现代化国家。从全面建设小康社会到全面建成小康社会再到决胜全面建成小康社会，表明了我们党追求实现小康社会目标的决心和信心，也为党和人民团结一致、携手奋斗指明了前进的方向。

全面建成小康社会内涵丰富。党的十八大以来，习近平总书记高度重视全面建成小康社会问题，赋予了"小康"更丰富的内涵、更高的标准。全面建成小康社会，最重要的是实现和做到"全面"。习近平总书记明确指出，如果到2020年我们在总量和速度上完成了目标，但是发展不平衡、不协调、不可持续问题更加严重，短板更加突出，就算不上真正实现目标。"小康"讲的是发展水平，"全面"指的是发展的平衡性、协调性、可持续性。全面小康，覆盖领域要全面，是"五位一体"全面进步的小康，是经济、政治、文化、社会、生态文明全方位推进的小康社会。"五位一体"是一个整体性目标，五者之间彼此联系、相互促进，是不可分割的整体。任何一个方面滞后，都会影响全面建成小康社会这一目标的实现。全面小康，覆盖人口要全面，是惠及全体人民的小康。没有全民小康，就谈不上全面小康。全面建成小康社会，一个人都不能少。全面小康，覆盖的区域要全面，是城乡区域共同发展的小康。"没有农村的全面小康和欠发达地区的全面小康，就没有全国的小康。"[①]统筹城乡发展、统筹区域发展，是全面建成小康社会一项重要的任务。要坚决打赢脱贫攻坚战，不断缩小城乡发展差距，缩小居民收入水平、基础设施通达水平、基本公共服务均等化水平、人民生活水平等方面的差距。

党的十八大以来，以习近平总书记为核心的党中央提出了全面建成小康社会这一新的目标要求，为人民群众实现美好生活提前规划好了蓝图。新的目标要求主要围绕五方面展开。第一，经济实现高质量发展。在提高发展平衡性、包容性、可持续性的基础上，主要经济指标平衡协调，发展质量和发展效益明显提高。产业迈向中高端水平，农业现代化进展明显，工业化和信息化融合发展水平进一步提升，先进制造业和战略性新兴产业加快发展，新产业新业态不断成长，服务业比重进一步提高。第二，创新驱动成效显著。创新驱动发展战略深入实施，创新创业蓬勃发展，全要素生产率明显提升。科技与经济的融合程度不断加深，创新要素培植更加

---

① 习近平关于协调推进"四个全面"战略布局论述摘编 [M]. 北京：中央文献出版社，2015：24.

高效，重点领域和关键核心技术取得重大突破，自主创新能力全面增强，迈进创新型国家和人才强国行列。第三，发展协调性明显增强。消费对经济增长贡献继续加大，投资效率和企业效率明显上升。城镇化质量明显改善，户籍人口城镇化率加快提高。区域协调发展新格局基本形成，发展空间布局得到优化。对外开放深度广度进一步扩展，全球配置资源能力进一步增强，进出口结构不断优化，国际收支基本平衡。第四，人民生活水平和生活质量显著提升。现代化教育不断取得进展，保证每个人享有公平而充足的教育资源。就业比较充分，收入差距明显缩小，中等收入人口显著增加，低收入人口实现脱贫，贫困县全部摘除贫困帽子，全力解决区域性整体贫困。第五，国民素质和社会文明程度显著提高。中华民族伟大复兴的"中国梦"和社会主义核心价值观深入人心，爱国主义、集体主义、社会主义思想广泛弘扬，助人为乐、诚信互助等社会良好道德风尚在全社会范围内盛行，国民思想道德素质、科学文化素质和身体健康素质显著增强。第六，生态环境质量总体得到改善。绿色、低碳的生产生活方式被广大人民所践行。清洁能源得到极大的开发利用，不可再生资源得到合理有效使用，污染物排放得到有效控制。总之，我们党指出，全面建成小康社会，就是要求我国各方面制度更加成熟、更加定型。我们党提出的全面建成小康社会的目标要求，是与党的十六大以来我们党提出的全面建设小康社会的目标追求相贯通的，与我国发展社会主义事业的伟大追求相一致的。

如今，全面建成小康社会已经到了决胜期，正如习近平总书记指出的："这个是跨本世纪头 20 年的奋斗历程到了需要一鼓作气向终点线冲刺的历史时刻。完成这一项战略任务，是我们的历史责任，也是我们的最大光荣。"[①] 因此，我们必须响应时代号召，紧扣时代主题，依据新时代主要矛盾变化的这一重大现实问题，坚决打好防范化解重大风险攻坚战、坚决打好精准脱贫攻坚战、坚决打好污染防治攻坚战，不断致力于实现全面建成小康社会。

要坚决打好防范化解重大风险攻坚战。当前，无数的发展风险已经到了集中显露和爆发的时期。我们面临的风险是多方面的，这其中既包括国内的经济、政治、意识形态、社会风险以及来自自然界的风险，同时也面临着国际经济、政治、战略、主权、军事等方面的风险。各种风险往往并不是孤立的、相继的出现，很可能在同一时期多种矛盾相互交织，形成一个庞大的风险综合体。如果发生大的风险，国家可能会遭受重创，全面建成小康社会的伟大征程可能会被迫中断。党的十九大将防范化解重大风险作为决胜全面建成小康社会三大攻坚战的首要战役。要切实增

---

① 习近平. 习近平谈治国理政：第 2 卷 [M]. 北京：外文出版社，2017:72.

强忧患意识，增强底线思维，坚决打好这场攻坚战。要不断加强风险隐患排查意识，摸清风险的底色，坚持标本兼治，注重以完善体制机制来防范化解风险。要加强对各种风险源的调查和研判，提高动态监测、实时预警、应急处置能力，将风险发生的可能性降到最低。

坚决打好精准脱贫攻坚战。要坚持全国上下一盘棋，坚持精准扶贫、精准脱贫基本方略，坚持专项扶贫、行业扶贫、社会扶贫"三位一体"大扶贫格局。充分发挥社会主义集中力量办大事的制度优势，解决好贫困问题，对于西部地区扶贫问题，要加强东西部地区相互协作，做好中西部地区对口支援，做好中央单位定点帮扶。切实实施做好"发展生产脱贫一批""异地搬迁脱贫一批""生态补偿脱贫""发展教育脱贫一批""社会保障兜底一批"。始终坚持中央统筹、省负总责、市县狠抓落实的工作机制，强化党政一把手负总责的责任制。坚持将扶贫与扶志、扶智相结合，不断增强贫困地区以及贫困人口脱离贫困、发家致富的内生动力。坚持"两不愁三保障"脱贫标准，即不愁吃、不愁穿，保障义务教育、基本医疗、住房安全。以最严格的考核评估标准对扶贫成果进行审核，不搞形式主义，切实做到脱真贫、真脱贫，跑好决胜全面建成小康社会"最后一公里"。

坚决打好污染防治攻坚战。当前，我国仍旧面临着严峻的环境形势，大气污染、水体污染以及土壤污染问题仍旧较为严重。因此，必须始终贯彻执行绿色发展理念，坚持节约优先、保护优先、自然恢复为主，加快形成节约资源和保护环境的空间格局、产业结构、生产和生活方式。同时，要加快产业结构优化设计，推动能源生产和消费革命，不断推进绿色低碳循环经济发展，总体改善生态环境、解决污染问题，坚决打赢蓝天保卫战。不断强化对大气污染、水体污染以及土壤污染的防治措施，重点解决群众反映集中、影响人民群众生活的突出问题。不断加强对环境的监督，廓清环保主体的责任，建立健全环境损害赔偿和责任追究制度，形成全社会齐抓共管的生态环境保护格局，全面改善生态环境，助力决胜全面建成小康社会。

全面建成小康社会是包括各领域全方位发展进步的系统性工程。要积极按照党的十九大决策部署，深入贯彻落实习近平新时代中国特色社会主义思想，统筹推进"五位一体"，坚定实施科教兴国战略、人才强国战略、创新驱动发展战略、乡村振兴战略、区域协调发展战略、可持续发展战略、军民融合发展战略，使全面建成小康社会得到人民认可、经得起历史检验。当前，全面建成小康社会已经进入了决胜期。这一光荣而艰巨的任务已然落在我们这一代人的肩上，我们中华儿女有义务、有责任、有信心，打赢攻坚战。我们必将夺取全面建成小康社会的伟大胜利！

（三）实现社会主义现代化强国"两步走"战略的具体安排

社会主义现代化国家"两步走"战略安排，完整地勾勒出我国社会主义现代化建设的时间表、路线图，明确了党和国家长远奋斗和发展的目标。

中国特色社会主义发展是阶段性和连续性的统一。将现代化建设的长期性和发展性结合起来，分阶段、有步骤地推进，是我们党推进社会主义现代化建设的一条有效经验。我们党在不同历史时期，依据不同时代背景和现实发展状况，制定顺应时代要求、符合客观发展规律、富有感召力的发展目标，并团结全国人民为之奋斗。改革开放之后，我们党对社会主义现代化建设作出战略安排，提出分两个10年"两步走"的战略部署，前10年主要是为了筑牢基础，积蓄力量，为后10年进入新的经济振兴时期奠定基础。党的十三大明确了我国现代化建设"三步走"发展战略。第一步，1981年到1990年实现国民生产总值比1980年翻一番，解决人民的温饱问题；第二步，1991年到20世纪末国民生产总值再增长一倍，人民生活达到小康水平；第三步，到21世纪中叶人民生活比较富裕，基本实现现代化，人均国民生产总值达到中等发达国家水平，人民过上比较富裕的生活。党的十五大对实现第三步战略目标作了进一步规划，提出了新的"三步走"发展目标，即21世纪第一个10年实现国民生产总值比2000年翻一番，使人民的小康生活更加宽裕，形成比较完善的社会主义市场经济体制；再经过10年的努力，到建党100年时，使国民经济更加发展，各项制度更加完善；到21世纪中叶，新中国成立100年时，基本实现现代化，建成富强民主文明的社会主义国家，使"三步走"的战略和步骤更加具体明确。2002年，党的十六大提出了大体用20年时间，从社会主义经济建设、社会主义民主法制建设，全民族的思想道德素质、科学文化素质和健康素质的提高，生态环境的改善等方面，全面建设一个惠及十几亿人口的更高水平的小康社会的奋斗目标，并围绕实现这个目标制定了推进各方面工作的方针政策。这是实现现代化第三步战略目标必经的承上启下的发展阶段，是中国特色社会主义发展新阶段的重要战略。随后，党的十七大、十八大做出了新的战略部署，提出了"两个一百年"的奋斗目标，即到建党100年时建成惠及十几亿人口的更高水平的小康社会；到新中国成立100年时基本实现现代化，建成社会主义现代化国家。党的十八大把实现社会主义现代化和中华民族伟大复兴作为建设中国特色社会主义总任务，明确了党和国家在整个社会主义初级阶段的奋斗目标。

综合分析国际国内形势以及我国现实发展状况，习近平总书记在党的十九大上对新时代推进我国社会主义现代化建设，作出新的顶层设计，提出分"两步走"在本世纪中叶建成社会主义现代化强国的战略安排。实现社会主义现代化强国"两步走"战略的具体安排如下：

第一个阶段，从 2020 年到 2035 年，在全面建成小康社会的基础上，再奋斗 15 年，基本实现社会主义现代化。到那时，在经济建设方面，我国经济实力、科技实力将大幅提升，跻身创新型国家前列。我国经济将保持中高速增长、产业迈向中高端水平，经济发展实现由数量和规模扩张向质量和效益提升的根本转变。社会主义市场经济体制将会更加完善，全面开放新格局加快构建，经济活力明显增强，基本建成现代化经济体系；基础设施体系更加完备，城市品质明显提升；科技创新能力持续增强，跃升至创新型国家前列。在政治建设方面，人民平等参与、平等发展权利得到充分保障，法治国家、法治政府、法治社会基本建成，各方面制度将会更加完善，国家治理体系和治理能力现代化基本实现；党的领导、人民当家做主、依法治国达到高度有机统一；人民民主更加充分发展，人民代表大会和人民政协制度更加完善，民主选举、民主协商、民主决策、民主管理、民主监督得到充分有效落实，人权得到充分保障，人民积极性、主动性、创造性进一步发挥；政府公信力和执行力大为增加，人民满意的服务型政府基本建成；依法治国得到全面落实，科学立法、严格执法、公正司法、全民守法的局面基本形成。在文化建设方面，社会文明程度达到新的高度，国家文化软实力显著增强，中华文化影响更加广泛深入；"中国梦"和社会主义核心价值观深入人心，爱国主义、集体主义、社会主义思想广泛弘扬，全体人民的文化自信、文化自觉和文化凝聚力不断提升；重视社会公德、职业道德、家庭美德、个人品德的社会风尚基本形成，人民思想道德素质、科学文化素质、健康素质明显提高；公共文化服务体系、现代文化产业体系和市场体系基本建成，中外文化交流更加广泛，中华文化走出去达到新水平。在民生和社会建设方面，人民生活更为宽裕，中等收入群体比例明显提高，城乡区域发展差距和居民生活水平差距显著缩小，基本公共服务均等化基本实现，全体人民共同富裕迈出坚实步伐；实现幼有所育、学有所教、劳有所得、病有所医、老有所养、住有所居、弱有所扶的美好愿景，实现更高质量和更充分就业；我国进入高收入国家行列，人口预期寿命和国民受教育程度达到世界先进水平；现代社会治理格局基本形成，社会充满活力而又和谐有序；政府治理和社会调节、居民自治良性互动、公平正义充分彰显，人民获得感、幸福感、安全感更加充实、更有保障、更可持续。在生态文明建设方面，生态环境基本好转，美丽中国目标基本实现；清洁低碳、安全高效的能源体系和绿色低碳循环发展的经济体系基本形成，能源、水等资源利用效率达到国际先进水平；大气、水、土壤等环境状况明显改观，生态安全屏障体系基本建立，生产空间安全高效、生活空间舒适宜居、生态空间山青水碧的国土开发格局形成，自然生态系统质量和稳定性明显改善。

第二个阶段，从 2035 年到 21 世纪中叶，在基本实现现代化的基础上，再奋斗 15 年，把我国建成富强民主文明和谐美丽的社会主义现代化强国。到那时，在经济建设方面，我国将拥有高度的物质文明，社会生产力水平大幅度提升，核心竞争力名列世界前茅，经济总量和市场规模远超其他国家，建成富强的社会主义现代化强国。在政治建设方面，我国将拥有高度的政治文明，形成又有集中又有民主、又有纪律又有自由、又有统一意志又有个人心情舒畅生动活泼的政治局面，依法治国和以德治国有机结合，建成民主的社会主义现代化强国。在文化建设方面，我国将拥有高度的精神文明，践行社会主义核心价值观成为全社会自觉行动，国民素质显著提高，中国精神、中国价值、中国力量成为中国发展的重要影响力和推动力。在民生和社会建设方面，我国将拥有高度的社会文明，城乡居民将普遍拥有较高的收入、富裕的生活、健全的基本公共服务，享有更加幸福安康的生活，全体人民共同富裕基本实现，公平正义普遍彰显，社会充满活力而又规范有序，建成和谐的社会主义现代化强国。在生态文明方面，我国将拥有高度的生态文明，天蓝、地绿、水清的优美生态环境成为普遍常态，开创人与自然和谐共生新境界，建成美丽的社会主义现代化强国。

新时代"两步走"战略安排，把基本实现我国社会主义现代化的时间提前了 15 年，充分彰显出我国发展的巨大潜力；把实现我国社会主义现代化的目标提升了，充分表明了我们党对社会主义现代化建设规律认识的进一步深化；把我国社会主义现代化的要求提高了，深化和拓展了我国社会主义现代化建设的内涵和外延。总之，新时代"两步走"战略安排，深化了我们党对执政规律、社会主义建设规律、人类社会发展规律的认识。党的十九大对建设社会主义现代化强国的战略安排，进一步丰富和发展了我国现代化建设的战略思想，充分体现了以习近平总书记为核心的党中央谋篇布局的前瞻性与指导性。这一宏伟蓝图符合中华民族站起来、富起来、强起来的现实和历史逻辑，是实现中华民族伟大复兴的现实需要，其对团结全党全国人民万众一心追求实现"中国梦"具有重要意义。当前，我们必须紧紧抓住大有可为的历史机遇期，不断努力奋进，朝着我们党确立的伟大目标奋勇前进！

参考文献：

1. 习近平. 习近平谈治国理政：第 1 卷 [M]. 北京：外文出版社，2014.

2. 习近平. 习近平谈治国理政：第 2 卷 [M]. 北京：外文出版社，2017.

3. 习近平. 决胜全面建成小康社会 夺取新时代中国特色社会主义伟大胜利——在中国共产党第十九次全国代表大会上的报告 [M]. 北京：人民出版社，2017.

4. 习近平. 在文艺工作座谈会上的讲话 [M]. 北京：人民出版社，2015.

5. 中共中央文献研究室. 习近平关于全面建成小康社会论述摘编 [M]. 北京：中央文献出版社，2016.

6. 习近平. 出席第三届核安全峰会并访问欧洲四国和联合国教科文组织总部、欧盟总部时的演讲 [M]. 北京：人民出版社，2014.

7. 习近平. 习近平关于协调推进"四个全面"战略布局论述摘编 [M]. 北京：中央文献出版社，2015.

8. 中共中央宣传部. 习近平新时代中国特色社会主义思想三十讲 [M]. 北京：学习出版社，2018.

9. 中共中央宣传部. 习近平新时代中国特色社会主义思想学习纲要 [M]. 北京：学习出版社，人民出版社，2019.

10. 本书编写组. 中共中央关于坚持和完善中国特色社会主义制度推进国家治理体系和治理能力现代化若干重大问题的决定 [M]. 北京：人民出版社，2019.

思考题

1. 我们党推进各项事业的基本遵循是什么？如何坚持践行这一基本遵循？

2. 如何认识"中国梦"的本质？

3. 如何把握新时代中国特色社会主义发展的战略安排？

中国特色社会主义经济建设理论与实践

中国特色社会主义市场经济是中国特色社会主义伟大事业的经济基础。从理论方面说，社会主义市场经济理论突破了马克思主义经典作家关于社会主义时期的经济理论，开创了马克思主义的社会主义经济理论的新境界，结合中国实际极大地发展了马克思主义的社会主义经济理论。从实践方面说，社会主义市场经济的建设，极大地解放了生产力，改善了人民生活，提升了社会主义中国的综合国力，为中国特色社会主义事业的巩固、发展，以及在国际事务中发挥社会主义大国的积极作用，打下了坚实的基础。建设中国特色社会主义市场经济，是一项前无古人的伟大事业。那么，中国特色社会主义市场经济体制是如何形成确立的，它包括哪些基本内容，我国社会主义市场经济建设的实践情况如何，怎样进一步促进社会主义市场经济的发展？本专题拟对这些问题作简要的讨论。

一、社会主义市场经济体制的确立

新中国建立以后，我国经过三年的国民经济恢复时期，遵循马克思主义经典作家的相关理论，仿效苏联，逐步建立起完全公有制的社会主义计划经济体制。完全公有制，是指经过1953年到1956年进行的农业、手工业、资本主义工商业的"三大改造"，对全国国营工业企业实行全民所有制，对绝大部分的农业、手工业实行集体所有制。社会主义计划经济体制，是指全国经济活动由统一的指令性计划组织安排。这一体制为我国改变"一穷二白"的面貌，逐步走向工业化，建立完整的工业体系，发挥了积极的作用。但是，这一体制的缺陷也是明显的：指令性计划制约了企业的活力，平均主义"大锅饭"阻碍了人民群众生产积极性的充分发挥，封闭的经济体系未能充分吸收第二次世界大战后世界科技革命的丰富成果，也阻碍了社会主义国家放手拓展世界市场和充分利用全球资源。所有这些，都在相当程度上影响了我国社会主义经济的发展速度。为此，党的十一届三中全会以后，我国开始了以经济建设为中心的改革开放事业。

1979年以来，在充分思考我国经济建设历史经验的基础上，邓小平提出了一些重要的思想，指出，只有资本主义的市场经济肯定是不正确的，市场经济在封建社会时期就有了萌芽，社会主义应当把计划经济和市场经济结合起来，才能解放生产力，加速经济发展。社会主义也可以搞市场经济，这个不能说是资本主义。尽管已经产生这样重要的认识，但鉴于新中国成立以来长期奉行计划经济体制不可避免地存在着历史惯力，因此邓小平并没有急迫、生硬地在我国推行市场经济体制。

1981 年党的十一届六中全会通过了《关于新中国成立以来党的若干历史问题的决议》，其中关于经济建设提出了"计划经济为主、市场调节为辅"的方针。这是对以往完全排除市场调节的大一统的计划经济理论的重要突破，并在党的十二大上得到肯定。尽管这一提法仍然坚持计划经济总体框架不变，但它强调了市场调节在社会主义经济发展中的重要作用，这为形成社会主义市场经济理论打开了局面。

1984 年党的十二届三中会全通过了《中共中央关于经济体制改革的决定》，首次提出"在公有制基础上有计划的商品经济"的新观点，并且肯定地指出"商品经济的充分发展是社会主义经济发展的不可逾越的阶段"；同时还强调，就总体说，我国实行的是计划经济，即有计划的商品经济，但已经不再把计划经济同商品经济对立起来。

1987 年党的十三大提出了社会主义初级阶段理论，并要求建立社会主义有计划的商品经济的体制，这一体制应是"计划与市场内在统一的体制""计划和市场的作用范围都是覆盖全社会的"，新的经济运行应当依靠"国家调节市场，市场引导企业"的机制。随着这些理论观念的改变，我国经济生活中依靠市场配置资源的情况日趋普遍。

1992 年，国内经济体制改革不断受到意识形态领域姓"资"姓"社"争论的困扰，一些人将市场经济与资本主义画等号，严重束缚了改革开放的步伐。在国际上，苏联、东欧剧变带来的冲击，也迫使人们深入思考社会主义事业的前途和命运。在这样的背景下，邓小平清晰明确地提出了关于中国特色社会主义市场经济的完整思想"不要以为，一说计划经济就是社会主义，一说市场经济就是资本主义，不是那么回事，两者都是手段，市场也可以为社会主义服务"，"计划多一点还是市场多一点，不是社会主义与资本主义的本质区别。计划经济不等于社会主义，资本主义也有计划；市场经济不等于资本主义，社会主义也有市场。计划和市场都是经济手段"等重要观点，这对社会主义和市场经济的关系问题做了清楚、透彻和精辟的总回答，从根本上解除了把计划经济和市场经济看作属于社会基本制度范畴的思想束缚，使我们在计划与市场关系问题上的认识有了新的重大突破，为形成社会主义市场经济理论开辟了道路。

　　1992 年 10 月，党的十四大明确把建立社会主义市场经济体制作为我国经济体制改革的目标，这是社会主义经济制度和经济体制理论的重大创新，在科学社会主义发展史上确立了一个具有划时代意义的里程碑。

　　社会主义市场经济理论是在深刻总结国际、国内社会主义建设的经验，特别是我国改革开放以来的实践经验的基础上形成的，其重要的理论意义在于：①突破了长期以来束缚人们思想的把计划经济和市场经济都看作分别代表社会主义和资本主义两种经济制度本质属性的观念，指出它们都是经济手段。②计划和市场作为发展经济的两种手段都可以为社会主义所用。③市场经济作为资源配置的一种方式尽管不具有制度属性，但是，它与社会主义政治制度相结合则应当体现出社会主义基本特征，既要充分发挥社会主义为人民群众谋利益的优越性，又要充分利用市场经济对发展生产力所产生的巨大推动作用。④把建立社会主义市场经济体制作为我国经济体制改革的目标，表明我国的经济体制改革不是在原有的经济体制框架内做枝枝节节的修补，而是一场重大的变革，是要建立一个人类历史上未有过的把社会主义基本制度和市场经济结合起来的新型经济体制。

　　1993 年 11 月，党的十四届三中全会通过了《中共中央关于建立社会主义市场经济体制若干问题的决定》，提出了建立社会主义市场经济的具体实施方案，进一步明确了建立社会主义市场经济体制的基本框架和蓝图，为 20 世纪 90 年代中国进行经济体制改革提供了行动纲领。经过不断深化改良和建设，到 21 世纪初，我国初步建立了社会主义市场经济体制。在此基础上，2003 年 10 月，党的十六届三中全会通过的《中共中央关于完善社会主义市场经济体制若干问题的决定》，高度评价了十四大确定社会主义市场经济体制目标以来我国经济体制改革在理论和实践中取得的重大进展，并对完善社会主义市场经济体制提出了新的思路和举措。

　　2007 年，党的十七大报告明确指出，实现未来经济发展目标，关键要在加快转变经济发展方式、完善社会主义市场经济体制方面取得重大进展，并在"完善基本经济制度，健全现代市场体系"这一部分，对完善社会主义市场经济体制进行了部署。2012 年 11 月，党的十八大进一步强调，要坚持社会主义市场经济的改革方向，对加快完善社会主义市场经济体制和加快转变经济发展方式作出具体部署。

　　2013 年 11 月，党的十八届三中全会通过的《中共中央关于深化改革若干重大问题的决定》中第一次提出"市场在资源配置中起决定性作用和更好发挥政府作用"的重大判断，把市场的作用由"基础性"提高到"决定性"，强调经济体制改革是全面深化改革的重点，核心问题是处理好政府和市场的关系。

2017年10月，党的十九大强调"坚持社会主义市场经济改革方向""加快完善社会主义市场经济体制"，并指出，经济体制改革必须以完善产权制度和要素市场化配置为重点，实现产权有效激励、要素自由流动、价格反应灵活、竞争公平有序、企业优胜劣汰。又提出"市场机制有效、微观主体有活力、宏观调控有度"的完善社会主义市场经济体制的新要求。进一步深化了对社会主义市场经济规律的认识，坚定了我们发展市场经济的信心。

2019年10月，党的十九届四中全会明确把社会主义市场经济体制上升为基本经济制度，并提出，必须坚持社会主义基本经济制度，充分发挥市场在资源配置中的决定性作用，更好地发挥政府作用。从广度和深度上对推进社会主义市场经济改革作出重要部署。

2020年4月，中共中央、国务院发布《关于构建更加完善的要素市场化配置体制机制的意见》，提出了完善要素市场化配置是建设统一开放、竞争有序市场体系的内在要求，是坚持和完善社会主义基本经济制度、加快完善社会主义市场经济体制的重要内容。2020年5月，中共中央、国务院印发了《关于新时代加快完善社会主义市场经济体制的意见》，对当前和今后一个时期深化经济体制改革、加快完善社会主义市场经济体制进行了顶层设计和系统擘画，按照党的十九大和十九届四中全会部署，在更高起点、更高层次、更高目标上推进经济体制改革，构建更加系统完备、更加成熟定型的高水平社会主义市场经济体制。

党对建立社会主义市场经济体制的认识是不断深化和完善的，是党和人民历经千辛万苦，解放思想，实事求是，经过努力探索和大胆实践取得的根本成就。社会主义市场经济理论顺应我国改革开放的客观要求而产生，又在我国改革开放的伟大实践中不断丰富和发展。

二、社会主义市场经济理论的基本内容

从市场经济运行的一般规律来看，社会主义市场经济与资本主义市场经济两者之间存在着共性。正如邓小平所说："社会主义的市场经济方法上和资本主义相似。"[①] 市场经济作为一种资源配置方式，是人类共同创造的文明。资本主义在发展市场经济方面积累了数百年的经验，其中有益的成分值得社会主义借鉴和吸收。但社会主义市场经济与资本主义市场经济在本质上又是不同的，即社会主义市场经济

---

① 转引自马洪：什么是社会主义市场经济 [M]. 北京：中国发展出版社，1993.6.

的本质是将社会主义基本制度与市场经济相结合，在生产资料所有制关系上坚持以公有制为主体，在产品分配上坚持按劳分配为主体，在经济发展方向上以全体人民共同富裕为目标。为此，邓小平明确指出："社会主义市场经济优越性在哪里？就在四个坚持。"[①] 江泽民也强调："我们搞的是社会主义市场经济，'社会主义'这几个字是不能没有的，这并非多余，并非'画蛇添足'，而恰恰相反，这是'画龙点睛'。所谓'点睛'，就是点明我们市场经济的性质。"[②] 社会主义条件下发展市场经济是中国共产党人对马克思主义发展作出的历史性贡献。

（一）中国特色社会主义经济理论

党的十八大以来，中国共产党团结带领全国各族人民大力推进社会主义经济建设，坚持观大势、谋全局、干实事，创造性地提出了关于中国发展的重大战略思想和重要理论观点，深刻回答了新时代中国实现什么样的发展、怎样发展的问题，在实践中形成了以新发展理念为主要内容的习近平新时代中国特色社会主义经济思想。习近平新时代中国特色社会主义经济思想是我国经济工作的重要指导思想，必须长期坚持、不断丰富发展。其内涵丰富而且深刻，具体可概括为"七个坚持"。

1. 坚持加强党对经济工作的集中统一领导

中国共产党的领导是中国特色社会主义最本质的特征。现代社会，生产活动的复杂程度大大提高，只有在良好的组织下才能有序进行。只有坚持党的领导，才能保证我国经济沿着正确方向发展。党是总揽全局、协调各方的，经济工作是中心工作，党的领导当然要在中心工作中得到充分体现，抓住了中心工作这个牛鼻子，其他工作就可以更好地展开。改革开放40多年来，我国经济社会发展之所以能取得举世瞩目的巨大成就，是同我们坚定不移坚持党对经济工作的集中统一领导、充分发挥各级党组织和全体党员的作用分不开的。

2. 坚持以人民为中心的发展思想

以人民为中心的发展思想，是习近平新时代中国特色社会主义经济思想的根本立场。马克思主义唯物史观阐释，"无产阶级的运动是绝大多数人的、为绝大多数人谋利益的独立的运动"[③]，在未来社会"生产将以所有的人富裕为目的"[④]。以人民为中心的发展思想，体现了我们党全心全意为人民服务的根本宗旨。人民群众是发

---

① 中共中央文献研究室：邓小平年谱（1975—1997）（下）[M]. 北京：中央文献出版社，2004：1363.
② 江泽民论有中国特色社会主义（专题摘编）[M]. 北京：中央文献出版社，2002：69.
③ 马克思恩格斯文集：第2卷 [M]. 北京：人民出版社，2009：42.
④ 马克思恩格斯文集：第1卷 [M]. 北京：人民出版社，1995：243.

展的主体，也是发展的最大受益者，坚持以人民为中心的发展思想，把增进人民福祉、促进人的全面发展、朝着共同富裕方向稳步前进作为经济发展的出发点和落脚点。践行以人民为中心的发展思想，要求我们在部署经济工作、制定经济政策、推动经济发展时都要牢牢坚持这个根本立场，目的就是不断增强各族群众的获得感、幸福感、安全感。

3. 坚持适应把握引领经济发展新常态

经济发展进入新常态是基于当前我国经济发展阶段的准确把握。党的十八大以来，我国经济从高速增长转为中高速增长，经济结构不断优化升级，经济从要素驱动、投资驱动转向创新驱动。从历史长过程看，我国经济发展历程中新状态、新格局、新阶段总是在不断形成，经济发展新常态是这个长过程的一个阶段。新常态是一个客观状态，是我国经济发展到今天这个阶段必然会出现的一种状态，是一种内在必然性，并没有好坏之分。认识新常态，适应新常态，引领新常态，是当前和今后一个时期我国经济发展的大逻辑。

4. 坚持使市场在资源配置中起决定性作用

坚持社会主义市场经济改革方向，其核心问题就是处理好市场与政府的关系，使市场在资源配置中起决定性作用，更好地发挥政府作用。市场配置资源是最有效率的形式。处理好政府和市场的关系，要讲辩证法、两点论，把"看不见的手"和"看得见的手"都用好。市场在资源配置中起决定性作用，并不是起全部作用，不是说政府就无所作为，而是必须坚持有所为、有所不为，着力提高宏观调控和科学管理水平。

5. 坚持适应我国经济发展主要矛盾变化，完善宏观调控

中国社会主要矛盾发生重大转变、中国经济发展进入新常态，对我们的宏观调控提出了新的要求。宏观调控既是针对经济社会发展中的矛盾作出的应对，也应当是在新发展理念指引下对宏观经济发展的引导。经济发展要与社会主要矛盾相适应，要相机抉择、开准药方，把推进供给侧结构性改革作为经济工作的主线。重点是促进产能过剩有效化解，促进产业优化重组，降低企业成本，发展战略性新兴产业和现代服务业。

6. 坚持问题导向，部署经济发展新战略

我国经济发展中尚且存在区域和城乡发展不平衡、经济发展和生态保护不协调、科技创新发展不充分等问题。以这些问题为导向，实施区域协调发展战略、乡村振兴战略、可持续发展战略、创新驱动发展战略，这既是经济发展的要求，也是

时代发展的要求。要在经济发展中，坚持问题导向，找准问题，部署经济发展新战略。

7. 坚持正确工作策略和方法

做好经济工作，既要满怀创业热情，又要讲究工作方法策略。稳中求进工作总基调是治国理政的重要原则，也是做好经济工作的方法论。"稳"和"进"相互促进，经济社会才会平衡。稳是主基调，要在保持大局稳定的前提下谋进，要在把握好度的前提下有所作为，恰到好处，把握好平衡，把握好时机，把握好度。要坚持底线思维。要深刻认识和准确把握外部环境的深刻变化和我国改革发展稳定面临的新情况新问题新挑战，增强忧患意识，提高防控能力，着力防范化解重大风险，保持经济持续健康发展和社会大局稳定。

（二）中国特色社会主义基本经济制度

社会主义市场经济既然包含着社会主义制度的性质，就必然包含我国在初级阶段的基本经济制度。基本经济制度是一个国家占主导地位生产关系的总和，在经济制度体系中具有基础性、决定性地位，必须与这个国家的发展阶段相适应。多年来，我们把公有制为主体、多种所有制经济共同发展作为基本经济制度。党的十九届四中全会在此基础上，把按劳分配为主体、多种分配方式并存，社会主义市场经济体制确立为我国的基本经济制度，这是我国社会主义基本经济制度理论的重大发展，是中国特色社会主义经济思想的重大创新，既体现了社会主义制度优越性，又同我国社会主义初级阶段社会生产力相适应，对于推进新时代中国特色社会主义经济建设具有重大意义。

1. 公有制为主体、多种所有制经济共同发展

经过多年的改革实践，在有利于社会生产力发展的前提下，我国逐步形成公有制为主体，多种所有制经济共同发展的格局。根据实践的发展，党的十五大第一次正式把"公有制为主体、多种所有制经济共同发展"确立为我国社会主义初级阶段的一项基本经济制度，并写入党章。党的十六大进一步强调坚持和完善基本经济制度必须做到两个"毫不动摇"和一个"统一"，即必须毫不动摇地巩固和发展公有制经济；必须毫不动摇地鼓励、支持和引导非公有制经济发展；坚持公有制为主体，促进非公有制经济发展，统一于社会主义现代化建设的进程中。党的十八大进一步指出，坚持和完善公有制为主体、多种所有制经济共同发展的基本经济制度，要毫不动摇地巩固和发展公有制经济，毫不动摇地鼓励、支持、引导非公有制经济发展，坚持平等保护物权，形成各种所有制经济平等竞争、相互促进的新格局。党的

十八届三中全会指出，公有经济和非公有制经济都是社会主义市场经济的重要组成部分，都是我国经济社会发展的重要基础。同时又指出，国有资本、集体资本、非公有资本等交叉持股、相互融合的混合所有制经济，是基本经济制度的重要实现形式。党的十九届四中全会通过的《中共中央关于坚持和完善中国特色社会主义制度推进国家治理体系和治理能力现代化若干重大问题的决定》中明确指出公有制为主体、多种所有制经济共同发展是基本经济制度的核心，标志着我国社会主义初级阶段生产资料所有制更加成熟定型。

这些论断使我们党关于社会主义初级阶段所有制经济制度的理论更加完善。

（1）社会主义所有制基本经济制度的确立，有着如下基本依据

第一，生产资料公有制符合马克思主义揭示的人类社会发展的客观规律，代表着人类社会发展的正确方向，是社会主义生产关系与资本主义生产关系的本质区别。生产资料公有制是社会主义制度的经济基础。我们要搞社会主义，就要坚持公有制。社会主义国家必须坚持生产资料公有制，使之在经济生活中牢牢占据主体地位，这是维护广大劳动人民根本利益，坚持国家的社会主义性质，巩固和发展社会主义事业的基础和前提。

第二，在公有制为主体的条件下发展多种所有制经济，在实践上是从我国社会主义初级阶段生产力还不发达且发展又极不平衡的现实出发，发展公有制以外的各种非公有制经济，并非要回到资本主义老路上去，而是要借助多种所有制经济作为社会主义经济的补充，加速发展社会主义生产力。从理论上说，是符合马克思主义基本原理的。马克思、恩格斯虽然主张无产阶级夺取政权后要依靠无产阶级专政"消灭私有制"，使全部生产资料归社会所有，但主要是针对已经完成工业革命，社会化大生产的资本主义生产方式已经确立，工业化已经基本实现的资本主义"文明国家"。在这些国家，"阶段对立简单化了。整个社会分裂为两大敌对的阵营，分裂为两大相互直接对立的阶级：资产阶级和无产阶级"①。而且，资本主义生产方式的充分发展已经为生产资料公有制建立后全部社会生产的社会化管理准备了充分的条件。马克思、恩格斯从来没有讲过，处于资本主义统治的"薄弱环节"，资本主义生产方式尚未充分发展，小农经济仍大量存在的国家，在建立起无产阶级专政的社会主义国家之后，应当立即实行完全的生产资料公有制。按照马克思、恩格斯一贯坚持的具体情况具体分析的思想方法，即使他们生前遇到这种情况，也不会这样做。因此，对于中国这种社会主义制度建立之前资本主义生产方式尚未充分发展，小农

① 马克思恩格斯选集：第 1 卷 [M]. 北京：人民出版社，1995:273.

经济"像汪洋大海一样"的国家来说，立即实行完全社会化管理的清一色公有制是教条主义的，而实行公有制为主体，多种所有制经济共同发展才是实事求是的。从马克思在论述政治经济学研究方法时所阐明的"历史上处于同一时代的不同生产方式之间带有必然性的关系"中也可以看出，这一体制不仅不违背、反而恰恰是符合马克思主义精神实质的。马克思写道："在一切社会形式中都有一种一定的生产支配着其他一切生产的地位和影响，因而它的关系也支配着其他一切关系的地位和影响。这是一种普照的光，一切其他色彩都隐没其中，它使它们的特点变了样。……在古代社会和封建社会，耕作属于支配地位，那里连工业、工业的组织以及与工业相应的所有制形式都多少带着土地所有制的性质。……在资本主义社会中情况则相反，农业越来越变成仅仅是工业的一个部门，完全由资本支配。……资本是资产阶级社会支配一切的经济权力。"[①] 可见，按照马克思阐述的这一理论，在社会主义制度下实行公有制为主体，多种所有制经济共同发展的经济制度是完全可能的。关键在于确实使公有制经济真正处于"支配"地位，成为"普照的光"，以及在社会主义制度下"支配一切的经济权力"。我国在社会主义初级阶段实施公有制为主体，多种所有制经济共同发展的经济制度，正是遵循了马克思主义的这条原理。

（2）坚持公有制经济的主体地位

坚持公有制经济为主体，毫不动摇地巩固和发展公有制经济，是坚持和完善我国社会主义初级阶段的基本经济制度。这是因为公有制经济是我国社会主义现代化建设的支柱和国家对经济实施宏观调控的主要物质基础，是社会主义制度的根本体现。要真正做到坚持公有制的主体地位，还必须充分理解以下几点：

第一，要正确理解什么是社会主义公有制经济。不是任何一种形式上属于共同所有的企业和组织都是社会主义公有制。社会主义公有制作为一种生产关系的理论范畴，其实质和核心是全体社会成员或者部分社会成员共同占有生产资料，实现人们在生产资料面前的平等。在公有制范围内，对生产资料的支配、使用，以及由此取得的收益都必须服从于他们共同的意志，服务于他们共同的需要。任何个人或少数人都不能利用生产资料为自己牟取私利。

第二，坚持公有制的主体地位，必须全面认识公有制经济的含义。经过不断的改革实践，在当前我国，公有制经济的范围既包括国有经济和集体经济，又包括混合所有制经济中的国有成分和集体成分。客观地将这部分公有经济成分纳入公有制经济的范围，对于准确判断公有制经济在全部国民经济中的比重，更好地坚持公有

---

① 马克思恩格斯选集：第 2 卷 [M]. 北京：人民出版社，1995：24-25.

制经济的主体地位具有重要意义。

第三，要正确认识公有制的主体地位和国有经济的主导作用。公有制主体地位不能动摇，国有经济主导作用不能动摇，这是保证我国各族人民共享发展成果的制度性保证，也是坚持我国社会主义制度的重要保证。公有制的主体地位主要体现在公有资产在社会总资产中占优势，国有经济控制国民经济命脉，对经济发展起主导作用。

这是就全国而言的，有些地方、有些产业允许存在差别。公有资产在社会总资产中占优势，既要有量的优势，更要注重质的提高。国有经济在国民经济中的主导作用，主要体现在控制力上，即体现在控制国民经济发展方向、控制经济运行的整体态势、控制重要稀缺资源的能力上。在社会主义市场经济条件下，国有经济在国民经济中的控制力，既要通过国有独资企业来实现，又要通过发展股份制、控股和参股企业来实现。对于关系国民经济命脉的重要行业和关键领域，如涉及国家安全的行业、自然垄断的行业、提供重要公共产品和服务的行业，以及支柱产业和高新技术产业中的龙头企业和骨干企业等，国有经济必须占支配地位；在其他领域，可以通过资产重组和结构调整，根据"有进有退，有所为有所不为"的原则，加强重点，提高国有资产的整体质量。提高公有制经济的质量，意味着努力使公有制经济不断提高整体素质和生产要素的配置效率，注重结构优化和规模经济效益，大幅度提高科学技术水平和管理水平，使公有制经济在竞争中保持优势。

第四，要正确理解公有制的实现形式。公有制经济的性质和实现形式是两个不同层次的问题，不能混为一谈。公有制的性质体现在所有权的归属上，坚持公有制的性质，从根本上说就是坚持国家和集体对生产资料的所有权。所有制作为生产关系的基础，有公有制与私有制、社会主义与资本主义的区别。而所有制的实现形式是采取怎样的经营方式和组织形式问题，不具有"公"与"私"、"社会主义"与"资本主义"的区分。同样的所有制可以采取不同的实现形式，而不同的所有制也可以采取相同的实现形式。只要能够有利于生产力的发展，公有制的实现形式可以而且应当多样化，一切反映社会化生产规律的经营方式和组织形式都可以大胆利用，要努力寻找能够极大促进生产力发展的公有制实现形式。

（3）鼓励、支持和引导非公有制经济发展

在坚持公有制经济的主体地位的同时，毫不动摇鼓励、支持、引导非公有制经济发展，是我国社会主义初级阶段基本经济制度的另一部分。

现阶段我国的非公有制经济包括个体经济、私营经济、混合所有制经济中的非公有制成分。非公有制经济的存在是由我国社会主义初级阶段的基本国情决定的。总体上，我国人口多、底子薄、生产力不发达的状况尚未发生根本的改变。在这种情况下，发挥非公有制经济的积极作用，对于加速提升生产力发展水平、促进经济增长、创造丰富的物质财富、活跃市场、扩大就业和满足人民群众多样化的需要等方面，都具有重要作用。江泽民在党的十五大明确提出，非公有制经济是我国社会主义市场经济的重要组成部分。对个体、私营等非公有制经济要继续鼓励、引导，使之健康发展。党的十六大提出毫不动摇地鼓励、支持和引导非公有制经济发展。党的十八大进一步提出，毫不动摇鼓励、支持、引导非公有制经济发展，保证各种所有制经济依法平等使用生产要素、公平参与市场竞争、同等受到法律保护。党的十八届三中全会提出，公有制经济和非公有制经济都是社会主义市场经济的重要组成部分，都是我国经济社会发展的重要基础；公有制经济财产权不可侵犯，非公有制经济财产权同样不可侵犯。党的十八届四中全会提出，健全以公平为核心原则的产权保护制度，加强对各种所有制经济组织和自然人财产权的保护，清理有违公平的法律法规条款。党的十八届五中全会强调要鼓励民营企业依法进入更多领域，引入非国有资本参与国有企业改革，更好激发非公有制经济活力和创造力。党的十九届四中全会提出，健全支持民营经济、外商投资企业发展的法治环境，完善构建亲清政商关系的政策体系，健全支持中小企业发展制度，促进非公有制经济健康发展和非公有制经济人士健康成长。

非公有制经济符合解放和发展多层次生产力的客观要求，它们在支撑增长、扩大就业、增加税收等方面具有重要作用。我们党在坚持基本经济制度上的观点是一贯的，而且是不断深化的，从来没有动摇。这是不会变的，也是不能变的。非公有制经济"三不变"也是不会动摇的，即非公有制经济在我国经济社会发展中的地位和作用没有变，我们毫不动摇鼓励、支持、引导非公有制经济发展的方针政策没有变，我们致力于为非公有制经济发展营造良好环境和提供更多机会的方针政策没有变。

在处理公有和非公有制经济关系时，要毫不动摇地巩固和发展公有制经济，毫不动摇地鼓励支持和引导非公有制经济的发展，使二者在竞争中相辅相成、相得益彰，从而实现共同发展。公有制经济是长期在国家发展历程中形成的，为国家建设、国防安全、人民生活改善作出了突出贡献，是全体人民的宝贵财富和国家经济安全的根本保障。非公有制经济是在党和国家方针政策指引下实现的，在稳定增长、促进创新、增加就业、改善民生等方面发挥了重要作用，是稳定经济的重要基础。经过改革开放 40 多年的发展，各种非公有制经济已成为社会主义市场经济的重要组成部分和促进生产力发展的重要力量。因此国家要保护公有制经济和非公有制经济的产权和合法利益，保证各种所有制经济依法平等使用生产要素，公开公平公正参与市场竞争、同等受到法律保护和依法监管。同时，对于非公有制经济，首先要鼓励和支持。调动各方面的积极性，增强经济活力，充分发挥其重要作用，使之成为中国社会主义市场经济发展中不可缺少的组成部分。其次是要积极引导。一方面要放宽市场准入，允许非公有资本进入法律法规未禁入的行业和领域，使其与其他企业享受同等待遇，为其发展创造良好的环境；另一方面要依法加强监督和管理，引导它们依法经营、照章纳税、诚实守信、保障职工合法权益，不断改进对非公有制企业的服务和监管，促进非公有制经济健康发展。

2. 社会主义初级阶段的收入分配制度

我国在社会主义初级阶段实行按劳分配为主体，多种分配方式并存的分配制度，这同样是中国特色社会主义基本经济制度。马克思主义认为，生产决定分配，分配关系和分配方式只是表现为生产要素的背面，分配结构完全决定于生产结构。分配本身就是生产的产物。不同的所有制形式和经济成分决定着不同的分配方式。[①]在社会主义初级阶段，按劳分配为主体，多种分配方式并存的分配制度，是由公有制为主体、多种所有制经济共同发展的生产资料所有制决定的。

（1）按劳分配为主体。社会主义社会实行"各尽所能，按劳分配"的分配制度，是马克思主义经典作家提出的科学社会主义的重要原则。其基本思考是，在推翻了资产阶级等少数统治阶级的统治，剥夺了他们的生产资料，实现了生产资料的全社会公有制之后，任何社会成员都不能再凭借占有的生产资料剥削压迫其他人。不仅如此，任何人都只能通过向社会提供劳动来获得个人收入，即根据劳动者向社会提供的劳动的数量和质量，按照等价交换的原则获得个人收入，所谓"多劳多得，少劳少得，不劳动者不得食"。这种分配体制是由生产资料的公有制决定的，相对于生产资料资本主义私有制下少数人剥削多数人的分配制度无疑是一种历史的进步。但由于"各尽所能、按劳分配"的制度把统一的分配标准用于在体力或智力上存在差异的劳动者身上，或用于家庭供养人口不同的劳动者身上，仍然会造成"事实上的不平等"。因此，马克思主义经典作家认为"各尽所能、按劳分配"只适用于物质生活资料尚不够丰富的社会主义社会，到了物质生活资料极大丰富，"三大差别"（即阶级差别、脑力劳动与体力劳动的差别、城市与乡村的差别）已消失、劳动者

---

① 马克思恩格斯文集：第 8 卷 [M]. 北京：人民出版社，2009:19.

思想道德水平和科学文化素养普遍提高的共产主义社会，这一分配制度将被"各尽所能，按需分配"的制度所取代。[①]

我国在改革开放前，由于实行清一色的公有制，所以不论在国营经济中，还是在集体经济中，都长期实行按劳分配的制度，但在实践中常常因操作不当导致一定程度的平均主义，不利于调动职工的积极性。改革开放以来，邓小平十分重视坚持按劳分配原则，反对平均主义的问题。他把坚持按劳分配作为坚持社会主义的一个根本原则。他指出："不讲多劳多得，不重视物质利益，对少数先进分子可以，对广大群众不行，一般时间可以，长期不行。"[②] 通过不断的改革开放，我国逐步建立起公有制为主体，多种所有制经济共同发展的基本经济制度，由此决定了在分配领域，我国必然要实行以按劳分配为主体，多种分配形式并存的分配制度。其中，按劳分配的形式为主体，主要是指：

第一，实行按劳分配的范围是在国民经济中起主导作用的公有制企业。在社会主义初级阶段，不仅公有制内部存在着国有企业和集体企业之间的不同利益关系，而且国有企业也是相对独立的生产者和经营者，其劳动者的劳动仍然是一种谋生的手段，企业是由具有各自利益的劳动者组成的集合体，从而形成各个国有企业的不同利益。公有制企业中劳动者劳动的实现不是直接在社会中实现，而是间接地通过企业在市场的交换中得到实现。所以，在现阶段，按劳分配只能在国民经济中起主导作用的公有制企业范围内，由企业自主进行。

第二，按劳分配获得的收入在职工各种收入中仍是主要收入。在我国现阶段，随着社会主义市场经济的不断发展和现代企业制度的建立，职工获得经济收入的来源和形式也日益多样化，除了在企业凭借劳动贡献获得按劳分配的收入外，还可能通过其他形式获得财产性收入（如企业职工持股获得的股息、银行存款或购买金融债券获得的利息、出租房屋或工机具等获得的租金等）。但是，只要企业仍然是公有制或公有控股企业，按劳分配就是企业内部职工的主要形式，职工收入的主要来源仍然是按劳分配获得的收入。

第三，在不同的公有制企业中，劳动者按劳分配获得工资收入的多少，不仅取决于个人提供的劳动，还取决于所在企业的经济效益。在社会主义市场经济条件下，个人劳动不能直接成为社会劳动，而只作为企业联合劳动的一个组成部分，致使个人劳动的实现和消费品的分配不能在社会范围内统一进行，而必须由企业将由

劳动者个人劳动组合成的企业联合劳动在市场上实现后，再对劳动者个人采取支付货币工资的形式进行。这种情况决定了，劳动者劳动报酬的多少，不仅取决于劳动者个人提供劳动的数量和质量，更重要的还取决于企业联合劳动在市场实现的状况。而企业联合劳动的实现状况与企业的经营管理水平密切相关。由于企业在占有生产资料的性质、规模、结构、产品的品种、质量、数量、生产技术和工艺水平、经营管理者能力素质等方面存在差异，必然形成企业间经济效益的差异。企业效益的优劣不可避免地影响到企业内部劳动者个人收入的水平。也就是说，在社会主义市场经济下，按劳分配的实现、职工工资水平的高低，要受市场的调节。由于这些原因，按劳分配还有许多需要完善的方面。

从总体上说，按劳分配是社会主义公有制在分配方面的体现，坚持按劳分配的主体地位才能体现社会主义初级阶段基本经济制度的社会主义性质，保证社会成员之间相互平等的关系。

2. 多种分配方式并存

我国现阶段以公有制为主体，多种所有制经济共同发展的基本经济制度，决定了按劳分配之外必然存在多种分配方式，其实质是按照对生产要素的占有情况进行分配。随着社会主义市场经济的深入发展，我国的劳动力市场、资本市场、生产资料市场、技术市场等生产要素市场逐渐发展起来，在这种情况下，健全劳动、资本、土地、知识技术、管理、数据等生产要素由市场评价贡献，按贡献决定报酬的机制。按生产要素的贡献分配反映了市场经济的基本要求，是一种综合性的个人收入分配方式。它既包括在当前我国政治法律环境下允许的资本主义分配方式（即资本家获得利润，雇佣工人按照劳动力价格获得工资），也包括按资金（或按资产）分配方式（即广大劳动者凭借股权、存款、债券等资产获得股息、红利、利息等），还包括由管理要素产生的机会收入和风险收入，以及由房租、工机具出租、转让技术或提供信息而获得的租金、技术收入和信息收入等。社会的生产要素归纳起来可以分为两大类：一类是各种物质生产条件，如土地、湖泊、山、海等自然资源，以及厂房、设备、原材料等；另一类是人的劳动，包括人们在生产过程中提供的活劳动、技术、信息、管理等。现阶段我国按生产要素分配主要可分为三种类型。

（1）以劳动作为生产要素参与分配。这里不包括公有制中的按劳分配。以劳动作为生产要素参与分配的主要是个体劳动者和被雇于各种非公有制经济的雇佣劳动者（如被外资企业和私营企业雇佣的职工）。个体劳动者的收入是凭借自己的劳动和占有的生产资料从事个体劳动和经营所取得的收入。被雇于各种非公有制经济的雇佣劳动者提供的劳动力具有商品的性质，他们所创造的剩余价值被其雇主无偿占有，他们的工资收入本质上属于劳动力的价值。

（2）按各种资本形态的生产要素参与分配。即各种形态的资本所有者，凭借其资本所有权参与生产经营成果的分配。这是由社会主义初级阶段存在和发展多种所有制决定的，最终又是由生产力发展水平决定的。如生产资本的所有者在生产经营活动中取得的利润，货币资本的持有者将货币资本借贷给他人经营或存入金融机构所取得的利息，以各种实物形态的资本租借给他人经营或使用而取得的租金、报酬等，如"三资"企业中外资所得的利润收入和私营企业主获得的利润收入等。

（3）按照管理和知识产权类的生产要素参与分配。如所有者凭借科技劳动成果，如科技发明、创造、信息、专利、数据等参与分配。在科学技术飞速发展的当今时代，与劳动者的脑力劳动和体力的付出直接相关的经营管理、知识产权等，已成为现代化生产过程中不可缺少的要素。因此，以科技发明、创造、信息、专利、数据等参与分配已成为必然趋势。

总之，在社会主义初级阶段，实行按劳分配为主体，多种分配方式并存的分配制度，有利于优化资源配置，促进经济发展，有利于广泛调动一切积极因素，让劳动、知识、技术、管理和资本充分焕发活力，促进经济快速增长，社会稳定发展。

3. 把握收入分配原则，防止两极分化，努力实现共同富裕

在社会主义初级阶段，除了顺应经济基础的要求制定合理的收入分配制度外，为保证社会主义事业的健康发展，党和政府还确定了相应的收入分配原则。

党的十四届三中会全上，针对原来分配领域平均主义严重影响效率提高的情况，为充分调动人们的积极性，第一次明确提出了效率优先、兼顾公平的分配原则。它体现了社会主义市场经济下收入分配运作的特点，是在以按劳分配为主体、多种分配方式并存的分配制度下的具体的分配原则。

由于在经济发展进程中收入分配差距出现扩大的趋向，党的十六大进一步提出，在坚持效率优先、兼顾公平方面既要提倡奉献精神，又要落实分配政策，既要反对平均主义，又要防止收入悬殊。初次分配注重效率，发挥市场作用，鼓励一部分人通过诚实劳动、合法经营先富起来；再分配注重公平，加强政府对收入分配的调节职能，调节差距过大的收入，规范分配秩序。

党的十六届四中全会按照构建和谐社会的要求，强调要注重社会公平，合理调整国民收入分配格局，切实采取有力措施解决地区之间和部分社会成员之间收入差距过大的问题。

党的十六届五中全会针对收入分配领域存在的矛盾比较突出的问题，提出要在经济发展的基础上，更加注重社会公平，合理调整国民收入分配格局，加大调节收入分配的力度，使全体人民都能享受到改革开放和社会主义现代化建设的成果。

党的十七大进一步提出，初次分配和再分配都要处理好效率与公平的关系，再分配更加注重公平，把公平问题提到了更加突出的位置。

党的十八大进一步丰富和发展了社会主义分配制度的内容，将收入分配制度改革上升到实现发展成果由人民共享的高度。第一次明确提出"两个同步"和再次强调"两个提高"——实现居民收入增长和经济发展同步、劳动报酬增长和劳动生产率提高同步，提高居民收入在国民收入分配中的比重，提高劳动报酬在初次分配中的比重。

党的十九大进一步丰富发展了社会主义分配制度的内容，提出要完善按要素（产权）分配的体制机制，促进收入分配更合理、更有序；提倡勤劳守法致富，扩大中等收入人群，增加低收入者收入，调节过高收入，取缔非法收入，把收入分配纳入法治轨道；通过拓宽财产性收入渠道增加居民收入。

十九届四中全会《决定》中规定，健全以税收、社会保障、转移支付等为主要手段的再分配调节机制，强化税收调解，完善直接税制并逐步提高其比重。完善相关制度和政策合理调节城乡、区域、不同群体间分配关系。这使得多层次的再分配制度化、系统化，减小两极分化促进公平。《决定》还首次以党的文件形式确认和倡导"第三次分配"，提出"重视发挥第三次分配的作用，发展慈善等社会公益事业"在社会分配中的重要作用，实现发展成果由全体人民共享。

上述情况，反映了我们党和政府对我国收入分配问题认识的不断深化，及我国社会主义分配制度日趋成熟定型。坚持按劳分配为主体，多种分配方式并存的收入分配制度是我国基本经济制度，必须长期坚持。这种分配制度体系为我国始终沿着科学社会主义的方向发展、实现共富共富目标提供了强大的制度保障。

（三）社会主义市场经济体制

市场经济体制，是指以市场配置资源基本手段的一种经济体制，其本质是以社会化为基础的高度发达的商品交换。建立什么样的经济体制，是建设中国特色社会主义的一个重大问题。社会主义市场经济体制是适应我国现阶段基本经济制度的经济体制形式，是推进国家治理体系和治理能力现代化的国家制度体系中的重要组成部分。一方面，在多种所有制经济并存的商品交换关系下，价值规律仍然发挥作用，市场配置资源是最有效的形式，其他任何力量都不能代替市场的作用；另一方面，要坚持党的领导，更好地发挥政府作用。社会主义市场经济体制比资本主义自由主义的市场经济体制更有优势，就在于社会主义市场经济兼顾了效率和公平。社会主义市场经济本质上是法治经济，是市场在资源配置中起决定性作用和更好发挥政府作用，必须以保护产权、维护契约、统一市场、平等交换、公平竞争、有效监管为基本导向，完善社会主义市场经济法律制度。

社会主义市场经济体制是一个体系，包括高标准市场体系、公平竞争、产权保护、生产要素市场化配置、消费者权益保护、资本市场、发展先进制造业振兴实体经济、振兴乡村和农业农村优先发展、国家粮食安全保障、促进城乡融合发展和区域协调发展等制度，以及完善科技创新体制机制和关键核心技术攻关新型举国体制。其中均须更好地发挥市场在一般经济资源配置中的决定性作用和更好地发挥政府作用这一社会主义市场经济体制的核心制度。

三、社会主义市场经济建设推进及其实践成就

1978 年十一届三中全会的召开开启了我国改革开放历史新时期。经过 40 多年探索和实践，市场体制改革取得突破性进展。根据国家统计局的数据，从 1978 年到 2020 年，我国的国内生产总值从 36.4 亿元发展到 101.6 万亿元，人均国内生产总值连续两年超过 1 万美元，经济总量在全球的比重 2020 年超 17%，稳居世界第二位。我国已成为制造业第一大国、货物贸易第一大国、商品消费第二大国、外资流入第二大国，外汇储备连续多年位居世界第一，中国人民在富起来、强起来的征程上迈出了决定性的步伐。目前我国已成为拥有联合国产业分类中全部工业门类的国家，200 多种工业品产量居世界第一，制造业增加值自 2010 年起稳居世界首位。创新型国家建设方兴未艾，取得一批具有自主知识产权的科技成果。人民生活水平大幅度提高。我国脱贫攻坚战取得了全面胜利，完成了消除绝对贫困的艰巨任务，创造了人间奇迹。经济体制改革也推动了其他领域改革，民主法治、文化教育、社会建设、生态文明等各项事业蓬勃发展。综合国力大幅跃升，国际地位和影响力显著提高，展现了一个负责任大国的担当，被认为是世界发展史上的奇迹。

（一）社会主义市场经济体制发展的阶段划分

中国社会主义市场经济体制建设伴随着中国改革开放的全过程，采取的是渐进式推进的方式，大体说来可以划分为以下五个阶段。

第一阶段从 1978 年到 1984 年，是经济体制改革的起步阶段，初步认识了市场机制的作用。改革的重心在农村，首先在农村引入市场机制，实行家庭联产承包责

任制，将土地长期承包给农民，赋予农民生产经营的自主权。取消人民公社制度，实行政社分立，恢复农村三级所有、队（村民小组）为基础的集体经济结构，允许农民个人经营家庭工业和从事个体商业、服务业等，极大地调动了农民的积极性。其次在增强企业活力、扩大企业自主权方面，引入了市场机制，确立了政府和企业、企业和职工之间的正确关系，使企业改革取得了初步成效。最后在国家宏观经济调控上打破了过去完全依靠行政手段调节的局面，适度放开部分商品，适度引入市场机制。

第二阶段从 1984 年到 1992 年，是改革的全面展开阶段。市场机制的作用和影响无论从广度、深度，还是力度上，都出现了前所未有的新局面，加大了市场机制在各个领域的调节力度，逐步健全了以间接管理为主的宏观调节体系。从 20 世纪 80 年代中期，中国经济体制改革的重心由农村转向城市，并向纵深全面展开。改革的主要问题是改变政企不分、条块分割和平均主义"大锅饭"的体制，增强企业活力。改革的主要内容：一是采取扩大国有企业经营自主权、改革经营方式等措施，增强企业自我生存能力。二是改革价格形成机制，理顺比价关系。放开小商品和大部分工业原料超计划部分价格，实行市场调节。三是大幅度缩小指令性计划，改善宏观管理，扩大地方和企业自主权。在农村，这一阶段主要是改革农产品流通体制，培育农产品市场体系，逐步将国家对农产品的统购、派购改为合同订购和市场收购。与此同时，放宽农村集体和个人投资创办企业的限制。我国经济所有制多元化的格局逐步形成，各种经济成分迅速发展壮大。

第三阶段从 1992 年到 2002 年，是改革的整体推进、重点突破阶段。以南方谈话为标志，改革进入了建立社会主义市场经济体制的新阶段。改革的主要内容：一是建立健全了市场体系，形成了公平、有序、开放的市场竞争环境。不仅商品生产和流通市场已经形成，各类生产要素市场，如金融市场、技术市场、信息市场、劳务市场、房地产市场等也基本形成。2001 年顺利加入了世贸组织，逐步形成了面向国际市场的开放性市场体系。二是稳步推进以建立现代企业制度为方向的国有企业改革。对国有大中型企业进行公司制改造，分离企业承担的社会职能，分流企业富余人员。积极探索公有制的有效实现形式，深化国有小企业改革。三是推进财税、金融、外汇外贸、计划等宏观管理体制改革，初步建立了社会主义市场经济宏观调控体系框架。四是建立了多层次的社会保障体系，建立由养老保险、失业保险、工伤保险和城镇居民最低生活保障制度构成的社会保障体系。

第四阶段从 2003 年到 2012 年，是全面建立和完善社会主义市场经济体制的攻坚阶段。按照建立社会主义市场经济体制的改革目标和市场决定论，继续深化国有企业、价格流通、宏观管理、社会保障等方面的改革，并取得了明显的进展。国有企业规范的公司制改革成效显著，建立现代企业制度迈出重要步伐，垄断行业管理体制改革取得突破性进展。对国有经济布局进行战略性调整，通过采取国有企业重组上市、中外合资和控股参股等多种方式，放大了国有资本功能，增强了国有经济控制力。进一步完善了公有制为主体、多种所有制共同发展的基本经济制度，使非公有制经济成为现阶段国民经济的重要组成部分，发展混合经济。国家基本上放开了商品和服务价格，市场在资源配置中的基础作用进一步得到加强。金融分业监管体制继续完善，国有商业银行和保险公司股份制改革步伐加快，资本市场进一步开放、利率市场化、农村信用社改革等多项金融改革试点取得突破；发挥工业对农业的反哺作用，在全国范围免除了农业税，城乡分割的户籍制度进一步打破。行政审批制度改革迈出实质性步伐，政府职能大大转变。以基本养老保险、失业保险、基本医疗保险为主要内容的社会保障体系基本形成。

第五阶段从 2012 年至今，是深化社会主义市场经济体制阶段。以党的十八大为标志，我国进入深化市场经济体制改革阶段。十八届三中全会指出全面深化改革的重点在于经济体制改革，经济体制改革的核心在于处理好政府和市场的关系，首次提出"市场在资源配置中起决定性作用"。党的十九大报告重新审视我国社会主要矛盾的变化，强调经济体制改革应从完善产权制度和要素市场化配置两方面抓起，加快完善社会主义市场经济体制。十九届四中全会确立"市场在资源配置中起决定性作用和更好发挥政府的作用"，一方面强调市场的"决定性作用"；另一方面强调处理好政府和市场的关系，具体通过政府简政放权规范政府对资源配置的有效干预，进而保证市场决定性作用的发挥。

（二）社会主义市场经济建设取得的突破

经过 40 多年的探索和实践，成功实现了从高度集中的计划经济体制转向充满活力的社会主义市场经济体制的伟大变革，社会主义现代化建设在多方面取得重要突破，极大地解放和发展了社会生产力。

1. 确立市场在资源配置中起决定性作用。有利于在全党全社会树立关于政府和市场关系的正确观念，有利于转变经济发展方式，有利于转变政府职能，有利于抑制消极腐败现象。一是价格市场化改革取得实质性突破。价格市场化改革成功实现了目前商品和服务价格从 97% 由政府定价到 97% 由市场形成价格的历史性转变。二是简政放权改革向纵深推进。进一步取消一批行政许可事项，"证照分离"改革在全国推开，企业开办时间大幅压缩，工业生产许可证种类压减三分之一以上。"双随机、一公开"监管全面实施。清理规范各类涉企收费，推动降低用电、用网和物流等成本。深化"互联网＋政务服务"，各地探索推广一批有特色的改革举措，不断提高企业和群众办事便利度。在推进工商注册制度便利化、实行负面清单准入管理方式、完善市场监管体系方面取得重大进展。三是要素市场化配置改革稳步推进。要素市场化配置作为经济体制改革的两个重点之一，保障不同市场主体平等获取生产要素。建立健全城乡统一的建设用地市场，促进农村土地流转、盘活农村土地资源；坚持市场化、法治化改革，制定出台了相关完善股票市场基础制度的意见；完善主要由市场决定要素价格机制，消除各类隐性壁垒；促使劳动力市场不断完善，技术市场、土地市场的交易量不断增加。四是营商环境不断优化。全面实施市场准入负面清单制度，清理废除妨碍统一市场与公平竞争的各种规定和做法。深化商事制度改革，打破行政性垄断，完善市场监管机制。市场法规逐步健全，市场监督机构和认证机构逐步完善，地区封锁和行业垄断受到越来越多的限制。公开、公平的市场竞争秩序正在形成。

2. 经济结构不断优化。坚定不移推进新型城镇化和乡村振兴，促进区域协调发展，经济结构调整和转型升级呈现新面貌。一是消费作为经济增长主动力作用进一步巩固。2020 年社会消费品零售总额超过 39 万亿元，消费持续发挥主要拉动作用。2013—2019 年，最终消费支出对经济增长年均贡献率为 60.5%。居民消费升级提质。2020 年尽管受到新冠肺炎疫情的冲击，但最终消费支出占 GDP 的比重仍然达到 54.3%。全国居民恩格尔系数持续下降，2020 年为 30.2%，全国居民人均消费支出中，服务性消费支出占比为 42.6%。二是我国产业结构继续优化升级。服务业快速发展成为经济增长的新引擎。2020 年第三产业增加值占国内生产总值的比重为54.5%，高于第二产业 16.7 个百分点。服务业迸发出前所未有的生机和活力，生产性服务业和生活性服务业并行发展，新产业新业态新模式不断涌现。三是新型城镇化建设全面稳步推进。2020 年末，常住人口城镇化率超过 60%，全国多个省市陆续出台完善户籍制度改革方案，城镇化率继续提高。四是区域协调发展呈现新格局。区域结构优化重塑。东中西和东北"四大板块"联动发展，京津冀协同发展、长江经济带发展、粤港澳大湾区建设、长三角一体化发展、黄河流域生态保护和高质量发展等重大区域协调发展战略加快落实。

3. 国有企业改革取得重大进展。按照"三个有利于"标准，即要有利于国企资产保值增值，有利于提高国有经济竞争力，有利于放大国有资本功能，更加注重改革的顶层设计以及改革的系统性、整体性和协同性。2015 年，《关于深化国有企业改革的指导意见》正式颁布。随后相配套的一系列文件陆续出台，形成了国企改革的"1+N"文件和政策体系，确立了国有企业改革的主体框架，促进国企改革全面推进、重点突破、亮点纷呈。具体体现在：一是经营机制转换，活力不断释放。当前，中央企业公司制改制基本完成，有效制衡的法人治理结构逐步建立，市场化经营机制更加灵活高效。二是规模持续扩大，控制力和影响力增强。通过组建大企业和大型企业集团，我国国有企业的国际竞争力得到显著提升。三是经营效益显著提升，全球影响力不断增强。2020 年世界 500 强企业中，我国上榜企业有 133 家，影响力在不断加强。四是国有企业创新能力不断增强。目前以中央企业为代表的国有企业在高铁、特高压、载人航天、绕月探测、深海钻井平台、深潜探测等领域取得一大批具有自主知识产权和国际先进水平的成果，成为我国科技创新的典范。

4. 全面开放新格局逐步形成。改革开放以来，我国从大规模"引进来"到大踏步"走出去"，再到共建"一带一路"，充分利用国际国内两个市场两种资源，对外开放的广度和深度显著拓展。一是对外贸易规模大幅增长。2020 年，我国货物贸易进出口总值 32.16 万亿元人民币，进出口规模创历史新高；服务进出口总额 45642.7 亿元人民币，居世界第二位。服务贸易结构显著优化。2020 年，我国知识密集型服务进出口同比增长 8.3%，占服务进出口总额的比重达到 44.5%，提升 9.9 个百分点。二是吸引外资与对外投资快速发展。2020 年外商直接投资（不含银行、证券、保险领域）新设立企业 38570 家，实际使用外商直接投资金额 10000 亿元人民币，增长 6.2%，保持第二大外资流入国地位。我国也是吸引外商直接投资最多的发展中国家，对外投资合作快速发展。三是共建"一带一路"成效显著。截至 2021 年 1 月中国政府已先后与 171 个国家和国际组织签署了 205 份共建"一带一路"合作文件，合作项目超过 2000 个，[①] 更多的合作领域实现突破。共建"一带一路"国家从地域上已由亚欧延伸至非洲、拉美、太平洋等区域。2020 年，高质量发展成为共建"一带一路"的关键词。"一带一路"贸易规模持续扩大。商务部网站数据显示，2020 年我国与"一带一路"沿线国家货物贸易额 1.35 万亿美元，同比增长 0.7%。2020 年中欧班列开行超过 1.2 万列，同比上升 50%，通达境外 21 个国家的 92 个城市，比 2019 年底增加了 37 个。我国与"一带一路"沿线国家投资合作不断深化。2020 年对"一带一路"沿线国家非金融类直接投资 177.9 亿美元，同比增长 18.3%。一大批重大项目和产业园区相继落地见效。共建"一带一路"的影响力、感召力在不断提升。中

① 高乔："一带一路"，风景这边独好 [J]. 人民网：人民日报海外版，2021 年 6 月 26 日.

国设立"丝绸之路·中国政府奖学金"项目，与 24 个沿线国家签署高等教育学历、学位互认协议。

5. 覆盖城乡居民的社会保障体系不断健全。我国始终坚持在发展中保障和改善民生，加快构建覆盖城乡居民的多层次社会保障体系，社会保障水平稳步提高。目前我国建成了包括养老、医疗、低保、住房在内的世界上规模最大的社会保障体系，基本医疗保险覆盖超过十三亿人，基本养老保险覆盖近十亿人，基本实现全民医保。公共卫生体系也初步建立。2020 年末，全国共有医疗卫生机构 102.3 万个，卫生技术人员 1066 万人，其中执业医师和执业助理医师 408 万人，注册护士 471 万人。城乡居民健康水平持续提高。居民预期寿命由 1981 年的 67.8 岁提高到 2020 年的 77.3 岁，婴儿死亡率从 32.2‰下降到 5.6‰。保障性安居工程建设加快推进，加大城镇老旧小区改造力度，因城施策促进房地产市场平稳健康发展。我国社会大局保持长期稳定，成为世界上最有安全感的国家之一。

四、以新发展理念引领经济高质量发展

进入新发展阶段，国内外环境的深刻变化既带来一系列新挑战，也带来一系列新机遇，是危机并存、危中有机、危可转机。我们要辩证认识和把握国内外大势，统筹中华民族伟大复兴战略全局和世界百年未有之大变局，深刻认识我国社会主要矛盾发展变化带来的新特征新要求，深刻认识错综复杂的国际环境带来的新矛盾新挑战，准确识变、科学应变、主动求变。坚持贯彻新发展理念，紧紧围绕使市场在资源配置中起决定性作用和更好发挥政府作用深化经济体制改革，以供给侧结构性改革为主线推进现代化经济体系建设，引领经济由高速增长阶段向高质量发展阶段转变。

（一）贯彻新发展理念

理念是行动的先导，一定的发展实践都是由一定的发展理念来引领的；发展理念是否对头，从根本上决定着发展成效乃至成败。党的十八大以来，以习近平同志为核心的党中央，在深刻总结国内外发展经验教训、分析国内外发展大势的基础上，坚持以人民为中心的发展思想，鲜明提出要坚定不移贯彻创新、协调、绿色、开放、共享的新发展理念，引领我国发展全局发生历史性变革。党的十九大把坚持新发展理念作为新时代坚持和发展中国特色社会主义的基本方略，对发展内涵作了具有新时代特点的全方位拓展，把关于发展的思想和理论提升到新的高度。

贯彻新发展理念首先要深入理解、科学把握其科学内涵。第一，创新是引领发

展的第一动力。坚持创新发展，是推动高质量发展的需要，是实现人民高品质生活的需要，是构建新发展格局的需要，也是顺利开启全面建设社会主义现代化国家新征程的需要。抓住了创新，就抓住了牵动经济社会发展全局的"牛鼻子"。树立创新发展理念，就必须把创新摆在国家发展全局的核心位置，不断推进理论创新、制度创新、科技创新、文化创新等各方面创新，让创新贯穿党和国家一切工作，让创新在全社会蔚然成风。第二，协调是持续健康发展的内在要求。我国发展不协调是一个长期存在的问题。我们要学会运用辩证法，善于"弹钢琴"，处理好局部和全局、当前和长远、重点和非重点的关系，在权衡利弊中趋利避害、作出最为有利的战略抉择。树立协调发展理念，就必须牢牢把握中国特色社会主义事业总体布局，正确处理发展中的重大关系，重点推动区域协调发展、城乡协调发展、物质文明精神文明协调发展，推动经济建设和国防建设融合发展，不断增强发展整体性协调性。第三，绿色是永续发展的必要条件。绿色发展，就其要义来讲，是要解决好人与自然和谐共生问题。我们要坚持节约资源和保护环境的基本国策，推动形成绿色发展方式和生活方式，协同推进人民富裕、国家强盛、中国美丽。我们对保护生态环境务必坚定信念，坚决摒弃损害甚至破坏生态环境的发展模式和做法，决不能再以牺牲生态环境为代价换取一时一地的经济增长。要坚定推进绿色发展，推动自然资本大量增值，让良好生态环境成为人民生活的增长点，成为展现我国良好形象的发力点。第四，开放是国家繁荣发展的必由之路。开放带来进步，封闭必然落后。树立开放发展理念，就必须提高对外开放的质量和发展的内外联动性，主动参与和推动经济全球化进程，发展更高层次的开放型经济，积极参与全球经济治理和公共产品供给，提高我国在全球经济治理中的制度性话语权，不断壮大我国经济实力和综合国力。第五，共享是中国特色社会主义的本质要求。共享发展理念主要包括四个方面：一是全民共享，这是就共享的覆盖面而言的。二是全面共享，这是就共享的内容而言的。三是共建共享，这是就共享的实现途径而言的。四是渐进共享，这是就共享发展的推进进程而言的。这四个方面是相互贯通的，要整体理解和把握。树立共享发展理念，就必须坚持发展为了人民、发展依靠人民、发展成果由人民共享，做出更有效的制度安排，坚持全民共享、全面共享、共建共享、渐进共享，使全体人民有更多获得感、幸福感、安全感，朝着共同富裕方向稳步前进。

创新、协调、绿色、开放、共享的发展理念，相互贯通、相互促进，是具有内在联系的集合体，要统一贯彻，不能顾此失彼，也不能相互替代，哪一个发展理念贯彻不到位，发展进程都会受到影响。创新发展注重解决发展动力问题，协调发展注重解决发展不平衡问题，绿色发展注重解决人与自然和谐共生问题，开放发展注重解决发展内外联动问题，共享发展注重解决社会公平正义问题。要深化认识，从整体上、内在联系中把握新发展理念，要努力提高统筹贯彻发展理念的能力和水平，把新发展理念作为指挥棒、红绿灯，对不适应、不适合甚至违背新发展理念的认识要立即调整，行为要坚决纠正，做法要彻底摒弃，真正做到崇尚创新、注重协调、倡导绿色、厚植开放、推进共享。

贯彻新发展理念是关系全局的一场深刻变革。新发展理念要落地生根、变成普遍实践，关键在于认识和行动。第一，要增强贯彻落实新发展理念的本领。要深学笃用，通过加强学习，增强自觉和自信，把新发展理念贯穿领导活动全过程；要用好辩证法，坚持系统的观点，依照新发展理念的整体性和关联性进行系统设计；要创新手段，发挥改革的推动作用和法治的保障作用；要守住底线，积极主动、未雨绸缪，见微知著、防微杜渐，及时化解矛盾风险。第二，要把新发展理念融入建设现代化经济体系中。要以新发展理念为引领，更加突出发展的创新性、整体性、协调性、可持续性、内外联动性和包容性、普惠性。第三，加快形成落实新发展理念的体制机制。贯彻落实新发展理念，涉及思维方式、行为方式、工作方式的变革，涉及社会关系、利益关系、工作关系的调整，必须全面创新发展体制、重塑发展生态，确保新理念转化为新实践、新行动。

（二）我国经济转向高质量发展阶段

推进高质量发展是十八大以来我国经济发展新的亮点。2013 年，党中央作出判断，我国经济发展正处于增长速度换挡期、结构调整阵痛期和前期刺激政策消化期"三期叠加"阶段。2014 年，提出我国经济发展进入新常态。在新常态下，我国经济发展的环境、条件、任务、要求等都发生了新的变化，增长速度要从高速转向中高速，发展方式要从规模速度型转向质量效率型，经济结构调整要从增量扩能为主转向调整存量、做优增量并举，发展动力要从主要依靠资源和低成本劳动力等要素投入转向创新驱动。这些变化，是我国经济向形态更高级、分工更优化、结构更合理的阶段演进的必经过程。党的十九大进一步明确提出，我国经济已由高速增长阶段转向高质量发展阶段。

何谓高质量发展？高质量发展就是能够很好满足人民日益增长的美好生活需要的发展，是体现新发展理念的发展，是创新成为第一动力、协调成为内生特点、绿色成为普遍形态、开放成为必由之路、共享成为根本目的的发展。更明确地说，高质量发展，就是经济发展从"有没有"转向"好不好"。

中国特色社会主义进入了新时代，我国经济发展也进入了新时代，基本特征就是我国经济已由高速增长阶段转向高质量发展阶段。"事有必至，理有固然。"推动高质量发展，对于我国发展全局具有重大现实意义和深远历史意义。

推动高质量发展是保持经济持续健康发展的必然要求。过去，粗放型经济发展方式在我国发挥了很大作用，加快了我国经济发展步伐，但现在再按照过去那种粗放型经济发展方式来做，不仅国内条件不支持，国际条件也不支持，是不可持续的。如今，我国一年的经济增量，就相当于一个中等发达国家的经济规模。由于体量和基数变大，每增长一个百分点，在保就业、惠民生方面的效应明显增大，同时，每增长一个百分点，对资源环境的消耗也成倍增加。中国经济既"做不到"也"受不了"像过去那样高速增长。我国正处于转变经济发展方式的关键阶段，劳动力成本上升，资源环境约束增大，粗放的发展方式难以为继，经济循环不畅问题十分突出。同时，世界新一轮科技革命和产业革命方兴未艾、多点突破。我们必须推动高质量发展，以适应科技新变化、人民新需要，形成优质高效多样化的供给体系，提供更多优质产品和服务。这样，供求才能在新的水平上实现均衡，我国经济才能持续健康发展。

推动高质量发展是适应我国社会主要矛盾变化的必然要求。我国社会主要矛盾发生了重大变化，我国经济发展阶段也在发生历史性变化，不平衡不充分的发展就是发展质量不高的表现。我们要重视量的增长，但更要重视解决质的问题，在质的大幅提升中实现量的有效增长。解决我国社会主要矛盾，必须推动高质量发展。通过高质量发展，实现产业体系更加完整，生产组织方式网络化、智能化，创新力、需求捕捉力、品牌影响力、核心竞争力不断增强，产品和服务质量不断提高，更好地满足人民群众个性化、多样化、不断升级的需求。

推动高质量发展是遵循经济规律发展的必然要求。有关研究表明，20世纪60年代以来，全球100多个中等收入经济体中只有十几个成为高收入经济体。那些取得成功的国家和地区，就是在经历高速增长阶段后实现了经济发展从量的扩张转向质的提高。那些徘徊不前甚至倒退的国家和地区，就是没有实现这种根本性转变。经济发展是一个螺旋式上升的过程，上升不是线性的，量积累到一定阶段，必须转向质的提升，我国经济发展也要遵循这一规律。通过高质量发展，实现投资有回报、企业有利润、员工有收入、政府有税收，实现生产、流通、分配、消费循环通畅，国民经济重大比例关系和空间布局比较合理，经济发展比较平衡，不出现大的起落，逐步进入高收入经济体行列。

有效推动高质量发展。推动高质量发展是当前和今后一个时期确定发展思路、制定经济政策、实施宏观调控的根本要求。要坚持质量第一、效益优先，推动经济发展质量变革、效率变革、动力变革，不断增强经济创新力和竞争力。要加快创建和完善制度环境，协调建立高质量发展的指标体系、政策体系、标准体系、统计体系、绩效评价和政绩考核办法。要抓紧研究制定制造业、高技术产业、服务业以及基础设施、公共服务等重点领域高质量发展政策，把维护人民群众利益摆在更加突出位置，带动引领整体高质量发展。同时也要注意，在我国这样一个经济和人口规模巨大的国家，高速增长阶段转向高质量发展阶段并不容易，不可能一夜之间就实现。一方面，必须跨越非常规的我国经济发展现阶段特有的关口，特别是要打好防范化解重大风险、精准脱贫、污染防治三大攻坚战。另一方面，必须跨越常规性的长期性的关口，也就是要大力转变经济发展方式、优化经济结构、转换增长动力，特别是要净化市场环境，提升人力资本素质，提高国家治理能力。要统筹做好跨越关口的顶层设计，把各项工作做好做实。

（三）完善社会主义市场经济体制

经过多年实践和发展，社会主义市场经济体制整个框架基本已经建立，极大促进了生产力发展。同时要看到，我国社会主要矛盾发生变化，经济已由高速增长阶段转向高质量发展阶段，与这些新形势新要求相比，我国市场体系还不健全、市场发育还不充分，政府和市场的关系没有完全理顺，还存在市场激励不足、要素流动不畅、资源配置效率不高、微观经济活力不强等问题，推动高质量发展仍存在不少体制机制障碍，必须拿出更大的勇气、更多的举措破除深层次体制机制障碍，坚定不移深化市场化改革，不断在经济体制关键性基础性重大改革上突破创新。

1. 增强市场主体活力

宏观经济不能缺乏微观基础。各类市场主体是经济发展的动力源。培育和激发市场主体发展活力，使一切有利于社会生产力发展的力量源泉充分涌流。

增强国有企业活力。我国的国家性质决定了生产资料公有制的基础性地位，公有制经济的核心载体是国有企业，要通过深化改革增强其活力和市场竞争力。第一，加快国有经济布局优化和结构调整，发挥国有经济战略支撑作用。推动国有资本更多投向关系国计民生的重要领域和关系国家经济命脉、科技、国防、安全等领域，做强做优做大国有资本。对于处于充分竞争领域的国有经济，通过资本化、证券化等方式优化国有资本配置，提高国有资本收益。进一步完善和加强国有资产监管，有效发挥国有资本投资、运营企业功能作用，促进国有资产保值增值。第二，推进国有企业混合所有制改革。加快完善中国特色现代企业制度，对于充分竞争领域的国家出资企业和国有资本运营公司出资企业，探索将部分国有股权转化为优先股，强化国有资本收益功能。支持符合条件的混合所有制企业建立骨干员工持股、上市公司股权激励、科技型企业股权和分红激励等中长期激励机制。加快完善国有企业法人治理结构和市场化经营机制，完善中国特色现代企业制度。探索建立有别于国有独资、全资公司的治理机制和监管制度。探索实施更加灵活高效的监管制度。第三，推进自然垄断行业改革。提高自然垄断行业基础设施供给质量，严格监管自然垄断环节，加快实现竞争性环节市场化，切实打破行政性垄断，防止市场垄断。

增强非公有制企业活力。激发非公有制企业活力，充分释放创新驱动发展的新动能，其关键在于营造长期稳定可预期的制度环境。第一，打造市场化、法治化、国际化营商环境。健全支持非公有制企业发展的市场、政策、法治和社会环境，进一步激发活力和创造力。第二，破除制约市场竞争的各类障碍和隐性壁垒，营造各种所有制主体依法平等使用资源要素、公开公平公正参与竞争、同等受到法律保护的市场环境。第三，健全增加面向中小企业的金融服务供给，强化对市场主体的金融支持，发展普惠金融，有效缓解企业特别是中小微企业融资难融资贵问题。第四，构建亲清政商关系。要充分发挥市场在资源配置中的决定性作用，更好发挥政府作用。政府是市场规则的制定者，也是市场公平的维护者，要更多提供优质公共服务。

2. 建设高标准市场体系

建设高标准市场体系，完善公平竞争制度，筑牢社会主义市场经济有效运行的体制基础，从而为社会主义市场经济有效运行提供体制机制上的可靠保障。

全面完善产权制度。要加强产权和知识产权保护。健全归属清晰、权责明确、保护严格、流转顺畅的现代产权制度，加强产权激励；完善以管资本为主的经营性国有资产产权管理制度，加快转变国资监管机构职能和履职方式；健全自然资源资产产权制度；健全以公平为原则的产权保护制度。

全面实施市场准入负面清单制度。推行"全国一张清单"管理模式，维护清单的统一性和权威性。建立市场准入负面清单动态调整机制和第三方评估机制；建立统一的清单代码体系；建立市场准入负面清单信息公开机制；建立市场准入评估制度。改革生产许可制度。

全面落实公平竞争审查制度。完善竞争政策框架，建立健全竞争政策实施机制；建立公平竞争审查抽查、考核、公示制度，建立健全第三方审查和评估机制；建立违反公平竞争问题反映和举报绿色通道；加强和改进反垄断和反不正当竞争执法；培育和弘扬公平竞争文化。

3. 创新和完善宏观经济治理体制

科学的宏观调控，有效的政府治理，是发挥社会主义市场经济体制优势的内在要求。创新和完善宏观调控，发挥国家发展规划的战略导向作用，健全财政、货币、产业、区域等经济政策协调机制，是新时代我国宏观调控的新要求。

构建有效协调的宏观调控新机制。加快建立与高质量发展要求相适应、体现新发展理念的宏观调控目标体系、政策体系、决策协调体系、监督考评体系和保障体系。健全以国家发展规划为战略导向，以财政政策、货币政策和就业优先政策为主要手段，投资、消费、产业、区域等政策协同发力的宏观调控制度体系；完善国家重大发展战略和中长期经济社会发展规划制度；健全货币政策和宏观审慎政策双支柱调控框架；实施就业优先政策，发挥民生政策兜底功能；完善促进消费的体制机制；深化投融资体制改革，发挥投资对优化供给结构的关键性作用；加强国家经济安全保障制度建设；优化经济治理基础数据库；充分利用大数据、人工智能等新技术，建立重大风险识别和预警机制，加强社会预期管理。

健全宏观调控政策体系。深化税收制度改革，加快建立现代财税制度；强化货币政策、宏观审慎政策和金融监管协调；推动产业政策向普惠化和功能性转型，强化对技术创新和结构升级的支持，加强产业政策和竞争政策协同；构建区域协调发展新机制，完善京津冀协同发展、长江经济带发展、长江三角洲区域一体化发展、粤港澳大湾区建设、黄河流域生态保护和高质量发展等国家重大区域战略推进实施机制，形成主体功能明显、优势互补、高质量发展的区域经济布局。健全城乡融合发展体制机制。

持续优化政府服务。良好的营商环境是一个国家或地区提高综合竞争力的重要方面。要深入推进"放管服"改革，深化行政审批制度改革；深化投资审批制度改革，简化、整合投资项目报建手续；创新行政管理和服务方式，加快推进全国一体化政务服务平台建设；建立健全运用互联网、大数据、人工智能等技术手段进行行政管理的制度规则；优化市场经济营商环境，加快打造市场化、法治化、国际化营商环境，大限度提高资源配置效率，建立协调配套的创新型宏观调控体系。要坚持和完善社会主义基本经济制度，使市场在资源配置中起决定性作用，更好发挥政府作用，营造长期稳定可预期的制度环境。

构建信用体系和新型监管机制。完善诚信建设长效机制，建立政府部门信用信息向市场主体有序开放机制；健全覆盖全社会的征信体系，实施"信易+"工程；完善失信主体信用修复机制；建立政务诚信监测治理体系，加强违法惩戒；加强市场监管改革创新，健全以"双随机、一公开"监管为基本手段、以重点监管为补充、以信用监管为基础的新型监管机制；以食品安全、药品安全、疫苗安全为重点，健全统一权威的全过程食品药品安全监管体系；健全对新业态的包容审慎监管制度。

4. 完善和强化法治保障

市场经济是法治经济，法治是社会主义市场经济的内在要求。唯有把市场经济体制改革引入法治化的轨道上，社会主义市场经济的内在制度优势才能真正转化为经济治理效能，才能确保有法可依、有法必依、违法必究。完善经济领域法律法规体系。完善物权、债权、股权等各类产权相关法律制度，从立法上赋予私有财产和公有财产平等地位并平等保护；健全破产制度，推动个人破产立法，建立健全金融机构市场化退出法规，实现市场主体有序退出；制定和完善发展规划、国土空间规划、自然资源资产、生态环境、农业、财政税收、金融、涉外经贸等方面法律法规；健全重大改革特别授权机制，对于涉及调整现行法律法规的重大改革，按法定程序经全国人大或国务院统一授权后，由有条件的地方先行开展改革试验和实践创新。

健全执法司法对市场经济运行的保障机制。深化行政执法体制改革，最大限度减少不必要的行政执法事项，规范行政执法行为；优化配置执法力量，加快推进综合执法；强化对市场主体之间产权纠纷的公平裁判，完善涉及查封、扣押、冻结和处置公民财产行为的法律制度；健全涉产权冤错案件有效防范和常态化纠正机制。

全面建立行政权力制约和监督机制。依法全面履行政府职能，推进机构、职能、权限、程序、责任法定化，实行政府权责清单制度；健全重大行政决策程序制度，提高决策质量和效率；加强对政府内部权力的制约，防止权力滥用；完善审计制度，对公共资金、国有资产、国有资源和领导干部履行经济责任情况实行审计全覆盖。

（四）深化供给侧结构性改革

推进供给侧结构性改革，是适应把握引领经济发展新常态的重大创新，是适应国际金融危机发生后综合国力竞争新形势的主动选择，是推动我国经济实现高质量发展的必然要求。要把推进供给侧结构性改革作为当前和今后一个时期经济发展和经济工作的主线，转变发展方式，培育创新动力，为经济持续健康发展打造新引擎、构建新支撑。

推进供给侧结构性改革，要正确处理供给和需求的关系。供给和需求是市场经济内在关系的两个基本方面，是既对立又统一的辩证关系，相互依存、互为条件。没有需求，供给就无从实现，新的需求可以催生新的供给；没有供给，需求就无法满足，新的供给可以创造新的需求。供给侧和需求侧是管理和调控宏观经济的两个基本手段。需求侧管理，重在解决总量性问题，注重短期调控；供给侧管理，重在解决结构性问题，注重激发经济增长动力。经济政策是以供给侧为重点还是以需求侧为重点，要依据一国宏观经济形势作出抉择。放弃需求侧谈供给侧或放弃供给侧谈需求侧都是片面的，二者不是非此即彼、一去一存的替代关系，而是要相互配合、协调推进。

供给侧结构性改革，同西方经济学的供给学派不是一回事。供给侧结构性改革重点理解"结构性"三个字。我国经济运行面临的突出矛盾和问题，虽然有周期性、总量性因素，但根源是重大结构性失衡，必须把改善供给结构作为主攻方向，实现由低水平供需平衡向高水平供需平衡跃升。同时，世界经济结构正在发生深刻调整，我们也需要从供给侧发力，找准在世界供给市场上的定位。供给侧结构性改革，重点是解放和发展社会生产力，用改革的办法推进结构调整，减少无效和低端供给，扩大有效和中高端供给，增强供给结构对需求变化的适应性和灵活性，提高全要素生产率。供给侧结构性改革的根本，是使我国供给能力更好满足广大人民日益增长、不断升级和个性化的物质文化和生态环境需要，从而实现社会主义生产目的。

供给侧改革不断推进和深化。要把提高供给体系质量作为主攻方向，着力去产能、去库存、去杠杆、降成本、补短板的"三去一降一补"五大任务。同时还要重点在"破""立""降"上下功夫，要大力破除无效供给，把处置"僵尸企业"作为重要抓手，推动化解过剩产能。要大力培育新动能，强化科技创新，发展绿色产业，培育新业态新模式，在中高端消费、创新引领、绿色低碳、共享经济、现代供应链、人力资本服务等领域形成新增长点。要大力降低实体经济成本，降低制度性交易成本，继续清理规范涉企收费，采取措施解决收费过高等问题。要更多采取改革的办法，更多运用市场化、法治化手段，在"巩固、增强、提升、畅通"上下功夫。要坚持以供给侧结构性改革为主线不动摇，优化存量资源配置，扩大优质增量供给，实现更高水平和更高质量的供需动态平衡，显著增强我国经济质量优势。

（五）建设现代化经济体系

国家强，经济体系必须强。建设现代化经济体系是一篇大文章，既是一个重大理论命题，更是一个重大实践课题，需要从理论和实践的结合进行深入探讨。建设现代化经济体系是我国发展的战略目标，也是转变经济发展方式、优化经济结构、转换经济增长动力的迫切要求。只有形成现代化经济体系，才能更好顺应现代化发展潮流和赢得国际竞争主动，也才能为其他领域现代化提供有力支撑。我们要按照建设社会主义现代化强国的要求，加快建设现代化经济体系，确保社会主义现代化强国目标如期实现。

现代化经济体系，是由社会经济活动各个环节、各个层面、各个领域的相互关系和内在联系构成的有机整体。要建设创新引领、协同发展的产业体系，统一开放、竞争有序的市场体系，体现效率、促进公平的收入分配体系，彰显优势、协调联动的城乡区域发展体系，资源节约、环境友好的绿色发展体系，多元平衡、安全高效的全面开放体系，充分发挥市场作用、更好发挥政府作用的经济体制。以上几个体系是统一整体，要一体建设、一体推进。我们建设的现代化经济体系，要借鉴发达国家有益做法，更要符合中国国情、具有中国特色。

建设现代化经济体系是跨越关口的迫切要求和我国发展的战略目标，是一个系统工程，需要扎实管用的政策举措和行动。目前要突出抓好以下几方面工作。

第一，大力发展实体经济，筑牢现代化经济体系的坚实基础。实体经济是一国经济的立身之本、财富之源，必须把发展经济的着力点放在实体经济上。要把重点放在推动产业结构转型升级上，把实体经济做实做强做优。抓实体经济一定要抓好制造业，制造业是国家经济命脉所系，加快发展先进制造业，推进互联网、大数据、人工智能同实体经济深度融合，做大做强数字经济；要以智能制造为主攻方向推动产业技术变革和优化升级，推动制造业产业模式和企业形态根本性转变，以"鼎新"带动"革故"，以增量带动存量，促进我国产业迈向全球价值链中高端；推动资源要素向实体经济集聚、政策措施向实体经济倾斜、工作力量向实体经济加强；大力弘扬企业家精神和工匠精神，营造脚踏实地、勤劳创业、实业致富的发展环境和社会氛围。

第二，加快实施创新驱动发展战略，强化现代化经济体系的战略支撑。以科技创新催生新发展动能。实现高质量发展，必须实现依靠创新驱动的内涵型增长。我国科技实力正处于从量的积累向质的飞跃、点的突破向系统能力提升的重要时期。制定科技强国行动纲要，健全社会主义市场经济条件下新型举国体制，打好关键核心技术攻坚战。要依托我国超大规模市场和完备产业体系，创造有利于新技术快速大规模应用和迭代升级的独特优势，加速科技成果向现实生产力转化，提升产业链水平，维护产业链安全。要发挥企业在技术创新中的主体作用，使企业成为创新要素集成、科技成果转化的生力军，打造科技、教育、产业、金融紧密融合的创新体系。基础研究是创新的源头活水，要加大投入，鼓励长期坚持和大胆探索，为建设科技强国夯实基础。要大力培养和引进国际一流人才和科研团队，加大科研单位改革力度，最大限度调动科研人员的积极性，提高科技产出效率。要坚持开放创新，加强国际科技交流合作。推进中国制造向中国创造转变、中国速度向中国质量转变、制造大国向制造强国转变。

第三，以畅通国民经济循环为主构建新发展格局。要立足国内大循环，发挥比较优势，逐步形成以国内大循环为主体、国内国际双循环相互促进的新发展格局。这个新发展格局是根据我国发展阶段、环境、条件变化提出来的，是重塑我国国际合作和竞争新优势的战略抉择。充分利用国内国际两个市场两种资源，积极促进内需和外需、进口和出口、引进外资和对外投资协调发展，促进国际收支基本平衡。要坚持供给侧结构性改革这个战略方向，扭住扩大内需这个战略基点，使生产、分配、流通、消费更多依托国内市场，提升供给体系对国内需求的适配性，形成需求牵引供给、供给创造需求的更高水平动态平衡。当然，新发展格局决不是封闭的国内循环，而是开放的国内国际双循环。我国在世界经济中的地位将持续上升，同世界经济的联系会更加紧密，为其他国家提供的市场机会将更加广阔，成为吸引国际商品和要素资源的巨大引力场。

第四，积极推动区域协调发展，优化现代化经济体系的空间布局。发挥各地区比较优势，促进各类要素合理流动和高效集聚，增强创新发展动力，加快构建高质量发展的动力系统，增强中心城市和城市群等经济发展优势区域的经济和人口承载能力，增强其他地区在保障粮食安全、生态安全、边疆安全等方面的功能，形成优势互补、高质量发展的区域经济布局。不能简单要求各地区在经济发展上达到同一水平，而是要根据各地区的条件，走合理分工、优化发展的路子。统筹推进西部大开发、东北全面振兴、中部地区崛起、东部率先发展。要形成几个能够带动全国高质量发展的新动力源，特别是京津冀、长三角、珠三角三大地区，以及一些重要城市群。大力实施乡村振兴战略，建立健全城乡融合发展体制机制和政策体系，加快推进农业农村现代化。坚持陆海统筹，加快建设海洋强国。

第五，深化经济体制改革，完善现代化经济体系的制度保障。要加快建设高标准市场体系。要加快完善社会主义市场经济体制，坚决破除各方面体制机制弊端，有效激发全社会创新创业活力。经济体制改革必须以完善产权制度和要素市场化配置为重点，实现产权有效激励、要素自由流动、价格反应灵活、竞争公平有序、企业优胜劣汰。要深化四梁八柱性质的改革，以增强微观主体活力为重点，推动相关改革走深走实。

第六，以高水平对外开放打造国际合作和竞争新优势，提高现代化经济体系的国际竞争力。要全面提高对外开放水平，建设更高水平开放型经济新体制，形成国际合作和竞争新优势。推动促进内外资企业公平竞争，拓展对外贸易多元化，稳步推进人民币国际化。健全外商投资准入前国民待遇加负面清单管理制度，推动规则、规制、管理、标准等制度型开放。健全促进对外投资政策和服务体系。加快自由贸易试验区、自由贸易港等对外开放高地建设。推动建立国际宏观经济政策协调机制。健全外商投资国家安全审查、反垄断审查、国家技术安全清单管理、不可靠实体清单等制度。完善涉外经贸法律和规则体系。积极参与国际分工和世界经济结构调整，参与全球经济治理体系改革，推动完善更加公平合理的国际经济治理体系。保持对外贸易稳定增长，稳定和扩大利用外资，扎实推进共建"一带一路"。

参考文献：

1. 江泽民.全国建设小康社会开创中国特色社会主义事业新局面 [M].北京：人民出版社，2002.

2. 胡锦涛.坚定不移沿着中国特色社会主义道路前进为全面建成小康社会而奋斗 [M].北京：人民出版社，2012.

3. 习近平.习近平谈治国理政第一卷 [M].北京：外文出版社，2018.

4. 习近平.习近平谈治国理政第二卷 [M].北京：外文出版社，2017.

5. 十八大以来重要文献选编（上中下）[M].北京：中央文献出版社，2018.

6. 中共中央宣传部.习近平新时代中国特色社会主义思想三十讲 [M].北京：学习出版社，2018.

7. 习近平.决胜全面建成小康社会 夺取新时代中国特色社会主义伟大胜利——在中国共产党第十九次全国代表大会上的报告 [M].北京：人民出版社，2017.

8. 中共中央文献研究室.习近平关于社会主义经济建设论述摘编 [M].北京：中央文献出版社，2017.

9. 中共中央宣传部.习近平新时代中国特色社会主义思想学习纲要 [M].北京：学习出版社，2019.

10. 当代中国研究所 . 新中国 70 年 [M]. 北京：当代中国出版社，2019.

11. 编写组 . 中共中央关于坚持和完善中国特色社会主义制度推进国家治理体系和治理能力现代化若干重大问题的决定 [M]. 北京：人民出版社，2019.

12. 习近平 . 习近平谈治国理政第三卷 [M]. 北京：外文出版社，2020.

13. 编写组 . 中共中央关于制定国民经济和社会发展第十四个五年规划和二〇三五年远景目标的建议 [M]. 北京：人民出版社，2020.

思考题：

1. 如何理解完善社会主义市场经济体制？

2. 新时代如何深化供给侧结构改革？

3. 如何理解建设现代化经济体系的内涵及其意义？

▶▶▶ **第五专题**

中国特色社会主义民主政治建设理论与实践

人民民主是社会主义的生命，也是中国共产党始终高扬的光辉旗帜。发展中国特色社会主义民主政治，真正让人民当家做主，这是社会主义制度优越性的重要体现，也是党和国家事业兴旺发达的重要保证。改革开放以来，中国民主政治建设的基本经验，最根本的就是找到了一条中国特色社会主义政治发展道路。中国民主政治建设面临的主要挑战是能否始终坚定不移地沿着中国特色社会主义政治发展道路走下去，始终把马克思主义民主政治的基本原理与中国社会主义政治建设实践统一起来，不照抄照搬西方发达国家的政治发展和政治制度模式，在坚持和不断推进社会主义政治制度自我完善和发展的进程中，真正实现中国特色社会主义的民主政治理想。

一、人民民主是社会主义的生命

"人民民主是社会主义的生命"①，这是中国共产党对社会主义特征的重要揭示，是从政治层面来认识什么是社会主义。这是对全党、对全社会乃至对世界强调：中国特色社会主义在政治上就是人民民主，中国人民不仅在经济生活上殷实富裕，在社会生活上安居乐业，同时在政治生活上还要当家做主。这一重要揭示包括两个层面的内涵：一是说明了人民民主是社会主义的政治本质，离开了这个政治本质，不成其为社会主义。二是说明了人民民主是社会主义的政治保证，离开了这个政治保证，社会主义就不会成功。

（一）人民民主是社会主义的政治本质和政治保证

1. 人民民主是中国特色社会主义的政治本质

列宁指出，"民主就是承认少数服从多数的国家"②，从这个意义讲，民主是一

---

① 胡锦涛. 高举中国特色社会主义伟大旗帜 为夺取全面建设小康社会新胜利而奋斗 [M]. 北京：人民出版社，2007：28.
② 中共中央马克思恩格斯列宁斯大林著作编译局. 列宁专题文集：论马克思主义 [M]. 北京：人民出版社，2009：253.

种国家制度。它要回答两个最基本的问题：第一，谁作为国家的主人统治国家、掌握国家权力才是民主政治？个人和少数人作为国家的主人统治国家都是专制政治；多数人作为国家的主人统治国家则是民主政治，这样的国家称为民主国家。民主国家的政治又可分为直接民主（如由全民公决来决定国家事务，它适于地域非常小人口少的国家，不易操作）、代议制民主（如由全民选出的代表组成议事机构决定国家事务，现代民主国家通常采用）。第二，哪个范围的多数人作为国家的统治者才是真正的、更高水平的民主政治？它解决民主政治的性质。从历史来看，封建制国家，是封建帝王个人的专制统治，不是民主；资本主义国家是反对封建专制而取得政权的，是整个资产阶级而不是封建帝王个人的统治，相对而言是民主政治，但对于全体国民来讲，全体资产阶级仍只是占少数，因而也不是最先进的民主政治。社会主义是超越资本主义的社会形态，从性质讲应当是全体人民群众当家做主的国家，相对于整个国民来讲，他们是真正的绝大多数，因而应当是真正的、最高的民主政治。

由此，就民主的内涵而言，社会主义国家必然也必须是民主政治。

党的十七大报告将人民民主作为社会主义的生命的定位，标志着将人民民主确定为社会主义的政治本质。

从政治上层建筑的角度分析，人民民主也是社会主义的本质。关于社会主义的本质，邓小平在南方谈话中明确指出："解放生产力、发展生产力，消灭剥削，消除两极分化，最终达到共同富裕。"[1] 这是从经济角度阐述社会主义本质的三个要点，但并不意味着社会主义本质只有这三点。

民主是社会主义的本质属性这个命题，最早可以追溯到恩格斯的论述。1845年，恩格斯在伦敦举行的各族人民庆祝大会上说："民主在今天就是共产主义。"[2] 这句话充分肯定了民主与共产主义之间不可或缺的关系。列宁也曾指出："没有民主，就不可能有社会主义。"[3] 中国共产党领导人也揭示过民主与社会主义的内在联系。1945年7月初，毛泽东与黄炎培在延安窑洞里的对话，黄炎培希望中共找出一条新路，跳出所谓"其兴也勃焉""其亡也忽焉"周期率的支配。毛泽东说："我们已经找到新路，我们能跳出这周期率。这条新路就是民主。只有让人民来监督政府，政府才不敢松懈；只有人人起来负责，才不会人亡政息。"[4] 邓小平在1979年《坚持四项基本

---

① 邓小平.邓小平文选（3）[M].北京：人民出版社，1993：373.
② 马克思、恩格斯全集（2）[M].北京：人民出版社，1957：664.
③ 列宁全集（28）[M].北京：人民出版社，1990：168.
④ 薄一波.若干重大决策与事件的回顾[M].北京：中央党校出版社，1991：157.

原则》的重要讲话中也明确提出"没有民主就没有社会主义，就没有社会主义现代化"①。这些论述都表明民主和社会主义制度的不可分割和根本关联性。党的十七大报告将人民民主作为社会主义的生命来表达，就是从政治角度进行的本质定位。

党的十九大报告指出我国社会主义民主是维护人民根本利益的最广泛、最真实、最管用的民主。

2. 人民民主是中国特色社会主义的政治保证

既然社会主义的政治本质是全体人民群众当家做主，那么社会主义建设就是亿万人民群众的自身事业，只有亿万群众共同发挥积极性和创造性才能建设好社会主义，全体人民群众真正通过各种有效形式管理国家和社会事务，才能成功地建设社会主义。

第一，人民民主是全体人民以主体即国家主人的姿态参与社会主义建设，这就最大限度地激发和调动人民的积极性、创造性，汇集人民的聪明才智，从而为社会主义建设提供强大的人力资源保证。历史唯物主义告诉我们，人民群众是历史的创造者，是推动历史发展的根本动力。由此，人民民主是社会主义建设事业的重要政治保证。这也正如习近平同志所深刻指出的："发展社会主义民主政治就是要体现人民意志、保障人民权益、激发人民创造活力，用制度体系保证人民当家做主。"②

第二，人民民主使得人民的意志和愿望在国家和社会事务中得以表达、反映和执行，从而保证中国特色社会主义建设事业是围绕人民的共同利益而进行和发展。

（二）中国特色的社会主义民主政治是人类民主一般原则与当代中国国情的有机统一

1. 中国特色的社会主义民主政治体现了民主的一般原则

广义上的民主泛指在社会生活的各个领域中人们在享有自由、平等权利的基础上按照多数人的意志进行决定的社会活动机制。它包括一切社会形态下以及社会生活各个领域的民主。我们在这里讲的民主，主要是狭义民主即作为国家政治制度层面的民主。民主政治的涵义是一定社会在公民能够自由平等地发表意见的基础上根据多数人的意愿进行决定的国家政治制度及实践活动。在人类历史上，作为国家形态的民主先后出现过奴隶主阶级内部的民主、资本主义民主和我们今天的社会主义民主。尽管这些民主的阶级实质、实现形式有着很大甚至根本的不同，但是，它们之间总是存在着一些具有共性的东西，即民主的主要原则。这些原则有：（1）人

---

① 邓小平. 邓小平文选（2）[M]. 北京：人民出版社，1994：168.

② 习近平. 在中国共产党第十九次全国代表大会上的报告 [M]. 北京：人民出版社，2017：36

民主权原则。（2）在自由和平等的基础上进行协商的原则。（3）少数服从多数的原则。（4）程序化的原则。民主还有其他各种原则，譬如代议制原则、权力制约的原则、选举的原则等。而上述四个原则，则是其中最主要的原则，是民主共性的体现。我国宪法规定，中华人民共和国一切权力属于人民；我们通过法律确认和保护公民的自由和平等权利；我们用民主集中制的方式来体现少数服从多数的原则；我们坚持民主的制度化法律化来贯彻民主的程序化原则，这些，都充分体现了民主的一般原则。

2. 中国特色的社会主义民主政治具有独特特点

第一，把党的领导、人民当家做主和依法办事的有机结合和辩证统一，看成是社会主义民主政治建设的重要优势，是发展社会主义民主政治的根本原则。在社会主义中国，人民在政治上当家做主必须在共产党的领导下进行。社会主义民主政治制度是中国共产党在领导人民群众经过千辛万苦推翻了帝国主义、封建主义和官僚买办资产阶级的基础上建立和发展起来的。在新的历史条件下，通过政治体制改革进一步发展社会主义民主也是在党的领导下进行的。在当代中国，发展社会主义民主必须在党的领导下进行，这是不言而喻的事情。党领导人民发展社会主义民主，就是党领导和支持人民充分行使人民的民主权利，有效地管理国家经济生活、政治生活和社会生活。但是，党领导和支持人民当家做主并不等于代替人民当家做主。所以，为了更好地发展民主，党的执政方式、领导体制和领导方法必须从新的历史实际出发，不断地加以调整和改革，以适应在新形势下领导和支持人民在政治上当家做主的需要。而党的执政方式、领导体制和领导方法在实践中的调整和变化，必须用制度和法律加以确认和规范，真正做到党必须在宪法和法律的范围内实行政治领导。所以，实现党的领导和人民群众当家做主与依法办事之间的有机结合和辩证统一，是社会主义民主制度化和法律化的重要途径。

第二，坚持中国民主的社会主义国体性质。社会主义是对资本主义的否定和扬弃。以生产资料公有制为主体的经济制度和整个社会最终走向共同富裕的社会本性，决定了全体劳动人民既应该是整个社会经济生活的主人，也应当是政治生活的主人。人民民主专政就是在劳动人民当家做主的基础上，维护绝大多数社会成员利益和意愿的社会主义国家制度。它既是社会主义民主的前提，又是人民民主的保证。因此，建设有中国特色社会主义民主，必须坚持人民民主专政的国体，不能盲目照抄照搬西方资本主义民主制度。西方资本主义民主是在资产阶级革命时期，按照资产阶级古典政治理论建立起来的。资产阶级民主理论相对于封建专制主义，毫无疑问是一个巨大的历史进步。资产阶级在革命中，正是打着"自由、平等、民主"的旗号，把劳动人民团结在自己的周围，从而获得了革命的胜利。但是，资产阶级一旦取得自己的政治统治后，就实际上把民主作为本阶级的专利，拿到自己手中，不再给予劳动人民。早期的资产阶级民主是通过财产、种族、性别来限制劳动人民的民主权利，维护资产阶级政治统治的。随着历史的发展，特别是经过劳动人民争取普选权的斗争，也有鉴于政府权力的膨胀及"二战"前法西斯主义的出现，当代西方的民主理论也开始发生一些变化，产生了多元民主和参与民主等现代民主理论。表现在民主实践上，就是劳动人民的政治权利有所扩大、政治运行和监督机制逐渐完善、法制更加完备。但是，这并没有改变资本主义民主是资产阶级本阶级民主的基本事实。如果说早期资产阶级民主是用财产来限制劳动人民选举权利的话，那么，现在则主要是依靠财产来排斥劳动人民掌握国家政权。西方资本主义民主不管在形式上有着如何变化，但从国体上看它仍然是资产阶级的政治统治。社会主义建立了人民民主专政的国家政权，为真正实现绝大多数人的民主创造了可能和前提。尽管社会主义民主政治制度还有待于进一步完善，但它毕竟在人类历史上第一次确立了无产阶级和劳动人民的政治统治，为实现绝大多数人的完全新型的民主提供了可能。因此，建设有中国特色的社会主义民主，必须坚持人民民主专政的社会主义国体。

第三，坚持符合中国国情的政体和政党制度。作为我国政体的人民代表大会制度和共产党领导的多党合作与政治协商制度，是在中国国情的基础上产生和发展起来的，是符合我国国情的最便利的制度，是社会主义民主的重要体现。从中国国情出发发展民主，就必须坚持这些基本政治制度，不能简单照抄照搬西方的政体模式。西方的"三权分立"和"多党政治"是他们的历史、文化和国情的产物，与中国国情有着区别。如果简单地照搬西方的"三权分立"，实行立法、行政、司法平行设置，人民代表大会一院制政体就会改变，人民权力高于一切就会发生变化。我国的共产党领导的多党合作和政治协商制度，既是中国历史发展的合乎规律的结果，也是当代中国现实发展的必然要求，有着自己特有的优势，应当在实践中坚持和完善，而不能简单地仿效西方的多党制。其实，即使是在西方国家，由于国情不同，政体和政党制度的形式也是不同的。同样是代议制国家，英国就是君主立宪制，美国就是民主共和制；同样是民主共和制，美国就是总统制，法国就是总统内阁制，瑞士就是委员会制。"三权分立"只是在美国最为典型，而其他国家并非都是美国式的"三权分立"。国外的政党制度也不是完全一样的，有的是两党制，有的是多党制，还有的是一党制。所以，在中国发展民主必须从自己的国情出发，坚持符合中国国情的社会主义政体和政党制度。

第四，寻找适合自己国情的民主发展目标模式和实现道路。中国目前还处于社会主义初级阶段，由于历史和现实的种种原因，社会生产力还没有实现高度发展，受此影响，文化建设还不可能十分发达。因此，在中国这样经济文化不很发达的国度发展民主，必须从客观实际出发确定目标模式和实现道路。在当代中国，由于受经济发展水平不高和经济结构不完善程度的制约，民主的发展进程不能不在一定程度上受到影响。首先，现阶段社会生产力发展水平制约着民主的发展程度。作为国家政治制度层面的民主，它的进步程度和发展水平，离不开一定社会的生产力发展状况。在我国，由于社会主义初级阶段社会生产力发展水平不高，不可避免地制约着社会成员的受教育水平和民主素质以及民主运行机制的完善程度。其次，社会主义市场经济的不成熟直接影响民主的发展。人类民主形成和发展的历史表明，商品经济的发展程度直接影响着民主的成长。在我国，社会主义市场还不可能一下子就成熟和完善起来。现阶段市场经济的不发达和不完善，影响着社会成员民主意识的增强和民主机制的健全。在这种情况下，发展社会主义民主只能从国情出发，在实际中探索中国民主发展的客观规律，实事求是地制定建设有中国特色社会主义民主的目标模式，从实际出发通过政治体制改革开拓社会主义民主发展的道路。

二、中国特色社会主义政治制度

党的十八大报告指出："中国特色社会主义制度，就是人民代表大会制度的根本政治制度、中国共产党领导的多党合作和政治协商制度、民族区域治制度以及基层群众自治制度等基本政治制度，中国特色社会主义法律体系，公有制为主体、多种所有制经济共同发展的基本经济制度，以及建立在这些制度基础上的经济体制、政治体制、文化体制、社会体制等各项具体制度。"①

（一）中国特色社会主义根本政治制度：人民代表大会制度

人民代表大会制度是中国特色社会主义制度的重要组成部分，是中国特色社会主义的根本政治制度，是中国人民当家做主的重要途径和最高实现形式，是中国特色社会主义民主政治最鲜明的特点，是坚持党的领导、人民当家做主、依法治国有机统一的根本制度安排，也是支撑中国国家治理体系和治理能力的根本政治制度。

---

① 胡锦涛. 坚定不移沿着中国特色社会主义道路前进　为全面建成小康社会而奋斗 [M]. 北京：人民出版社，2012:12.

1. 人民代表大会代表国家最高权力

中华人民共和国宪法规定，全国人民代表大会是国家的最高国家权力机关，其常设机关是全国人民代表大会常务委员会，在全国人大闭会期间，行使最高国家权力，行使宪法和法律赋予的职权。全国人民代表大会行使国家的最高权力，其范围在中华人民共和国领土范围内横向到边，纵向到底。概括而言，全国人民代表大会行使立法、监督、审查、选举最高领导人等多项权力。国家在人民代表大会制度的基础上，设置各国家权力部门，集体行使国家权力，主要表现在三个方面：一是集体行使国家权力。人民代表大会和它的常委会集体行使国家权力，集体决定问题，严格按照民主集中制的原则办事。宪法规定了各级人民代表大会及其常委会的职权。二是全国人大在集权基础上的分权与授权。全国人大是最高国家权力机关，统一行使国家权力，在此基础上，全国人大将国家权力中的行政权、审判权、检察权和军事领导权等分授权给国务院、最高人民法院、最高人民检察院等相关机关单位。为保证国家权力的顺利实施，国家将相关职权进行分解并将其中一部分授权给对应的下级国家机关，由于国家人口众多，地域广大，这样的授权按照地区差异可能有国家、省、市、县、乡等若干个层级，由此形成一个较为完整的分权及授权的链条。三是对权力进行监督。人民代表大会对各国家机关行使国家权力的情况进行监督或指导，这种监督指导覆盖整个权力链条，这样既保证了国家权力行使过程的有效性，又保证了国家权力不被滥用，防止出现各种违法违规现象。

2. 人民代表由民主选举产生，对人民负责，受人民监督

宪法规定，全国人民代表大会和地方各级人民代表大会都由民主选举产生，对人民负责，受人民监督。

选举范围覆盖所有公民。除依照法律被剥夺政治权利的人之外，中华人民共和国年满 18 周岁的公民，不分民族、种族、性别、职业、家庭出身、宗教信仰、教育程度、财产状况和居住期限，都有选举权和被选举权。中华人民共和国的每一个公民都拥有选举权和被选举权。选举权和被选举权是广大人民群众行使国家权力的重要象征和标志。

选举权利均等。选举权和被选举权是人民行使国家权力的重要标志。选民（在直接选举中）或选举单位（在间接选举中）有权依照法定程序选举代表，并有权依照法定程序罢免自己选出的代表。中国每一个选民在选举过程中都拥有同等的权利，每一个选民都要在平等基础上参加选举，任何选民都没有任何特权，任何人都不允许以任何理由歧视另一个选民。

民主选举对于保证全体选民表达个人政治意愿，保证各级人大真正按照人民意志、代表人民利益行使国家权力都具有非常重要的意义。进一步增加民主选举的透明度，不断扩大民主直选的范围、探索创新适合中国特色社会主义国情的选举方式是今后中国政治制度创新的一个重要方向。

3. 人民代表大会实行民主集中制

总体而言，国家权力链条是完整的，行使权力的职能是集中的，只有国家各职能机关拥有行使相应国家权力的职权，这样就能保证令出一门，令行禁止。但是，国家权力的行使过程不是自始至终的集权，而是一个民主集中的过程。民主集中制的基本原则是"从群众中来，到群众中去"，在国家机关行使权力做出决策的过程中，国家机关各部门都要充分发扬民主，广泛征求群众意见，在综合归纳群众意见的基础上集中正确意见并做出相应决定，再贯彻执行落实到各项具体工作中。

民主集中制的形式主要有两种，一是票决制，二是行政主官负责制。票决制是在充分研究讨论基础上通过表决的方式，按少数服从多数的原则进行决策的一种制度方式。如各级人民代表大会的议事方式主要采用票决制。人大和它的常委会集体行使国家权力，集体决定问题，全国性的重大问题经过全国人大及其常委会讨论和决定，地方性的重大问题经过地方人大及其常委会讨论和决定，而不是由一个人或少数几个人决定。行政主官负责制是在国家机关中，行政首长在广泛征求各方面意见的基础上做出最后决策的一种制度方式。如法庭厅长在裁定各种案件时，就需要根据合议情况做出决定并对这个决定承担责任。前者的责任主体是国家机关这个整体，后者是行政主官个人。一般而言，民主集中制奉行下级服从上级、少数服从多数、基层服从中央的原则。

（二）中国特色社会主义基本政治制度

中国特色社会主义政治制度范畴内的基本政治制度包括多党合作和政治协商制度、民族区域自治制度以及基层群众自治制度，三者构成了中国特色社会主义基本政治制度的基本架构。

1. 多党合作和政治协商制度

多党合作和政治协商制度是中国的一项基本政治制度，中国共产党和各民主党派团结携手，密切合作，参政议政，民主监督，共同致力于国家现代化建设、国家统一与国家振兴的历史伟业。其主要内容主要有：

一是政治协商。将政治协商纳入决策程序，将国家和地方的重要问题在决策之前和决策执行过程中与各民主党派与无党派人士进行充分协商，这是中国共产党领导下的多党合作的重要方式和原则，是实行民主科学决策的重要环节，是提高党的执政能力的重要途径。政治协商的主要内容是：国家和地方的大政方针以及政治、经济、文化和社会生活中的重要问题；政府工作报告，国家财政预算，经济与社会发展规划，国家政治生活方面的重大事项，国家的重要法律草案，中国共产党全国代表大会、中共中央委员会的重要文件，中共中央提出的国家领导人人选，国家省级行政区划的变动，外交方面的重要方针政策，关于统一祖国的重要方针政策，通报重要文件和重要情况并听取意见，群众生活的重大问题等。人民政协政治协商的主要形式有：人大、政协的全体会议，常务委员会会议，主席会议，常务委员专题协商会议，人大、政协党组受党委委托召开的座谈会，秘书长会议，各专门委员会会议，根据需要召开由人大、政协各组成单位和各界代表人士参加的内部协商会议等。中共中央在做出重大决策之前，一般都邀请民主党派主要领导人和无党派代表人士召开民主协商会、小范围谈心会、座谈会，通报情况，听取意见，共商国事。除会议协商外，民主党派中央可向中共中央提出书面建议。

二是民主监督。民主监督是多党合作和政治协商制度的另一项重要内容。它是中国特色社会主义监督体系的重要组成部分之一，它是各党派团体和各族各界人士对国家机关及其工作人员提出建议、意见、批评等的重要形式，是对国家机关及其工作人员的工作过程及工作结果进行监督的重要途径，对提高国家机关的决策水平、推动机关人员提高工作质量都具有重要的意义。对一党执政的中国共产党而言，在执政过程中制定的各项路线、方针、政策的正确与否，各项工作开展的成效如何，关系着国家的前途和中国特色社会主义事业的命运，特别是在长期执政过程中，部分同志容易沾染上主观主义、官僚主义和宗派主义等不良习气，因此，格外需要接受来自各党派团体和各族各界人士等各个方面的监督。民主监督的主要内容是：国家宪法、法律和法规的实施，重大方针政策的贯彻执行，国家机关及其工作人员的工作，参加政协的单位和个人遵守政协章程和执行政协决议的情况。民主监督的主要形式有：各民主党派和各族各界人士在中共中央、国务院及中共各级党委和政府召开的民主座谈会上提出意见和建议；在人大、政协等各类会议上向党委和政府提出建议案；在人大政协的各专门委员会上提出建议或有关报告；各民主党派、各族各界人士的提案、举报、反映社情民意或以其他形式提出批评和建议；人大和政协中的民主党派和各族各界人士参加有关问题的调查，参加政府监察、审计、工商等部门的重大案件调查和财政税收检查，聘请符合条件的民主党派人士和各族各界人士担任监察司法等部门的特约审计员、监察员等职务。通过民主监督这种方式，充分发扬民主，广开言路，知无不言、言无不尽，鼓励支持各民主党派与无党派人士对各项方针、政策及政府工作提出意见和建议，对提高执政水平，提高施政能力具有重要的意义。

三是参政议政。各民主党派、人民团体和各族各界人士参加国家政权，参与国家事务的管理，参与国家方针、政策、法律、法规的制定与执行，对政治、经济、文化和社会生活中的重要问题以及人民群众普遍关心的问题，开展调查研究，向党和国家机关提出意见和建议，这是国家行政机关了解社情民意的有效方式，是多党合作和政治协商制度的重要形式，其主要内容有两个方面：一是参政。参与人民代表大会和各级政府及司法机关的工作，在这些机关任职是民主党派成员和无党派人士参政的主要方式。二是议政。民主党派和无党派人士在各级人大、政协会议上发表意见，对国家大政方针、地方重要事务、政策法令的贯彻、群众生活和统一战线中的重大问题建言献策，提出各种有价值的提案和建议案。国家以制度性安排的形式保证民主党派和无党派人士在各级政协中占有一定比例，在政协各专门委员会也留出一个相当大的比例安排民主党派和无党派人士参加，政协机关中也安排一定数量的民主党派和无党派人士担任专职领导干部，为更好地服务民主党派开展活动创造有利条件。此外，国家还注意安排民主党派和无党派人士参加有关的出国参访或外事活动。

2. 民族区域自治制度

民族区域自治制度是我国的基本政治制度之一，是中国特色社会主义政治制度体系中的重要组成部分，其内容主要有以下几点。

一是行政自治。民族区域地区具有民族立法权，可以自主管理内部事务。鉴于民族自治地方的风俗习惯、人文历史等与汉族地区有一些差异，《中华人民共和国立法法》《中华人民共和国民族区域自治法》等法律法规规定，民族自治地方的立法工作可做适当的灵活处理，可依照当地民族的政治、经济、文化及社会发展的特点，制定本地区的自治条例或单行条例，也可以依照当地民族的习惯和特点，对国家法律法规中的相关规定做出变通规定。国家以法律的形式保障民族区域自治地方自主管理本民族地区内部的各项事务。民族自治地方的各族人民，按照宪法以及其他法律赋予的权力，依法行使选举权和被选举权。以民主的方式选出本地区的人民代表大会代表，组成地方自治机关，行使管理本民族、本地区内部事务的权力。

二是社会管理自治。在社会管理方面，国家给予民族自治地区很大的自主权。主要包括：宗教信仰自由。国家尊重和保障各民族公民享有宗教信仰自由，保护正常的宗教活动，要求任何国家权力部门或个人不得干涉公民特别是少数民族公民的信仰和宗教自由，不得以任何理由歧视持有某种宗教信仰的少数民族公民。由于中国大多数少数民族公民信奉某种宗教，有的民族在部分地区甚至全民信教，国家及民族区域自治地方的政府及相关部门依法保障少数民族公民开展的一切合法宗教活动。各种宗教活动正常进行，少数民族群众的宗教信仰自由得到充分尊重和保障。

保持并尊重本民族风俗习惯。国家保障各少数民族公民按照传统风俗习惯生活、开展社会活动的自由和权利，国家要求全体公民特别是汉族公民要尊重少数民族公民的生活习惯，照顾和顺应少数民族的节庆、婚姻、丧葬等习俗，各级政府机关要保障少数民族特殊食品的生产和经营，扶持和保证少数民族特需用品的流通和供应。在此基础上，各级政府机关包括各地区的自治机关要因地制宜，提倡、引导少数民族公民在衣食住行、婚丧嫁娶等方面逐渐习惯、接受并奉行文明、科学、健康的新习俗。

保留自有语言文字。国家保障各少数民族使用和发展本民族语言和文字的权利，并帮助各少数民族创制、完善本民族的语言和文字。国家在内地和少数民族聚居地区开办少数民族学校，有条件的学校采用少数民族文字的教材，并使用少数民族语言授课。为促进民族交流，国家允许各地根据本地区的实际情况，在少数民族学校开设汉语语文课程，推广使用普通话和规范汉字。在中国，无论在司法、行政、教育等领域，还是在国家政治生活和社会生活中，少数民族语言文字都得到广泛使用。

三是自主发展经济。为促进民族自治地区的经济发展，国家给予民族自治地区更加灵活自由的发展空间，允许民族自治地区制定符合本民族经济发展特点的制度法规，合理调整生产关系和经济结构，自主安排和管理民族区域自治地区的经济建设事业。民族自治地区可以在国家宏观经济政策框架内，根据本地区的人力、物力、财力等方面的实际条件，自主安排本地区的基本建设项目；民族自治地方的自治机关根据法律规定和本地方经济发展的特点，合理调整生产关系和经济结构；在国家计划的指导下，根据本地方的财力、物力和其他具体条件，自主安排地方基本建设项目；自主管理隶属于本地区的企事业单位；自主安排依照国家财政体制归属民族自治地区的财政收入，自行安排使用地方财政收入的超收和支出的节余资金；在国家政策及制度框架内，可灵活开展对外经济贸易活动，开辟对外贸易口岸并享受国家的相关优惠政策。除此之外，国家规定，民族自治地区的财政预算支出，其机动资金、预备费在预算中所占比例一般情况下要高于一般地区，为民族自治地区在财政开支方面留出更大的自由支配余量。

3. 基层群众自治制度

基层群众自治制度是具有中国特色的基本政治制度，它主要包括农村的村民自治制度和城市居民自治制度两部分内容。

一是村民自治制度。村民自治制度的主体是村民委员会，支撑是村民会议和村民代表会议，形式是民主选举、民主决策、民主管理、民主监督，目的是发展农村基层民主，维护村民的合法权益，促进社会主义新农村建设。村民自治制度的主要内容包括：①村民委员会的管理职能。村民委员会是村民自我管理、自我教育、自我服务的基层群众性自治组织。主要办理本村的公共事务和公益事业，如修桥、修路，办托儿所、养老院等；调解民间纠纷，促进邻里团结，家庭和睦，协助维护社会治安，维持公共秩序，向人民政府反映村民的意见、提出要求和建议。②村民委员会承担发展本村经济的任务。村民委员会应根据本村实际，支持并组织村民发展各种形式的合作经济、集体经济以及其他形式的经济，协调本村生产的服务工作，促进农村经济社会发展；依法管理本村集体土地和其他集体财产，保护自然资源，合理利用自然资源，保护和改善本村及相邻地区的生态环境；维护以家庭承包经营为基础、统分结合的双层经营体制，保障集体经济组织和村民、承包经营户、联户或者合伙的合法财产权和其他合法权益。③村民会议和村民代表会议的议事和监督职能。村民会议和村民代表会议是农村地区广大农民直接参与本村事务管理的一种重要形式，是发扬基层民主的一种重要途径，它在一定程度上相当于农村的村民自治权力机关，它拥有村务的集体决定权、村规民约的制定权、村民委员会主任等人的选举和罢免权，对村民委员会行使监督评议权等。在联产承包、统分结合的农村经济制度框架内，村民自治制度保证了农村地区的基本安定，保障了农村弱势群体的基本生产需求，成为中国特色社会主义基本政治制度的一部分。

二是居民自治制度。居民自治制度在形式和内容上和村民自治制度有许多相似之处，其差别在于：在地域上村民委员会处于农村地区，居民委员会位于城镇区域；在管理上居民委员会发展经济的职能较弱，而村民委员会承担有较重的经济发展任务；在权利与义务方面，居民委员会承担的服务职能较多，行政权利较小，村民委员会职能较多，职权较大，虽然民主选举、民主决策、民主管理、民主监督的核心不变，但在组织形式上居民委员会和村民委员会无论是名称还是组织架构上都有一些差异；在制度完备程度上，居民自治制度在很多方面逊于村民委员会。

习近平在庆祝全国人民代表大会成立60周年大会上的讲话中指出："中国实行

工人阶级领导的、以工农联盟为基础的人民民主专政的国体，实行人民代表大会制度的政体，实行中国共产党领导的多党合作和政治协商制度，实行民族区域自治制度，实行基层群众自治制度，具有鲜明的中国特色。这样一套制度安排，能够有效保证人民享有更加广泛、更加充实的权利和自由，保证人民广泛参加国家治理和社会治理；能够有效调节国家政治关系，发展充满活力的政党关系、民族关系、宗教关系、阶层关系、海内外同胞关系，增强民族凝聚力，形成安定团结的政治局面；能够集中力量办大事，有效促进社会生产力解放和发展，促进现代化建设各项事业，促进人民生活质量和水平不断提高；能够有效维护国家独立自主，有力维护国家主权、安全、发展利益，维护中国人民和中华民族的福祉。"①

三、当代中国民主政治建设的实践

中国共产党自成立之日起，就以争取和实现人民当家做主为己任，并为此进行了长期不懈的努力。新中国成立 70 多年来，特别是改革开放 40 多年来，我们党在推进中国特色社会主义民主政治建设过程中，虽然走过了曲折的道路，但是在实践中成功开辟出一条中国特色社会主义政治发展道路。我们党能够成功应对各种重大风险、挑战和考验，取得经济社会发展的历史性成就，是与我国民主政治的制度优势与可靠保障密不可分的。与此同时，中国民主政治建设仍然面临一系列问题和挑战。

（一）中国特色社会主义民主政治建设的历史进程

从党的十一届三中全会至今，中国特色社会主义民主政治建设进程可分为五个阶段。

1. 中国特色社会主义民主政治初步探索阶段（1978 年底—1989 年 6 月）

1978 年 12 月，邓小平在《解放思想、实事求是、团结一致向前看》的报告中强调："必须使民主制度化、法制化，使这种制度和法律不因领导人的改变而改变，不因领导人的看法和注意力的改变而改变。"② 真理问题的大讨论，使全党冲破了"两个凡是"的束缚，党的十一届三中全会实现的思想路线、政治路线和组织路线的拨乱反正，开始了中国特色社会主义政治建设的进程。1980 年 8 月 18 日，邓小平《党和国家领导制度的改革》的重要讲话，是中国特色社会主义政治建设的宣言书，揭开了我国政治体制改革的序幕。1986 年，随着经济体制改革的逐步深入，邓小平比

① 习近平. 在纪念全国人大成立 60 周年大会上的讲话 [N]. 人民日报，2014-09-06.
② 邓小平. 邓小平文选（1975—1982）[M]. 北京：人民出版社，1983：136.

较集中地提出和强调了政治体制改革问题，他指出："改革，应该包括政治体制改革，而且应该把它作为改革向前推进的一个标志。"① "我们所有的改革最终能不能成功，还是决定于政治体制改革。"② 党的十三大明确要推行公务员制度。在推进民主政治建设的同时，我们批判了精神污染和"全盘西化"的思潮，始终坚持住了四项基本原则。

2. 中国特色社会主义政治建设转为理论探讨阶段（1989 年 6 月—1991 年底）

在这一阶段，政治体制改革一方面仍在推进，国务院在六个部委和两个地方搞了公务员制度试点，另一方面政治体制改革碰到了一些阻力和干扰。其国际背景是东欧六国的演变，苏联戈尔巴乔夫政权从无序到解体，使一些人担心我国政治体制改革的前途和方向是否会重蹈苏东覆辙。在理论界，出现了"姓社还是姓资"的争论。一些同志认为经济上搞市场经济，政治上搞公务员制度（认为是西方的文官制度），还能不能坚持社会主义，他们提出要以反和平演变为工作中心，并组织开展了社会主义教育运动，公务员制度的试点一度也因此而出现了停顿。

3. 中国特色社会主义民主政治稳步推进阶段（1992 年初—2002 年 10 月）

1992 年初邓小平同志的南方谈话，明确强调"不争论"，"有些理论家、政治家，拿大帽子吓唬人的，不是右，而是'左'，中国要警惕右，但主要是防止'左'"。"把改革开放说成是引进和发展资本主义，认为和平演变的主要危险来自经济领域，这些就是'左'。"③ 邓小平同志对改革停顿作了批评，不讨论姓社姓资问题，要把改革搞下去，这为推进民主政治建设清除了疑虑，扫除了障碍。党的十四大报告指出，要继续推进政治体制改革，当时，党政机构臃肿，层次重叠，许多单位人浮于事，效率低下，脱离群众，阻碍企业经营机制的转换，已经到了"非改不可的地步了"。党的十五大报告更是明确提出：要"继续推进政治体制改革，进一步扩大社会主义民主，健全社会主义法治，依法治国，建设社会主义法治国家"④。党的十五大首次明确提出了"依法治国，是党领导人民治理国家的基本方略"⑤。1992 年至 2002 年的十年，我国民主政治建设进一步推进，并在许多方面如干部制度、行政制度、机构改革等方面有重大突破。

---

① 邓小平.邓小平文选（3）[M].北京：人民出版社，1993:160.

② 邓小平.邓小平文选（3）[M].北京：人民出版社，1993:164.

③ 邓小平.邓小平文选（3）[M].北京：人民出版社，1993:375.

④ 江泽民.高举邓小平理论伟大旗帜 把建设有中国特色社会主义事业全面推向 21 世纪 [M].北京：人民出版社，1997:33.

⑤ 江泽民.高举邓小平理论伟大旗帜 把建设有中国特色社会主义事业全面推向 21 世纪 [M].北京：人民出版社，1997:34.

4. 中国特色社会主义民主政治积极拓展阶段（2002 年 10 月—2012 年 11 月）

在此阶段，明确提出建设社会主义政治文明的目标。关于政治文明，在 2002 年著名的"5·31"重要讲话中，江泽民同志明确提出："发展社会主义民主政治、建设社会主义政治文明，是社会主义现代化建设的重要目标。"党的十六大报告，进一步明确把社会主义物质文明、政治文明、精神文明全面建设，一起确立为社会主义现代化全面发展的三大基本目标，指出："继续积极稳妥推进政治体制改革，扩大社会主义民主，健全社会主义法制，建设社会主义法治国家，巩固和发展民主团结、生动活泼、安定和谐的政治局面。""发展社会主义民主政治，最是要把坚持党的领导、人民当家做主和依法治国有机统一起来。"[①] 党的十七大报告明确强调："发展社会主义民主政治是我们党始终不渝的奋斗目标，改革开放以来，我们积极稳妥推进政治体制改革，我国社会主义民主政治展现出更加旺盛的生命力。"[②] 党的十八大报告对坚持走中国特色社会主义政治发展道路和推进政治体制改革作了深入的论述，进行了一系列部署，提出了一套基本的遵循原则。

5. 中国特色社会主义民主政治深入发展阶段（2012 年 11 月至今）

2012 年，党的十八大报告明确提出"坚持走中国特色社会主义政治发展道路和推进政治体制改革"。2013 年 11 月 9 日，党的十八届三中全会审议通过的《中共中央关于全面深化改革若干重大问题的决定》提出要推进"国家治理体系和国家治理能力现代化"，习近平强调：要构建程序合理、环节完整的协商民主体系。2014 年 9 月 5 日，在全国人民代表大会成立 60 周年庆祝大会上，习近平发表重要讲话强调要坚定不移走中国特色社会主义政治发展道路，继续推进社会主义民主政治建设、发展社会主义政治文明。2014 年，党的十八届四中全会上，全面提出了建设中国特色社会主义法治体系，建设社会主义法治国家的总目标。2017 年，党的十九大报告中强调"必须坚持中国特色社会主义政治发展道路""健全人民当家做主制度体系，发展社会主义民主政治"。

（二）中国特色社会主义民主政治建设的实践成就

党的十一届三中全会以来，我国民主政治建设的成果集中体现在民主政治意识日益增强、民主政治制度日趋健全和民主政治行为日趋文明三方面。

---

① 江泽民. 全面建设小康社会 开创中国特色社会主义事业新局面 [M]. 北京：人民出版社，2002:30-31.
② 胡锦涛. 高举中国特色社会主义伟大旗帜 为夺取全面建设小康社会新胜利而奋斗 [M]. 北京：人民出版社，2007:29.

1. 民主政治意识日益增强

民主政治意识日益增强主要体现在：

第一，全民民主意识普遍增强。从我国的国体、政体来看，已充分体现了人民群众的当家做主，体现了我国的社会主义民主，这一点是不容置疑的。但是，改革开放前，由于我国政治体制和运作机制的问题，曾出现过党政不分、以党代政、家长制、一言堂等问题。特别是"文化大革命"，人民民主受到了践踏和破坏。"官僚主义现象，权力过分集中现象"，就是缺乏民主所造成的。改革开放以来，我党在发展社会主义民主方面做了大量工作，使人民群众的民主意识普遍增强，民主选举、民主决策、民主管理、民主监督、民主协商已成为社会政治生活中的公共理念。增强公民的政治参与，推进公民社会发展进程，已成为发展社会民主的动力。

第二，全民法律意识得到较大提高。随着法治建设的加强和普法活动的持续开展，广大干部群众的法律意识和法治观念不断增强。各级人大及其常委会加大了立法和监督工作力度，各类法律法规逐步完善；从一五普法到五五普法，干部群众学法懂法守法的意识明显加强，依法维权，民告官成为社会的风景线。《中华人民共和国消费者权益保护法》《中华人民共和国物权法》《中华人民共和国劳动合同法》等一批与人民群众现实切身利益关联度密切的法律出台并实施，更调动了群众依法维权的积极性，营造了浓厚的依法办事氛围。

第三，政府依法行政理念明显加强。依法行政，建设法治政府，成为各级政府的工作要求和工作目标。对照政府职责，自觉纠正政府管理中的"缺位、越位、不到位"现象。按照"小政府、大服务"要求，改进工作作风，提高办事效率，坚持依法行政和依法办事，规范行政行为。《中华人民共和国行政许可法》《中华人民共和国国家公务员法》等法律法规，已成为各级政府和公务员的行为规范。《国务院工作规则》对实行科学民主决策、提高决策透明度、坚持依法执政、规范权力运行、推进政务公开、打造"阳光政府"、健全监督制度、推进行政问责、加强廉政建设、干干净净为民工作等重大事项作了明确规范。

第四，党在法律范围内活动的理念成为共识。中国共产党是中国特色社会主义事业的领导核心，主要是体现在政治领导、思想领导、组织领导方面，并不是党临驾于一切之上的领导。改革开放以来，我们纠正了毛泽东时代的"党领导一切，党大于法"的错误做法，明确提出党也要在宪法的范围内活动。党员确立党章意识，遵守国家法律法规，党的活动在法律范围内展开等理念深入人心，依法治党已成为广大党员和全社会的共识。

2.民主政治制度日趋健全

民主政治制度日趋健全主要体现在：

第一，民主选举制度不断完善。民主选举是人民当家做主的生动体现，它对防止权力蜕变具有十分重要的作用。从这点意义上说，没有民主选举，就没有民主政治。我国以选举民主为主要标志的是人民代表大会制度。这是实行人民民主的重要保证。改革开放以来，人民代表大会制度得到了恢复。各级人民代表大会的工作整体加强，人大的地位进一步提高，作用进一步发挥。人大代表的差额选举已经制度化，并开始实行城乡按相同人口比例选举人大代表。代表们为人民掌权用权的自觉性、责任感进一步提高；反映民生热点、善治建议提案逐年增多，都体现了国家民主政治建设进一步民主化、法制化。党内民主的选举制度也不断发展，党的十八大代表候选人的一线党员比例和差额选举比例相较于党的十六大、十七大有了逐步的提高。

第二、政治协商制度风采别具。政治协商制度以协商政治为主要标志，是中国政治发展的一大创举，协商民主成为中国特色社会主义民主政治建设的一大特色，这种独具中国特色的民主政治模式，已引起许多国家政治学研究专家的极大兴趣。人民政协集中了中国各个政党、人民团体、民族、界别的精英，在中国共产党的领导下，多党协作、政治协商、参政议政、谏言献策，提出真知灼见，对党和政府治国理政有很大帮助，有效地推动了社会的进步和发展。

第三，法律体系初步形成。党的十一届三中全会确立了把立法工作作为法治建设的基础。40多年来，我国立法工作取得了可喜成就，建立了一元化多层次的立法体制。立法程序日臻完善，立法技术日趋成熟，法律体系初具规模，法律质量不断提高。2011年，国务院发布《中国特色社会主义法律体系》白皮书，指出，截至2011年8月底，制定现行宪法和有效法律共240部、行政法规706部、地方性法规8600多部，正式宣告中国特色社会主义法律体系已经形成。随着一系列法律的颁布实施，各项司法活动逐步走向了正规。近年来，《中华人民共和国物权法》《中华人民共和国劳动合同法》等法律颁布实施，更凸显社会转型期解决突出社会矛盾、着力保护民生的法治特点。2020年《民法典》的颁布，在我国立法史上具有里程碑的重要意义。

第四，自治制度不断扩大。根据56个民族大杂居、小聚居的分布特点，我国实行民族区域自治制度，深得少数民族的欢迎和拥护。坚持"民族平等，民族团结，各民族共同繁荣"的民族政策，国家有重点地帮助各少数民族地区发展经济和社会事业,推动了民族关系的和谐与发展。党的十九大提出铸牢中华民族共同体意识。农村村民自治和城市社区自治制度的实施,保障人民知情权、参与权、表达权、监督权。使民主政治在基层得到扎实推进。

第五,干部制度改革成果卓著。一是打破了领导干部职务变相的终身制。按照邓小平同志提出干部的"小四化"要求,即年轻化、革命化、知识化、专业化,进一步推进了我党领导干部队伍的年轻化进程。二是推行了国家公务员制度。为了建立高效、精干、廉洁的国家公务员队伍,1993年,我国颁布了《国家公务员暂行条例》,在全国推行国家公务员制度,对国家公务员规范有序地管理。2006年,颁布实施了《中华人民共和国国家公务员法》,国家公务员法治化管理进一步推进。三是完善了干部任用制度。党的十六大以后,中央先后颁布了"5+1"文件,使对干部的选拔任用制度化、规范化。四是推行了干部的选任制、聘任制、任期制。五是健全了对干部的监督制约机制。2003年12月,中央相继颁发了《中国共产党党内监督条例(试行)》和《中国共产党纪律处分条例》;2005年1月,党中央又颁布了《建立健全教育、制度、监督并重的惩治和预防腐败体系实施纲要》,加强了对权力的制约和反腐倡廉建设。党的十八大之后,中央进一步加大了反腐力度,强化了在选人用人上的德才兼备、以德为先的要求,强化对权力的制约监督。

3. 民主政治行为日趋文明

这方面的实践进展主要表现有:

第一,党内民主扎实推进。改革开放以来,党内民主扎实推进。一是尊重党员主体地位,保障党员民主权利;二是推行党务公开,增加党员的知情权;三是实行党的代表大会代表任期制,试行党代表大会常任制;四是建立了中央政治局向中央委员会全体会议、地方各级党委常委会向委员会全体会议定期报告工作并接受监督制度;五是重大问题和干部任用重大事项实行全委会票决制;六是在基层试点公推公选、公推直选党委成员和党组织主要负责人,逐步扩大了基层党组织直选范围,有效探索了扩大基层党内民主的多种实现形式。

第二,行政体制改革引向深入。改革开放以来,我国先后进行了多次较大规模的行政管理体制改革和政府机构改革。特别是1997年机构改革,中央人民政府部委精简50%,中央政府组成部门由40多个裁减成29个部委,中央党委部门精简15%~20%,各省市党政部门参照中央的做法,精简各自机构。其结果是精简了机构,减少了人员,消除臃肿,提高了效率。党的十七大之后,探索实行职能有机统一的大部门体制,进行了大规模行政管理体制改革。党的十八大提出要深化行政体制改革，"要按照建立中国特色社会主义行政体制目标，深入推进政企分开、政资分开、政事分开、政社分开，建设职能科学、结构优化、廉洁高效、人民满意的服务型政府"①。党的十九大提出"转变政府职能、深化简政放权、创新监管方式、增强政府公信力和执行力，建设人民满意的服务型政府"。

第三，依法行政成为政府行为规范。在《中华人民共和国行政法》《中华人民共和国行政诉讼法》《中华人民共和国行政许可法》《中华人民共和国国家公务员法》等相关法律的规定下，依法行政已成为政府的行为规范，特别是国务院《全面推进依法行政实施纲要》的实施，进一步规范了各级政府和公务员的从政行为，加大了行政问责的力度，强化了依法治国、执法为民、公平正义、服务大局等社会主义法治理念。

第四，基层民主不断扩大。企业工会在维护职工合法权益、保障职工民主权利方面，发挥着日益重大的作用。村民自治是继家庭联产承包责任制、乡镇企业后的又一创举，村务公开，村里重大决策由村民大会或村民代表会议讨论决定。厂务公开、政务公正、党务公开，在基层继续推进民主选举，民主决策，民主管理，民主监督，保障人民的知情权、参与权、表达权、监督权。招考竞争，公推公选、公推直选县市长、乡镇长既为群众所欢迎，又收到较好效果。

第五，公民政治参与热情高涨。公民的政治参与意识和热情前所未有。一是他们通过网络平台发表网民见解，许多领导干部通过网络了解民情，沟通民意，听取网民意见。二是他们参与政府的各种听政会、恳谈会，为科学决策建言献策。三是通过舆论媒体，表达诉求和愿望，反映社情民意。四是具有广泛代表性的"行风监督员""人民检察员""人民审判员"活跃在基层一线。五是各群众团体和中介组织正日益发挥着更大的政治作用。

党的十八大以来，中国特色社会主义民主政治建设持续推进，有效保证了人民当家做主的权利。十二届全国人大代表首次按城乡相同人口比例选举产生，一线工人和农民代表比上届提高5.18%。行政体制改革取得明显成效，深入推进"放管服"改革，国务院各部门5年累计取消行政审批618项。国家监察体制改革全面推开，逐步实现对公职人员行使权力监督的全覆盖。全面推进依法治国，中国特色社会主义法治体系不断完善，全社会法治观念明显增强，司法体制改革破冰前行，法治国家、法治政府、法治社会建设活力迸发、生机无限。民主法治建设迈出重大步

---

① 胡锦涛.坚定不移沿着中国特色社会主义道路前进 为全面建成小康社会而奋斗[M].北京：人民出版社，2012：28.

伐。积极发展社会主义民主政治，推进全面依法治国，党的领导、人民当家做主、依法治国有机统一的制度建设全面加强，党的领导体制机制不断完善，社会主义民主不断发展，党内民主更加广泛，社会主义协商民主全面展开，爱国统一战线巩固发展，民族宗教工作创新推进。中国特色社会主义法治体系日益完善，全社会法治观念明显增强。国家监察体制改革试点取得实效。党的十八大以来，以习近平同志为核心的党中央根据新形势新任务的要求，确定全面深化改革的总目标是完善和发展中国特色社会主义制度，推进国家治理体系和治理能力现代化。党的十九届三中全会站在更高起点谋划和推进改革，对深化党和国家机构改革作出全面规划和系统部署，通过《中共中央关于深化党和国家机构改革的决定》和《深化党和国家机构改革方案》，为新时代坚持和发展中国特色社会主义、推动社会主义制度自我完善和发展迈出了重要一步，开辟了中国特色社会主义民主政治发展新境界。

（三）中国特色社会主义民主政治建设的鲜明特点

1. 具有目标明确性：坚定不移发展社会主义民主政治，建设社会主义法治国家

党的十一届三中全会确立了"发扬社会主义民主，加强社会主义法治"的方针，这一方针后来成为我们国家的根本任务和建设全面小康社会的重要目标。党的十五大把依法治国作为治国的基本方略确定下来。1999 年 3 月，党的九届全国人大二次会议将依法治国、建设社会主义法治国家写进了宪法。党的十六大提出了全面建设小康社会的目标，明确要求社会主义民主更加完善，社会主义法制更加完备，依法治国基本方略得到全面落实。胡锦涛提出的构建社会主义和谐社会理论，民主法治位于社会主义和谐社会的六大特征之首。党的十七大、十八大进一步明确指出要扩大人民民主，发展基层民主，全面推进依法治国，加快建设社会主义法治国家。所有这些，都为我们民主政治的发展指明了目标和方向。

2. 坚持原则坚定性：坚持党的领导、人民当家做主与依法治国有机统一

坚持党的领导是前提，是人民当家做主和依法治国的根本保证；人民当家做主是基础，是社会主义民主政治的本质和核心；依法治国是保障，是党领导人民治理国家的基本方略。坚持中国共产党的领导、人民当家做主、依法治国基本方略，决定了我国社会主义国家政权的性质，这个基本原则任何时候都不会动摇。

3. 重视改革系统性：政治体制改革与经济体制改革相适应、相配套

民主政治建设具有系统性、艰巨性和长期性，尤其是在我国这样一个民主法治传统先天不足，改革开放前民主法治又遭遇曲折的背景下，发展中国特色社会主义民主政治必须在发展中国特色社会主义经济、文化的总体布局下推进，政治体制改革与经济体制改革相适合、相配套。民主政治发展只有密切适应经济改革和经济发展需要，立足于解放生产力，才能充分发挥政治上层建筑对经济社会发展的巨大促进作用。在经济社会转型期和矛盾突显期，政治改革和政治发展如果脱离经济和社会发展所能承受的条件，就很难顺利推进。

4. 强调稳步渐进性：形成中国民主化进程的独特轨迹

为什么要稳步渐进呢？一是中国2000多年的封建专制统治，封建专制文化渗透在思想文化和社会各个角落，这是推进民主政治必须正视的国情。二是吸取毛泽东同志搞政治运动，尤其是发动"文化大革命"的教训。三是原苏联戈尔巴乔夫急功近利推进政治体制改革，推行"新思维""多元化""公开性"，导致苏共亡党亡国的前车之鉴，警示我们民主政治必须适合国情，循序渐进，有序治理，稳步推行。40多年来，我国民主政治正是在这样的背景下"和风细雨、润物无声"中推进，避免了"急风暴雨"或"运动式"推进，有效保证了国民经济的快速发展和社会的和谐稳定。

5. 突出导向性：以党内民主带动人民民主

党内民主是党的生命，是增强党的创新活力，巩固党的团结统一的重要保证；同时，党内民主对人民民主具有重要的示范和带动作用。40多年来，以尊重党员主体地位确保党员民主权利为核心的党内民主不断推进，党内民主选举制度、民主讨论制度、情况通报制度、民主决策制度正在不断健全，以此有效地推动全社会民主政治的发展。

6. 凸显基础性：始终不渝放大增量，推进基层民主

人民民主是社会主义的生命。改革开放以来，我国的民主政治建设从基层做起，盘活存量，放大增量，不断推进。在农村，村民选举、村民自治，村务公开，甚至乡镇长直选试点。1998年12月，四川步云乡开创了乡镇长直选第一例试点，2004年2月，云南石屏县7个乡镇同时开展乡镇长直选。江苏省常州市公推公选了金坛市长，公推直选埭头镇党委委员、党委书记，都取得了比较好的效果。在城市，推进《中华人民共和国居民委员会组织法》的贯彻，实行社区自治；在企业实行厂务公开；在机关，推进政务公开、信息公开。党的十七大提出"建议逐步实行城乡按相同人口比例选举人大代表"[①]。2008年、2013年召开的全国人大、政协两会，也鲜明体现了这一特点：一线工人代表比上届增加一倍以上，基层农民比上届增加

---

① 胡锦涛.高举中国特色社会主义伟大旗帜为夺取全面建设小康社会新胜利而奋斗[M].北京：人民出版社，2007:51.

七成以上。

7. 富于独创性：走中国特色社会主义民主政治建设的独特道路

发展民主政治，既有普世认同的基本精神，如民主、自由、平等、人权，又要同各国的国情和社会发展实际状况相结合，拿来主义不一定行得通。中国特色社会主义民主政治发展道路，具有鲜明的独创性，不论是人民代表大会制度、政治协商制度，还是民族区域自治、基层群众自治制度，走出了一条中国特色社会主义民主政治建设的独特道路。特别是政治协商制度，弥补了选举制度带来的一些不足，如当选人要践行选举时的诺言，就很难兼顾选举中反对者群体的诉求，而政治协商则重在协商民主，能较好兼顾到各个群体、各个层面的利益诉求，最大限度地调动各方面的积极性。

评价一个国家的政治体制、民主政治发展是否正确，关键是看三条：第一是看国家的政局是否稳定；第二是看能否增进人民的团结，改善人民的生活；第三是看生产力能否得到持续发展。对照这三条，在我国40年的民主政治建设中，政局稳定，社会安定，民族团结，正确处理好了改革、发展、稳定的关系，经济走上了高速平稳发展的轨道。只要我们坚持中国特色的政治发展道路，不懈努力，扎实推进，就一定能实现中国特色社会主义民主政治的发展目标。

（四）现实国情条件下中国民主政治建设面临的诸多难题

虽然中国特色社会主义民主政治建设已经取得巨大进步，但不可否认在此方面我们仍然存在许多问题。十八大报告在总结经验和成绩的同时，也提出了问题和不足，其中涉及政治建设类的主要有："一些干部领导科学发展能力不强，一些基层党组织软弱涣散，少数党员干部理想信念动摇、宗旨意识淡薄，形式主义、官僚主义问题突出，奢侈浪费现象严重；一些领域消极腐败现象易发多发，反腐败斗争形势依然严峻。"[①] 这一项是比较明确的民主政治建设问题，主要反映的是干部任用制度、责任及责任追究机制、民主监督制度等不够完备。

建设高度完善的社会主义民主是中国特色社会主义的坚定不移的目标，在这个过程中，我们必须正视现实国情对中国民主政治建设带来的诸多现实难题，这些难题主要有：

首先，跨越资本主义"卡夫丁峡谷"的发展历程，使我国民主政治建设的既有基础比较薄弱。从世界范围看，马克思、恩格斯当年设想的未来社会是建立在资本

---

① 胡锦涛. 坚定不移沿着中国特色社会主义道路前进 为全面建成小康社会而奋斗 [M]. 北京: 人民出版社, 2012: 5.

主义发达国家同时取得革命胜利基础之上的，但社会主义的实践并非如此。就我国而言，我们党是在生产力很不发达、经济文化十分落后的半殖民地半封建社会的基础上领导人民建设社会主义的。跨越资本主义"卡夫丁峡谷"的超常规飞跃，使我国社会主义建设各个方面的基础都比较薄弱，民主政治建设也是如此。正是既有基础比较薄弱，我国民主政治建设目前虽然已经取得很大成就，但与社会主义民主应有的巨大优越性相比还存在一定差距。这也决定了我国民主政治建设是一个漫长的历史过程。

其次，社会主义民主政治建设没有现成的经验可供借鉴，使我国民主政治建设必然要经历一个长期探索的过程。马克思主义从诞生之日起，就将民主问题纳入其理论视野。建设比资本主义民主更高级的社会主义民主，是马克思主义者的奋斗目标。然而，我国民主政治建设没有现成答案。如何在中国建设社会主义民主政治，只能靠我们自己的探索和实践。这个过程必定是艰巨的、长期的。今天，我们已经形成了中国特色社会主义民主发展道路，但进一步将其完善好、发展好，还有很长的路要走。

再次，我国的历史传统，使我国民主政治建设背负的历史包袱比较沉重。我国有2000多年封建专制统治的历史，有100余年半殖民地半封建社会的历史。这些历史传统对民主政治建设来说是沉重的历史包袱。社会主义制度的确立，使我国民主政治发展从一开始就站在了高起点上，但历史传统的包袱总是或多或少阻碍着其向前迈进的步伐。当前，我国民主政治建设正朝着明确的目标前进，但需要在积极稳妥中向前推进。

最后，当代中国的现实国情，使我国民主政治建设面临诸多难题。改革开放以后，我国经济社会飞速发展，西方国家用几百年时间走完的路在我国被压缩为几十年的路程。我国尚未完成从农业国向工业国转变的任务，却又不得不提前谋划西方国家"后工业化"时代的任务。工业化、信息化、城镇化、市场化、国际化等各种时代新元素相互交织，经济体制深刻变革、社会结构深刻变动、利益格局深刻调整、思想观念深刻变化，各种发展中的新问题相互缠绕，历史遗留的和实践增生的一系列问题一并挤压到当代中国发展的日程上。

这是当代中国的现实国情，是西方国家在民主政治建设中不曾遇到过的。这一国情使我国民主政治建设面临诸多难题。解决这些难题，需要党和人民的智慧，要求我们充分认识我国社会主义民主政治建设的艰巨性，既不能满足于已取得的成就而裹足不前，又不能无视困难而急于求成，而应积极稳妥地加以推进。

四、全面依法治国，坚定不移推进中国特色社会主义民主政治建设

人民民主是我们党始终高举的旗帜，社会主义政治文明是我们党始终不渝的追求。2014 年 9 月，习近平在庆祝全国人民代表大会成立 60 周年大会上指出："人民民主是社会主义的生命。没有民主就没有社会主义，就没有社会主义的现代化，就没有中华民族伟大复兴。"[①] 社会主义愈发展，民主也愈发展。在前进道路上，要坚定不移走中国特色社会主义政治发展道路，坚定不移推进社会主义民主政治建设，发展社会主义政治文明。

（一）社会主义民主政治发展是时代要求

党的十八大报告指出，政治体制改革是我国全面改革的重要组成部分，必须随着经济社会发展而不断深化，与人民政治参与积极性不断提高相适应。这就是我国民主政治发展的时代要求。

第一是经济发展的要求。经济的发展要冲破原有政治上层建筑某些不相适应的部分。经济发展带来的新问题，需要政治制度解决。中国经济由计划到市场，在政治地位上，市场主体首先是争得独立、自主、有独立的人格，而随着经济发展，社会公平问题提出来了，决定这个问题要有政治上的平等发言权，这就要扩大民主。中国当代政治民主是由市场主体自主独立到平等和社会公平的民主，这要求民主的深化。社会生活开始从"精英表达利益诉求"向"大众表达"利益诉求发展；发展价值开始从"效率优先"向"社会公平"发展。

第二是社会发展的要求。社会是不断发展的，社会发展既会带来许多新的领域和新事务，也会带来许多新的矛盾和问题，而这些问题要得到妥善的解决，对政治民主提出了迫切要求。新的时代，既要求我们完善国家民主，又要我们发展社会民主。

第三是人民政治参与积极性的要求。经济和社会的发展必然会提高人民政治参与的积极性。市场经济是民主经济，自主、平等、竞争为基本特点，契约中的平等、协商精神已使人民群众学习、习惯也实践了民主，培育了民主素质和能力，它会继续向政治领域扩展。有人说市场经济就是民主的大学校。随着社会发展，民众也拥有更多的利益追求，比如在经济上由解决温饱到追求小康富裕，在政治和社会地位上由消极地维护个人的尊严到积极参与国家社会事务的管理，这就有待于我国发展社会主义民主，创制新的民主形式和渠道适应人民政治参与积极性的要求。

---

① 习近平. 在纪念全国人大成立 60 周年大会上的讲话 [N]. 人民日报，2014-09-06.

第四是社会主义民主政治发展是当今国际环境的要求。社会主义作为更先进的社会形态，其民主政治应当是超越资本主义民主，否则就没有生命力。首先，中国的民主政治发展需要积极应对世界民主化浪潮，违背时代潮流的非民主行为将面临前所未所的压力。一个民族国家的民主发展与世界民主化浪潮是密切相关的、互动的。其次，两种制度下的政治民主优越性比较。许多发达资本主义国家拥有反封建专制的民主资本，也有其较为完善的民主制度和长期的民主实践（当然在实践中也越来越多地反映出其制度的缺陷和实践上的虚伪性一面）。中国特色社会主义建设的成就能否被世界认可、信服？既有经济比较，也不排除有政治比较。为此，我们不能不发展和完善我们的民主政治，不能不让中国人民享受更多更好的民主权利。最后，用事实反击对中国没有民主的攻击。西方有人要在中国推行美国或欧洲式的价值观或民主模式，即只有实行它们那样的民主模式才是民主。对此，我们不能听之任之，也不能仅仅用言辞来反驳，而是要用更好的民主政治制度和实践来回答，这也不能不发展和完善我们的民主政治。

（二）推进中国特色社会主义民主政治建设必须遵循的基本方针

坚定不移推进中国特色社会主义政治建设，关键是要坚持党的领导、人民当家做主、依法治国有机统一。三者有机统一，既是发展中国特色社会主义民主必须遵循的基本方针，也是中国特色社会主义民主区别于西方资本主义民主的本质特征。

党的领导是人民当家做主和依法治国的基本保证。没有共产党就没有新中国，就没有社会主义，就没有人民民主。中国共产党是一个全心全意为人民服务的政党，实现人民民主从根本上体现了中国共产党立党为公、执政为民的宗旨。从实践来看，人民利益需求具有广泛性和多样性，实现人民利益具有复杂性和艰巨性。这就要求，必须有中国共产党这样一个能够代表最广大人民根本利益、集中反映和有效体现人民共同意愿的政治领导核心，来实现和保证人民当家做主。邓小平同志深刻指出："中国这样的大国，要把几亿人口的思想和力量统一起来建设社会主义，没有一个由具有高度觉悟性、纪律性和自我牺牲精神的党员组成的能够真正代表和团结人民群众的党，没有这样一个党的统一领导，是不可能设想的，那就只会四分五裂，一事无成。这是全国各族人民在长期的奋斗实践中深刻认识到的真理。"[①]

我国不存在多党轮流执政的政治基础和社会基础，人民的根本利益和国家的长治久安也不容许实行多党轮流执政。江泽民同志指出："那种在我国实行西方多党

---

① 邓小平. 邓小平文选（2）[M]. 北京：人民出版社，1994：341.

制的主张，实质上是要取消共产党的领导和执政地位。如果那样，人民的政权就要丧失，社会主义制度就要被颠覆，国家就要分裂，人民就要遭殃。"[①]一些原社会主义国家的历史教训告诉我们，放弃党的领导，社会主义社会的性质就会改变，人民当家做主的地位就会改变。苏联按照戈尔巴乔夫的"新思维"进行改革，放弃党的领导地位，搞多党制，结果引发全面危机，最终造成苏联解体的"全民族的重大悲剧"。历史和现实反复证明，坚持党的领导，是我国民主政治建设沿着正确方向前进的根本保证。

人民当家做主是社会主义民主政治的本质和核心。人民是我们的力量源泉和胜利之本，人民当家做主是社会主义的本质特征和内在要求。共产党执政的实质，就是领导、支持和保证人民当家做主。当前，我国人民当家做主的制度不断健全、形式不断丰富、渠道不断拓宽。比如，在立法中，"开门立法"已经成为常态，公众参与程度越来越深；在政务公开中，制定实施《政府信息公开条例》，已有几十个中央部委的部门预算向全社会公开；在重大决策中，听证会等征求民意、吸纳民智的形式普遍展开。这些都表明，保障人民当家做主的措施正在向广度深度发展。

依法治国是党领导人民治理国家的基本方略。社会主义民主离不开社会主义法治。为了保障人民民主，必须加强法治，实现社会主义民主的制度化、法律化。依法治国，就是广大人民群众在党的正确领导下，依照宪法和法律规定，通过各种途径和形式管理国家事务，管理经济文化事业，管理社会事务，保证国家各项工作都依法进行。实践中，中国共产党领导人民制定宪法和法律，并带头严格遵守和维护宪法和法律，加快建设社会主义法治国家。改革开放以来，中国用大约40年的时间，完成了一些国家用几百年才完成的形成自己国家法律体系的任务，基本形成了中国特色社会主义法律体系，为人民当家做主提供了坚实的政治和法律制度保障。

坚定不移推进中国特色社会主义民主政治建设，必须认真研究世界各国民主发展的经验教训，以更加开放的胸襟学习和借鉴人类政治文明的一切有益成果，更好地体现时代精神，顺应世界民主发展潮流。中国还处在社会主义初级阶段，中国特色社会主义民主的实践只有短短几十年时间，在民主的具体实现形式、运作机制以及制度化、规范化和程序化建设等方面还不够成熟和完善。西方资本主义民主虽然有其固有的局限性，但经过几百年的发展，在具体实现形式和运作机制方面也有不少积极因素，如强调民主的制度化、规范化、程序化，强调对权力的制约、监督等。这些积极因素反映了人类社会民主发展的一些规律性内容，体现了不同民主制

---

① 中共中央举行党外人士迎春座谈会　江泽民发表讲话 [N]. 人民日报，2000-02-03.

度的某些共同方面，既可以为资本主义所用，也可以为社会主义所用。因此，我们既要彻底否定资本主义民主的阶级本质，又要大胆学习和借鉴其有益成果。但是，我们的学习和借鉴绝不是照搬西方资本主义国家政治制度的模式，而是要取其精华、弃其糟粕，根本目的是更好地发展和完善中国特色社会主义民主。

（三）坚持走中国特色社会主义民主政治发展道路

人民民主是社会主义的生命。没有民主就没有社会主义，就没有社会主义的现代化，就没有中华民族伟大复兴。社会主义愈发展，民主也愈发展。在前进道路上，要坚定不移走中国特色社会主义政治发展道路，继续推进社会主义民主政治建设、发展社会主义政治文明。

以什么样的思路来谋划和推进中国社会主义民主政治建设，在国家政治生活中具有管根本、管全局、管长远的作用。古今中外，由于政治发展道路选择错误而导致社会动荡、国家分裂、人亡政息的例子比比皆是。中国是一个发展中大国，坚持正确的政治发展道路更是关系根本、关系全局的重大问题。

世界上没有完全相同的政治制度模式，一个国家实行什么样的政治制度，走什么样的政治发展道路，必须与这个国家的国情和性质相适应。新中国成立以来特别是改革开放以来，我们党团结带领人民在发展社会主义民主政治方面取得了重大进展，成功开辟和坚持了中国特色社会主义政治发展道路，为实现最广泛的人民民主确立了正确方向。中国特色社会主义政治发展道路，是近代以来中国人民长期奋斗历史逻辑、理论逻辑、实践逻辑的必然结果，是坚持党的本质属性、践行党的根本宗旨的必然要求。

1. 选择民主政治发展道路的标准

民主是人类社会进步的普遍追求，民主作为一种价值观包含一定普遍性和适应性，但各国的民主道路、实现民主的形式是具体的、特殊的。不能照搬一种模式。所以从根本标准讲，我们所选择的民主政治发展道路是，坚持符合中国国情、适应社会主义市场经济并得到实践证明成功的本国政治发展道路。我们应当防止几个认识误区：①避免受与计划经济体制相应的政治观念的禁锢，要从社会主义的传统模式和思维中进一步解放出来。②避免受几千年封建主义思想残余的影响，要清除封建主义思想观念的残余。③避免盲从资本主义社会的政治民主。制度是人的选择，但选择不是随心所欲的，而是根据客观历史条件进行的。一个国家选择什么样的政治制度和民主道路，从根本上说，取决于这个国家的历史、国情和国际环境。历史条件不同、面临的任务不同、所处的国际环境不同，民主的道路、民主的实现形式就会有所不同。

2. 中国特色社会主义民主政治发展的根本点与目标

深化政治体制改革，必须坚持正确的政治方向，这就是"以保证人民当家做主为根本，以增强党和国家活力、调动人民积极性为目标"①。

（1）中国特色社会主义民主政治发展的根本点：保证人民当家做主。党的十八大报告将保证人民当家做主作为深化政治体制改革的根本点。政治体制无论如何改革、创新制度，根本上就是一条：要保证人民当家做主。民主不是摆设，没有一个社会和国家是为了追求某种民主的形式而实施民主的，民主是为了解决具体问题，最核心的东西就是要看在新的体制下，人民的意愿能否得到充分表达，人民权利能否得以充分实现，人民的利益能否得到充分的保障。这是衡量一个政治制度是不是一个好制度的根本标准，也是我们深化政治体制改革的指导方针。这是一个根本性的要求。

（2）中国特色社会主义民主政治发展的目标：增强党和国家活力、调动人民积极性。从发展目标上讲，深化政治体制改革就是通过形成好的制度机制，增强党执政的活力，增强国家机关的活力，更好调动全体人民的积极性，团结最广大的人民，同心同德地把中国建设成更加民主进步的国家，从而扩大社会主义民主，加快建设社会主义法治国家，发展社会主义政治文明。

（四）全面依法治国

全面依法治国是坚持和发展中国特色社会主义的本质要求和重要保障，事关我们党执政兴国，事关人民幸福安康，事关党和国家事业发展。习近平总书记指出："全面推进依法治国总目标是建设中国特色社会主义法治体系、建设社会主义法治国家。"这个总目标，既明确了全面推进依法治国的性质和方向，又突出了工作重点和总抓手，具有纲举目张的意义。全面推进依法治国，是解决党和国家事业发展面临的一系列重大问题，解放和增强社会活力、促进社会公平正义、维护社会和谐稳定、确保党和国家长治久安的根本要求。全面推进依法治国是一个系统工程，是国家治理领域一场广泛而深刻的革命。必须坚持依法治国、依法执政、依法行政共同推进，坚持法治国家、法治政府、法治社会一体建设，实现科学立法、严格执法、公正司法、全民守法，不断把法治中国建设推向前进。

---

① 胡锦涛. 坚定不移沿着中国特色社会主义道路前进 为全面建成小康社会而奋斗 [M]. 北京: 人民出版社，2012:25.

1.建设中国特色社会主义法治体系

中国特色社会主义法治体系，本质上是中国特色社会主义制度的法律表现形式，是国家治理体系的骨干工程。习近平总书记指出："全面推进依法治国涉及很多方面，在实际工作中必须有一个总揽全局、牵引各方的总抓手，这个总抓手就是建设中国特色社会主义法治体系。"

建设中国特色社会主义法治体系要重点完成以下任务：

第一，加快形成完备的法律规范体系。完善以宪法为核心的中国特色社会主义法律体系。宪法是党和人民意志的集中体现，是通过科学民主程序形成的根本法，坚持依法治国首先要坚持依宪治国，坚持依法执政首先要坚持依宪执政。建设中国特色社会主义法治体系，就是要在宪法的统帅下坚持立法先行，发挥立法的引领和推动作用，抓住提高立法质量这个关键，使每一项立法都符合宪法精神、反映人民意志、得到人民拥护。要完善宪法实施和监督制度，健全宪法解释程序机制；完善立法体制机制，明确立法权利边界；深入推进科学立法、民主立法，把公正、公平、公开原则贯穿立法全过程；加强同中国特色社会主义事业总体布局相联系的重点领域立法，坚持立改废释并举，增强法律法规的及时性、系统性、针对性、有效性。

第二，加快形成高效的法治实施体系。深入推进依法行政、加快法治政府建设。法律的生命力在于实施，法律的权威也在于实施。宪法是治国安邦的总章程，是全面依法治国的总依据。坚持依法治国首先要坚持依宪治国，坚持依法执政首先要坚持依宪执政。坚持依宪治国、依宪执政，就包括坚持宪法确定的中国共产党领导地位不动摇，坚持宪法确定的人民民主专政的国体和人民代表大会制度的政体不动摇。政府是执法主体，推进依法行政、建设法治政府是法律实施的核心。各级政府要在党的领导下，在法治轨道上开展工作，创新执法体制，完善执法程序，推进综合执法，严格执法责任，建立权责统一、权威高效的依法行政体制，加快建设职能科学、权责法定、执法严明、公开公正、廉洁高效、守法诚信的法治政府。

第三，加快形成严密的法治监督体系。纵观人类政治文明史，权力是一把双刃剑，在法治轨道上行使可以造福人民，在法律之外行使则必然祸害国家和人民。没有监督的权力必然导致腐败，这是一条铁律。要加强对权力运行的制约和监督，让人民监督权力，让权力在阳光下运行。加大监督力度，做到有权必有责、用权受监督、违法必追究。加强党内监督、人大监督、民主监督、行政监督、监察监督、司法监督、审计监督、社会监督、舆论监督制度建设，努力形成科学有效的权力运行制约和监督体系，增强监督合力和实效。

第四，加快形成有力的法治保障体系。完善有力的法治保障对全面推进依法治国至关重要。如果没有一系列的保障条件，全面依法治国就难以实现。要切实加强和改进党对全面依法治国的领导，提高依法执政能力和水平，为全面依法治国提供有力的政治和组织保障。加强法治工作队伍建设。全面依法治国，正规化、专业化、职业化的法律人才队伍是关键。这就需要创新法治人才培养机制，大力提高法治工作队伍思想政治素质、业务工作能力和职业道德水准，着力建设一支忠于党、忠于国家、忠于人民、忠于法律的社会主义法治工作队伍，为加快建设社会主义法治国家提供强有力的组织和人才保障。

第五，加快形成完善的党内法规体系。党内法规既是管党治党的重要依据，也是建设社会主义法治国家的重要保障。依规治党深入党心，依法治国才能深入民心。要坚持依法治国和依规治党有机统一，完善党内法规制定体制机制，注重党内法规同国家法律的衔接和协调，构建以党章为根本、若干配套党内法规为支撑的党内法规制度体系，提高党内法规执行力。

2. 维护社会公平正义、司法公正

公平正义是我们党追求的一个非常崇高的价值，全心全意为人民服务的宗旨决定了我们必须追求公平正义，保护人民权益、伸张正义。全面依法治国，必须紧紧围绕保障和促进社会公平正义来进行。公正是法治的生命线，司法是维护社会公平正义的最后一道防线，司法公正对社会公正具有重要引领作用，司法不公对社会公正具有致命破坏作用。实现司法公正，必须完善司法管理体制和司法权力运行机制，规范司法行为，加强对司法活动的监督，努力让人民群众在每一个司法案件中感受到公平正义。

3. 在党的领导下依法治国、厉行法治

全面推进依法治国这件大事能不能办好，最关键的是方向是不是正确、政治保证是不是坚强有力。这其中最重要的，就是要正确认识把握党和法的关系。习近平总书记指出："党和法的关系是一个根本问题，处理得好，则法治兴、党兴、国家兴；处理得不好，则法治衰、党衰、国家衰。"

社会主义法治必须坚持党的领导，党的领导必须依靠社会主义法治。在我国，法是党的主张和人民意愿的统一体现，党领导人民制定宪法法律，党领导人民实施宪法法律，党自身必须在宪法法律范围内活动，这就是党的领导力量的体现。党和法、党的领导和依法治国是高度统一的。只有在党的领导下依法治国、厉行法治，人民当家做主才能充分实现，国家和社会生活法治化才能有序推进。

4. 增强全民法治观念，推进法治社会建设

法律的权威源自人民的内心拥护和真诚信仰。人民权益要靠法律保障，法律权威要靠人民维护。这就需要弘扬社会主义法治精神，建设社会主义法治文化，形成守法光荣、违法可耻的社会氛围，使全体人民都成为社会主义法治的忠实崇尚者、自觉遵守者、坚定捍卫者。

（五）积极稳妥推进政治体制改革

党的十八大报告对推进政治体制改革作出了新的部署，在强调坚持党的领导、人民当家做主、依法治国有机统一，以保证人民当家做主为根本，以增强党和国家活力、调动人民积极性为目标，扩大社会主义民主，加快建设社会主义法治国家，发展社会主义政治文明的总体要求，同时提出要将着力点放在"三个更加注重"上：更加注重改进党的领导方式和执政方式，保证党领导人民有效治理国家；更加注重健全民主制度、丰富民主形式，保证人民依法实行民主选举、民主决策、民主管理、民主监督；更加注重发挥法治在国家治理和社会管理中的重要作用，维护国家法制统一、尊严、权威，保证人民依法享有广泛权利和自由。党的十八大报告还强调，推进政治体制改革，要把制度建设摆在突出位置，充分发挥我国社会主义政治制度优越性，积极借鉴人类政治文明有益成果，绝不照搬西方政治制度模式。在此前提下，党的十八大报告明确提出了今后一段时间我国政治体制改革的主要任务：

第一，加强人民当家做主的制度保障。习近平总书记指出："发展社会主义民主政治就是要体现人民意志、保障人民权益、激发人民创造活力。"人民代表大会制度是坚持党的领导、人民当家做主、依法治国有机统一的根本政治制度安排。支持和保证人民通过人民代表大会行使国家权力。人民代表大会制度是保证人民当家做主的根本政治制度。要善于使党的主张通过法定程序成为国家意志，支持人大及其常委会充分发挥国家权力机关作用，依法行使立法、监督、决定、任免等职权，加强立法工作组织协调，加强对"一府两院"的监督，加强对政府全口径预算决算的审查和监督。提高基层人大代表特别是一线工人、农民、知识分子代表比例，降低党政领导干部代表比例。在人大设立代表联络机构，完善代表联系群众制度。健全国家权力机关组织制度，优化常委会、专委会组成人员知识和年龄结构，提高专职委员比例，增强依法履职能力。

第二，发挥社会主义协商民主重要作用。中国共产党领导的多党合作和政治协商制度作为我国一项基本政治制度，是中国共产党、中国人民和各民主党派、无党派人士的伟大政治创造，是从中国土壤中生长出来的新型政党制度。要完善协商

民主制度和工作机制，推进协商民主广泛、多层、制度化发展。通过国家政权机关、政协组织、党派团体等渠道，就经济社会发展重大问题和涉及群众切身利益的实际问题广泛协商，广纳群言、广集民智，增进共识、增强合力。坚持和完善中国共产党领导的多党合作和政治协商制度，充分发挥人民政协作为协商民主重要渠道作用，围绕团结和民主两大主题，推进政治协商、民主监督、参政议政制度建设，更好地协调关系、汇聚力量、建言献策、服务大局。加强同民主党派的政治协商。把政治协商纳入决策程序，坚持协商于决策之前和决策之中，增强民主协商实效性。深入进行专题协商、对口协商、界别协商、提案办理协商。积极开展基层民主协商。

第三，完善基层民主制度。基层群众自治制度是我国的一项基本政治制度。完善这一制度，发展基层民主，是社会主义民主政治建设的基础。要畅通民主渠道，健全基层选举、议事、公开、述职、问责等机制，促进群众在城乡社区治理、基层公共事务和公益事业中依法自我管理、自我服务、自我教育、自我监督。它是人民依法直接行使民主权利的重要方式。要健全基层党组织领导的充满活力的基层群众自治机制，以扩大有序参与、推进信息公开、加强议事协商、强化权力监督为重点，拓宽范围和途径，丰富内容和形式，保障人民享有更多更切实的民主权利。全心全意依靠工人阶级，健全以职工代表大会为基本形式的企事业单位民主管理制度，保障职工参与管理和监督的民主权利。发挥基层各类组织协同作用，实现政府管理和基层民主有机结合。

第四，深化机构和行政体制改革。行政体制改革是推动上层建筑适应经济基础的必然要求。要按照建立中国特色社会主义行政体制目标，深入推进政企分开、政资分开、政事分开、政社分开，建设职能科学、结构优化、廉洁高效、人民满意的服务型政府。深化行政审批制度改革，继续简政放权，推动政府职能向创造良好发展环境、提供优质公共服务、维护社会公平正义的方向转变。稳步推进大部门制改革，健全部门职责体系。优化行政层级和行政区划设置，有条件的地方可探索省直接管理县（市）改革，深化乡镇行政体制改革。创新行政管理方式，提高政府公信力和执行力，推进政府绩效管理。严格控制机构编制，减少领导职数，降低行政成本。推进事业单位分类改革。完善体制改革协调机制，统筹规划和协调重大改革。

第五，巩固和发展最广泛的爱国统一战线。统一战线是党的事业取得胜利的重要法宝。在长期的革命、建设、改革过程中，已经结成由中国共产党领导的，有各民主党派和各人民团体参加的，包括全体社会主义劳动者、社会主义事业的建设者、拥护社会主义的爱国者、拥护祖国统一和致力于中华民族伟大复兴的爱国者的广泛的爱国统一战线。这个统一战线将继续巩固和发展。统一战线是凝聚各方面力量，促进政党关系、民族关系、宗教关系、阶层关系、海内外同胞关系的和谐，夺取中国特色社会主义新胜利的重要法宝。要高举爱国主义、社会主义旗帜，巩固统一战线的思想政治基础，正确处理一致性和多样性的关系。坚持长期共存、互相监督、肝胆相照、荣辱与共的方针，加强同民主党派和无党派人士团结合作，促进思想上同心同德、目标上同心同向、行动上同心同行，加强党外代表人士队伍建设，选拔和推荐更多优秀党外人士担任各级国家机关领导职务。全面正确贯彻落实党的民族政策，坚持和完善民族区域自治制度，牢牢把握各民族共同团结奋斗、共同繁荣发展的主题，深入开展民族团结进步教育，加快民族地区发展，保障少数民族合法权益，巩固和发展平等团结互助和谐的社会主义民族关系，促进各民族和睦相处、和衷共济、和谐发展。全面贯彻党的宗教工作基本方针，发挥宗教界人士和信教群众在促进经济社会发展中的积极作用。鼓励和引导新的社会阶层人士为中国特色社会主义事业作出更大贡献。落实党的侨务政策，支持海外侨胞、归侨侨眷关心和参与祖国现代化建设与和平统一大业。

我国社会主义民主是维护人民根本利益的最广泛、最真实、最管用的民主。我国的社会主义民主政治制度安排，能够有效保证人民享有更加广泛、更加充实的权利和自由，保证人民广泛参加国家治理和社会治理；能够有效调节国家政治关系，发展充满活力的政党关系、民族关系、宗教关系、阶层关系、海内外同胞关系，增强民族凝聚力，形成安定团结的政治局面；能够集中力量办大事，有效促进社会生产力解放和发展，促进现代化建设各项事业，促进人民生活质量和水平不断提高；能够有效维护国家独立自主，有力维护国家主权、安全、发展利益，维护中国人民和中华民族的福祉。我们完全有信心、有能力把我国社会主义民主政治的优势和特点充分发挥出来，为人类政治文明进步作出充满中国智慧的贡献。

参考文献：

1. 毛泽东.毛泽东文集（1）[M].北京：人民出版社，1993.
2. 邓小平.邓小平文选（2）[M].北京：人民出版社，1994.
3. 邓小平.邓小平文选（3）[M].北京：人民出版社，1993.
4. 中华人民共和国国务院新闻办公室.中国的民主政治建设白皮书[M].北京：人民出版社，2005.

5. 房宁.民主政治十论 [M].北京：中国社会科学出版社，2007.

6. 中央宣传部理论局.划清"四个重大界限"学习读本 [M].北京：学习出版社，2010.

7. 李燕英、段尔煜.党的十六大以来民族区域自治的新发展 [J].云南行政学院学报，2008（6）.

8. 俞可平.推进国家治理体系和治理能力现代化 [J].前线，2014（1）.

9. 中共中央宣传部.习近平总书记系列重要讲话读本（2016年版）[M].北京：人民出版社，2016.

10. 中共中央宣传部.习近平新时代中国特色社会主义思想学习纲要 [M].北京：人民出版社，2019.

11. 习近平.在中国共产党第十九次全国代表大会上的讲话 [M].北京：人民出版社，2019.

12. 中华人民共和国国务院新闻办公室.中国特色社会主义法律体系白皮书 [M].北京：人民出版社，2011.

思考题：

1. 如何理解人民民主是社会主义的生命？

2. 怎样理解中国特色社会主义民主是最广泛、最真实、最管用的民主？

3. 怎样理解全面推进依法治国？

中国特色社会主义文化建设理论与实践

　　文化是一个国家、一个民族的灵魂。"文化最大的特质，就是具有极强的渗透性、持久性，像空气一样无时不在、无处不在，能够以无形的意识、无形的观念，深刻影响着有形的存在、有形的现实，深刻作用于经济社会发展和人们生产生活。"① 从世界各国发展的历史规律来看，国家的兴衰在很大程度上取决于该国的文化发展状况，文化兴，则国家兴；文化衰，则国家衰。20 世纪 80 年代，托夫勒曾预言："我们正进入一个文化比任何时候更重要的时期。"② 国外、国内都正在经历着百年未有之大变局，当今世界正处在大发展大变革大调整时期，文化在综合国力竞争中的地位和作用更加凸显，维护国家文化安全任务更加艰巨，增强国家文化软实力、中华文化国际影响力要求更加紧迫。当代中国经过长期努力，中国特色社会主义进入了新时代，这是我国发展新的历史方位。我国社会主要矛盾已经转化为人民日益增长的美好生活需要和不平衡不充分的发展之间的矛盾。而中国特色社会主义文化繁荣兴盛对于满足广大人民群众对美好生活的需要的作用越来越重要，这是因为在当今社会文化越来越成为民族凝聚力和创造力的重要源泉，越来越成为综合国力竞争的重要因素，越来越成为经济社会发展的重要支撑，丰富精神文化生活越来越成为我国人民的热切愿望。回顾中国特色社会主义文化发展历程，我们正在开辟中国特色社会主义文化道路，从党的十七大报告提出要"提高国家文化软实力"③ 的战略构想，到党的十八大报告提出要"扎实推进社会主义文化强国建设"④，再到党的十九大报告提出要"坚定文化自信，推动社会主义文化繁荣兴盛"⑤，这是对时代发

---

① 云杉. 对繁荣发展中国特色社会主义文化的思考 [J]. 红旗文稿. 2010（15）.

② [美] 阿尔温·托夫勒. 预测与前提——托夫勒未来对话录 [M]. 北京：国际文化出版公司，1984：160.

③ 胡锦涛. 高举中国特色社会主义伟大旗帜　为夺取全面小康建设社会新胜利而奋斗 [M]. 北京：人民出版社，2007.

④ 胡锦涛. 坚定不移沿着中国特色社会主义道路前进为全面建成小康社会而奋斗 [M]. 北京：人民出版社，2012.

⑤ 习近平. 决胜全面建成小康社会，夺取新时代中国特色社会主义伟大胜利 [M]. 北京：人民出版社，2017.

展新趋势、新变局与时俱进的积极应对。全面建成小康社会，实现中华民族伟大复兴，必须推动社会主义文化繁荣兴盛，建设社会主义文化强国，提高国家文化软实力，发挥文化引领风尚、教育人民、服务社会、推动发展的作用。

文化的进步反映社会的文明进步，文化的发展推动人的全面发展。"文化的力量，深深熔铸在民族的生命力、创造力和凝聚力之中。"[①] 而且文化越来越成为综合国力和国际竞争力的重要组成部分。为此必须坚定文化自信，这是因为文化自信是更基本、更深沉、更持久的力量，对于国家的发展和强盛、民族的独立和振兴、人民的尊严和幸福具有不可替代的意义。在当代中国，坚定四个自信，归根结底是坚定文化自信。

中国特色社会主义文化，源自中华民族五千多年文明历史所孕育的中华优秀传统文化，熔铸于党领导人民在革命、建设、改革中创造的革命文化和社会主义先进文化，植根于中国特色社会主义伟大实践。发展中国特色社会主义文化，就是以马克思主义为指导，坚守中华文化立场，立足当代中国现实，结合当今时代条件，发展面向现代化、面向世界、面向未来的，民族的科学的大众的社会主义文化，推动社会主义精神文明和物质文明协调发展。要坚持为人民服务、为社会主义服务，坚持百花齐放、百家争鸣，坚持创造性转化、创新性发展，不断铸就中华文化新辉煌。[②] 中国特色社会主义文化，植根于中国特色社会主义的实践，反映我国社会主义经济和政治的基本特征，又对经济和政治的发展起巨大促进作用，是凝聚和激励全国各族人民的重要力量，是综合国力的重要标志。

一、文化在国家发展中的战略意义

第一，文化作为社会存在和经济基础在上层建筑和意识形态领域的反映，通过其反作用力的发挥，推动着社会的不断发展。一国文化的变革与兴衰深刻地影响着国家的社会历史发展进程并影响国家力量的起落。人类社会的每一次大发展，不仅是生产力的大发展、大跨越，也是文化的大发展、大跨越。文化作为上层建筑，以其强大的反作用和相对独立的变革机制影响着国家社会历史的发展，并进而影响国家力量的消长。马克斯·韦伯曾深刻指出："在任何一项事业的背后必然存在着一种无形的精神力量；尤为重要的是，这种精神力量一定与该事业的社会文化背景有密切的渊源。"[③] 回眸人类发展历史，古希腊、罗马的灿烂历史有着深厚的文明底蕴，

---

① 江泽民.全面建设小康社会开创中国特色社会主义事业新局面 [M].北京：人民出版社，2002.12.

② 习近平.习近平谈治国理政：第3卷 [M].北京：外文出版社，2020：32.

③ ［德］马克斯·韦伯.新教伦理与资本主义精神（中译本序）[M].成都：四川人民出版社，1986.

即作为西方文明源头的民主与法治精神；而西方漫长黑暗的中世纪的落后又与其基督教神学的文化专制有着难以割舍的联系；到了近代，西方工业文明的兴起及其所培植的资本主义强国，又无一不是以基督教宗教改革、文艺复兴运动和资产阶级文化思想启蒙运动作为其文化支撑的；而西方文化进入当代后的世俗化、商业化和过分地追求物质和感官刺激，又使西方社会的发展陷入了后现代社会的困境。对于以文化厚重而著称的东方儒家文化、印度文化和伊斯兰文化，在历史上都曾作为一种注重协调个体与群体关系的伦理型文化而各领风骚，进入近代后又均因文化更新机制的日益僵化而走向落后，并在其伦理价值理性与西方工业文明工具理性的冲突抗争中不可避免地走向了落后；而日本和战后东亚的新型工业化国家也正是吸纳西方工业文明并使之与东方伦理文化相契合，实现了文化的综合创新，并为其现代化的运行和国家的强盛提供了勃勃的文化活力。① 人类社会发展的历史与现实都证明：一个国家文化自身具有的自我变革能力及所内含的人文精神构成一个世界强国所不可或缺的品质要素。如果我们回过头再来分析一下中国为何在 1800 年后急剧衰落的原因，从表象上来看是中国参与世界市场的程度明显偏低、西方工业革命带动了经济的腾飞和文明的跃进进而使中西发展形成落差。但从深层探讨为何会产生中西发展轨迹上这种逆向而行的景象，根本的原因还在于中西方对于世界认识的不同文化眼光。闭关锁国，本身就是对世界的一种文化态度，当人类社会已进入工业文明的时代，中国还以农耕文化看世界。这种文化态度的不同，必然导致对世界判断的差异，以及由此而形成种种治国策略上的高下之别。文化的世界眼光的遮蔽必然导致文化观念的保守与僵化，进而导致政策和制度上的保守，不再肯接受其他社会的有益启示，变得日益狭隘而妄自尊大，强烈而盲目的文化优越感最终使其固步自封起来，全然不顾社会发展和世界进步的潮流。经济制度和政治制度缺乏整体创新，最终成为对社会生产力的发展的严重束缚，导致最后的衰败。苏联在经历了一度的辉煌后之所以迅速走向衰落直至分崩离析，根本原因不在于美国的冷战政策而主要应归咎于它的文化已经失去了原创力而日趋僵化保守与落后。历史是一面最好的镜子，在当今这个复杂多元而又全球化向各个领域发展的世界，一个国家要兴起发展，其本身民族文化的变革能力及其人文精神对世界的影响能力如何，将对其自身的发展和在国际社会的地位与作用产生强大的影响。

第二，文化不仅是推动社会发展的重要手段，也是现代社会文明进步的重要目标，文化构成综合国力的重要组成部分。一个文明进步的社会必然是物质财富和精

---

① 张骥，桑红. 文化：国际政治中的"软实力"[J]. 社会主义研究，1999（3）.

神文化共同进步的社会，一个现代化的强国必定是经济、政治、文化、社会协同发展的国家。随着经济建设的推进、物质文明的发展，人们越来越感到，GDP 的增长、物质财富的增加，并不是社会发展的唯一目标、终极目标。当今世界激烈的综合国力竞争，不仅包括经济实力、科技实力、国防实力等方面的竞争，也包括文化实力的竞争。经济全球化的迅速发展，不仅带来货物、服务、资本、人员等在各国之间的频繁流动，而且带来思想意识、价值观念、行为方式在世界范围的激烈碰撞。文化因素成为各国增强自身综合实力的战略性、基础性要素，在当代世界，文化力量对于经济社会发展的作用日益显著。孕育于不同文化背景、汲取了传统和现代文化精华先进的文化理念一经形成，就能够为社会的发展和人类的进步指明前进的方向，据此制定出正确的经济社会发展目标、科学的行动方案和合理的制度设计，能够使人类认识和改造世界的活动，沿着正确的方向有序地进行。联合国教科文组织在 1998 年《文化政策促进发展计划》中曾断言："发展可以最终以文化概念来定义，文化的繁荣是发展的最高目标。"有的国家甚至提出，要把文化作为发展战略的轴心，经济、社会、技术和教育战略都应当维系于这个轴心而展开。文化不仅是一种手段，同时，文化作为历史文明的积淀，作为社会发展方向的引领，解决的是人类"从哪里来、到哪里去"的问题，因此，对人类发展来说，文化可能是更深层次、更高境界的追求目标。

第三，文化是民族的灵魂，是维系国家统一和民族团结的精神纽带，也是一个民族确立其"主体性"的支撑。世界上每个成熟的民族都有属于自己的特有文化形态和文化个性，而对这种特有的文化的主体性认同就成为国家凝聚力和民族自信心的重要源泉和基础。文化是构成一个国家的"自我"的重要组成部分，对文化的认同是国家"自我认同"的重要内容，是国家凝聚力形成的基础。一个国家如果在文化上不自信，妄自菲薄，而倾向于对别的强势文化认同，那么就等于放弃了"自我"和对"自我"的价值肯定，也就失去了"主体性"。而这种文化"主体性"缺失的现象在许多发展中国家表现得相当普遍，中国也不例外。如果一种文化不能建立起文化的自信，确立自己的主体性，它就无法让自己的价值排序得到提升。文化的这种"软实力"作用同时也深刻地体现在国际、国内政治的诸多方面：对某个国家的政治体制等进行合法性论证，使它获得一种深刻强大的价值支撑，这种价值的支撑如果能够从民族的文化心理进行挖掘，就既能有一种强烈的"主体性"，也有效得多；以此可以影响各种国际交易规则，使规则有利于自己。这一点在当今国际政治经济博弈中相当重要，今天这个世界大家所熟知的很多国际制度规则背后都有美国人或西方人的身影，正是他们的文化强势使他们的意志和利益渗入了这些规则所依赖的价值论证中。大家都靠这个规则行事，但谁最能以自己的文化价值来对这个规则进行渗透，影响到对这个规则的制定、修改和解释，那么谁就最有话语权，也就更能从中得利。有文化的主体性，一个国家不一定就在国际上占主导地位，但如果没有这种文化上的主体性，哪怕一个国家在其他方面实力不俗，在国际博弈中也只能是二三流角色。

第四，文化既直接贡献于经济增长，又对提升经济发展质量发挥着重要作用，越来越多的国家都把加速发展文化产业作为一国发展战略的一个重要组成部分。在国际发展竞争过程中，当经济增长从粗放型转向集约型以后，社会文化发展水平就成为制约一国经济发展的主要因素，经济发展中文化含量的高低直接决定着一个国家地区发展水平和质量的高低。随着社会生产力的不断发展，人们的物质生活水平不断提高，劳动时间在不断缩短，闲暇时间在不断增加。人们除享受休闲外，旅游、娱乐、接受教育、获取知识、艺术欣赏和创作等精神生活的需求日益增加，并呈现出个性化、多元化的发展趋势。为了更有效地满足人们日益增长的文化需求，当代社会采用现代市场经济的运作模式，组织文化产品的开发、生产和服务，提高人们的文化消费水平，由此，文化市场和文化产业便应运而生，并日益成为拉动经济增长的巨大力量。文化产业的发展，对于丰富文化生活、提高国民素质，促进经济发展，影响各国综合实力消长，影响国际竞争的未来格局具有重大作用。由此，各国间对世界文化市场的竞争也日趋激烈。正在兴起并加速发展的文化产业和文化市场，已成为拉动一国经济增长的新的增长点和巨大力量。现代世界经济发展表明，发达程度越高，文化产业支柱性作用就越明显，对经济增长的贡献就越大。文化产业已成为国民经济的重要组成部分，而且创造出巨大的社会财富。随着科技进步和知识经济的迅猛发展，文化已渗透到经济发展的全过程，历史、传统、民俗等文化资源日益成为经济发展的基础资源，创意、设计、构思等文化创新日益成为价值创造的重要支点，品牌、形象、信誉等文化形态的无形资产日益成为市场竞争的关键所在。只有当文化表现出比物质和货币资本更强大力量的时候，当经济具有更多文化含量的时候，经济发展才能进入更高层次、更高水平，才能具有可持续发展的后劲。文化产业具有资源消耗低、环境污染小、科技含量高的特点，是典型的"低碳经济""绿色经济""朝阳产业"。大力发展文化产业，有利于优化经济结构和产业结构，有利于拉动居民消费结构升级，有利于扩大就业和创业，有利于经济欠发达地区实现跨越式发展。经济发展一靠改革，二靠科技，三靠文化。经济文化化已成为不可阻挡的新趋势，文化与经济相融合产生的竞争力成为一个国家最根本、最持久、最难替代的竞争优势。①

第五，文化教育作为培养人、塑造人，提高人的素质、开发人力资源的基本途径，其提升综合国力的基础性、先导性作用日益显著。人是社会实践的主体，人素质的高低是一切社会实践成效高低的关键。一个国家国力的强弱，不仅取决于经济、社会的发展水平，而且取决于国民素质的高低；经济与社会的发展状况，不仅取决于自然资源的丰富程度，而且取决于人力资源的开发程度；具有现代化素质的人的创造性劳动，是推动经济与社会发展的根本动力，综合国力的竞争最终落脚于国民整体素质和各类创新性人才的竞争上。无论国民整体素质的提高还是创造性人才的培养，都要靠文化教育。在知识经济时代，经济与科技已成为世界各国竞相角逐的制高点，知识经济意味着人类社会的全方位变革，知识经济并没有改变而是进一步强化了以人才竞争同时也是以国民素质竞争为核心的综合国力竞争态势。对于知识经济社会的建构而言，无论是现代市场经济体制的确立、对世界经济全球化的参与、以信息技术为支撑的产业体系的形成、民主与法治社会的营造、社会的进一步科层化等都必须以整个民族文化科学素质的不断攀升作为基本依托，而这一切条件的具备又取决于一个国家与民族是否有完善的现代文化教育体系。在知识经济时代，文化教育所肩负的教育塑造和人格塑造功能能否适应现代经济与社会的转型，并全面提高国民的知识素质、科技素质、人文精神素质、道德与法律素质，将在很大程度上决定着一个民族和国家在知识经济时代的前途命运。

第六，加快文化发展还直接关系民生幸福。文化之于人类，应当是一种精神上的内在需求、普遍需求，也是终生相伴的需求。恩格斯说过："文化上的每一进步，都是迈向自由的一步。"人们需要通过文化来启蒙心智、认识社会、获得思想上的教益，也需要通过文化愉悦身心、陶冶性情、获得精神上的满足和依归。如果没有精神文化上的充实和丰盈，就不能说有真正幸福的生活和美好的人生。我国人民的生活从温饱进入小康之后，精神文化需要更加突出、更加强烈，解决人们"文化饥渴"的问题也越来越迫切。在这样的情况下，文化实际上已成为改善民生、促进社会公平公正、提高幸福指数和生活质量的重要指标。当前，中国社会正处在经济转轨、社会转型的加速期，一些人的思想困惑、精神焦虑有所增多，人文关怀、心理疏导、精神抚慰的任务更加繁重。在此情形下，在坚持"以文化人""以文育人"的同时，还要更好地用文化温润心灵、舒缓压力、涵养人生，更好地丰富人们精神世

---

① 云杉. 对繁荣发展中国特色社会主义文化的思考 [J]. 红旗文稿. 2010（15）.

界，满足人们多样化多方面的文化需求，切实保障人民群众的基本文化权益。

第七，文化环境越来越成为增强国际竞争力、参与国际经济循环的重要因素。在经济全球化的今天，一个国家的文化环境，越来越成为促进经济发展重要因素。文化软环境越好，越有利于吸引投资、聚集人才、产业提升和产业结构优化。随着经济全球化进程的加快，文化日益成为参与国际经济循环的一个重要条件，成为增强国际竞争力的可靠保证。因此，在当今时代，一国在充分发掘利用本国丰富的文化资源的同时，必须不断形塑代表时代潮流的先进的文化观念和形态，营造良好社会文化环境，在不断增强本国文化磁吸效应，对周边地区渗透辐射的同时，也为自己带来各种有形的和无形的、现实的和潜在的各种利益。

总之，在文化的发展进入一个全球化竞争的时代，不同国家的文化在相互比较中有了强与弱、先进与落后的区别。许多国家都在努力发展自己的文化实力，增强本国文化的吸引力、影响力，以求能使其民族文化在全球各种文化的交流竞争中赢得主动、发扬光大。

中国改革开放 40 多年，虽然经济获得了长足的发展，物质方面的硬实力明显提高，但是制约经济社会发展的负面因素也在不断加剧。在新时代背景下加强中国特色社会主义文化建设，推进文化大发展、大繁荣已显示出其现实的必要性和紧迫性：加强中国特色社会主义文化建设，推进文化大发展、大繁荣，是进一步开创中国特色社会主义的经济、政治、文化、社会协调发展的事业新局面，全面建成小康社会的必然要求；是进一步增强民族凝聚力，实现国家长治久安的必然要求；是代表先进文化前进方向，发展面向世界、面向未来、面向现代化的民族的科学的大众的社会主义文化，以不断丰富人们的精神世界，增强人们的精神力量，满足广大人民对文化的需求，促进社会经济又好又快发展的必然要求；是进一步增强我国综合国力，提升我国国际竞争力，实现和平发展的必然要求；是进一步提高全民族文明素质，促进人的全面发展，实现人的自我解放的必然要求；是进一步加快转变经济发展方式，使文化真正成为推动可持续发展的重要力量的必然要求；是更好妥善应对我国改革开放进入关键时期所遇到的诸如从意识形态到人们的心态问题等各种挑战与困境的必然要求；也是更好树立国家良好形象、获得世界理解认同、增强国际影响力的必然要求。

一个文明进步的社会必定是物质文明和精神文明共同进步的社会，一个现代化的强国必定是经济、政治、文化、社会、生态文明建设全面推进的国家。建设社会主义文化强国，与我国深厚文化底蕴和丰富文化资源相匹配、与中国特色社会主义事业总体布局相适应、与建设富强民主文明和谐的社会主义现代化国家目标相承接，是我们党准确把握时代和形势发展变化、积极回应各族人民精神文化生活需要作出的重大战略决策，是中国共产党人必须承担的庄严历史责任，也是夺取中国特色社会主义新胜利、实现中华民族伟大复兴的必然要求。

二、中国文化的底蕴优势与发展现状

（一）中国文化具有深厚的底蕴优势

历史上，底蕴深厚的中国文化在治理国家、推进生产力发展和处理与邻国和周围民族关系过程中发挥了巨大的作用，中华民族在漫漫的历史长河中之所以能够不断壮大，文化应是发挥了关键的作用的。中国文化还以其内含的非凡的智慧和创造力，深深地影响了世界的文明发展进程。

中国文化对开启近代世界文明发展进程的意义，从尽人皆知的"四大发明"中就可窥斑见豹。当然，中国文化对整个人类社会发展的贡献，不仅仅在于有形的科技发明、文化创造中，还有中国的价值观、中国的思想体系，在悠久的中华文明中铸就的伟大的中国文化精神更是对人类精神文明的一个重要贡献。中国文化强调胸怀天下、追求民族团结、国家统一，崇尚和谐和合、主张"以和为贵""和而不同"，"己所不欲，勿施于人"；主张以仁爱之心待人，反对强权，同情弱者，面对冲突时强调"以德服人""不战而屈人之兵"；中华民族始终亲仁善邻、协和万邦，无论是举世闻名的"丝绸之路"的开辟，还是郑和"七下西洋"的壮举，给所到国家和人民带去的都是加强交流合作的诚意，传递的都是增进友好情谊的心声；中国文化还孕育了扶正扬善、恪守信义的社会美德，蕴涵着刚健有为、奋发进取的自强精神，成为中华民族生存、繁衍、发展的不竭动力[①]。在当今世界，虽然和平与发展是时代主题，但环境的破坏、战争的灾难、贫富的分化、民族宗教文化冲突、恐怖主义像瘟疫般地蔓延等，对世界文明发展提出了严峻挑战，面对这些挑战，中国文化所内含的经世处事智慧更彰显出其特殊时代价值。因此，中国文化不仅是今天实现民族振兴的一座资源富矿和强大精神源泉，还是当代中国继续影响世界、对人类作出新贡献的最重要的软实力优势所在。

（二）中国在推进文化发展增强文化软实力上已作的努力

改革开放以来，中国大踏步地走上了国家振兴之路，复兴中华文化已然成为一

---

① 刘延东.伟大的文化推进伟大的复兴[N].人民日报，2005-10-13.

个古老民族走向复兴的题中之义，为此，中国正在踏实地在作出努力：

1. 中国传统文化资源得到不断发掘，民族精神得到凝炼，优秀文化精粹不断得到发扬广大，中国文化的吸引力正在增强。以爱国主义为核心的民族精神已然成为中华民族继续向上奋进的精神动力，中国传统文化的诸多优秀成分，已经得到了国际认同并被运用于国际关系的处理之中，这种认同，充分体现了中国传统文化所具有的世界意义。与此同时，中华民族的核心价值观在纷扰的现实世界中日益显示出历久弥新的永恒价值，已然成为中华民族继续向上奋进的精神动力，中华文化在世界文化全球化的交融过程中，以其博大的胸怀融汇吸纳了当代世界优秀文化精粹，并以其内在价值的普适性而被越来越多地凝铸成人类共同价值的有机组成部分。

2. 建设社会主义的新文化已成为国家现代化发展战略的一个重要目标得以确立，文化事业伴随着国家经济的繁荣和民主政治的发展不断得到发展，在"双百"方针的指导下，各种文化艺术空前繁荣活跃，在不断丰富着中国人民日常精神生活的同时，更是大大推进了中华民族时代精神风貌的重塑。特别是作为文化"软实力"重要组成部分的当代中国政治文化、意识形态、价值观念而言，自新中国成立以来确立的以马克思主义为核心的社会主义文化体系，在凝聚全体国民的政治信仰与道德理想、价值共识，动员全国人民参与社会改造和社会建设方面起到了最为积极的作用。即便是在苏东剧变之后，中国仍然保持了自身文化发展的主流意识形态，并据此较为成功地推动了中国文化的繁荣和经济的发展。与此同时，中国共产党人并没有固守于僵化的意识形态教条中，而是因循着时代和实践的发展成功地推动了马克思主义中国化，与时俱进地实现了意识形态的发展革新，使之能够更有效地指导推进中国特色社会主义的实践。

3. 长期以来文化与经济两线平行不相交的局面已然改变，文化与经济互促共长的理念与格局正在形成，文化产业发展已呈现良好的发展势头。中国文化产业自20世纪90年代以来已得到较快的发展，并为进一步发展奠定了必要的基础。一些文化大省、市纷纷将文化产业列为未来发展的支柱产业，文化体制改革力度加大，各种广电集团、报业集团、演艺集团、出版集团如雨后春笋般纷纷组建。社会办文化产业势头强劲，全国文化市场产业单位发展迅猛，从业人员、固定资产快速上升。

4. 日益扩大的中外文化交流传播，在向世界展示一个具有古老文明的文化大国的文化底蕴的同时，也在向世界形塑着一个日益开放、和平、友好又充满活力的快速发展中的大国形象，与此同时，在这种文化的交流交融中，中国文化不断在扩展它的魅力和影响力。近年来，文化走出去成为一个引人注目的现象，文化交流成为中国与许多国家双边关系发展的必备内容。在举办各种大型文化活动、强力推介民族文化的同时，中国还着眼于文化传播的长期性和经常性，在世界各地加紧建立中国文化中心。在政府间的文化交流呈现如火如荼的同时，民间文化走出去同样方兴未艾。正在大踏步地走出国门的中国文化搭起了各国人民对中国的理解和认识的桥梁，增进了彼此的了解，减少了误解，沟通了感情，也为相互间政治、经济等方面的进一步合作创造了条件，铺平了道路。

5. 越来越多的外国人进入了解中国文化、接触中国的行列中来。海外学习汉语的人数每年在大幅度增长，"汉语热"已成为全球语言交际系统中的一种普通现象，并呈现出强劲的发展势头。

（三）当前中国文化发展面临的现实问题与挑战

就目前中国文化的整体发展情况来看，在看到这些年的努力所结出的硕果同时，也应清醒地看到所面临的种种问题、挑战：

一是最为关键的是文化创新力的薄弱。历史上，许多大国能够崛起并且扩大了国家的影响和作用，大都与该国拥有的知识创新、制度创新、技术创新等诸多方面的文化创新能力密切相关。如英国在其崛起过程中，为现代世界贡献了议会制度、法治、产权制度、市场制度和工厂制度等。在当今世界，美国由于其拥有强大的制度创新能力（如在金融、贸易、企业、产业等领域）和科技创新能力（如在信息、生物、电子、航天等领域），从而奠定了其超级大国的基础。在数千年的历史中，中国曾为世界贡献了许多独特的思想和重要的发明，由此而极大地促进了人类社会的文明发展。只是到了近代，中国人作出的具有世界历史意义的思想创新、制度创新、技术创新越来越少。中国文化原创能力的弱化，使得中华文明在世界上的影响力大为下降。虽然在中国思想文化发展史上，中国有一大批可引以为傲的对世界文化发展作出了重要贡献的思想家、文化大家、文化经典，而现实的文化优势很弱，在引领世界文化发展潮流、影响人类思想观念变革和价值选择上，促进人类社会制度的变革创新等方面，中国的因素显得很弱。能起到引领世界文化发展潮流、影响人类思想观念变革、或传承创新民族文化进而能走向世界的精品力作还是很少。

二是在经济市场化以及文化的世俗化和商业化这一大的历史背景下，中国原有的意识形态、价值观念和政治哲学等文化形态所具有的社会价值整合功能不时面临现实的各种挑战。

改革开放 40 多年来，我国一直处于变化最快、发展也最快的社会转型期，这期间，我国的经济社会发展取得了前所未有的伟大成就，随着改革开放的深入推进，新旧体制的转换，也产生了一系列的负面现象——严重的官员腐败，巨大的贫富差距，落后的科教水平，相对不足的公民自由，不时被践踏的社会正义……这些种种的严重负面现象，无时不在侵蚀我国民众心中已有的价值观，加上封建腐朽没落思想的沉渣泛起和各种外来文化、观念的杂乱纷呈，人们自觉或不自觉地受到它们的影响和侵蚀，以致社会广泛出现道德困惑、价值观混乱、信仰危机等问题，所有这些问题又集中体现为社会核心文化价值观的缺失：已有的一套社会核心价值体系遭到严重削弱，社会主义市场经济环境下的新的社会核心价值体系还未完全确立，社会上兴行的拜金主义等价值观，使人们对人格、人生意义、价值的追求产生彷徨和失落感。因此，原有的价值体系和制度性文化面临需要进行不断的与时俱进的发展更新或调整转型以适应时代变革的迫切需要。

三是传统文化资源优势明显，但对传统文化资源的挖掘利用保护远远不够。我们常常可以惊讶地发现，许多中国宝贵的文化资源则被轻而易举地被别人拿去，并加以重新诠释，赋予西方的价值观。中国的文化疆土被人不断地大块大块地蚕食和侵占，这对作为 5000 年文化的继承者的当代中国人而言，不能不说是一种耻辱。与此同时，中国文化遗产保护也面临极其严峻的形势。

四是我国的文化产业起步晚，国际竞争力薄弱。2000 年，《中共中央关于制定国民经济和社会发展第十个五年计划的建议》首次使用"文化产业"一词，文化产业才被列入国家发展战略。尽管我国的文化产业这些年有了长足发展，据国家统计局数据显示，2019 年全国文化及相关产业增加值达到 4.363 万亿元，文化产品进出口总额达到了 998.9 亿美元，但是与发达国家相比，我们的起步已经晚了数十年。参照国外有关竞争力研究的通行做法，中国文化产业竞争力指数在具有典型性的世界 15 个国家中仍处较落后位置。

五是在现实实践层面，仍然存在着诸多影响和制约文化快速发展的因素。

首先在观念层面，尽管中央高度重视文化发展，但加快文化的发展和繁荣并没有成为全党和各级干部普遍的共识和自觉的追求。不少地方仍然以 GDP 的增长作为发展的第一目标。虽然科学发展观已经提出多年，但在文化发展问题上实现统筹兼顾、均衡协调、科学发展，远没有变为现实的选择和实际的行动。相当一部分领导干部仍然认为文化看不见、摸不着，不如搞经济建设那样实在、实惠，以致文化建设往往是"说起来重要，做起来次要，遇到困难就不要"。

其次，从保障和投入方面来看，长期以来，文化领域立法薄弱，文化发展缺乏刚性的制度安排，缺乏政策保障、法律支撑和规划的约束。与教育、卫生、科技等领域相比，文化投入缺乏法律依据，文化发展缺少硬性指标，常常最容易被挤压的经费是文化经费，最容易被占用的公共设施是文化设施。文化发展基础薄、欠账多，其主要原因就是各种投入偏少。我国中央和地方政府的文化事业支出在各自财政总支出中的比例一直较低。新中国成立以来，这一比例最高也只达到 0.52%，而近来的大多数年份是一直在 0.40% 左右徘徊。以 2015 年为例，全国文化事业费为 682.97 亿元，占国家财政总支出的比重为 0.39%，全国人均文化事业费为 49.68 元，这还是在 2007 年（15.06）加速增长基础上获得的。这有限的文化事业费又主要用于城市，农村更是少得可怜。文化事业属于公共文化服务体系范畴，政府财政投入不足直接导致了文化基础建设乏力，公共文化服务功能弱化，人民群众的基本文化权益难以有效保障。投入少导致文化企业小、散、弱、差的现象突出，文化产业难以迅速做大做强。

再次，从体制机制方面看，现有的文化宏观管理体制不完善，机构重叠，职责不清，文化创造活力不足。人们还比较习惯于用计划经济的手段管文化、办文化，把经营性文化产业混同于公益性文化事业，由政府统包统揽。文化发展没有相对独立的体制空间，文化产品和服务内容受限制过多，不利于文化的竞争和发展。通过部门所有和行政区划的方式配置资源，使文化市场条块分割，重复建设，难以形成统一、开放、竞争、有序的现代文化市场体系。掌握大量文化资源的国有文化单位大都还游离于市场经济体制之外，经营性文化事业单位没有转企改制形成有竞争力的合格市场主体，不仅影响了以公有制为主体、多种所有制共同参与文化产业发展的格局的形成，而且影响了中华文化"走出去"和国家文化软实力的进一步提升。

最后，文化人才总体上供不应求，人才结构失衡，尤其缺乏创意策划人才、科技与文化相结合的专业人才、复合型经营管理人才。总体上还不能够适应社会主义市场经济发展的要求，不能够适应改革发展的需要。究其原因，主要就是人才培养机制与文化发展现实需要脱节，没有形成产学研一体化的格局。目前的人才培养游离于文化建设需要之外，一方面，大量艺术人才找不到工作；另一方面，社会需要的人才又供应不足。

因此，在整个国家发展的大局中，文化发展总体上仍然相对滞后，现有文化设施、文化产品、文化活动仍不能满足人民群众多层次的文化生活需求，文化发展与我国的经济社会的发展水平还不协调，与我们日益提高的国际地位和大国形象还不匹配。近些年，虽然中国的文化事业从整体上看有较大发展，但主要集中在通俗性、娱乐性、商业性的文化方面。民族的、高雅的文化艺术的发展仍然面临很大困难。

除了上述一系列问题，中国文化还面临着文化全球化带来的严峻挑战：

最大的挑战来自在经济全球化裹挟下的文化全球化态势下，民族文化面临着被推崇强加于人的文化霸权主义、殖民主义的西方强势文化侵蚀渗透的危险。当前文化全球化的潮流在为人类的文化和生活方式提供着新经验、展示出新景观的同时，西方强势文化也正利用着自身的优势，借助其强大的物质技术力量将自己的文化价值观推向世界。当今世界在经济全球化的推动下，已产生了一种要求所有民族的和区域的文化朝着一定方向发展的适应压力。原本应是全球范围内各国文化的一种平等互动的交流，在许多情况下实际上却演变成了单向的、不平等的文化输出。一些西方大国依靠强大的文化软力量，在大力推销本国文化产品谋取高额利润的同时，也极力企图用自己的文化去控制和占领别国的思想文化阵地，消解别国的民族文化和民族精神，从而达到长期称霸世界、控制和影响世界事务的目的。

文化的命运就是民族的命运，文化的生存是民族生存的前提和条件。改革开放使中国吸收着各种外来文明的滋养，但与此同时也凸显出中国文化在文化全球化的潮流中的各种危情。不可否认，在全球文化的八面来风中，"西风"最劲。西方文化从表层的服饰、饮食、节日甚至头发的颜色，到深层的经济、政治价值观念、信仰都有长驱直入之势。当代中国人生活的 21 世纪比起 20 世纪可能更少独特性和本土色彩。面对着这种文化全球化趋势，中国当然须坚决反对狭隘的文化保守主义、狭隘的民族主义，当然也要坚决反对强加于人的文化霸权主义、殖民主义。中国需要以自己的文化理念为核心，在全球文化的大流动中积极吸收其他文化的优秀成果，以求取长补短，共同进步。中国对未来世界可抱持一份乐观的希望是，文化全球化的总的走向是寻求人类社会共同需要的共同价值，而不是表面上的西方价值观的扩张。但在这个过程中同时需正视的一个问题是：中国文化如何在这种文化全球化中发挥应有的影响力，在人类共同价值的凝铸中如何更多地赋予其中国文化的元素。

三、构建社会主义核心价值体系

核心价值观是一个民族赖以维系的精神纽带，是一个国家共同的思想道德基础。如果没有共同的核心价值观，一个民族、一个国家就会魂无定所、行无依归。能否构建具有强大感召力的核心价值观，关系社会和谐稳定，关系国家长治久安。一个国家、一个民族在长期的实践过程中，必然形成自己的核心价值体系，这是社会系统得以运转、社会秩序得以维持的基本精神依托。旧社会的解体往往以核心价值体系的崩溃为先声，新社会的诞生往往以核心价值体系的形成为先导，社会的稳定和发展也往往以核心价值体系的确立和完善为支撑。核心价值体系，不仅作用于经济、政治、文化和社会生活的各个方面，而且对于每个社会成员的世界观、人生观、价值观都施加着深刻的影响。

目前，我国的社会主义改革和发展处在关键时期，经济体制深刻变革，社会结构深刻变动，利益格局深刻调整，生活方式深刻变化。这一切给人们的思想价值观念带来了空前的活力，也造成巨大的冲击。人们的思想活动的独立性、选择性、多变性和差异性不断增强，人们的价值观念也呈现出多样化趋势。在这种思想大活跃、观念大碰撞、文化大交融的时代背景下，建设社会主义和谐文化，特别是建设社会主义核心价值体系，更具有极强的现实意义。在价值的多元并存中形成价值共识，确立得到多数社会成员"公认"的核心价值观，是维护社会形态的统一性和思想文化的统一性的基本前提。

（一）社会主义核心价值体系的基本内容和重大意义

2006年10月，党的十六届六中全会通过的《中共中央关于构建社会主义和谐社会若干重大问题的决定》，第一次明确提出了"建设社会主义核心价值体系"重大命题和战略任务。2007年，党中央提出要大力建设社会主义核心价值体系，巩固全党全国人民团结奋斗的共同思想基础。社会主义核心价值体系包括四个方面的基本内容，即马克思主义指导思想、中国特色社会主义共同理想、以爱国主义为核心的民族精神和以改革创新为核心的时代精神、社会主义荣辱观。

马克思主义指导思想，是社会主义核心价值体系的灵魂。我们是社会主义国家，马克思主义是我们立党立国的根本指导思想，是社会主义意识形态的旗帜。它为我们提供了科学的世界观和方法论，决定着社会主义核心价值体系的性质和方向。中国特色社会主义共同理想，是社会主义核心价值体系的主题。这一共同理想，就是在中国共产党的领导下，走中国特色社会主义道路，实现中华民族的伟大复兴。民族精神和时代精神，是社会主义核心价值体系的精髓。它是一个民族赖以生存和发展的精神支撑。在五千年历史演进中，中华民族形成了以爱国主义为核心的团结统一、爱好和平、勤劳勇敢、自强不息的伟大民族精神。社会主义荣辱观，是社会主义核心价值体系的基础。一个社会是否和谐，一个国家能否实现长治久安，很大程度上取决于全体社会成员的思想道德素质。只有分清荣辱，明辨善恶，一个人才能形成正确的价值判断，一个社会才能形成良好的道德风尚。

社会主义核心价值体系的四个方面的深刻内涵，代表了中国特色社会主义社会的主流价值，它提供了和谐社会建设所需要的文化认同和价值追求，具有其他任何价值体系不可替代的高度的凝聚力和感召力。只有通过社会主义核心价值体系的引领和主导，才能取得全社会广泛而深刻的价值认同，使人们超越民族、城乡、地域等方面的差异，消除彼此之间的分歧和隔阂，增强社会成员的归属感和向心力，促进社会共同体的团结和稳定。

1.社会主义核心价值体系是全党全国人民团结奋斗的共同思想基础

共同思想基础是一个党、一个国家、一个民族赖以存在和发展的根本前提。没有共同的思想基础，党就会瓦解、国家就会分裂、民族就会解体。核心价值体系，是一个政党的行动指南，是一个国家的主心骨，是一个民族的灵魂。任何价值观念都深刻根植于社会实践尤其是现实生活。

我国是社会主义国家，中国共产党是中国特色社会主义事业的领导核心，马克思主义是我们党的根本指导思想，这就决定了马克思主义是社会主义意识形态的旗帜。马克思主义指导思想决定了社会主义核心价值体系的性质和方向，是社会主义核心价值体系的灵魂。马克思主义是全党和全国人民进行革命和建设唯一正确的指导思想和唯一正确的理论基础。中国新民主主义革命和社会主义建设的经验和教训说明，如果我们偏离了马克思主义、怀疑马克思主义、忽视对马克思主义的学习和实际运用，我们的事业就会遭遇困难、挫折以至于失败。反之，只要我们忠实地坚信和执行马克思主义在全党和全国的指导思想地位，我们的事业就会转败为胜，转危为安，节节胜利。马克思主义作为学说和理论，具有与时俱进的理论品质，是一个不断自我更新、自我发展、自我丰富和创造出自己的新形态的思想价值体系；它也是一个善于而且敢于吸收历史和现实中人类一切积极的、伟大的文化思想成果的开放的思想价值体系。马克思主义的基本原理与中国革命和建设的实际相结合，形成了毛泽东思想和中国特色社会主义理论体系，是党最可宝贵的精神财富，是全国各族人民团结奋斗的共同思想基础。在当代中国，坚持中国特色社会主义理论体系，就是坚持马克思主义。

我们党历来重视共同思想基础的建设，并领导全国人民成功探索出一条中国特色社会主义道路，使古老的中华民族以崭新的姿态屹立于世界民族之林，中国特色社会主义显示了巨大的优越性。毛泽东强调党要有"共同语言"，社会主义国家要有"统一意志"；邓小平指出，我们这么大一个国家，要团结起来、组织起来，一靠理想。二靠纪律，否则建设就不能成功；江泽民强调一个民族、一个国家，如果没有自己的精神支柱，就等于没有灵魂，就会失去凝聚力和生命力；党的十六大以来。以胡锦涛同志为核心的党中央提出了科学发展观、构建社会主义和谐社会的号召，党的十六届六中全会又进一步提出，建设社会主义和谐文化，巩固社会和谐的思想道德基础，树立社会主义荣辱观，培育文明的道德风尚，尤其提出要建设社会主义核心价值体系，以指导和规范我们的精神文化和思想道德建设。这些都是强调共同思想基础建设，对于我们建设富强民主、文明和谐的现代化国家具有重要意义。

2. 社会主义核心价值体系有助于形成我国现代化建设的共同理想

理想体现了人们对美好的向往和追求，是一个国家和民族奋勇前进的精神动力。人类发展的历史表明，一个民族、一个国家，如果没有共同理想，就失去了民魂国魂，也就失去了凝聚力和生命力。共同的理想信念和价值追求，是中华民族历经磨难而生生不息的强大精神支柱。社会主义既是一种运动、一种社会制度，也是一种价值目标。世界社会主义运动现状促使人们从价值视野重新认识社会主义制度，需要建设社会主义核心价值体系以保证各项建设事业的正确方向。20 世纪 80年代末 90 年代初，苏联和东欧一些社会主义国家骤然"变色"，世界社会主义运动随之陷入低谷。在这种时代背景下，有些人的共产主义理想和社会主义信念开始发生动摇，有些思想主张甚至完全背离了社会主义道路。在当前社会生活多样化、价值取向多元化的形势下，更加需要寻求全社会共同的价值认同，更加需要用共同理想引导和激励全体社会成员向一个目标前进。

当前，我国社会主义改革和发展进入了关键时期，出现了不可忽视的问题，如把承认合法经济利益，允许一部分人先富的政策蜕变为拜金主义，甚至为获取金钱不择手段；用市场价值取代人生价值；出现了以权谋私、权钱交易、贪污腐化等现象；封建腐朽思想沉渣泛起，西方不良思潮不断侵入等。这些都严重腐蚀着人们的灵魂，污染社会空气，阻碍改革开放和市场经济的健康发展。在这个发展机遇期和矛盾凸显期相互交织的关键阶段，更加凸显出共同理想的重要性和紧迫性。只有形成共同理想，我们才能更好地促进党政关系、民族关系、宗教关系、阶层关系、海内外同胞关系的和谐，才能巩固全国各族人民的大团结，才能巩固海内外中华儿女的大团结。同时，每一个社会成员只有把自己的理想与共同理想统一起来，才能真正实现自己的人生价值。只有通过先进文化的建设，引导人民确立正确的政治方向，树立崇高理想，形成巨大的精神动力和顽强的战斗意志，才能加速现代化建设的步伐，并保证现代化建设的正确方向。

3. 社会主义核心价值体系是增强综合国力的客观要求

当今时代，世界多极化和经济全球化的趋势深入发展，综合国力竞争日趋激烈，在各国综合国力激烈竞争的同时，意识形态领域也是风云激荡。经济全球化所带来的不仅是商品、资本、人员等在国际范围的频繁流动，而且包括文化产品、文化资本和文化价值观等在全球范围内自由流动和碰撞，经济中文化和知识的含量越来越大，出现了知识经济、文化产业等名词。这都表明，文化对当代国际关系的影响日益增强，世界各国在激烈的国际竞争中，都把文化作为其综合国力的重要的力量加以运用。以美国为首的发达国家，不仅凭借经济、科技、军事优势粗暴干涉别国内政，而且对发展中国家大肆进行文化渗透。美国利用它在世界文化领域的霸主地位，到处以美国文化控制和占领别国的思想文化阵地，以美国的世界观、价值观和生活方式消解别国的民族文化和民族精神。文化力量的强弱，国际影响力的大小，已经成为决定国际竞争胜负的关键因素之一。面对全球经济中各种思想文化的相互激荡，以及西方国家对我国实行"西化""分化"的图谋，在这种复杂多变的国际环境中，我们必须立足国内现实、把握时代潮流，建设社会主义核心价值体系，大力弘扬和培育民族精神。民族精神是衡量一个国家综合国力强弱的重要尺度，培育和弘扬民族精神，是增强民族凝聚力、实现祖国统一大业的重要前提和精神纽带；是把人民团结起来、凝聚起来，把人民群众的生命力、创造力极大地发挥出来，使广大人民始终保持奋发有为、昂扬向上的精神状态的重要前提；也是形成万众一心、坚韧不拔、克服困难、夺取胜利的强大民族意志的精神纽带。民族精神和时代精神，是中华民族五千多年来生生不息、发展壮大的强大精神动力，也是中国人民在未来的岁月里薪火相传、继往开来的强大精神动力。在新的历史条件下，要实现中华民族的振兴发展，就必须把弘扬民族精神和时代精神结合起来、统一起来。

4. 社会主义核心价值体系是引导全社会思想道德共同进步的客观需要

思想道德是经济基础的反映，而不是脱离历史发展的抽象口号。我们建立的思想道德体系，应当同我国还处在社会主义初级阶段和已经初步建立社会主义市场经济体制的国情相适应，逐步建立日益完善、反映不同层次和不同职业要求，既要鼓励先进，又要照顾多数，把先进性要求同广泛性要求结合起来，对不同层次的人们提出不同的要求，形成具有很强引导力和规范力的道德体系，促进社会主义市场经济的健康发展；应当按照与社会主义法律规范相协调的要求，进一步把依法治国和以德治国结合起来，使法律和道德相辅相成、相互促进，把社会主义的道德观念渗透到我们的法律制度和社会生活的各个方面；应当按照与中华民族传统美德相承接的要求，进一步把中华民族刚健有为、仁爱和谐、追求正义、注重修养的优良传统发扬光大，使社会主义思想道德既具有民族特色，又具有鲜明的时代特征。

社会主义荣辱观是对社会主义思想道德体系全面系统、准确通俗的表达。它继承了中华民族传统美德，又发扬了我们党优秀道德传统，概括了社会主义思想道德建设的新鲜经验，集中体现了改革开放以来形成的时代精神和时代风尚。既体现了思想道德建设上的先进性要求，又体现了思想道德建设上的广泛性要求；既坚持了先进文化的前进方向，又符合不同层次群众的思想状况；既体现了一致的愿望和追求，又涵盖了不同的群体和阶层。"八荣八耻"涵盖了个人、集体、国家三者之间的关系，涉及人生态度、社会风尚等方方面面，体现了爱国主义、集体主义、社会主义思想，体现了依法治国与以德治国的结合，标志着我们党对社会主义思想道德建设规律认识的深化，对新形势下加强社会主义思想道德建设将产生积极而深远的影响。

建设社会主义核心价值体系，是我们党在思想文化建设上的一个重大理论创新，是在我国经济体制深刻变革、社会结构深刻变动、利益格局深刻调整、思想观念深刻变化的新形势下，凝聚和统一社会各阶层、各利益群体思想的有力武器，是社会主义制度的精神之魂，是社会主义意识形态大厦的基石，也是构建和谐社会、建设和谐文化的必然要求。

（二）培育和践行社会主义核心价值观

任何社会都存在多种多样的价值观念和价值取向，要把全社会意志和力量凝聚起来，必须有一套与经济基础和政治制度相适应并能形成广泛社会共识的核心价值观。核心价值观在一定社会的文化汇总中是起中轴作用的，是决定文化性质和方向的最深层次要素，是一个国家的重要稳定器。习近平总书记指出："人类社会发展的历史表明，对一个民族、一个国家来说，最持久、最深层的力量是全社会共同认可的核心价值观。"[①]

2012年11月召开的党的十八大对建设社会主义核心价值体系提出新的要求，明确提出"三个倡导"，即倡导富强、民主、文明、和谐；倡导自由、平等、公正、法治；倡导爱国、敬业、诚信、友善，积极培育社会主义核心价值观，这是对社会主义核心价值观的最新概括。2013年12月，中共中央办公厅印发《关于培育和践行社会主义核心价值观的意见》，明确提出以"三个倡导"为基本内容的社会主义核心价值观，与中国特色社会主义发展要求相契合，与中华优秀文化和人类文明优秀成果相承接，是我们党凝聚全党全社会价值共识做出的重要论断。

社会主义核心价值观是社会主义核心价值体系最深层的精神内核，是现阶段全

---

① 中共中央宣传部.用社会主义核心价值观凝心聚力——关于建设社会主义文化强国：习近平总书记系列重要讲话读本[M].北京：学习出版社，人民出版社，2016：189.

国人民对社会主义核心价值观具体内容的最大公约数的表述，具有强大的感召力、凝聚力和引导力。它把涉及国家、社会、公民三个层面的价值要求融为一体，深入回答了我们要建设什么样的国家、建设什么样的社会、培育什么样的公民的重大问题。习近平总书记指出，要"用社会主义核心价值观凝魂聚力，更好构筑中国精神、中国价值、中国力量，为中国特色社会主义事业提供源源不断的精神动力和道德滋养"①。必须通过教育引导、舆论宣传、文化熏陶、行为实践、制度保障等，使社会主义核心价值观内化于心、外化于行。

1. 融入国民社会教育全过程

培育和践行社会主义核心价值观，要着力培养担当民族复兴大任的时代新人。核心价值观建设，说到底是人的思想建设、灵魂建设，聚焦的是造就具有正确世界观、人生观、价值观的社会主义建设者。培养时代新人，要坚持立德树人、以文化人，弘扬民族精神和时代精神，加强爱国主义、集体主义、社会主义教育。持续深化社会主义思想道德建设，深入实施公民道德建设工程，加强和改进思想政治工作，推进新时代文明实践中心建设，不断提升人民思想觉悟、道德水准、文明素养和全社会文明程度。

培育和践行社会主义核心价值观，要注重全方位贯穿、深层次融入，在落细、落小、落实上下功夫。要使社会主义核心价值观的影响像空气一样无所不在、无时不有，成为百姓日用而不觉的行为准则。强化教育引导、实践养成、制度保障，把社会主义核心价值观融入社会发展各方面，引导全体人民自觉践行。坚持全民行动、干部带头，从家庭做起，从娃娃抓起。高度重视家风建设、学校教育，引导青少年扣好人生第一粒扣子。广泛开展先进模范学习宣传活动，营造崇尚英雄、学习英雄、捍卫英雄、关爱英雄的浓厚氛围，推动全社会形成见贤思齐的良好风气。把社会主义核心价值观的要求体现到宪法法律、法规规章和公共政策之中，转化为具有刚性约束力的法律规定。

2. 落实到经济发展实践和社会治理中

（1）确立经济发展目标和发展规划，出台经济社会政策和重大改革措施，开展各项生产经营活动，要遵循社会主义核心价值观要求，做到讲社会责任、讲社会效益，讲守法经营、讲公平竞争、讲诚信守约，形成有利于弘扬社会主义核心价值观的良好政策导向、利益机制和社会环境。与人们生产生活和现实利益密切相关的

---

① 中共中央宣传部.用社会主义核心价值观凝心聚力——关于建设社会主义文化强国，习近平总书记系列重要讲话读本 [M].北京：学习出版社，人民出版社，2016：190.

具体政策措施，要注重经济行为和价值导向有机统一，经济效益和社会效益有机统一，实现市场经济和道德建设良性互动。建立完善相应的政策评估和纠偏机制，防止出现具体政策措施与社会主义核心价值观相背离的现象。

（2）法律法规是推广社会主流价值的重要保证。要把社会主义核心价值观贯彻到依法治国、依法执政、依法行政实践中，落实到立法、执法、司法、普法和依法治理各个方面，用法律的权威来增强人们培育和践行社会主义核心价值观的自觉性。厉行法治，严格执法，公正司法，捍卫宪法和法律尊严，维护社会公平正义。加强法制宣传教育，培育社会主义法治文化，弘扬社会主义法治精神，增强全社会学法尊法守法用法意识。注重把社会主义核心价值观相关要求上升为具体法律规定，充分发挥法律的规范、引导、保障、促进作用，形成有利于培育和践行社会主义核心价值观的良好法治环境。

（3）要把践行社会主义核心价值观作为社会治理的重要内容，融入制度建设和治理工作中，形成科学有效的诉求表达机制、利益协调机制、矛盾调处机制、权益保障机制，最大限度增进社会和谐。创新社会治理，完善激励机制，褒奖善行义举，实现治理效能与道德提升相互促进，形成好人好报、恩将德报的正向效应。完善市民公约、村规民约、学生守则、行业规范，强化规章制度实施力度，在日常治理中鲜明彰显社会主流价值，使正确行为得到鼓励、错误行为受到谴责。

3. 加强宣传教育

（1）用社会主义核心价值观引领社会思潮、凝聚社会共识。深入开展中国特色社会主义和"中国梦"宣传教育，不断增强人们的道路自信、理论自信、制度自信，坚定全社会全面深化改革的意志和决心。把社会主义核心价值观学习教育纳入各级党委（党组）中心组学习计划，纳入各级党委讲师团经常性宣讲内容。深入研究社会主义核心价值观的理论和实际问题，深刻解读社会主义核心价值观的丰富内涵和实践要求，为实践发展提供学理支撑。深入推进马克思主义理论研究和建设工程，发挥国家社科基金的导向带动作用，推出更多有分量有价值的研究成果。加强社会思潮动态分析，强化社会热点难点问题的正面引导，在尊重差异中扩大社会认同，在包容多样中形成思想共识。严格社团、讲座、论坛、研讨会、报告会的管理。新闻媒体要发挥传播社会主流价值的主渠道作用。坚持团结稳定鼓劲、正面宣传为主，牢牢把握正确舆论导向，把社会主义核心价值观贯穿日常形势宣传、成就宣传、主题宣传、典型宣传、热点引导和舆论监督中，弘扬主旋律，传播正能量，不断巩固壮大积极健康向上的主流思想舆论。党报党刊、通讯社、电台电视台要拿出重要版面时段、推出专栏专题，出版社要推出专项出版，运用新闻报道、言论评论、访谈节目、专题节目和各类出版物等形式传播社会主义核心价值观。都市类、行业类媒体要增强传播主流价值的社会责任，积极发挥自身优势，适应分众化特点，多联系群众身边事例，多运用大众化语言，在生动活泼的宣传报道中引导人们培育和践行社会主义核心价值观。强化传播媒介管理，不为错误观点提供传播渠道。新闻出版单位和从业人员要强化行业自律，切实增强传播社会主义核心价值观的责任意识和能力，将个人道德修养作为从业资格考评重要内容。

（2）建设社会主义核心价值观的网上传播阵地。适应互联网快速发展形势，善于运用网络传播规律，把社会主义核心价值观体现到网络宣传、网络文化、网络服务中，用正面声音和先进文化占领网络阵地。做大做强重点新闻网站，发挥主要商业网站建设性作用，形成良好的网上舆论环境，集聚网上舆论引导合力。做好重大信息网上发布，回应网民关切，主动有效进行网上引导。推动中华优秀传统文化和当代文化精品网络化传播，创作适于新兴媒体传播、格调健康的网络文化作品。依法加强网络社会管理，加强对网络新技术新应用的管理，推进网络法制建设，规范网上信息传播秩序，整治网络淫秽色情和低俗信息，打击网络谣言和违法犯罪，使网络空间清朗起来。

（3）发挥精神文化产品育人化人的重要功能。一切文化产品、文化服务和文化活动，都要弘扬社会主义核心价值观，传递积极人生追求、高尚思想境界和健康生活情趣。提升文化产品的思想品格和艺术品位，用思想性艺术性观赏性相统一的优秀作品，弘扬真善美，贬斥假恶丑。加强对新型文化业态、文化样式的引导，让不同类型文化产品都成为弘扬社会主流价值的生动载体。加大对优秀文化产品的推广力度，开展优秀文化产品展演展映展播活动、经典作品阅读观看活动。完善文化产品评价体系，坚持文艺评论评奖的正确价值取向。完善公共文化服务体系，提供均等优质的文化产品，开展多姿多彩的文化活动，丰富群众精神文化生活。

习近平总书记强调，要使核心价值观的影响像空气一样无所不在、无时不有。培育和践行社会主义核心价值观，要与人们日常生活紧密联系起来，使人们在实践中感知它、领悟它，达到"百姓日用而不知"的程度，使之成为人们日常工作生活的基本遵循。建立和规范礼仪制度，组织开展形式多样的纪念庆典活动，传播主流价值，增强人们的认同感和归属感。把社会主义核心价值观的要求融入各种精神文明创建活动之中，利用各种时机和场合，形成有利于培育和弘扬社会主义核心价值观的生活场景和社会氛围。

四、推动社会主义文化繁荣兴盛，提高国家文化软实力

全面推进中国特色社会主义事业，必须加强社会主义文化建设。面对当今世界各国文化软实力的竞争、国家发展和人民生活改善对文化发展的要求，努力探索中国特色社会主义文化发展道路，推动社会主义文化大发展大繁荣，大力提升中国文化软实力，是摆在我们面前的一个重大而紧迫的课题，也是时代赋予我们的光荣使命。

（一）坚持中国特色社会主义文化发展道路

道路决定方向，中国特色社会主义文化发展道路，揭示了我国文化发展规律，是推动社会主义文化繁荣兴盛的唯一正确道路。这是由中国特色社会主义文化发展规律决定的，我们知道，文化发展要以先进文化为目标方向，而中国特色社会主义文化具有本质上的先进性。

在漫长的文明进程中，人类既创造了日益雄厚、日益发达的物质文明，又创造了源远流长、绚丽多姿的文化。作为上层建筑的重要组成部分，文化不仅呈现出民族性、地域性的特征，而且总是与一定的社会制度、社会发展阶段相联系的。纵观人类发展史，世界各个国家和民族因处于不同的发展阶段，具有不同的经济基础和政治制度，也就拥有不同性质、不同形态的文化。同时，由于社会历史文化条件的复杂性，性质和形态各异的文化也会在同一国家、同一民族并存共处，呈现出多元、多样、多变的状态。

先进文化顺应历史潮流，反映时代精神，代表国家和民族的发展方向，体现人民群众的根本利益。当今中国，作为文化的主体和主流，中国特色社会主义文化居于核心地位，代表和引领着中国先进文化的发展，具有其他文化无可比拟的先进性。其先进性主要体现在：

中国特色社会主义文化坚持以马克思主义为指导，具有鲜明的科学性。马克思主义是人类历史上迄今最先进、最科学的思想体系，是中国特色社会主义文化的核心和灵魂，指引着先进文化的前进方向。它揭示了人类社会发展的普遍规律，为人民大众提供了新的世界观、新的理想、新的道德和新的精神。当代中国的中国特色社会主义文化，反映马克思主义中国化、时代化、大众化的最新成果，高扬爱国主义、集体主义、社会主义的思想精神，为全社会提供着统一的指导思想、共同的理想信念和强大的精神支柱，展现出蓬勃的生命力。

中国特色社会主义文化坚持为最广大人民服务，具有鲜明的人民性。人民是社

会物质财富和精神财富的创造者和享有者。站在人民大众的立场上，坚持为人民服务、为社会主义服务的方向，是中国特色社会主义文化与封建主义、资本主义文化的本质区别，也是其先进性的根本体现。中国特色社会主义文化不是只为少数人垄断的精神奢侈品，而是来自于人民、发展于人民、服务于人民，由人民共建共享的文化。着眼培育有理想、有道德、有文化、有纪律的一代新人，不断满足人民群众日益增长的多样化、多层次、多方面精神文化需求，促进人的全面发展，是发展中国特色社会主义文化的根本目的和内在要求。

中国特色社会主义文化坚持面向现代化、面向世界、面向未来，具有鲜明的时代性。它内蕴着以改革创新为核心的时代精神，集中体现了解放思想、实事求是、与时俱进的品格，总是随着时代的发展而丰富自己的内容。中国特色社会主义文化深深植根于改革开放和社会主义现代化建设实践，融入人民群众开拓美好未来的历史进程，从波澜壮阔的现实生活中汲取营养，在历史的进步中实现文化进步，在人民群众的创造中进行文化创造，具有鲜明的时代特征和强烈的时代气息。

中国特色社会主义文化坚持继承与创新统一，具有鲜明的开放性。中国特色社会主义文化绝不抛弃以往时代的成就，而是吸收和借鉴人类思想文化发展中一切有价值的成果。邓小平同志强调指出："社会主义要赢得与资本主义相比较的优势，就必须大胆吸收和借鉴人类社会创造的一切文明成果。"当代中国的中国特色社会主义文化始终坚持继承和发扬中华民族的优秀传统文化，继承和发扬五四运动以来形成的革命文化传统，大力弘扬和培育以爱国主义为核心的民族精神。同时，又以博大的胸怀积极学习和借鉴世界各国人民创造的一切优秀文化成果，坚持古为今用、洋为中用，综合创造、推陈出新，熔铸为中华民族自强不息、发展壮大的强大精神支柱。

（二）建设具有强大凝聚力和引领力的社会主义意识形态

意识形态决定文化前进方向和发展道路。习近平总书记指出："意识形态工作是党的一项极端重要的工作，是为国家立心、为民族立魂的工作。"① 这就要求我们在繁荣发展中国特色社会主义文化、建设文化强国的同时，把建设具有强大凝聚力和引领力的社会主义意识形态放在文化发展的首位，使其引领中国特色社会主义文化不断开阔创新的发展境界。

首先，以社会主义核心价值体系引领文化发展方向，是建设具有强大凝聚力和

---

① 中共中央宣传部：习近平新时代中国特色社会主义思想学习纲要 [M]. 北京：人民出版社，2019：140.

引领力的社会主义意识形态的有效途径。

在当代中国，繁荣发展社会主义文化，最根本的是坚持用社会主义核心价值体系引领文化发展方向。社会主义核心价值体系是社会主义意识形态的本质体现，是中国特色社会主义文化的核心部分。它包括马克思主义指导思想、中国特色社会主义共同理想、以爱国主义为核心的民族精神和以改革创新为核心的时代精神、社会主义荣辱观等基本内容。它把我们党倡导的基本理论、思想观念和价值取向系统凝练地整合在一起，集社会主义价值理念之大成，决定着中国特色社会主义文化的性质和方向。党的十八大进一步强调"社会主义核心价值体系是兴国之魂，决定着中国特色社会主义发展方向。要深入开展社会主义核心价值体系学习教育，用社会主义核心价值体系引领社会思潮、凝聚社会共识"①。

当前，我国改革发展已进入关键时期，经济社会发展呈现出许多新的阶段性特征。特别是随着社会结构、社会组织形式和社会利益格局的深刻变化，社会思想观念和价值取向日趋活跃，主流的与非主流的同时并存，先进的与落后的相互交织。这既为社会发展进步注入了活力，也带来了社会文化思潮的纷纭激荡。面对多元、多样、多变的社会文化思潮，必须扎实推进社会主义核心价值体系建设，在认知、认同上下功夫，在贯穿、融入上下功夫，在践行、示范上下功夫，既尊重差异、包容多样，又有力抵御各种错误思潮、腐朽思想文化的影响和侵蚀，更好地凝魂聚气、强基固本，最大限度地凝聚社会共识。

其次，通过全面提高公民道德素质，夯实建设具有强大凝聚力和引领力的社会主义意识形态主体素质。

一个社会是否文明进步，一个国家能否长治久安，很大程度上取决于全体社会成员的思想道德素质高低。全面提高公民道德素质，是社会主义道德建设的基本任务。改革开放特别是党的十六大以来，我国公民道德建设取得长足进步，社会思想道德主流积极健康向上，人民群众展示出良好的精神风貌。这可以从我国科学发展、社会和谐的良好局面中得到生动反映，从近年来举办大事喜事、应对急事难事的成功实践中得到有力印证。同时也要清醒地看到，当前社会道德领域还存在不少亟待解决的突出问题，一些领域道德失范、诚信缺失，一些社会成员理想信念淡漠、人生观价值观扭曲，是非、善恶、美丑界限混淆，拜金主义、享乐主义、极端个人主义有所滋长，以权谋私、造假欺诈、见利忘义、损人利己现象时有发生。这

① 胡锦涛.坚定不移沿着中国特色社会主义道路前进为全面建成小康社会而奋斗[M].北京：人民出版社，2012：11.

些问题冲击着社会的道德底线，拷问着人们的道德良知，严重败坏社会风气，损害正常经济社会秩序。建设社会主义文化强国，必须把思想道德建设作为重要内容和中心环节。要坚持依法治国与以德治国相结合，加强社会公德、职业道德、家庭美德、个人品德教育，推进公民道德建设工程，加强和改进思想政治工作，深化群众性精神文明创建活动，广泛开展志愿服务，推动学雷锋活动、学习宣传道德模范常态化，弘扬中华传统美德，弘扬时代新风，引导人们自觉履行法定义务、社会责任、家庭责任，营造劳动光荣、创造伟大的社会氛围，培育知荣辱、讲正气、作奉献、促和谐的良好风尚。要针对道德领域存在的突出问题，深入开展专项教育和治理活动，加强政务诚信、商务诚信、社会诚信和司法公信建设，强化道德修养，强化职业操守，力争使社会道德状况明显好转。

最后，通过丰富人民精神文化生活，构筑建设具有强大凝聚力和引领力的社会主义意识形态的社会文化环境。

让人民享有健康丰富的精神文化生活，是全面建成小康社会的重要内容。要坚持以人民为中心的创作导向，关心人民命运，体察人民愿望，反映人民心声，在人民伟大创造中汲取营养，着力提高文化产品质量，为人民提供更好更多精神食粮。要深入实施广播电视村村通、社区和乡镇综合文化站、文化信息资源共享、农村电影放映、农家书屋等重点文化惠民工程，加大对农村和欠发达地区文化建设的帮扶力度，完善公共文化服务设施向社会免费开放服务，努力做到广覆盖、高水平、重实效，让人民广泛享有免费或优惠的基本公共文化服务。要积极推进优秀传统文化传承体系建设，从源远流长的传统文化、激昂奋进的革命文化、争奇斗艳的民族民间文化中汲取营养，大力弘扬中华优秀传统文化，建设中华民族共有精神家园。发展健康向上的网络文化，是社会主义文化建设的迫切任务，也是丰富人民精神文化生活的必然要求。要认真贯彻积极利用、科学发展、依法管理、确保安全的方针，加强和改进网络内容建设，加强网络社会管理，推进网络依法规范有序运行，唱响网上主旋律，使互联网等新兴媒体真正成为社会主义先进文化新阵地、公共文化服务新平台、人民精神文化新空间。

（三）推动中华优秀文化创造性转化、创新性发展

中华优秀传统文化是中华民族的根和魂，是中国特色社会主义植根的文化沃土。习近平总书记高度重视中华优秀传统文化，并将其作为治国理政的重要思想文化资源。他强调，中华优秀传统文化是中华民族的突出优势，是我们在世界文化激荡中站稳脚跟的根基。实现中华民族伟大复兴，必须结合新的时代条件传承和弘扬

中华优秀传统文化。

在人类文明历史长河中，中国人民创造了源远流长、博大精深的优秀传统文化，为中华民族生生不息、发展壮大提供了强大精神支撑。中华优秀传统文化的丰富哲学思想、人文精神、价值理念、道德规范等，蕴藏着解决当代人类面临的难题的重要启示，可以为人们认识和改造世界提供有益启迪，可以为治国理政提供有益启示，也可以为道德建设提供有益启发。

习近平总书记指出："不忘本来才能开辟未来，善于继承才能更好创新。"优秀传统文化是一个国家、一个民族传承和发展的根本，如果丢掉了，就割断了精神命脉。

中国共产党从成立之日起，既是中国先进文化的积极引领者和践行者，又是中华优秀传统文化的忠实传承者和弘扬者。要坚持马克思主义的方法，坚持古为今用、推陈出新，有鉴别地加以对待，有扬弃地予以继承。既不能片面地讲厚古薄今，也不能片面地讲厚今薄古，而是要本着科学的态度，继承和弘扬中华优秀传统文化，努力用中华民族创造的一切精神财富来以文化人、以文育人。

传承和弘扬中华优秀传统文化，要重点做好创造性转化和创新性发展，使之与现实文化相融相通。创造性转化，就是要按照时代特点和要求，对那些至今仍有借鉴价值的内涵和陈旧的表现形式加以改造，赋予其新的时代内涵和现代表达形式，激活其生命力。创新性发展，就是要按照时代的新进步新进展，对中华优秀传统文化的内涵加以补充、拓展、完善，增强其影响力和感召力。

传承和弘扬中华优秀传统文化，要认真汲取其中的思想精华和道德精髓。讲清楚中华优秀传统文化的历史渊源、发展脉络、基本走向，讲清楚其独特创造、价值理念、鲜明特色，增强文化自信和价值观自信。深入挖掘和阐发中华优秀传统文化讲仁爱、重民本、守诚信、崇正义、尚和合、求大同的时代价值，使之成为涵养社会主义核心价值观的重要源泉。系统梳理传统文化资源，让收藏在博物馆里的文物、陈列在广阔大地上的遗产、书写在古籍里的文字都活起来。

传承和弘扬中华优秀传统文化，并不意味着固步自封，闭上眼睛不看世界。中华民族是一个兼容并蓄、海纳百川的民族，在漫长历史进程中，不断学习他人的好东西，把他人的好东西化成自己的东西，这才形成我们的民族特色。文明因多样而交流，因交流而互鉴，因互鉴而发展。对各国人民创造的优秀文明成果，都应该采取学习借鉴的态度，都应该积极吸纳其中的有益成分。要坚持从本国本民族实际出发，坚持取长补短、择善而从，在不断汲取各种文明养分中丰富和发展中华文化。

（四）繁荣中国哲学社会科学，提高国家文化软实力

哲学社会科学是人们认识世界、改造世界的重要工具，是推动历史发展和社会进步的重要力量，具有鲜明的意识形态属性。坚持以马克思主义为指导，是当代中国哲学社会科学区别于其他哲学社会科学的根本标志。

坚持马克思主义在我国哲学社会科学领域的指导地位，首先要解决真懂真信的问题，核心要解决好为什么人的问题，最终要落实到怎么用上来。要把研究回答新时代重大理论和现实问题作为主攻方向，按照立足中国、借鉴国外，挖掘历史、把握当代，关怀人类、面向未来的思路，建设具有中国特色、中国风格、中国气派的哲学社会科学，着力体现继承性、民族性，体现原创性、时代性，体现系统性、专业性。深化马克思主义理论研究和建设，加强中国特色新型智库建设，形成有效支撑社会主义意识形态的学科体系、学术体系、话语体系，繁荣中国学术，发展中国理论，传播中国思想。

一方面，文化软实力集中体现了一个国家基于文化而具有的凝聚力和生命力，以及由此产生的吸引力和影响力。古往今来，任何一个大国的发展进程，既是经济总量、军事力量等硬实力提高的进程，也是价值观念、思想文化等软实力提高的进程。提高国家文化软实力，不仅关系我国在世界文化格局中的定位，而且关系我国国际地位和国际影响力，关系"两个一百年"奋斗目标和中华民族伟大复兴中国梦的实现。

另一方面，文化实力和竞争力是国家富强、民族振兴的重要标志，是建设社会主义文化强国的重要支撑。要坚持把社会效益放在首位、社会效益和经济效益相统一，推动文化事业全面繁荣、文化产业快速发展。要大力发展哲学社会科学、新闻出版、广播影视、文学艺术事业，加强重大公共文化工程和文化项目建设，优先安排关系人民群众切身文化利益的基础性文化设施建设，积极构建覆盖全社会的公共文化服务体系。要坚持走规模化、集约化、专业化的文化发展路子，实施重大文化产业项目带动战略，优化产业结构布局，促进文化与科技融合，打造一批骨干文化企业和文化品牌，发展新型文化业态，推动文化产业成为国民经济支柱性产业。要构建和发展技术先进、传输快捷、覆盖广泛的现代传播体系，丰富传播手段、拓展传播渠道、创新传播方式，扩大社会主义先进文化的传播力和影响力。要把改革与发展有机结合起来，增强国有公益性文化单位活力，完善经营性文化单位法人治理结构，繁荣文化市场，以改革促发展、促繁荣。要不断扩大文化领域对外开放，广泛参与世界文明对话，积极吸收借鉴国外优秀文化成果，推动中华文化走向世界，

增强中华文化在世界上的感召力和影响力。要积极营造有利于高素质文化人才大量涌现、健康成长的良好环境，表彰有杰出贡献的文化工作者，造就一批人民喜爱、有国际影响的名家大师和民族文化代表人物，为社会主义文化强国建设提供有力人才支撑。

提高国家文化软实力要"形于中"而"发于外"，切实把我们自身的文化建设好。要深化文化体制改革，完善文化管理体制，加快构建把社会效益放在首位、社会效益和经济效益相统一的体制机制，推动文化事业全面繁荣、文化产业快速发展，不断丰富人民精神世界、增强人民精神力量。推动公共文化服务标准化、均等化，坚持政府主导、社会参与、重心下移、共建共享，完善公共文化服务体系，提高基本公共文化服务的覆盖面和适用性，切实保障人民群众基本文化权益。大力推动文化领域供给侧结构性改革，推动文化产业高质量发展，健全现代文化产业体系和市场体系，推动各类文化市场主体发展壮大，培育新型文化业态和文化消费模式，增强文化整体实力和竞争力。

讲好中国故事是树立当代中国良好形象、提升国家文化软实力的重要战略任务。近年来，中国特色社会主义实践取得了举世瞩目的伟大成就，国际社会对中国奇迹产生愈加浓厚的兴趣，渴望破解中国成功的秘诀。同时，国际社会对我们的误解也不少，一些西方媒体仍然在"唱衰"中国。在这样复杂的形势下，尤其需要讲好中国故事，传播好中国声音，向世界展现一个真实的中国、立体的中国、全面的中国。

习近平总书记强调："我们有本事做好中国的事情，还没有本事讲好中国的故事？我们应该有这个信心！"中国故事怎么讲？根本在于传播理念，以理服人，以情动人，以我为主，融通中外。中国故事最精彩的主题，是讲清楚中国共产党为什么"能"、马克思主义为什么"行"、中国特色社会主义为什么"好"。要主动宣介习近平新时代中国特色社会主义思想，主动讲好中国共产党治国理政的故事、中国人民奋斗圆梦的故事、中国坚持和平发展合作共赢的故事，让世界更好了解中国。

讲好中国故事，是提高中华文化影响力的基本途径。要宣介优秀传统文化，把优秀传统文化的精神标识提炼出来、展示出来，把优秀传统文化中具有当代价值、世界意义的文化精髓提炼出来、展示出来。传播优秀当代文化，着力推动反映当代中国发展进步的价值理念、文艺精品、文化成果走向海外，努力进入主流市场、影响主流人群。整合各类资源，推动内宣外宣一体发展，奏响交响乐、唱响大合唱，把中国故事讲得愈来愈精彩，让中国声音愈来愈洪亮。

　　讲好中国故事，要形成同我国综合国力相适应的国际话语权。落后就要挨打，贫穷就要挨饿，失语就要挨骂。形象地讲，长期以来，我们党带领人民就是要不断解决"挨打""挨饿""挨骂"这三大问题。经过几代人不懈奋斗，前两个问题基本得到解决，但"挨骂"问题还没有得到根本解决。要下大气力加强国际传播能力建设，完善国际传播工作格局，提升中国话语的国际影响力，让全世界都能听到并听清中国声音。加强对外话语体系建设，创新对外话语表达方式，打造融通中外的新概念新范畴新表述，增强文化传播亲和力，让当代中国形象在世界上不断树立和闪亮起来。

　　总而言之，实现中华文化的伟大复兴，建设文化强国，大力提升中国文化"软实力"，是当代中国强国使命所在，且任重而道远。党的十八大报告科学把握当今文化发展趋势和我国文化发展方位，从坚持和发展中国特色社会主义的政治高度和宽广视野，深刻阐述了加强文化建设的重要性和紧迫性，明确提出了建设社会主义文化强国的大政方针和目标要求。我们一定要高举社会主义先进文化旗帜，树立高度的文化自觉和文化自信，扎实推进社会主义文化强国建设，开创全民族文化创造活力持续迸发、社会文化生活更加丰富多彩、人民基本文化权益得到更好保障、人民思想道德素质和科学文化素质全面提高、中华文化国际影响力不断增强的新局面，再现中华文化辉煌。

参考文献：

1. 习近平.习近平谈治国理政：第1卷 [M].北京：外文出版社，2018.
2. 习近平.习近平谈治国理政：第2卷 [M].北京：外文出版社，2017.
3. 习近平.习近平谈治国理政：第3卷 [M].北京：外文出版社，2020.
4. 中共中央关于坚持和完善中国特色社会主义制度推进国家治理体系和治理能力现代化若干重大问题的决定 [M].北京：人民出版社，2019.
5. 中共中央宣传部.习近平新时代中国特色社会主义思想学习纲要 [M].北京：人民出版社，2019.
6. 中共中央宣传部.习近平新时代中国特色社会主义思想三十讲 [M].北京：学习出版社，2018.

思考题：

1. 中国特色社会社会文化构成及其关系是什么？

2. 如何坚持中国特色社会主义文化发展道路？

3. 讲好中国故事的有效路径有哪些？我们该怎么去讲好中国故事？

新时代中国特色社会主义社会建设理论与实践

推进中国特色社会主义社会建设是实现社会和谐、人民幸福的重要保证。中国共产党自诞生之日起，就把建立一个和谐美好的社会作为自己的崇高目标，带领全国各族人民为创造更加幸福美好的生活而不懈奋斗。新中国成立以来，特别是改革开放以来，我们党在总结社会主义建设和发展的经验与教训的基础上，对社会发展规律的认识不断深化，把以改善民生为重点的社会建设放在重要位置，促进社会和谐，取得了巨大的成就。当前我国发展进入了一个既充满着新的机遇、又面临着各种新的挑战的新时期。我们党关于新时代中国特色社会主义社会建设新理念新思想新政策的提出，是基于应对复杂多变的国际形势，应对当代中国社会转型期凸显的各种错综复杂的矛盾，为建设中国特色社会主义伟大事业做出的重大战略部署，对提高人民生活水平，促进社会的和谐稳定和国家的繁荣富强具有重要意义。党的十八大报告明确指出："社会和谐是中国特色社会主义的本质属性。要把保障和改善民生放在更加突出的位置，加强和创新社会管理，正确处理改革发展稳定的关系，团结一切可以团结的力量，最大限度增加和谐因素，增强社会创造活力，确保人民安居乐业、社会安定有序、国家长治久安。"进入新时代，党的十九大报告明确指出："带领人民创造美好生活，是我们党始终不渝的奋斗目标。必须始终把人民利益摆在至高无上的地位，让改革发展成果更多更公平惠及全体人民，朝着实现全体人民共同富裕不断迈进。"

一、中国特色社会主义社会建设基本理论

党的十六届六中全会通过了《中共中央关于构建社会主义和谐社会若干重大问题的决定》，把社会和谐作为社会主义的本质属性。党的十八大以来，以习近平同志为核心的党中央提出了带领人民创造更加幸福美好生活，建设中国特色社会主义美好社会的一系列战略部署。期盼社会和谐、生活幸福是符合马克思关于科学社会主义理论的精神实质的，是和中国历史、文化、国情密切结合的，是对马克思主义关于社会建设和发展理论的创新。中国特色社会主义建设理论是中国特色社会主义

宏大理论体系中的重要内容构成。

（一）中国特色社会主义社会建设的理论渊源

1. 中国传统文化关于理想社会的经典论述

孔子提倡"礼之用，和为贵""和而不同"；墨子提出"兼相爱""爱无差"；孟子描绘了"老吾老以及人之老，幼吾幼以及人之幼"的社会状态。《礼记·礼运》中描绘了"大道之行也，天下为公，选贤与能，讲信修睦。故人不独亲其亲，不独子其子，使老有所终，壮有所用，幼有所长，鳏、寡、孤、独、废疾者皆有所养，男有分，女有归。货恶其弃于地也，不必藏于己；力恶其不出于身也，不必为己。是故谋闭而不兴，盗窃乱贼而不作，故外户而不闭，是谓大同"的理想社会状态。太平天国运动的领袖洪秀全提出要建立"有田同耕，有饭同食，有衣同穿，有钱同使，无处不均匀，无人不饱暖"的社会；康有为在《大同书》中提出了要建立一个"人人相亲，人人平等，天下为公"的理想社会。这些对理想社会生活状态的描述，与马克思主义关于社会主义、共产主义社会的认识有相似之处，为当前中国特色社会主义社会建设提供了理论来源。正如胡锦涛同志所说，这些思想"虽然带有不同时代和提出者阶级地位的烙印，但都在一定程度上反映了广大人民群众对美好生活的向往。当然，在存在阶级压迫和阶级剥削的旧制度下，这些设想是根本无法实现的"。

2. 西方空想社会主义者的社会理想

1803年，法国空想社会主义者傅立叶发表《全世界和谐》一文，指出资本主义制度必将为"和谐制度"所代替；1824年，英国空想社会主义者欧文把他在美国印第安纳州进行的共产主义试验，命名为"新和谐公社"。"新和谐公社"是欧文建立的理想社会模型。19世纪初欧文在新拉纳克自己管理的工厂中进行改革，为工人开设供应廉价物品的商店，把劳动时间缩短到10个半小时，提高工人工资，改善工人居住条件，为工人子女开办托儿所、幼儿园和师范学校等。新拉纳克的试验取得了巨大成就。1823年欧文提出建设共产主义新村计划，试图让他的理想更大规模地变为现实。"新和谐公社"规定，全体成员按照年龄大小从事各种有益的劳动。5—7岁儿童，一律无条件入学；8—10岁儿童除学习外，还要参加公益劳动；12岁以上青少年，要学习文化知识和进行工作实践；20—25岁的青年人，是公社建设的主力；25—30岁，主要从事公社保卫、产品分配和科研创造等工作；30—40岁的人负责组织管理协调；40—60岁负责对外交往；60岁以上的老人负责捍卫宪法，监督宪法的实施落实等。这样一来，"新和谐公社"所有成员各司其职，各尽所能，"和谐"相处。但是，"新和谐公社"并不是与世隔绝的。它处在整个资本主义的重重包围之中。而且，参加公社的人形形色色，抱有各种目的和想法，社员之间不久就产生了各种矛盾，变得不像预想的那么"和谐"了。再者，欧文的建设理论也有致命的弱点。按照欧文的设计，公社成员的活动目的只要满足本社成员的需要就可以了，所以导致公社生产少而消费多，产生了生产的产品少而公社成员消费多的矛盾；同时公社成员文化教育程度差异大，导致脑力劳动者日趋增多，而体力劳动者日渐减少，技术工人匮乏，工厂的生产被迫停顿，甚至连当时最先进的机器也不得不闲置起来。这种生产不足、消费渐增的情况，使欧文再也没钱来补贴公社的亏损。4年后，公社宣告破产。"新和谐公社"虽然最终失败，但是，以欧文为代表的空想家们，毕竟在资本主义制度下，为实现人人平等的理想社会进行了一次有意义的尝试。这种尝试及其思想，为后来马克思主义的产生起到了重要作用。

3. 马克思主义关于未来社会的主要思想

马克思、恩格斯在继承空想社会主义者的思想成果的基础上，创立了科学社会主义理论，勾画了美好社会的蓝图，指明了实现美好社会理想的正确途径。按照马克思、恩格斯的设想，未来社会将在打碎旧的国家机器、消灭私有制的基础上，消除阶级之间、城乡之间、脑力劳动和体力劳动之间的对立和差别，极大地调动全体劳动者的积极性，使社会物质财富极大丰富、人民精神境界极大提高，实行各尽所能、各取所需，实现每个人自由而全面的发展，在人与人之间、人与自然之间都形成和谐的关系。马克思、恩格斯关于未来社会的设想，指明了人类社会未来发展的总趋势。《共产党宣言》中明确提出："代替那存在着阶级和阶级对立的资产阶级旧社会的，将是这样一个联合体，在那里每个人的自由发展是一切人的自由发展的条件。"[①]

4. 中国共产党中国特色社会主义社会建设的理论

中国特色社会主义社会建设理论，是对马克思主义关于社会发展理论的创新，是把马克思主义的基本原理同中国的文化、历史、国情相结合的产物。我们党对社会主义社会建设的认识和实践，经历了理论和实践上的初步探索、逐步深化展开、全面加强建设的历史过程。

从1921年中国共产党成立到1949年新中国建立这一时期，我们党的主要任务是推翻帝国主义、封建主义、官僚资本主义三座大山，实现民族独立和人民解放，社会建设当时难以摆上重要议事日程。但是，中国共产党在取得局部政权的中央苏区和陕甘宁边区对社会建设做了初步探索。

① 马克思恩格斯选集（1）[M]. 北京：人民出版社，1995:294.

新中国成立后，随着社会主义改造的完成，人民当家做主的社会主义制度逐步确立。中国共产党开始了社会主义社会建设理论和实践的初步探索，其中毛泽东思想中包含着和谐社会建设的内容。我们党团结带领全国各族人民进行伟大的社会革命，根本目的就是让人民过上好日子。早在1934年，毛泽东同志明确指出："一切群众的实际生活问题，都是我们应当注意的问题。假如我们对这些问题注意了、解决了，满足了群众的需要，我们就真正成了群众生活的组织者，群众就会真正围绕在我们的周围，热烈地拥护我们。"①党的一切工作始终把人民的利益摆在至高无上的位置，坚持把人民群众的小事当作自己的大事，从人民群众关心的事情做起，从让人民群众满意的事情做起。新中国成立之初，在社会管理上，我们党就在一些大城市建立了居民委员会，形成了基层群众自治的雏形；在社会保障上，社会救济等相应制度初步建立。这些思想对和谐社会建设的探索具有奠基意义。

党的十一届三中全会为我党加强社会建设提供了新思路。邓小平同志提出的社会主义本质论即社会主义的本质是解放生产力，发展生产力，消灭剥削，消除两极分化，最终达到共同富裕的观点；"三步走"的社会发展战略；物质文明建设与精神文明建设两手抓，两手都要硬的观点；改革是社会主义社会发展的动力等一系列重大战略思想，推进了我党关于社会主义社会建设理论的发展。

进入新世纪，江泽民同志针对国内外形势的发展变化，提出中国共产党要始终代表先进生产力的发展要求，始终代表先进文化的前进方向，始终代表最广大人民的根本利益的"三个代表"重要思想；要"尊重劳动、尊重知识、尊重人才、尊重创造"，要"推进各项社会事业健康发展，使社会更加和谐"等重大战略思想，丰富和发展了我党关于社会主义社会建设的理论。

构建社会主义和谐社会，是我们党从全面建设小康社会、开创中国特色社会主义事业新局面的全局出发提出的一项重大任务。党的十六大报告，第一次提出了"社会和谐"的概念，明确把社会更加和谐列为全面建设小康社会的一个重要目标。胡锦涛同志在党的十六届四中全会上第一次明确提出"构建社会主义和谐社会"的任务和目标。党的十六届六中全会审议通过的《中共中央关于构建社会主义和谐社会若干重大问题的决定》，全面阐明了社会主义和谐社会的性质和定位，对推进社会主义和谐社会建设做出了全面部署。党的十七大再次强调了构建和谐社会的重要性，并对以改善民生为重点的社会建设作了全面部署。党的十八大指出：在改善民生和创新管理中加强社会建设。必须从维护最广大人民根本利益的高度，加快健全

---

① 毛泽东. 毛泽东选集（1）[M]. 北京：人民出版社，1991：136-137.

基本公共服务体系，加强和创新社会管理，推动社会主义和谐社会建设。必须以保障和改善民生为重点，在学有所教、劳有所得、病有所医、老有所养、住有所居上持续取得新进展，努力让人民过上更好生活。

以习近平同志为核心的党中央着眼于全面建成小康社会、实现中华民族伟大复兴的"中国梦"，对加强社会主义和谐社会建设提出许多新的要求、做出许多新的部署。党的十八届三中全会通过的《中共中央关于全面深化改革若干重大问题的决定》，将中国特色社会主义和"中国梦"紧密连结在一起，向全党发出全面深化改革的动员令："谱写改革开放伟大事业历史新篇章，为全面建成小康社会、不断夺取中国特色社会主义新胜利、实现中华民族伟大复兴的'中国梦'而奋斗！"实现"中国梦"，必须坚定不移地走中国特色社会主义道路，要通过深化社会体制改革来推进和加强社会建设，让发展成果更多更公平惠及全体人民。党的十八届四中全会通过的《中共中央关于全面推进依法治国若干重大问题的决定》，对"增强全民法治观念，推进法治社会建设"提出了明确要求，为法治社会建设指明了前进方向。党的十八届五中全会通过的《中共中央关于制定国民经济和社会发展第十三个五年规划的建议》，确定了"十三五"时期我国经济社会发展的指导思想、目标任务和重大举措。这是此后五年我国发展的宏伟蓝图，也是指导社会建设的纲领性文件。党的十九大明确指出："必须多谋民生之利、多解民生之忧，在发展中补齐民生短板、促进社会公平正义，在幼有所育、学有所教、劳有所得、病有所医、老有所养、住有所居、弱有所扶上不断取得新进展，深入开展脱贫攻坚，保证全体人民在共建共享发展中有更多获得感，不断促进人的全面发展、全体人民共同富裕。建设平安中国，加强和创新社会治理，维护社会和谐稳定，确保国家长治久安、人民安居乐业。"以此为标志，中国特色社会主义进入新时代，中国特色社会主义社会建设进入一个全面推进的历史阶段。

（二）推进中国特色社会主义社会建设的现实依据

1. 这是我们抓住和用好重要战略机遇期、实现社会主义现代化宏伟目标的必然要求

21世纪头20年对我国来说是重要的战略机遇期，这一时期和平与发展依然是时代的主题和特征，我们要努力把握好这个战略机遇期。改革开放以来，中国发生了巨大的变化，所取得的成就举世瞩目。党的十八大以来，面对世界经济复苏乏力、局部冲突和动荡频发、全球性问题加剧的外部环境，面对我国经济发展进入新常态等一系列深刻变化，坚持稳中求进工作总基调，迎难而上，开拓进取，取得了

改革开放和社会主义现代化建设的历史性成就。但是，同时我们又必须清醒地看到，我国当前的主要矛盾已经转化为人民日益增长的美好生活需要和不平衡不充分的发展之间的矛盾，这对保障和改善民生、加强和创新社会治理提出了新要求。要着力解决好发展不平衡不充分的问题，提升发展质量和效益，更好满足人民在政治、经济、文化、社会、生态文明等方面的需求。

我国社会发展进入一个关键的时期，即在全面建成小康社会基础上进入全面开启社会主义现代化建设的新时期。全面建成小康社会，为全面建成社会主义现代化强国奠定了牢靠的基础，这是中国历史上亘古未有的伟大跨越，也是中国对人类社会的伟大贡献。站在历史新的更高起点上，以习近平同志为核心的党中央综合分析国际国内形势和我国发展条件，对新时代推进社会主义现代化建设作出新的顶层设计，提出从 2020 年到 21 世纪中叶，在全面建成小康社会的基础上，分"两步走"全面建成社会主义现代化强国。从全面建成小康社会到基本实现现代化，再到全面建成社会主义现代化强国，是新时代中国特色社会主义发展的战略安排。其中，第一个阶段，从 2020 年到 2035 年，在全面建成小康社会的基础上，基本实现社会主义现代化，从而使我国经济实力、科技实力大幅跃升，跻身创新型国家前列；人民平等参与、平等发展权利得到充分保障，法治国家、法治政府、法治社会基本建成，各方面制度更加完善，国家治理体系和治理能力现代化基本实现；社会文明程度达到新的高度，国家文化软实力显著增强，中华文化影响更加广泛深入；人民生活更为宽裕，中等收入群体比例明显提高，城乡区域发展差距和居民生活水平差距显著缩小，基本公共服务均等化基本实现，全体人民共同富裕迈出坚实步伐；现代社会治理格局基本形成，社会充满活力又和谐有序；生态环境根本好转，美丽中国目标基本实现。其中就内含了社会建设的繁重任务。而当前，我国社会呈现总体和谐的同时，也存在诸多矛盾和问题：城乡之间、区域之间、经济与社会发展之间还很不平衡；人口资源环境压力加大；就业、社会保障、收入分配、教育、医疗、住房、安全生产、社会治安等方面关系群众切身利益的问题还比较突出；体制机制尚不完善，民主法制还不健全；一些社会成员诚信缺失，道德失范，一些领导干部的素质、能力和作风与新形势、新任务的要求还不适应；一些领域的腐败现象仍然比较严重；敌对势力的渗透破坏活动危及国家安全和社会稳定。这些问题如果处理解决不好，就会严重地影响社会的和谐稳定和社会发展的大局。而我们党要抓住机遇、迎接挑战，把中国特色社会主义事业推向前进，就必须坚持以经济建设为中心，把新时代中国特色社会主义社会建设事业摆在更加突出的位置。

2. 这是我们把握复杂多变的国际形势，有力应对来自国际环境的各种挑战和风险的必然要求

当前我们面临的发展机遇和挑战是并存的。和平、发展、合作成为时代潮流，世界多极化和经济全球化的趋势深入发展，科技进步日新月异。同时，国际环境复杂多变，综合国力竞争日趋激烈，影响和平与发展的不稳定、不确定因素增多，我们仍将长期面对发达国家在经济科技等方面占优势的压力。在这种复杂多变的国际形势之下，我们要有力地应对来自外部的各种挑战和风险，就应该着手解决国内存在的各种矛盾和化解不和谐因素。如果我们能始终保持国家统一、民族团结、社会稳定这样一种局面，我们就能够应对来自国际方面的挑战。所以，推进中国特色社会主义社会建设，是我们党集中全党全民族的智慧和力量，全面推进中国特色社会主义事业的一种重要保障。

3. 这是巩固党执政地位的社会基础、实现党执政历史任务的必然要求

作为执政党，如果要长期执政，持续发展，最重要是获得人民群众的支持。中国共产党肩负着实现和继续推进现代化建设、完成祖国统一、维护世界和平和促进共同发展这三大历史任务，要完成这一艰巨的历史任务，就需要通过构建中国特色社会主义社会，解决人民最关心、最迫切想要解决问题，从而巩固党的执政基础。促进社会和谐，增进民生福祉，是我们党立党为公、执政为民的本质要求，也是实现好、维护好、发展好最广大人民利益的重要体现。当前，要牢固地树立和落实科学发展观，按照"五个统筹"的要求，来推动经济社会的全面协调和持续发展，发展党内的民主和人民民主，充分地调动一切积极因素。要坚持以人为本，始终把人民的根本利益作为党和国家全部工作的根本出发点和落脚点，巩固党的执政地位，扩大党的群众基础。

（三）中国特色社会主义社会建设的主要内涵

中国特色社会主义社会建设，关乎民生，关乎国家长治久安，是中国特色社会主义"五位一体"总体布局的重要组成部分，在"四个全面"战略布局中具有举足轻重的地位和作用。党的十八大以来，习近平总书记高度重视社会建设，从党和人民事业发展的高度，做出一系列重要论述和重大部署，不断推动中国特色社会主义社会建设在理论和实践上取得一系列重大成就。

1. 增进民生福祉是发展的根本目的

"民惟邦本，本固邦宁。"民生是人民幸福之基、社会和谐之本。增进民生福祉是我们党坚持立党为公、执政为民的本质要求。带领人民创造美好生活，是我们党

始终不渝的奋斗目标。习近平总书记指出："让老百姓过上好日子是我们一切工作的出发点和落脚点。"

保障和改善民生，是推动发展的根本目的。"治国有常，而利民为本。"我们的发展是以人民为中心的发展，人民群众是发展的主体，也是发展的最大受益者。习近平总书记指出："以人民为中心的发展思想，不是一个抽象的、玄奥的概念，不能只停留在口头上、止步于思想环节，而要体现在经济社会发展各环节。"要始终坚持发展为了人民、发展成果由人民共享，在推动经济继续健康发展的基础上，保证全体人民在共建共享发展中有更多获得感，让社会主义制度的优越性得到充分体现。

坚持在推动经济发展中，保障和改善民生。我国社会主要矛盾转化为人民日益增长的美好生活需要和不平衡不充分的发展之间的矛盾，对继续在发展中保障和改善民生提出了新的要求。经济发展是民生改善的物质基础，离开经济发展谈改善民生是无源之水，无本之木。持续不断改善民生，既能有效解决群众的后顾之忧，调动人民发展的积极性，又可以增进社会消费预期，催生新的经济增长点，为经济发展、转型升级提供强大的内生产力。因此，既要通过发展经济为持续改善民生奠定坚实的物质基础，又要通过改善民生为经济发展创造有效需求，使民生改善和经济发展良性循环、相得益彰。

2. 紧紧抓住人民群众最关心最直接最现实的利益问题

民生工作离老百姓最近，同老百姓生活最密切。习近平总书记指出："共产党就是为人民谋幸福的，人民群众什么方面感觉不幸福、不快乐、不满意，我们就在哪方面下功夫，千方百计为群众排忧解难。"

人民群众最期盼、最关心的问题是什么？人民群众最期盼更好的教育、更稳定的工作、更满意的收入、更可靠的社会保障、更高水平的医疗卫生服务、更舒适的居住条件、更美的环境，期盼着孩子们能成长得更好、工作得更好、生活得更好。要针对群众最关心最直接最现实的利益问题，统筹做好教育、就业、收入分配、医疗卫生等方面工作，让群众看到变化，得到实惠。诸如优先发展教育事业，实现更高质量和更充分的就业，促进收入分配更合理、更有序，加强社会保障体系建设，实施"健康中国"战略等。

民生无小事，枝叶总关情。习近平总书记强调，时刻都要想着那些生活中还有难处的群众。在保障和改善民生过程中，要格外关注困难群众，时刻把他们的安危冷暖放在心上，关心他们的疾苦，千方百计帮助他们排忧解难。要多做一些雪中送炭、急人之困的工作，少做一些锦上添花、花上垒花的虚功。

3. 坚决打赢脱贫攻坚战

消除贫困、改善民生，是我们党的重要使命。习近平总书记指出："贫穷不是社会主义。如果贫困地区长期贫困，面貌长期得不到改变，群众生活长期得不到明显提高，那就没有体现我国社会主义制度的优越性，那也不是社会主义。"

党的十八大以来，以习近平同志为核心的党中央实施精准扶贫、精准脱贫，加大扶贫投入，创新扶贫方式，扶贫开发工作呈现新局面，脱贫攻坚战取得决定性进展。经过长期持续努力，我们成功走出了一条中国特色扶贫道路，使 7 亿多贫困人口成功脱贫，为全面建成小康社会打下坚实基础。我国成为世界上减少贫困人口最多的国家，也是世界上率先完成联合国千年发展目标的国家，这足以向世界证明中国共产党领导的中国特色社会主义制度的优越性。

（四）推进中国特色社会主义社会建设的重要意义

推进中国特色社会主义社会建设是我国经济社会发展的必然要求和当代中国人民的共同愿望，是贯彻科学发展观、推动经济社会又好又快发展的重大战略举措，对于全面建成小康社会，加快推进社会主义现代化具有非常重要的意义。

1. 丰富和发展了马克思主义关于社会主义社会建设的理论

这是对人类社会发展规律认识的深化。马克思、恩格斯创立的辩证唯物主义和历史唯物主义揭示了人与人、人与自然、人与社会之间的辩证关系，揭示了社会系统各要素之间普遍联系、相互作用的客观规律，揭示了人类社会的内在本质、历史进程和发展趋势，为人们关于社会和谐的理想追求奠定了科学的理论基础。马克思主义认为，未来理想社会是生产力高度发达和人的精神境界得到提高的社会，是每个人自由而全面发展的和谐社会。我们党提出构建社会主义和谐社会，是从我国社会主义初级阶段的实际出发，创造性地运用马克思主义社会建设理论，使社会和谐、人民幸福逐步成为我国发展的奋斗目标和行动纲领。这有利于更好地坚持和发展科学社会主义的基本理论，有利于更好地在中国坚持和发展社会主义制度，有利于更好地开创人类文明发展的新道路和新境界。

2. 丰富和发展了中国特色社会主义理论

这是对社会主义建设规律认识的深化。中国特色社会主义社会是全面协调发展的社会。党的十二大提出了我国现代化建设"三步走"战略，制定了包括经济富强、政治民主、精神文明在内的"三位一体"现代化建设总体布局。进入 21 世纪新阶段，我们党又提出构建社会主义和谐社会，强调"社会和谐是中国特色社会主义的本质属性"，使社会主义现代化建设的总体布局，由经济富强、政治民主、精神文明的"三位一体"扩展为包括和谐社会建设在内的"四位一体"。这不仅深化了对社会主义本质的认识，丰富和发展了中国特色社会主义理论体系，而且拓宽了中国特色社会主义发展道路，开创了社会主义现代化建设的新思路和新局面。党的十八大把全面协调可持续作为深入贯彻落实科学发展观的基本要求，将生态文明建设与经济建设、政治建设、文化建设、社会建设并列，提出了"五位一体"的总体布局，促进现代化建设各方面相协调，促进生产关系与生产力、上层建筑与经济基础相协调，不断开拓生产发展、生活富裕、生态良好的文明发展道路。

3. 丰富和发展了马克思主义党的建设和执政理论

这是对共产党执政规律认识的深化。中国共产党作为中国特色社会主义事业的领导核心，只有正确把握和运用执政规律，不断提高执政能力，才能顺利推进中国特色社会主义伟大事业。党的十六届四中全会把"使党始终成为立党为公、执政为民的执政党"作为党的执政能力建设的总体目标之一，要求权为民所用、情为民所系、利为民所谋，保证人民群众共享改革发展的成果。推进中国特色社会主义社会建设，正是"立党为公、执政为民"的内在要求，反映了党对执政本质和执政方式的新认识，是对马克思主义党的建设和执政理论的创造性运用和发展。大力推进中国特色社会主义社会建设，切实维护社会公平和正义，有利于更好地调动广大人民群众的积极性，巩固党的领导地位和执政地位，发挥党的政治优势和社会主义制度的优越性，为实现全面建成小康社会的目标提供强有力的组织和政治保障。

二、中国共产党领导的中国特色社会主义社会建设实践

实现社会和谐，建设美好社会，始终是人类孜孜以求的社会理想。建党近百年来，中国共产党为此进行了艰苦卓绝的探索，在领导革命、建设、改革的长期实践中，不断探索和发展了具有中国特色的社会主义社会建设理论，取得了举世瞩目的伟大成就，积累了丰富的理论和实践经验。社会主义和谐社会，是民主法治、公平正义、诚信友爱、充满活力、安定有序、人与自然和谐相处的社会。中国特色社会主义社会要使改革发展成果更多更公平惠及全体人民，朝着实现全体人民共同富裕不断迈进。我们党在领导中国特色社会主义社会建设的进程中，尤其是改革开放以来从制度建设、改善民生、扩大就业、改革收入分配制度、完善社会保障体系、加强社会管理、转变政府职能等方面做出了努力，取得了辉煌的成就。

（一）在实践中不断完善党的执政理念，促进经济社会全面发展

党的十一届三中全会以后，在深刻总结中国社会主义发展经验教训的基础上，

抛弃了"以阶级斗争为纲"的错误方针，把党和国家的工作重点转移到社会主义现代化建设上来，坚定不移地实行改革开放，实现了党和国家历史发展的一次伟大转折，开辟了建设中国特色社会主义的新道路。党的十二大提出了建设有中国特色社会主义；党的十三大制定了党在社会主义初级阶段的基本路线；党的十四大确立了社会主义市场经济的目标，新一轮改革全面展开。"三步走"战略的第二步目标在20世纪末实现。从党的十六大开始，进入全面建设小康社会、加快现代化建设的新阶段。党的十六届三中全会做出了完善社会主义市场经济体制的决定。以胡锦涛同志为核心的党中央提出科学发展观，经济建设按照以人为本和全面、协调、可持续的要求进一步展开。2006年10月，党的十六届六中全会通过了《中共中央关于构建社会主义和谐社会若干重大问题的决定》，提出了构建社会主义和谐社会的重大战略任务，从而使中国特色社会主义事业总体布局更加明确地发展成为经济建设、政治建设、文化建设、社会建设"四位一体"。这标志着我们党对中国特色社会主义建设事业的认识达到了一个新的高度。站在新的历史方位，党的十九大对我国社会主义现代化建设作出新的战略部署，明确以经济建设、政治建设、文化建设、社会建设、生态文明建设"五位一体"的总体布局推进中国特色社会主义事业，共同致力于全面提升我国物质文明、政治文明、精神文明、社会文明、生态文明，统一于把我国建成富强民主文明和谐美丽的社会主义现代化强国的新目标。

　　新中国成立以来特别是改革开放40多年来，中国共产党"由革命党转变为执政党"，执政理念也由"斗争思维"转向"和谐思维"，围绕发展这个主题，以和谐社会建设为目标，推进了中国特色社会主义理论和实践的探索，形成了中国特色社会主义理论体系，开辟了中国特色社会主义道路。国民经济持续较快增长，经济总量不断扩大，经济实力和综合国力极大增强。2020年全年国内生产总值达1015986亿元，比上年增长2.3%。年末国家外汇储备32165亿美元，比上年末增加1086亿美元。城乡居民收入持续增长，消费支出稳步扩大，人民生活水平得到极大提高，2020年全年全国居民人均可支配收入32189元，其中城镇居民人均可支配收入43834元，比上年增长3.5%。农村居民人均可支配收入17131元，比上年增长6.9%。党的十八大以来，9899万农村贫困人口全部实现脱贫，贫困县全部摘帽，绝对贫困历史性消除。2020年全年贫困地区农村居民人均可支配收入12588元，比上年增长8.8%。2020年我国经济运行逐季改善、逐步恢复常态，在全球主要经济体中唯一实现经济正增长，脱贫攻坚战取得全面胜利，决胜全面建成小康社会取得决定性成就。① 社会文明程度显著提升，民主法治建设不断加强，依法治国深入推进，教育、科学、卫生等社会事业全面发展，文化事业和文化产业日益繁荣，人民群众的思想道德素质和科学文化素质明显提高，民族凝聚力和向心力空前增强，全社会焕发出蓬勃向上的精神风貌。

（二）以实现公平正义为目标，加强社会制度建设

公平正义是中国特色社会主义社会的应有之意，在保障社会实现公平正义的诸多手段中，制度更带有根本性、全局性、稳定性和长期性。我们党始终把制度建设作为保障社会公平的有效途径。在中国共产党的领导下，中国人民推翻了剥削制度，消灭了阶级剥削和阶级压迫，建立了人民当家做主的社会主义制度，为实现真正的公平正义奠定了坚实的基础。党的十六届六中全会从我国基本国情出发，强调既要立足当前，着力解决影响社会公平正义的突出矛盾和问题，又要着眼长远，加紧建设对保障社会公平正义具有重要作用的制度。2005 年 2 月，胡锦涛同志在省部级主要领导干部提高构建社会主义和谐社会能力专题研讨班上的讲话指出：公平正义，就是社会各方面的利益关系得到妥善协调，人民内部矛盾和其他社会矛盾得到正确处理，社会公平和正义得到切实维护和实现。2017 年 10 月，习近平在党的十九大报告中指出：增进民生福祉是发展的根本目的。必须多谋民生之利、多解民生之忧，在发展中补齐民生短板、促进社会公平正义。

从宏观发展来看，国民经济的快速发展、社会主义民主政治的稳步推进，为实现社会公平正义奠定了基础。近年来，为缩小我国区域发展不平衡的现状，通过实施西部大开发、振兴东北地区等老工业基地、促进中部地区崛起以及建设社会主义新农村等重大战略，区域、城乡协调发展的趋势已逐渐显现。人民代表大会制度、中国共产党领导的多党合作和政治协商制度、民族区域自治制度以及基层群众自治制度不断完善，服务型政府建设力度继续加大，公共服务领域的投入增幅明显，人民当家做主的权利、享受公共服务的权益得到了更好的保障。从体现人民群众切身利益来看，近年来，中央着力解决"三农"问题，相继出台多个"一号文件"，在全国范围内取消了农业税，结束了两千多年农民种粮纳税的历史，不断加大对农民种粮直接补贴的力度；实施工业反哺农业、城市支持农村的方针；推进农业供给侧结构性改革，加快转变农业发展方式。通过统筹城乡发展、努力缩小城乡差距，使社会公平正义程度逐渐提高。同时，进一步完善民主权利保障制度，健全法律制

---

① 国家统计局.中华人民共和国 2020 年国民经济和社会发展统计公报 [EB/OL]. http://www.stats.gov.cn/tjsj/zxfb/202102/t20210227_1814154.html

度，完善司法体制机制，构建公共财政制度，改革收入分配制度，健全社会保障制度等。

（三）以解决民生为重点，在教育、就业、医疗和社会保障等方面取得成效

"全心全意为人民服务"是中国共产党人的宗旨。早在革命战争年代，毛泽东就指出："我们的共产党和共产党所领导的八路军、新四军，是革命的队伍。我们这个队伍完全是为着解放人民的，是彻底地为人民的利益工作的。"[①] 社会主义建设和改革开放过程中，重视民生、不断改善民生是共产党的重要任务。党的十六大之后，胡锦涛同志提出了以人为本的科学发展观和构建和谐社会的理念，强调让改革开放的成果惠及更多的人民群众，并将社会建设提到突出的位置。时刻把群众利益放在首位，始终把维护好、实现好、发展好最广大人民的根本利益作为全部工作的出发点和落脚点，坚持一切为了群众、一切依靠群众。党的十八大以来，习近平总书记多次指出保障和改善民生的重要性，提出当前和今后一段时期民生工作的着力点，将广大人民群众凝聚到追求幸福中国的目标上来。我们党始终坚持优先发展教育、夯实民生之基。建立健全普通本科高校、高等和中等职业学校国家奖学金、助学金制度，我们在实现教育公平上迈出了重大步伐。农村义务教育已全面纳入财政保障范围，对全国农村义务教育阶段学生全部免除学杂费、全部免费提供教科书，对家庭经济困难寄宿生提供生活补助。依据《中华人民共和国 2020 年国民经济和社会发展统计公报》，2020 年全年研究生教育招生 110.7 万人，在学研究生 314.0 万人；普通本专科招生 967.5 万人，在校生 3285.3 万人；中等职业教育招生 644.7 万人，在校生 1663.4 万人。九年义务教育巩固率为 95.2%，高中阶段毛入学率为 91.2%。积极实施就业优先战略，就业形势趋于稳定。2020 年全年城镇新增就业 1186 万人，比上年少增 166 万人。2020 年年末全国城镇调查失业率为 5.2%，城镇登记失业率为 4.2%。家庭财产普遍增多，住房条件进一步改善。居民消费结构升级加快，家用汽车大幅度增加，移动电话、计算机、互联网快速普及，旅游人数成倍增长，城乡居民享有的公共服务明显增多。在医疗卫生方面，2020 年年末全国共有医疗卫生机构 102.3 万个，其中医院 3.5 万个；基层医疗卫生机构 97.1 万个，其中乡镇卫生院 3.6 万个，社区卫生服务中心（站）3.5 万个，门诊部（所）29.0 万个，村卫生室 61.0 万个；专业公共卫生机构 1.4 万个。2020 年年末卫生技术人员 1066 万人，其中执业医师和执业助理医师 408 万人，注册护士 471 万人。全国共有 8177 家医疗卫

---

① 毛泽东.毛泽东选集（3）[M].北京：人民出版社，1991:1004.

生机构提供新型冠状病毒核酸检测服务，总检测能力达到 1153 万份 / 天。城镇职工基本养老保险制度和新型农村合作医疗制度不断完善，保障标准和补助水平逐步提高。此外，社会福利、优抚安置、慈善和残疾人事业也取得新的进展。让每个孩子都上得起学、让每个患者都得到医治、让每个劳动者都有事做、让每个家庭都无生存之忧……这是中国共产党在社会建设中的奋斗目标，社会建设和发展的成果为全体人民共享是构建和谐社会的重要内容。

（四）以创新社会治理为依托，多角度维护群众利益

加强社会治理，维护社会稳定，是构建中国特色社会主义社会的必然要求。面对我国处于社会转型期的实际，我们党逐步优化了社会治理格局，制定并实施了一系列社会治理体制改革和机制创新，社会大局安定有序，群众利益得以维护。多年来，我们党注重发挥党委在方向把握、政策制定、力量整合、环境营造中的领导作用，注重发挥政府在经济调节、市场监管、社会治理、公共服务中的职能作用，注重发挥社区在构建社会主义和谐社会中重要的协同作用，注重发挥社会各类组织在提供服务、反映诉求、规划行为方面的参与作用；逐步建立健全了社会治理机制，注重考虑并满足最大多数人的利益要求，把实现好、维护好、发展好最广大人民的根本利益作为作决策、办事情的根本出发点和落脚点，注重考虑不同阶层、不同群体的利益要求和承受能力，最大限度地争取改革发展的最佳效应，最大限度地减少社会震荡，实现利益共享，注重解决人民群众最关心、最直接、最现实的利益问题，拓宽社情民意表达渠道，健全社会舆情汇集和分析机制，维护社会公平，促进社会公正。新的社会治理格局充满活力，社会治理网络基本形成，实现了政府行政管理和社区自我管理的有效衔接，社会治理体制改革迈出新步伐。具体包括制定并实施了保障农民工合法权益的政策措施，努力解决土地征收征用、房屋拆迁、企业改制、环境保护等方面损害群众利益的问题。党委领导、政府负责、社会协同、公众参与的社会治理格局逐步建立。信访工作不断加强，安全监管体制逐步建立，社会治安防控体系更加健全，有效维护了国家安全和社会稳定。

（五）以建设服务型政府为目标，形成了基本公共服务制度的框架

为适应建立社会主义市场经济体制的需要，政府管理成功实现了三个转变，即：由管理经济向既管理经济又管理社会转变；由单纯管理型政府向服务型政府转变；由全能型政府向科学管理型政府转变。我党明确指出政府职能转变的方向，即"强化社会管理和公共服务职能，建设服务型政府"，要发挥"团体、基层自治组

织、各类社会组织和企事业单位的协同作用"。按照转变职能、理顺关系、优化结构、提高效能的要求，加快建立法治政府和服务型政府。加快转变政府职能，完善科学民主决策机制，推行政府绩效管理和行政问责制度，加快推进事业单位分类改革；发挥政府的主导作用，强化社会管理和公共服务职能，建设服务型政府，提高服务管理能力。发挥人民团体、基层自治组织、各类社会组织和企事业单位的协同作用，推进社会管理的规范化、专业化、社会化和法制化。明确规定政府的主要职能包括经济调节职能、市场监管职能、社会管理职能和公共服务职能。公共服务得到明显改善。党的十六大以来，我国把公共服务正式纳入了政府职能的范畴，不断提高政府公共服务水平，在推进基本公共服务均等化方面取得了明显成效。2019 年 11 月，十九届四中全会通过《中共中央关于坚持和完善中国特色社会主义制度　推进国家治理体系和治理能力现化若干重大问题的决定》，指出中国将健全幼有所育、学有所教、劳有所得、病有所医、老有所养、住有所居、弱有所扶等方面国家基本公共服务制度体系，尽力而为，量力而行，注重加强普惠性、基础性、兜底性民生建设，保障群众基本生活。具体来说，在就业领域，健全有利于更充分更高质量就业的促进机制；在教育领域，构建服务全民终身学习的教育体系；在社会保障领域，完善覆盖全民的社会保障体系；在健康领域，强化提高人民健康水平的制度保障。

（六）以培育社会组织为基础，发挥社会组织参与管理国家事务的作用

改革开放以来，我们党对社会组织的地位和作用认识不断深化，社会组织的发展环境逐步改善，社会组织的作用日益凸显。社会组织发展迅速，发展空间不断拓展。我国社会组织的发展起步较晚，改革开放以后，特别是从 20 世纪 90 年代开始，社会组织进入快速发展阶段。不仅社会组织数量呈现出迅速增长的态势，而且其活动领域日趋扩大，作用发挥也日渐突出，已经成为一种新的社会现象。党的十七大确认了"社会组织"这一定义，第一次将社会组织作为"发展基层民主，保障人民享有更多更切实的民主权利"的重要内容，第一次提出社会组织"建设"这一新任务。党的十八大进一步提出，要"形成政社分开、权责分明、依法自治的现代社会组织体制"。截至 2016 年一季度，全国经民政部门依法登记的社会组织达 66.48 万个，其中社会团体 32.9 万个，基金会 4841 个，民办非企业单位 33.1 万个。2021 年民政部召开全国社会组织登记管理系统电视电话会议，推进社会组织数据大起底、大清查、大提升，推动各地进一步深入开展打击整治非法社会组织专项行动。经过多年的发展，社会组织已初步形成了门类齐全、分布广泛、覆盖经济社会生活各个领域，与经济发展、社会建设、公共服务以及民生需求密切相关的发展格局。社会组织作用得以彰显，表现在：社会组织作为政府与社会、各社会阶层间的桥梁和纽带的作用得到更好的发挥；社会组织有效地促进了社会资源的合理配置和整合；各类社会组织为社会公共服务提供了积极、有效的各种服务项目；各级各类社会组织在维护社会稳定方面发挥了重要作用；各级各类社会组织作为非政府组织参与国际活动，拓展了发展空间。

三、坚持在发展中保障和改善民生，统筹协调社会利益关系

党的十九大报告指出，增进民生福祉是发展的根本目的。必须多谋民生之利、多解民生之忧，在发展中补齐民生短板、促进社会公平正义，在幼有所育、学有所教、劳有所得、病有所医、老有所养、住有所居、弱有所扶上不断取得新进展，深入开展脱贫攻坚，保证全体人民在共建共享发展中有更多获得感，不断促进人的全面发展、全体人民共同富裕。建设平安中国，加强和创新社会治理，维护社会和谐稳定，确保国家长治久安、人民安居乐业。

（一）在发展中保障和改善民生

1. 增进民生福祉是发展的根本目的

进入新世纪以来，我国经济社会快速发展，综合国力显著提高，人民生活普遍改善。同时，我们也要看到，在经济建设取得巨大成就的过程中，社会领域也发生了深刻变化，社会不稳定、不和谐的因素增多，社会矛盾和问题层出不穷，社会建设领域的民生问题更加突出。正确认识和处理好这些问题，切实维护人民群众的切身利益，对于全面建成小康社会、推进中国特色社会主义伟大事业具有非常重要的意义。

第一，保障和改善民生是社会建设的价值取向，是坚持以人为本的具体体现。全心全意为人民服务是我们党的根本宗旨，党的一切奋斗和工作都是为了造福人民。坚持以人为本，就必须做到发展为了人民、发展依靠人民、发展成果由人民共享，促进人的全面发展。保障和改善民生，是我们干革命、搞建设、抓改革的出发点和落脚点。发展教育事业，促进就业和公平分配，改善医疗卫生条件，完善社会保障，维护社会安定团结等，都是围绕广大人民群众所关心的切身利益而进行的，是以实现好、维护好、发展好最广大人民群众的根本利益为目的的，体现了社会主义的基本价值追求。习近平同志强调：保障和改善民生是一项长期工作，没有终点站，只有连续不断的新起点，要实现经济发展和民生改善的良性循环。在全体人民共同奋斗、经济社会发展的基础上，逐步建立以权利公平、机会公平、规则公平为

主要内容的社会公平保障体系，使发展成果更多更公平惠及全体人民，朝着共同富裕方向稳步前进。

第二，保障和改善民生是社会建设的紧迫任务。党的十八届三中全会指出：要紧紧围绕更好保障和改善民生，加快形成科学有效的社会治理体制，确保社会既充满活力又和谐有序。当前，我国正处于历史发展的重要战略机遇期，又是社会矛盾凸显期。随着经济结构战略性调整不断推进，一些人员需要下岗转岗、以多种形式创业就业，越来越多的人由"单位人"变成"社会人"；随着农村生产力不断发展，大量农村富余劳动力需要转移就业，城乡流动人口大量增加；随着老龄人口的快速增长，人口老龄化正在进一步加速，相应社会养老服务明显不足；随着经济社会的发展，不平衡、不协调、不可持续的问题依然突出，地区之间、城乡之间的发展差距以及部分社会成员之间的收入分配差距依然较大，统筹兼顾各方面利益难度加大。由此所导致的城乡结构、就业结构、人口结构、分配结构等社会结构的重大变化，引发了与人民群众切身利益密切相关的社会民生问题，如果这些问题得不到有效解决，就会失去人民群众的支持和拥护，将严重影响社会和谐稳定与全面建成小康社会目标的实现。

第三，保障和改善民生是社会建设的根本目的。我们的发展是以人民为中心的发展，全面建成小康社会、进行改革开放和社会主义现代化建设，就是要通过发展社会生产力，满足人民日益增长的美好生活需要。当前人民群众最关心、最急切需要解决的问题应当成为社会建设的基本着力点。要真心诚意地为人民群众做实事、办好事、解难事，真情关心群众疾苦，依法保障人民群众经济、政治、文化、社会等各项权益。我们检验一切工作的成效，最终都要看人民是否真正得到了实惠，人民生活是否真正得到了改善，人民权益是否真正得到了保障。

2.当前在民生领域中存在的主要问题

第一，社会保障水平总体不高，城乡统筹还未完全实现。党的十八大报告提出：要坚持全覆盖、保基本、多层次、可持续方针，以增强公平性、适应流动性、保证可持续性为重点，全面建成覆盖城乡居民的社会保障体系。在明确未来社会保障发展目标的同时，也揭示出当前我国的社会保障事业还没有完全实现城乡统筹发展。从总体上看，我国社会保障水平普遍不高，城乡社会保障发展不平衡，广大农村地区严重滞后。保障范围比较窄，尤其是农民、农民工、城市无业人员和城乡残疾人等群体的社会保障比较突出。例如，基本养老保险和医疗保险等主要针对城镇居民，相比之下，农民则很少拥有这些保障。而且，当前我国人口老龄化问题日益凸显，机关事业单位和企业职工退休金差别很大，体现了我国社会公共产品供给的不公平。我国社会保障不仅当前存在诸多问题，压力比较大，而且它的可持续发展也面临较大压力。

第二，教育事业发展滞后，教育资源分配不合理。教育是民生之基，是满足人民精神文化需求的重要渠道。当前，我国教育事业发展进入了快车道，义务教育、高等教育、农村教育和职业教育等都有了较大发展，基本解决了"有学上"的问题。但"上好学"、提升教学质量、教育公平又成为社会普遍关注的问题。当前优质的教育资源不能完全满足人们的需要，最明显的是体现在教育投入上。尽管我国教育支出年均增长，但与发达国家相比还有很大差距，优质教育资源总体不足的状况短期难以改变。教育公平是社会公平的重要基础，但我国教育资源在区域之间、城乡之间分布不均，好的学校、教师和设施大多集中在大中城市或县城，农村小学或乡镇中心的师资力量、教育经费和设施跟不上，农村贫困地区的学生自然享受不到优质的教育资源，甚至出现了"读书改变命运越来越难，寒门再难出贵子"的阶层固化现象，这不仅影响了教育公益性的实现，而且在总量和结构上也难以满足人民群众精神发展需要。

第三，社会就业压力仍然较大，就业结构性矛盾突出。就业是民生之本。我国有14亿多人口，就业问题是一个长期存在的问题。我国一直把就业作为保障和改善民生的头等大事，实施积极的就业政策，保持了就业形势的总体稳定。但城镇登记失业率仍然没有下降，城镇登记失业人数也是高居不减。巨大的人口压力，使我国就业问题凸显。在现阶段，我国就业形势面临三大压力：一是劳动力供大于求的总量性矛盾将长期存在，就业岗位始终不能满足民众就业需求，提供的就业岗位与就业需求存在差距。二是就业的结构性矛盾突出，即供需不对接、供需错位的矛盾。相当数量的劳动力不具备现代产业所需要的素质和劳动技能，存在着"一边有人没事干，一边有事没人干；一边有事不会做，一边是有事不愿做"的现象。三是就是农村劳动力转移就业的问题，现在虽然已经转移了大量农村劳动力，但仍有许多富余劳动力需要转移。可以看出，当前的就业问题仍比较严重，影响着民生问题的解决。

第四，医疗卫生事业发展缓慢，基层医疗机构服务能力薄弱。医疗事业的发展体现了对民众生存权利的保障。李克强同志曾指出，医改事关民生福祉，是民心所向。要把推进医改作为保障和改善民生的重要任务，把基本医疗卫生作为公共产品全面提供。我国全民医保已经覆盖城乡，国家通过各种措施来降低基本药物的价格，增加报销比例，不断提高医疗水平。但近些年，"看不起病""看病难"依然是民众的头疼问题，物质收入的增加赶不上各种医疗费用飞速上涨的速度。随着医疗保障制度的改革，这些问题有了部分缓解，但看病难、看病贵的问题依然是民众的重要生活压力。尤其是农民，经常会出现"大病返贫致贫"的状况。我国公共卫生总量投入不足，只占GDP总量的0.4%以上，医疗资源严重分配不均，约有80%集中在城市，其中大部分又集中在大医院。基层医疗设施落后，功能不完善，医疗卫生人才缺口大，技术人员的技术水平普遍不高。在一些县城和乡镇医院，本科学历的医生都很难找到，很多只有中专学历，甚至非医学专业出身。这些都加剧了民众看病难的状况，使优质资源向部分人群集中，大多数民众不能充分地享受到安全、有效、快捷的医疗卫生服务，其基本生存和健康权利也就不能得到很好的保障。

第五，收入分配差距拉大，社会不同群体之间利益矛盾加剧。首先，我国居民收入水平差距逐渐扩大，呈现出城乡之间、地区之间、行业之间显著的差异性。根据国家统计局公布的数据，2020年我国城乡居民人均可支配收入比值为2.56:1①，但在1983年，这一数据仅为1.86:1。当前，中国已成为世界上城乡收入差距最大的国家之一。改革开放之后，我国提出了"阶梯式"发展战略，即东南沿海地区经济优先发展，进而向中西部地区推进，最终达到"共同发展"。在这种政策的作用下，再加上自然条件和城市化水平差异等诸多因素的影响，我国区域经济发展差距呈日益扩大趋势。以东南沿海地区居民收入差距最小、中部次之、西部地区最大而呈现递增排列状。另外，不同行业收入标准的差距变化也使得居民收入差距拉大。对员工的技术要求不同，员工所获得的工资标准也是不尽相同。知识水平更高的人能够胜任更为复杂的劳动，获得的报酬也会多一点。虽然各个行业都在不断发展，但由于市场的需求不同，每个行业发展的速度也是不一样的，各行业居民收入差距也在不断扩大。其次，社会不同群体之间利益矛盾加剧。我国的所有制形式和分配制度是多种所有制形式、多种分配方式并存的。由于多种经济成分并存，必然会引起利益主体之间的迅速分化，进而形成代表不同利益的多元利益群体。尤其在现代社会快节奏的背景下，不同社会群体在不同利益领域之间的关系往往是相互交织在一起的，并且相互渗透。这些利益矛盾冲突又通过不同形式反映在不同领域，如经济领域、政治领域、文化领域等。这些复杂因素集结在一起，使当前我国社会利益矛盾主体呈现出较为复杂的态势。即使是在人民群众根本利益一致的前提下，也要密切

---

① 国家统计局.中华人民共和国2020年国民经济和社会发展统计公报 [EB/OL]. http://www.stats.gov.cn/tjsj/zxfb/202102/t20210227_1814154.html.

注意那些与人民群众直接利益相关联的敏感问题，采取多途径协调利益关系，警惕利益矛盾范围的扩大化，以免对社会造成不良影响。

总之，目前我国民生问题的表现是多方面的，而问题产生的原因也是多元的：一是我国还处在社会主义初级阶段，社会生产力的发展水平较低，是形成民生问题的根本原因。二是城乡二元结构的存在，是形成民生问题的历史原因。三是社会发展理念落后，是形成民生问题的思想原因。四是相关政策制度的不完善，是形成民生问题的直接原因，这为我们切实保障和改善民生提供了努力方向。

3. 保障和改善民生的主要路径

让人民群众共享改革发展成果，是社会主义的本质要求，是践行党的根本宗旨的必然选择，也是全面建成小康社会的重要标志。党的十八届五中全会强调坚持共享发展，揭示了当代中国发展进步的根本出发点和落脚点，标志着民生工作在党和国家工作全局中的地位提升到了一个新的高度。当前，保障和改善民生必须做到以下几方面：

第一，优先发展教育事业。百年大计，教育为本。习近平总书记强调，教育是对中华民族伟大复兴具有决定性意义的事业，建设教育强国是中华民族伟大复兴的基础工程。必须把教育放在优先位置，深化教育改革，加快教育现代化，办好人民满意的教育。要全面贯彻党的教育方针，落实立德树人的根本任务，发展素质教育，推进教育公平，培养德智体美劳全面发展的社会主义建设者和接班人。加快一流大学和一流学科建设，完善职业教育和培训体系。加强师风师德建设，培养高素质教师队伍。办好继续教育，加快建设学习型社会，大力提高国民素质。

第二，实现更高质量和更充分的就业。就业是最大的民生工程、民心工程、根基工程。要坚持就业优先战略和积极就业政策，大规模开展职业技能培训，注重解决结构性就业矛盾，鼓励创业带动就业。提供全方位就业服务，促进高校毕业生等青年群体、农民工多渠道就业创业。破除妨碍劳动力、人才及社会流动的体制机制弊端，完善政府、工会、企业共同参与的协商协调机制，建设和谐劳动关系，努力让劳动者体面劳动、全面发展。

第三，促进收入分配更合理、更有序。收入分配是民生之源，是改善民生、实现发展成果由人民共享最重要最直接的方式。要坚持按劳分配原则，完善按要素分配的体制机制，促进收入分配更合理、更有序。鼓励勤劳守法致富，扩大中等收入群体，增加低收入者收入，调节过高收入，取缔非法收入。坚持在经济增长的同时实现居民收入同步增长、在劳动生产率提高的同时实现劳动报酬同步提高。

第四，加强社会保障体系建设。社会保障发挥着社会稳定器的作用。要按照兜底线、织密网、建机制的要求，全面建成覆盖全民、城乡统筹、权责清晰、保障适度、可持续的多层次社会保障体系，全面实施全民参保计划，完善城镇职工基本养老、城乡居民基本养老、统一的城乡居民基本医疗和大病、失业、工伤等保险制度。统筹城乡社会救助体系，提高社会福利水平。

第五，实施"健康中国"战略。没有全民健康，就没有全民小康。人民健康是民族昌盛和国家富强的重要标志。要深化医疗卫生体制改革，全面建立中国特色基本医疗卫生制度、医疗保障制度和优质高效的医疗卫生服务体系，健全现代医院管理制度。完善国民健康政策，倡导健康文明生活方式。积极应对人口老龄化，构建养老、孝老、敬老政策体系和社会环境，加快老龄事业和产业发展。

第六，完善社会治理，维护社会安定团结。社会稳定是人民群众的共同心愿，是改革发展的重要前提。加强社会治理，维护社会稳定，是构建社会主义和谐社会的必然要求。要推进社会治理体制改革创新。健全党委领导、政府负责、社会协同、公众参与的社会治理格局，健全基层社会治理体制。最大限度激发社会创造活力，最大限度增加和谐因素，最大限度减少不和谐因素；要妥善处理人民内部矛盾；要重视社会组织建设和管理，支持各类社会组织参与社会治理和服务；要强化安全生产管理和监督，完善突发事件应急管理机制；要健全社会治安防控体系。加强社会治安综合治理，深入开展平安创建活动，改革和加强城乡社区警务工作，依法防范和打击违法犯罪活动，保障人民生命财产安全。完善国家安全战略，健全国家安全体制，高度警惕和坚决防范各种分裂、渗透、颠覆活动，切实维护国家安全。

（二）统筹协调社会利益关系

利益关系是人类社会最基本最普通的关系，是社会关系的本质。马克思指出："人们奋斗所争夺的一切，都同他们的利益有关。"[①] 统筹协调社会利益关系是保障和改善民生、构建社会主义和谐社会的核心命题。

1. 正确认识我国社会利益关系的新变化

进入 21 世纪以来，由于经济现代化、经济市场化和经济全球化的多重冲击，以及所有制结构、产业结构和观念结构的交叉变动，我国社会利益关系发生了深刻变化，呈现出一系列新的特点。

---

① 马克思恩格斯选集：第 1 卷 [M]. 北京：人民出版社，1995:187.

一是利益主体多元化。经济和社会的迅速发展对原有的阶级阶层形成了巨大冲击，工人、农民和知识分子内部都产生了分化。工人阶级的传统含义乃是从事体力劳动的产业工人，随着社会主义现代化的进行，科学技术得到迅猛发展和广泛应用，原有的工人阶级含义已被改变，脑力劳动者的比重越来越大，现阶段社会贫富的差异也越来越大。农民在就业方式和生活方式等方面都发生了非常深刻的变化，其内部加速分化，传统意义上的农民在逐步减少，农村的非农化进程加快。同时，一些适应时代要求的新型利益群体如企业家、民营科技企业的创业人员和技术人员、中介组织的从业人员、自由职业人员等成为具有相对独立性的社会力量。无论是原有的阶级阶层，还是新兴的社会阶层，都具有独立的利益要求，成为独立的利益主体。

二是利益关系复杂化。我国目前的社会利益关系十分复杂，突出表现为多领域、多方面和多层次。利益关系涉及经济、政治、文化、社会、生态等多个领域，反映了中央与地方之间、城乡之间、区域之间、产业之间及产业内部之间的利益关系，还有社会阶层之间、民族之间、政府组织与非政府组织之间、部门之间、代际之间的利益关系，等等。这些错综复杂的利益关系，如果得不到及时调整，就会引发各种社会矛盾和问题，影响社会和谐与稳定。

三是利益差距扩大化。在人民总体利益不断增长的同时，利益主体之间的利益差距在逐渐拉大，其中既有市场化过程中的合理利益差距，也有转型过程中的病态利益差距。在一些人走向暴富、一些垄断性行业享受高工资高福利的同时，大量的工薪阶层面临生活的压力，同时还有不少处于底层的贫困者。国家统计局发布数据显示，自 2003 年以来，我国基尼系数一直处在全球平均水平 0.44 之上，2008 年达到最高点 0.491，之后开始缓慢回落。2013 年为 0.473，2014 年为 0.469，2015 年出现历史最低值 0.462，2019 年为 0.465。当前，我国基尼系数快速上涨的态势得到了初步遏制，平均值维系在 0.474，但不可否认的是，我国已成为世界上收入差距过大的国家。

四是利益心理失衡化。利益关系的主体是具有意识活动的人，社会物质生活条件的明显变化，必然会带来包括个人情绪、群体心理、社会心态以及人们的理想信念、伦理观念和价值取向等多方面的变化，并影响着人们的心灵世界和思维方式。现阶段社会利益矛盾的加剧，其根本原因当然是当代中国经济基础尚有待改善，但深层原因与不良的社会心理有着很大的关系。不少人感到自己是改革开放的受益者，同时又总觉得自己受益少、不公平，形成典型的不平衡心理，而且随着现代网络等新兴媒体的介入，出现了加速蔓延的趋势。

2. 统筹协调各种利益关系

社会利益关系的深刻变化，使得利益矛盾成为当前人民内部矛盾的主要问题。习近平同志强调，要高度重视全面深化改革引起的利益关系调整，通盘评估改革实施前、实施中、实施后的利益变化，统筹各方面各层次利益，分类指导，分类处理，更好地维护人民群众的利益。

第一，正确处理人民内部矛盾。利益关系属于人民内部矛盾的范畴，是非对抗性的矛盾，但如果处理不当，矛盾就很有可能激化，甚至引发经济问题的政治化、内部问题的社会化、局部问题的扩大化，从而使非对抗性矛盾转化为对抗性矛盾，影响社会和谐，危害国家安全。因此，要正确处理人民内部矛盾，解决好人民群众关心的问题，注重从源头上减少矛盾，及时了解群众的心声和利益需求，做好组织群众、宣传群众、教育群众和服务群众的工作。

第二，妥善处理各种利益矛盾。当前，社会利益关系呈现的新特点，不仅体现了人民群众在生活水平不断提高的基础上对自身利益的进一步追求，也使得统筹协调各方利益关系的难度增加。因此，妥善处理各种利益矛盾，需要从多方面着手。

完善利益分配机制。政府要积极调整国民收入分配格局，综合运用行政、税收、金融等手段，加大再分配的调节力度，以解决初次分配带来的收入差距扩大问题。做好第三次分配，为社会慈善事业提供政策支持，规范社会救助工作，推进慈善事业健康发展。坚持和完善以按劳分配为主体、多种分配方式并存的分配制度，健全初次分配与再分配、第三次分配有机结合的相对均衡的利益分配机制，把收入差距和利益分配控制在适度的范围内，确保人民群众都能享受到更多的发展成果。

完善利益诉求机制。一些利益关系之所以没有得到较好协调，一个重要方面在于人们的公平意识、民主意识、权利意识不断增强，而相应的诉求表达渠道却不够畅通。应通过民意调查、信息公开、社会公示、公众听证、协商谈判等多种形式拓宽社情民意表达渠道；完善党员领导干部和人大代表、政协委员等联系群众制度，推动其深入基层、深入群众，倾听群众呼声，解决实际问题；发挥人大、政协、人民团体、行业协会以及大众传媒的社会利益表达功能，使人民群众的利益诉求表达逐步进入制度化、规范化、程序化轨道。

完善利益调节机制。要充分利用市场机制为不同的利益主体创造公平的竞争环境，减少不同利益群体之间的不公平感。同时完善劳动力市场，为劳动者获取社会利益创造有利条件。充分发挥政府的调控作用，通过制定法律及相关制度、政策，为不同所有制、地区、行业的社会成员参与平等竞争创造良好的环境，保证分配领域的正常秩序。要坚持把最广大人民的根本利益作为制定政策、开展工作的出发点和落脚点，正确反映和兼顾不同方面群众的利益，高度重视和维护人民群众最现实、最关心、最直接的利益，坚决纠正各种损害群众利益的行为。

完善社会保障机制。随着我国社会生产力的不断发展和经济总量的快速增加，我们应更加注重保障和发展人民群众的根本利益，切实维护人民群众的合法权益。为此，要加快制定科学合理的法律法规与政策制度，坚持广覆盖、保基本、多层次、可持续的指导方针，以社会保险、社会救助、社会福利为基础，以基本养老、基本医疗、最低生活保障制度为重点，以慈善事业、商业保险为补充，加快建立覆盖城乡居民的社会保障体系，提高城乡居民的社会保障水平。

第三，维护社会公平正义。公平正义是中国特色社会主义的内在要求，反映社会主义的本质特征，代表广大人民群众的需要和利益。公平包含公民参与经济、政治和社会其他生活的机会公平、过程公平和结果分配公平。正义包括社会正义、政治正义和法律正义等。维护社会公平正义，就是使社会各方面的利益关系得到妥善协调，人民内部矛盾和其他社会矛盾得到正确处理，社会公平和正义得到切实维护与实现。维护社会公平正义需要从多方面努力：一是健全政治民主制度，推进政治体制改革，从各个领域、各个层次扩大公民有序的政治参与，有效保证人民当家做主。二是完善法律制度，坚持公民在法律面前一律平等的原则，强化司法体制机制建设，坚决反对执法不公、司法腐败，全力推进法治中国、平安中国建设。三是完善公共财政制度，把更多的财政资金投向教育、医疗、就业和社会保障等公共服务领域，加大对欠发达地区的转移支付力度，使改革发展成果惠及全体人民。

第四，促进基本公共服务均等化。向社会成员提供均等的基本公共服务，是现代政府的基本职责之一。党的十六届六中全会首次明确提出实现城乡基本公共服务均等化目标。经过党的十七大、十七届三中全会、十八大、十八届三中全会等重要会议的强调和部署，基本公共服务均等化总体实现已成为到2020年全面建成小康社会战略目标的重要内容。为促进基本公共服务均等化，一要转变政府职能。加快推进政企分开、政资分开、政事分开、政府与市场中介组织分开，努力形成以政府为主导，市场主体与社会组织广泛参与、方式灵活、高效率的公共服务多元供给体系。二要加大财政投入。政府应向公共服务领域投入更多的资金，扩大公共产品和公共服务的供给，逐步缩小城乡、区域间的差距，实现人人享有公共服务的目标。三要建立健全基本公共服务考核机制。在政府政绩考核和干部选拔任用制度方面，加大基本公共服务及其均等化水平的考核力度，使提供基本公共服务真正成为硬指标、硬任务。

四、打造共建共治共享的社会治理格局，创新社会治理体制机制

党的十八届三中全会通过的《中共中央关于全面深化改革若干重大问题的决定》提出，要加快推进社会领域制度创新，推进基本公共服务均等化，加快形成科学有效的社会治理体制，确保社会既充满活力又和谐有序。党的十九大报告明确指出，完善公共服务体系，保障群众基本生活，不断满足人民日益增长的美好生活需要，不断促进社会公平正义，形成有效的社会治理、良好的社会秩序。这表明更加注重政治、经济、社会和文化各领域的协调发展，标志着中国特色社会主义社会建设进入了一个新的发展阶段。

（一）社会治理的基本内涵和重要意义

社会治理，通常是指以政府为主导的，包括社会组织、企事业单位、社区和公众在内的社会管理主体，依法对社会事务、社会组织和社会生活进行规范和管理，最终实现公共利益最大化的过程。习近平同志指出："治理和管理一字之差，体现的是系统治理、依法治理、源头治理、综合施策。"社会治理要以最广大人民利益为根本坐标，创新社会治理体制，改进社会治理方式，构建全民共建共治共享的社会治理格局。

社会治理具有复杂性、阶段性和长期性的特点。社会治理的复杂性，是指社会治理涉及社会经济、政治、文化和生态文明等多个领域，涉及人民生活的各个方面，涉及不同群体的不同利益诉求，还涉及社会治理体制机制的改革与创新，因而呈现出极端的复杂性；社会治理的阶段性，是指社会治理是一个动态变化的过程，在不同的历史阶段，社会治理所面临的问题是不一样的；社会治理的长期性，是指社会治理与人类社会密切相关，其内容和形式会随着社会生产生活的发展而发展，是一个长期发展的过程。

经济体制改革就是还权于市场，使市场在资源配置中起决定性作用，这样会极大地激发市场活力，促进经济发展。但经济发展并不等于社会发展，而只是社会发展的物质基础和前提条件，同时经济发展也可能带来一系列社会问题，如民生问题、社会公平正义问题、社会矛盾等，这些问题的解决亟待社会治理创新的同步推进。社会治理创新是在提升党和政府治理能力的同时，进一步还权于社会，激发社会活力，使社会组织参与社会治理，同时通过各治理主体的合作治理来保障和改善

民生、促进社会公平正义、预防和化解社会矛盾、确保公共安全。社会治理创新对于加强党的领导、构建和谐社会、实现国家治理体系和治理能力现代化都有着非常重要的意义。

1. 社会治理创新是党在治国理政理念升华后对社会建设提出的基本要求。全面深化改革的本质就是全面推进治理创新，是从国家管理、政府管理、社会管理到国家治理、政府治理、社会治理的全面提升。从管理到治理，一字之别，却充分体现了党治国理政理念的升华。党的十八大以来，中央多次强调要"加快形成党委领导、政府负责、社会协同、公众参与、法治保障的社会管理体制"。党的十八届三中全会直接提出"创新社会治理体制"，并指出要"加强党委领导，发挥政府主导作用，鼓励和支持社会各方面参与，实现政府治理和社会自我调节、居民自治良性互动"，这成为党治国理政理念升华在社会建设领域的集中体现，社会治理创新是党在治国理政理念升华后对社会建设提出的基本要求。此外，社会管理虽然强调以人为本，但是人民仍然是被管理和服务的对象。而在社会治理创新中，人民成为创新的主体，而不再仅仅是被管理和服务的对象。治理还强调多主体的协调和互动，突出社会组织和个人在治理中的作用。作为社会治理主体的人和人民团体、社会组织，其自主表达、协商对话、参与互动、合作共治都将得到充分实现，治理的有效性将大大提升。

2. 社会治理创新是中国特色社会主义社会建设的必然要求。社会和谐是中国特色社会主义的本质属性，是国家富强、民族振兴、人民幸福的重要保证。社会主义和谐社会，是民主法治、公平正义、诚信友爱、充满活力、安定有序、人与自然和谐相处的社会。推进中国特色社会主义社会建设，是广大人民群众的共同选择，是现代化建设的重要目标。随着改革开放的不断深入，经济成分、组织形式、就业方式、利益关系和分配方式日趋多样化，原有的利益格局正在进行深刻的调整和分化，出现了一些新的社会阶层，利益诉求也日益多样化。不同的利益主体之间出现了一些错综复杂的利益摩擦，由此也引发了一些新的社会矛盾和问题。这些矛盾和问题不但影响了经济和社会的协调发展，也成为影响政治稳定的隐患。这迫切要求各级政府深入研究社会治理规律，创新社会治理体制，完善社会治理政策与法规，整合社会资源，创新治理方法，提高社会治理的能力和水平，激发社会活力，促进社会公平和正义，努力形成全体人民各尽所能、各得其所而又和谐相处的社会。

3. 社会治理创新是实现国家治理体系和治理能力现代化的重要支撑。"中国的社会管理是经济管理和行政管理之外的社会治理。"①一方面，政府治理、市场治理和社会治理是现代国家治理体系中的三根支柱，三者是一个统一的整体，相互协调，密不可分，共同支撑着整个国家现代化的大厦；另一方面，社会治理能力的高低直接反映着一个国家治理能力和水平的高低。社会治理体系和治理能力的现代化是国家治理体系和治理能力现代化的重要组成部分，没有社会治理的现代化，就没有国家治理的现代化，也就没有整个社会主义的现代化。我们的体制是一个"强国家、弱社会"的系统结构，社会的"塌陷"已经成为国家现代化之路的最薄弱环节。要完成全面建成小康社会的历史任务、实现中华民族伟大复兴的宏伟目标，必须尽快补上社会治理和社会建设这个短板，创新社会治理体制，提高社会治理能力，加快社会事业改革创新步伐，以社会治理的现代化助推整个国家治理体系和治理能力现代化的实现。

（二）当前我国社会治理存在的主要问题

社会治理创新是社会发展到一定历史阶段的必然现象，是经济社会协调发展以及通过社会改革促进政治改革的逻辑要求。改革开放以来，相较于经济社会的快速发展，我国的社会治理体系已不能完全适应经济社会发展的需要，还有着明显的不足和问题。

第一，社会治理理念不科学。理念是行动的先导，树立科学的社会治理理念尤为重要，但在现实中一些领导干部的社会治理理念十分陈旧，主要表现为：重经济绩效、轻社会建设，与经济社会协调发展的新要求不相适应；重强势群体、轻弱势民生，与公民追求公平正义的新要求不相适应；重政府作用、轻多方参与，与新形势下社会治理的新要求不相适应；重社会事业、轻社会治理，与社会治理科学化的新要求不相适应。

第二，社会治理主体单一。传统的单一主体实施社会管理的模式与现代社会"多元共治"的社会治理模式格格不入。主要体现为：一是不适应社会成员的社会化现状。改革开放以来，社会成员的社会化趋势越来越明显，政府单一管理主体已经不能适应这种发展趋势。二是不适应社会阶层的分化趋势。社会阶层分化加剧，带来利益诉求的变化，需要越来越多的治理主体参与公共管理。三是不相适应社会组织的多元化特征。社会组织有重要的作用，但目前最大的问题是受制于政府单一主体治理模式。

---

① 俞可平.论国家治理现代化[M].北京：社会科学文献出版社，2014:247.

第三，社会治理法制建设滞后。社会治理涉及的领域较多，对相关法律法规的需要迅速扩大，但是目前我国社会治理的法制建设还比较滞后，存在着立法数量少、层次低、不配套，有些领域还存在着法律空白等现象。对于社会组织，目前还没有一部专门的社会组织管理的基本法律。同时，在社会治理方面也存在着执法不公的现象，人民群众对此不满，怀疑执法的公平公正性。

第四，社会治理手段不够灵活。我国正处在经济转轨和社会转型叠加的特殊历史时期，矛盾呈现多发性，传统落后的社会管理手段已经无法适应新要求。一是与矛盾凸显期的形势不相适应。当前，社会各类矛盾凸显、冲突加剧，而且矛盾的不确定性因素致使靠单一的行政手段已经难以为继。二是与矛盾冲突的多样性不相适应。转型阶段社会矛盾类型多样，原因复杂，单一的行政手段对矛盾冲突的多样性渐显无奈。三是与信息化时代的新挑战不相适应。随着互联网的发展和普及，一个相对现实生活的网上虚拟社会已经形成，给社会治理带来了新的挑战。

社会治理方面的问题引发了诸多社会矛盾，影响社会和谐稳定。近年来，一些群体性事件的发生，群众上访数量居高不下，从根本上来说是因为经济快速发展，社会治理工作没有跟上，社会治理体制改革滞后，政府的公信力下降。因此，更新社会治理理念，创新社会治理体制，建立与社会主义市场经济体制相适应的社会治理体制刻不容缓。

（三）推进社会治理创新，提高社会治理水平

加强和创新社会治理，是完善和发展中国特色社会主义制度、推进国家治理体系和治理能力现代化的重要内容。习近平总书记高度重视社会治理问题，明确提出要加强社会治理制度建设，打造共建共享共治的社会治理格局，为在新的历史条件下加强和创新社会治理指明了方向。

1. 推进社会治理现代化

社会治理是国家治理的重要领域，社会治理现代化是国家治理体系和治理能力现代化的题中应有之义。加强和创新社会治理，逐步实现社会治理结构的合理化、治理方式的科学化、治理过程的民主化，将有力推进国家治理现代化的进程。

党的十八大以来，以习近平同志为核心的党中央牢牢把握推进国家治理体系和治理能力现代化的总要求，坚持一手抓保安全、护稳定，一手抓打基础、谋长远，不断创新社会治理理念思路、体制机制、方法手段，着力从源头上预防和减少影响社会和谐稳定的问题的发生，使一些社会治理难题得到有效破解，平安中国建设取得重大进展。总体上来看，当前我国社会治理体系不断完善，社会安全稳定形势持

续向好，人们生命财产安全得到有效维护，广大人民群众的安全感和满意度不断增强。新时代进一步加强和创新社会治理，要坚持问题导向，把专项治理和系统治理、综合治理、依法治理、源头治理结合起来，坚定不移走中国特色社会主义社会治理道路，打造共建共治共享的社会治理格局，形成人人有责、人人尽责的社会治理共同体。

理念是行动的先导，创新社会治理首先要创新理念。提出社会治理，反映了我们党对社会运行规律和治理规律认识的深化，是社会建设理念、体制和方式的一次重大变革，是推进国家治理现代化的重要体现。新时代进一步加强和创新社会治理，要求推陈出新、有所突破，坚持问题导向，坚持把专项治理与系统治理、综合治理、依法治理、源头治理结合起来，探索一条符合中国社会发展实际、更可持续的中国特色社会主义治理之路，打造共建共治共享的社会治理格局。其中，共建是基础，突出制度和体系建设在社会治理格局中的基础性、战略性地位；共治是关键，要求树立大社会观、大治理观，将党总揽全局、协调各方的政治优势同政府的资源整合优势、企业的市场竞争优势、社会组织的群众动员优势有机结合起来，打造全民参与的开放治理体系；共享是目标，要使社会治理的成效更多、更公平地惠及全体人民，不断增加人民的获得感、幸福感、安全感。

2. 建设社会文明、促进社会和谐

社会文明是社会主义社会建设的重要目标和特征，全面提高社会文明发展水平是国家发展的需要，是人民的共同期盼。社会和谐是中国特色社会主义的本质属性，是我们党不懈追求的社会理想。

第一，正确处理人民内部矛盾，维护社会和谐稳定。正确处理人民内部矛盾尤其是涉及广大人民群众切身利益的矛盾，是保持社会安定团结良好局面的关键。习近平总书记指出："对人民内部矛盾，要善于运用法治、民主、协商的办法进行处理。"积极推动解决广大人民群众最关心最直接最现实的利益问题，不断打牢和巩固社会和谐稳定的物质基础。第二，健全公共安全体系，维护社会和谐稳定。习近平总书记指出，公共安全连着千家万户，是社会安定、社会秩序良好的重要体现，是人民安居乐业的重要保障。党的十九大指出，要牢固树立安全发展理念，弘扬生命至上、安全第一的思想，时刻把人民群众生命安全放在第一位。第三，加快社会治安防控体系建设，维护社会和谐稳定。着眼于提升整体效能，推进立体化、信息化，努力建构全方位的公共安全防控网络，坚决遏制严重刑事犯罪高发态势，保护人民人身权、财产权、人格权。政法机关和广大干警要为人民群众安居乐业提供有力法律保障。统筹城市公共安全综合治理，努力实现城市安全运行。第四，加强社会心理服务体系建设，维护社会和谐稳定。人是社会的主体。历史和现实反复表明，一个社会是否文明进步、安定、和谐，很大程度上取决于公民的思想道德素质。党的十九大提出，要加强社会心理服务体系建设，培育自尊自信、理性和平、积极向上的社会心态。加强和改进思想政治工作，更加注重人文关怀和心理疏导，把社会主义核心价值观融入社会发展各方面。

3. 创新社会治理体系机制

打造全民共建共治共享的社会治理格局，必须加强社会治理和制度建设。党的十九大立足新时代坚持和发展中国特色社会主义，明确了推进社会建设的目标要求：到 2035 年，我国现代社会治理格局基本完成，社会充满活力又和谐有序；到本世纪中叶，我国社会文明将全面提升，人民将享有更加幸福安康的生活。我们要适应新形势新要求，不断创新社会治理体制机制，不断提高社会治理水平，一步一步把宏伟目标变为现实。

第一，完善党委领导、政府负责、社会协同、公众参与、法治保障的社会治理体制。要加强和改善各级党委对社会治理的领导，提高党对社会治理的领导能力，加强党委对社会治理的统筹规划和组织领导。要积极发挥各级政府负责社会治理的职能，采取多种措施和途径，切实搞好公共服务、公共管理、公共安全，健全利益表达、利益协调、利益保护机制。第二，完善社会治理和社会调节、居民自治良性互动的体制机制。习近平总书记指出，注重动员组织社会力量共同参与，发动全社会一起来做好维护社会稳定工作，努力形成社会治理人人参与、人人尽力、人人共享的良好局面。第三，不断提高社会治理社会化、法治化、智能化、专业化水平。激发全社会活力，坚持群众观点和群众路线，群众的事多同群众商量，群众的事多依靠群众，提高社会治理社会化水平。充分发挥法治对社会治理的引领、规范和保障作用，运用法治思维和法治方式化解矛盾，提高社会治理法治化水平。加强社会治理基础制度建设，建立国家人口基础信息库、统一社会信用代码制度和相关实名登记制度，完善社会信用体系，提高社会治理智能化水平。建设高素质专业化干部队伍和社会治理各类人才队伍，善于运用先进理念和专业的方法提升社会治理效能，提高社会治理专业化水平。

参考文献：

1. 毛泽东 . 毛泽东选集 [M]. 北京：人民出版社，1991.

2. 邓小平 . 邓小平文选 [M]. 北京：人民出版社，1993.

3. 江泽民 . 江泽民文选 [M]. 北京：人民出版社，2006.

4. 胡锦涛 . 中共中央关于构建社会主义和谐社会若干重大问题的决定 [M]. 北京：人民出版社，2006.

5. 胡锦涛 . 坚定不移沿着中国特色社会主义道路前进为全面建成小康社会而奋斗 [M]. 北京：人民出版社，2012.

6. 本书编写组 . 中共中央关于全面推进依法治国若干重大问题的决定 [M]. 北京：人民出版社，2014.

7. 习近平 . 决胜全面建成小康社会，夺取新时代中国特色社会主义伟大胜利——在中国共产党第十九次全国代表大会上的报告 [M]. 北京：人民出版社，2017.

8. 习近平 . 论坚持全面深化改革 [M]. 北京：中央文献出版社，2018.

9. 习近平 . 习近平谈治国理政 [M]. 北京：外文出版社，2020.

10. 国家统计局 . 中华人民共和国 2020 年国民经济和社会发展统计公报 [EB/OL]. http://www.stats.gov.cn/tjsj/zxfb/202102/t20210227_1814154.html.

思考题：

1. 如何理解中国特色社会主义社会建设的重要理论和现实意义？

2. 怎样正确认识我国社会主要矛盾以及社会利益关系的新变化？

3. 针对当前我国社会治理存在的主要问题，如何推进社会治理创新？

▶▶▶ **第八专题**

中国特色社会主义生态文明建设理论与实践

习近平总书记指出："环境就是民生，青山就是美丽，蓝天也是幸福，绿水青山就是金山银山；保护环境就是保护生产力，改善环境就是发展生产力。"[①] 党的十八大以来，以习近平总书记为核心的党中央高度重视社会主义生态文明建设，坚持把生态文明建设作为统筹推进中国特色社会主义事业"五位一体"总体布局和协调推进"四个全面"战略布局的重要内容，坚持节约资源和保护环境的基本国策，坚持绿色发展，把生态文明建设融入经济建设、政治建设、文化建设、社会建设各方面和全过程，加大生态环境保护建设力度，推动生态文明建设在重点突破中实现整体推进。党的十九大明确了到本世纪中叶把我国建设成为富强民主文明和谐美丽的社会主义现代化强国的目标，十三届全国人大一次会议通过的宪法修正案，将这一目标载入国家根本法，凸显了建设美丽中国的重大现实意义和深远历史意义，进一步深化了我们党对社会主义建设规律的认识，为建设美丽中国、实现中华民族永续发展提供了根本遵循和保障。生态文明建设功在当代，利在千秋。大力推进生态文明建设是我们党和国家在当前和今后很长一段时期内的重大历史任务。

一、中国特色社会主义生态文明建设的基本理论

生态文明建设是继科学发展观和构建社会主义和谐社会理念之后的又一大理论创新，是党和国家遵循经济社会发展规律和自然发展规律，深刻把握经济发展与环境保护之间的矛盾统一关系，协调促进人与自然和谐共生，建设美丽中国、实现中华民族永续发展的一项理论创举。尤其是在工业化、现代化和市场化的条件下，经济发展与环境保护之间矛盾日益突出，必须从基础理论着手深化理解生态文明建设，为实现人与自然、人与社会、经济与环境和谐发展提供坚实的理论基础。

---

① 中共中央文献研究室. 习近平关于社会主义生态文明建设论述摘编 [M]. 北京：中央文献出版社，2017：12.

（一）中国特色社会主义生态文明建设的理论渊源

中国特色社会主义生态文明建设的基本理论是坚持马克思主义生态观为指导，立足于中国特色社会主义具体实践，继承发扬中华民族传统生态哲学思想精华，在批判分析现代西方生态伦理学的最新研究成果基础上形成和不断发展的。

1. 早期马克思主义的生态观思想

早在马克思主义创立伊始，马克思主义的奠基人马克思和恩格斯就已经意识到现代工业文明对生态环境构成的危害。他们在深刻论述人与自然关系基础上，论证了人与自然的辩证统一关系，批判了资本主义社会人与自然关系异化问题，提出了共产主义应是"人的自然主义"与"自然的人道主义"的统一等理论。早期马克思主义生态观思想是中国特色社会主义生态文明建设的理论基础。

（1）人与自然的统一

马克思和恩格斯早在一百多年前就揭示了人的自然属性以及人与自然的统一关系，认为人是自然界发展到一定阶段的产物。人是自然的一部分，人对自然具有高度的依存性。马克思指出："整个所谓世界历史不外是人同人的劳动而诞生的过程，是自然界对人类来说的生成过程。"[①] 恩格斯在《自然辩证法》一书中明确指出："我们连同我们的肉、血和头脑都是属于自然界和存在于自然之中的。"[②] 马克思还将自然界比作人类的身体，他指出："在实践上，人的普遍性正表现在把整个自然界——首先作为人的直接的生活资料，其次作为人的无机的身体。人靠自然界生活。这就是说，自然界是人为了不致死亡而必须与之不断交往的、人的身体。所谓人的肉体生活和精神生活同自然界相联系，也就等于说自然界同自身相联系，因为人是自然界的一部分。"[③] 由此可见，马克思和恩格斯认为人是自然的一部分，人存在于自然之中而不是自然之外，人更不能将自己凌驾于自然之上。自然对于人而言，具有本体论上的先在性，人类保护自然就是保护人类自身，而破坏自然也就是损害人类自己。

马克思认为人与自然的关系不是抽象的统一，而是以社会实践（劳动）为中介的历史、具体的统一。人通过社会实践不断创造生产资料和消费资料以实现自身的生存与发展，这不是人与自然关系的疏远，恰恰是人与自然的统一。这种统一关系不是人与自然之间征服或被征服、索取或被索取的关系，而是休戚相关的有机整体

---

① 马克思、恩格斯全集（42）[M]. 北京：人民出版社，1979:131.

② 马克思恩格斯选集（四）[M]. 北京：人民出版社，1995:384.

③ 马克思、恩格斯全集（42）[M]. 北京：人民出版社，1979:95.

关系。

（2）人应爱护自然

人是自然的一部分，人与自然共存共荣，人应像爱护自己身体一样爱护自然。马克思在《1844年经济学哲学手稿》中将自然界看作感性的外部世界，认为自然界提供给人以生存的生活资料和进行劳动的生产资料。离开了外部的自然世界，人的劳动无法进行，人的生命之延续也无法实现。马克思强调："劳动首先是人和自然之间的过程，是人以自身的活动来引起、调整和控制人和自然之间的物质变换的过程。"[①] 因此，马克思和恩格斯反对人类破坏自然环境的行为。恩格斯就曾说过："我们不要过分陶醉于我们对自然界的胜利。对于每一次这样的胜利，自然界都对我们进行报复。每一次胜利，起初确实取得了我们预期的结果，但往后和再往后却发生完全不同的、出乎预料的影响，常常把最初的结果又消除了。"[②] 早在19世纪中叶，马克思和恩格斯就已经提出这些具有前瞻性的思想。而到今天，这些思想也得到了印证。随着人类工业文明和现代化的进展，人类越是要改造自然，越是对自然造成了巨大的破坏，例如全球变暖、水资源短缺、土地荒漠化、物种多样性的减少等。而自然被破坏的趋势若不加以遏制，自然将丧失其自我修复的能力，它必然报复人类。因此，人应爱护自然。

（3）人应按自然规律办事

自然有其自身运动发展的客观规律，只有按照自然规律办事，自然界才能向有利于人类社会的方向发展，否则，人类会遭致自然的报复。马克思说："不以伟大的自然规律为依据的人类计划，只会带来灾难。"[③] 恩格斯也指出："我们对自然界的整个统治，是在于我们比其他的一切动物强，能够正确认识和利用自然规律。"[④]"动物仅仅利用外部自然界，单纯地以自己的存在来使自然改变；而人则通过他所作出的改变来使自然界为自己的目的服务，来支配自然界。"[⑤] 人之所以能支配自然界，是因为我们能正确认识和掌握自然规律，使人的发展与自然规律相一致。

马克思和恩格斯在深刻考察资本主义工业问题的基础上，论述了人与自然的对立统一关系，认为社会实践是人与自然联系的中介，是人与自然关系的实现形式。在社会实践中，人处理好人与自然的关系，认识自然、保护自然、遵循自然发

---

① 马克思、恩格斯全集（23）[M]. 北京：人民出版社，1972:201-202.
② 马克思恩格斯选集（四）[M]. 北京：人民出版社，1995:383.
③ 马克思、恩格斯全集（31）[M]. 北京：人民出版社，1976:124.
④ 马克思、恩格斯全集（39）[M]. 北京：人民出版社，1995:159.
⑤ 马克思恩格斯选集（三）[M]. 北京：人民出版社，1972:517.

展规律，才能实现人与自然关系的统一。进而，马克思指出："共产主义，作为完成了的自然主义，等于人道主义，而作为完成了的人道主义，等于自然主义，它是人与自然界之间、人与人之间的矛盾的真正解决。"[①] 生态文明是人类社会文明最高形式——共产主义文明的重要构成，它在性质上与社会主义文明根本一致，旨在促进社会全面发展。

2. 中国传统生态哲学思想

中国传统社会是典型的农耕文明社会，人与自然的和谐关系是社会发展与安定的基础。在人与自然的关系上，中国古人认为天地人是彼此联结的统一整体，形成了比较丰富的生态哲学思想，这些思想为当前社会主义生态文明建设提供了思想源泉。

（1）天人合一

关于人与自然的关系，中国古人早在殷商时期就有了较为清晰的认识。《周易》揭示了世间万物发展运行的规律，认为自然乃万物之本源。"有天地然后万物生焉""有天地然后有万物，有万物然后有男女"（《周易·序卦》）。天地就是"四时行焉，百物生焉"的自然界。自然界是世间万物的本源，也是人存在与发展的本源。人是自然的一个组成部分。但人又不同于自然界其他生物，人具有主体性，能够利用自然、改造自然，因此在自然体系中占据重要位置。"道大，天大，地大，人亦大。域中有四大，而人居其一焉。"（《老子·第二十五章》）人与自然应该融为一体，相互适应、相互协调，和谐相处。"天地与我并生，而万物与我为一。"（《庄子·齐物论》）只有当人遵守与自然和谐共生的道德规范时，才能"因明致诚，因诚致明，故天人合一"（《张载集·西铭·正蒙》）。宋代大儒张载在天人合一思想基础上，进一步提出"民胞物与"思想："民，吾同胞；物，吾与也"（《张载集·西铭·正蒙》）。王阳明则提出"仁者与天地万物一体"的泛爱万物的思想。在中国传统文化中，"天人合一"既是中国传统文化中的宇宙观，也是中国古人追求的理想境界，更是促进人与自然和谐统一的思想力量。

（2）道法自然

"道法自然"思想也是中国古代具有代表性的生态哲学思想。"道"是《老子》哲学思想的起点，是宇宙的本原和实质，是生态法则和自然规律。自然有其运动变化发展的规律，这个规律即道，道行有常，不以人的意志为转移。"天行有常，不为尧存，不为桀亡。"（《荀子·天论》）人应遵守自然生息发展的客观规律。《周易》有

---

① 马克思、恩格斯全集（23）[M]. 北京：人民出版社，1972：120.

言："夫大人者，与天地合其德，与日月合其明，与四时合其序，与鬼神合其吉凶，先天而天弗违，后天而奉天时。"（《周易·文言》）老子说："人法地，地法天，天法道，道法自然。"（《老子·第二十五章》）即人以地为法则，地以天为法则，天以道为法则。道的法则就是自然而然。整个宇宙在道的统领下，达到高度和谐的统一。而人是自然不可分割的一部分，所以，人的道德法则必须遵守自然法则，效法天地自然，遵循自然发展规律。只有遵循了道的自然本性，才能达至人与自然的和谐。这要求我们做到三点：首先，要按照"自然"的方式对待自然。人类对自然系统所做的任何改变都可能影响整个自然系统，因此，我们应该以最小的程度影响生态自然，以维护自然的和谐。其次，要懂得尊重自然，尊重一切有生命和没有生命的自然，与自然和谐相处。最后，要对自然存一份爱惜之心。实际上，中华传统文化中也提出了一些践行"道法自然"的具体行为规范，如《礼记·月令》详细罗列了从农夫、渔师、工匠、女工，到官员，直至天子，必须遵守"时"的行为规范的具体要求，如天子在农忙季节，不得大兴土木、发动战争，以免发生"妨农之事"。"时"的行为规范主要包括"时养"和"时禁"两个方面的内容，"时养"意指动物的养殖和农作物的种植必须顺应天时，它调节的是人与人工自然的关系；"时禁"指的是反对、禁止不合时宜地获取动植物资源的活动，它调节的是人与天然自然的关系。[①]

中华传统文化中蕴含了丰富而深刻的生态哲学思想，这种生态哲学思想不仅存在于文本典籍之中，更落实到传统社会管理制度和风俗习惯之中，塑造了中国人特有的文化精神。在当今时代，传统生态哲学思想也是构建中国特色社会主义生态文明建设基本理论的重要思想资源。

3. 现代西方生态伦理学思想

生态伦理学是西方现代工业社会发展的产物。随着工业化发展带来的环境污染问题日益显著，一些有识之士开始质疑传统社会发展理念，重新审视人与自然的关系。严格地说，生态伦理学作为一门理论学科，历史并不悠久。学界有一种看法认为，"直到20世纪70年代以后才产生了生态伦理学"[②]。只是说，关于生态伦理的思想（比如关于人与自然关系的思想）在东西方的历史文化长河中古已有之。生态伦理学思想发展至今，产生了不少理论成果，其中一些思想主张与中国特色社会主义生态文明建设的基本理论具有一致性。

---

① 徐朝旭，叶锦华等."公地悲剧"与"牛山之秃"——集体行动理论视域中的先秦儒家生态思想与实践研究 [J]. 南京林业大学学报（人文社会科学版），2018（2）:29-30.
② 余谋昌，等. 环境伦理学（第二版）[M]. 北京：高等教育出版社，2019:26.

现代西方生态伦理学思想大致形成了人类中心主义与非人类中心主义两大阵营。人类中心主义的精神实质是人道主义，它主张人与自然之间不应存在任何统治、剥削和奴役的关系，应以今天以及未来生活在地球上的人类整体的福祉为准则对待人与自然的关系。所谓的生态环境问题不是人与自然环境之间的矛盾冲突，而是人与人之间的利益关系在自然领域的延伸，尤其是当代人与未来人在自然环境利益方面的矛盾冲突。促进当代人与未来人利益关系的平衡是摆脱生态危机、解决环境问题的关键。非人类中心主义则认为，人类中心主义虽然关心非人类的自然物种或事物，但归根结底是为了人类自身的福祉；只关注人类自身的利益，这是一个严重的道德错误。人类与其他物种以及土壤、水圈、大气共处于同一个生态系统之中，人类的生存依赖于整个生态系统，人类在生态系统中与其他物种共生共荣。同人总是与他人生活在协作与竞争的张力之中相类似，人类与其他物种也生活在共生和竞争的张力之中，如果人类只关心自己而不关心其他物种和环境，便会严重破坏环境，损害其他物种的生存。事实上，人类已经造成了大量物种的灭绝，这样人类的生存就失去了其他物种和环境的支持。因此，人类应该以尊重其他物种以及生态系统所具有的价值和权利的方式来保护环境。

人类中心主义与非人类中心主义争论的焦点为自然是否具有内在价值，即人类出于自身利益而保护环境还是自然因其自身的内在价值就值得人类去尊重？这种学理上的争论是否真正触及当前全球生态危机的本质似乎值得怀疑，但二者还是从不同视角为人们保护自然环境、维护生态平衡、促进人与自然和谐发展提供了有力的道德依据。因此，还有一种观点认为人类中心主义与非人类中心主义彼此并不相互矛盾，而是可以相互补充、并行不悖的，通过整合两种不同理论可以形成一种更加开放包容的、更具活力的生态伦理学立场。

（二）中国特色社会主义生态文明建设的理论发展

中国共产党一直都很关注人与自然的和谐发展，历届国家领导人根据社会发展的阶段性要求和时代背景，提出、发展、完善资源节约、环境保护的生态文明思想，最终形成中国特色社会主义生态文明建设理论。社会主义生态文明建设理论的形成发展大致可以分为三个阶段。

1. 中国特色社会主义生态文明建设理论的奠基

新中国成立初期百业待兴，毛泽东主要从水利建设、林业发展和环境保护等三个方面形成了生态文明建设思想的雏形。第一，加强水利建设。早在建党初期，毛泽东就已意识到水利建设的重要性。1934年，毛泽东在阐述中央苏区经济政策时就强调水利是农业的命脉，应予以极大关注。新中国成立后发生多次洪水灾害，也给刚建立的新中国造成了极大的损失。毛泽东根据新中国建设的实际情况和发展需要，提出了"一定要把淮河修好""要把黄河的事情办好""一定要根治海河"等水利治理思想。1955 年 12 月 21 日，毛泽东在为中共中央起草的《征询对农业十七条的意见》里提出："同流域规划相结合，大量地兴修小型水利，保证在七年内基本上消灭普通的水灾旱灾。"[①] 在毛泽东水利建设思想的指导下，全国开始了兴修水库的热潮。至 20 世纪 70 年代，治水工程基本建成，为抵御自然灾害、促进农业发展发挥了重要作用。第二，注重林业发展。毛泽东提出了消灭荒山荒地、绿化祖国的任务，在全国开展了一场轰轰烈烈的植树造林活动。他将林业发展放到了极其重要的位置上，强调促进农林牧副渔的协调发展。第三，强调环境保护。大连湾等一系列环境问题的不断发生，引起了毛泽东等国家领导人的高度重视，他们在多个场合中强调环境保护的重大意义并做出关于发展中国家环境科学研究和开展环境保护工作的重要指示。1973 年 8 月 5 日至 20 日，在北京召开了第一次全国环境保护会议，我国的环境保护工作逐渐走上制度化的轨道。

在改革开放的新历史时期，邓小平虽未将生态治理当作中心工作，但通过义务植树、治理水患、治污工程、法制建设等一系列"治水秀山"生态治理实践推动了我国生态环保事业的发展。邓小平强调：没有良好的生态环境和长期可利用的自然资源，人们就失去了赖以生存和发展的基础和条件，社会主义经济就不能得到长期稳定持续的发展。他反对以牺牲自然环境、滥用生态资源、破坏生态系统平衡为代价谋取经济社会暂时的发展的做法。他强调人应通过与自然和谐相处的方式促进生态环境良性持续发展。邓小平这一思想指明了我国经济社会发展方向，也为党中央制定可持续发展战略提供了必要的理论依据。邓小平注重依靠法制建设和科技发展解决生态环境问题。在邓小平执政时期，我国陆续通过了《关于在国民经济调整时期加强环境保护工作的决定》《国务院关于环境保护工作的决定》《中华人民共和国环境保护法》《中华人民共和国海洋保护法》等一系列法律法规，环保法制建设使我国生态文明建设做到了有法可依。邓小平还重视科学技术在社会发展和环境保护中的重要作用。他认为我国资源短缺、人口众多的国情下必须依靠科技发展解决生态环境保护等一系列基础问题。

2. 中国特色社会主义生态文明建设理论的形成

在继承邓小平协调发展、可持续发展理论基础上，江泽民等国家领导人大力倡

---

① 毛泽东.毛泽东文集（6）[M].北京：人民出版社，1999:509.

导实施可持续发展战略。1993 年我国召开了"中国 21 世纪国际研讨会"，宣布可持续发展的战略构想，1994 年通过了《中国 21 世纪议程》（又称《中国 21 世纪人口、环境与发展白皮书》），提出了可持续发展的战略目标、战略重点和重大行动，强调把我国经济、社会、资源、环境的协调发展更加紧密地结合起来。1995 年 9 月 28 日，江泽民在党的十四届五中全会闭幕时的讲话《正确处理社会主义现代化建设中的若干重大关系》中指出："在现代化建设中，必须把实现可持续发展作为一个重大战略。要把控制人口、节约资源、保护环境放到重要位置，使人口增长与社会生产力的发展相适应，使经济建设与资源、环境相协调，实现良性循环。"[①]1996 年 7 月 16 日，江泽民同志在第四次全国环境保护会议座谈会上提出：在社会主义现代化建设中，必须把贯彻实施可持续发展战略始终作为一件大事来抓。1997 年十五大报告中进一步强调："我国是人口众多、资源相对不足的国家，在现代化建设中必须实施可持续发展战略。"[②]生态文明被提到一个重要的位置上。这一时期，随着经济发展，威胁生态环境保护的因素日趋复杂，江泽民等国家领导人注重加强和完善环境立法，如《中华人民共和国大气污染防治法》《中华人民共和国固体废物污染环境防治法》《中华人民共和国环境噪声污染防治法》等，避免了各级政府不顾生态保护而片面强调经济增长的错误，形成了全方位的生态制度建设体系。

在党的十七大上，胡锦涛领导的中国共产党人站在人类文明发展的高度上，提出了生态文明的科学概念，指出要"建设生态文明，基本形成节约能源资源和保护生态环境的产业结构、增长方式、消费方式"[③]。生态文明使环境保护被提升至更高一层的理论形态，为处理我国人口资源环境问题提供了理论指导。2007 年年底，胡锦涛在学习贯彻党的十七大建设研讨班上就对建设生态文明的内涵做出了一个实质性的回答，建设生态文明，实质上就是要建设以资源环境承载力为基础、以自然规律为准则、以可持续发展为目标的资源节约型、环境友好型社会。生态文明思想要求我们建设资源节约型和环境友好型社会，促进人与自然协调发展，增强可持续发展能力。胡锦涛的生态文明建设思想概括起来包括四方面内容：其一，生态文明建设是中国特色社会主义事业总体布局的重要组成部分。其二，建设生态文明符合我国经济社会发展规律，有利于解决我国经济社会发展过程中存在的主要矛盾，有

---

① 江泽民.江泽民文选（第 1 卷）[M].北京：人民出版社，2006：474.

② 江泽民.高举邓小平理论伟大旗帜　把建设有中国特色社会主义事业全面推向 21 世纪 [M].北京：人民出版社，1997.

③ 胡锦涛.坚定不移沿着中国特色社会主义道路前进为全面建成小康社会而奋斗 [M].北京：人民出版社，2012.

利于提高人民群众对美好生活的期待，有利于保护国家能源安全、保护生态自然环境。其三，建设生态文明需加强体制机制建设，健全法律法规，为生态文明建设提供制度保障。其四，加强全球合作，妥善应对能源和生态危机。

3. 中国特色社会主义生态文明建设理论的进一步发展

党的十八大以来，以习近平为总书记的党中央领导集体高瞻远瞩战略谋划，树立实施五大发展理念，大力建设生态文明，带领中华民族建设美丽中国，实现中华民族伟大历史复兴的"中国梦"。习近平总书记主要从五个方面进一步发展了生态文明建设理论。

第一，坚持人与自然和谐共生。习近平总书记指出："人与自然是生命共同体，人类必须尊重自然、顺应自然、保护自然。"[①] 人与自然是相互依存、相互联系的整体，对自然界不能只讲索取不讲投入、只讲利用不讲建设。"人与自然共生共存，伤害自然最终将伤及人类。"[②] 社会主义现代化是人与自然和谐共生的现代化，既要创造更多物质财富和精神财富满足人民日益增长的美好生活需要，也要提供更多优质生态产品以满足人民日益增长的优美生态环境需要。

第二，树立和践行"绿水青山就是金山银山"理念。习近平总书记早在浙江省省委任职期间就对"绿水青山就是金山银山"理念有过全面的阐述，党的十八大以来，他进一步系统深化了这一理念。绿水青山和金山银山的关系，归根到底就是正确处理经济发展和生态环境保护的关系。习近平总书记指出："绿水青山和金山银山决不是对立的，关键在人，关键在思路。"[③]2013 年 9 月 7 日，习近平在哈萨克斯坦扎尔巴耶夫大学发表题为"弘扬人民友谊，共创美好未来"的重要演讲中，指出："中国明确把生态环境保护摆在更加突出的位置。我们既要绿水青山，也要金山银山。宁要绿水青山，不要金山银山，而且绿水青山就是金山银山。"[④] 习近平总书记反复强调，经济发展不应是对资源和生态环境的竭泽而渔，生态环境保护也不应是舍弃经济发展的缘木求鱼，而是要坚持在发展中保护、在保护中发展，实现经济社会发展与人口、资源、环境相协调。

第三，推动形成绿色发展方式和生活方式。坚持绿色发展，推进生态文明建

---

① 习近平.决胜全面建成小康社会夺取新时代中国特色社会主义伟大胜利 [N].人民日报，2017-10-28（4）.

② 习近平.习近平谈治国理政：第 2 卷 [M].北京：外文出版社，2017: 544.

③ 中共中央文献研究室.习近平关于社会主义生态文明建设论述摘编 [M].北京：中央文献出版社，2017: 23.

④ 中共中央文献研究室.习近平关于社会主义生态文明建设论述摘编 [M].北京：中央文献出版社，2017: 20-21.

设，当前重点是推进产业结构、空间结构、能源结构、消费方式的绿色转型。习近平总书记指出："推动形成绿色发展方式和生活方式，是发展观的一场深刻革命。这就要坚持和贯彻新发展理念，正确处理经济发展和生态环境保护的关系，像保护眼睛一样保护生态环境，像对待生命一样对待生态环境，坚决摒弃损害甚至破坏生态环境的发展模式，坚决摒弃以牺牲生态环境换取一时一地经济增长的做法，让良好生态环境成为人民生活的增长点、成为经济社会持续健康发展的支撑点、成为展现我国良好形象的发力点，让中华大地天更蓝、山更绿、水更清、环境更优美。"①

第四，统筹山水林田湖草系统治理。大自然是一个相互依存、相互影响的系统。习近平总书记强调，山水林田湖草是一个生命共同体。"人的命脉在田，田的命脉在水，水的命脉在山，山的命脉在土，土的命脉在树。"② 必须按照生态系统的整体性、系统性及其内在规律，统筹考虑自然生态各要素、山上山下、地上地下、陆地海洋以及流域上下游等，进行整体保护、系统修复、综合治理。

第五，实行最严格的生态环境保护制度。习近平总书记指出："保护生态环境必须依靠制度、依靠法治。只有实行最严格的制度、最严密的法治，才能为生态文明建设提供可靠保障。"③ 在生态环境保护问题上，就是不能越雷池一步，否则就应该受到惩罚。必须把制度建设作为推进生态文明建设的重中之重，加快生态文明体制改革，着力破解制约生态文明建设的体制机制障碍。

习近平总书记总结道："生态环境保护是功在当代、利在千秋的事业。在这个问题上，我们没有别的选择"，"建设生态文明是关系人民福祉、关系民族未来的大计"④。保护好生态环境就是对人民群众、对子孙后代高度负责，治理好环境污染就是为人民群众建设美丽中国，实现中华民族永续发展。

二、生态文明建设是新时代的必然选择

现代工业社会的高速发展一方面创造着前所未有的物质文明成就，而另一方面也不断吞噬着自然、侵蚀自然的可再生能力和自我修复能力。面临日益严峻的生态

① 中共中央文献研究室 . 习近平关于社会主义生态文明建设论述摘编 [M]. 北京：中央文献出版社，2017：37.

② 中共中央文献研究室 . 习近平关于社会主义生态文明建设论述摘编 [M]. 北京：中央文献出版社，2017：47.

③ 中共中央文献研究室 . 习近平关于社会主义生态文明建设论述摘编 [M]. 北京：中央文献出版社，2017：99.

④ 中共中央文献研究室 . 习近平关于社会主义生态文明建设论述摘编 [M]. 北京：中央文献出版社，2017：7.

危机，当今世界各国开启了一场全球范围的环境保护运动。2003 年中央九号文件首次提出生态文明，十七大第一次将生态文明建设作为全面建设小康社会的奋斗目标，十八大将生态文明建设提到全新高度、做出全面部署，十九大将生态文明建设纳入千年大计，从基本理念、重大地位、战略纵深和体制保障等方面夯实基础，奠定我国新时代生态文明建设的新格局，生态文明建设已成为当前全党全国的一项重要战略任务。生态文明建设既是我国积极应对全球生态危机的重大举措，也是主动参与全球环境保护运动的重要抉择，同时也是实现中华民族永续发展的必由之路。

（一）生态文明建设是积极应对生态危机的重大举措

生态危机是工业文明危机的现实表现。工业社会的生产方式、消费方式、思维方式的外在性决定了现代工业社会发展必然建基于对自然无节制的索取、掠夺。除非对工业文明自身加以范式转型，否则生态危机不可避免。如有学者指出："生态危机是工业文明的必然产物。在工业文明的基本框架内，环境危机不可能从根本上得到解决。"[①]

18 世纪工业革命促进了社会生产力的巨大发展，推动人类由传统农业文明向现代工业文明的转变，与此同时，也带来了严重的生态环境问题。早在 19 世纪由燃烧煤带来的空气污染就已初现端倪。19 世纪法国著名印象派画家莫奈有幅油画，画中伦敦著名的威斯敏斯特教堂在紫红色的雾中隐约可见。由煤支撑的工业革命开始以后，工厂大多建在市内，冬季居民家庭大量烧煤取暖，煤烟排放量更是急剧增加。在无风的季节，烟尘与雾混合变成黄黑色，经常笼罩在城市上空多天不散，形成曾客居伦敦的老舍先生笔下"乌黑的、浑黄的、绛紫的，以致辛辣的、呛人的"伦敦雾。浓雾不仅妨碍交通，高浓度的二氧化硫和烟雾颗粒更会危害人的健康。随着工业革命深入并向全球范围扩展，生态环境问题也逐渐升级。20 世纪中期，早期工业化国家发生了臭名昭著的八大公害事件：马斯河谷烟雾事件、多诺拉烟雾事件、伦敦烟雾事件、洛杉矶光化学烟雾事件、水俣事件、富山事件、四日事件和米糠油事件。严重的环境污染造成了人群大量发病甚至死亡，这也使得这些国家意识到环境保护的重要性。事实上，从 20 世纪 80 年代开始，这些早期工业化国家相继制定了较高的环境标准，并将污染企业向发展中国家和不发达国家转移。

当今全球面临着非常严峻的生态环境问题，主要包括三大方面。

第一，全球变暖。路透社 2020 年 8 月 6 日援引加拿大科研人员消息称，加拿

---

① 杨通进. 现代文明的生态转向 [M]. 重庆：重庆出版社，2007：总序 2.

大最后一个完整北极冰架坍塌，仅在 7 月底的两天内就消失 40% 的面积。据《国家地理》杂志报道，自 1906 年以来，全球平均地表温度已经上升了 0.9 摄氏度（1.6 华氏度）。气候变暖所造成的极端高温正在损害人类健康。2019 年，澳大利亚、印度、日本以及欧洲的一些国家均出现了破纪录的高温，其中日本的严重热浪导致 100 多人死亡，18000 人住院治疗。[①] 气候变暖的危害还在于全球降水量将重新分配、南极冰川和北极永久冻土将消融、海平面上升，自然生态系统的平衡将被打破，人类的居住环境将被破坏，有一些国家或地区将永远消失。最坏的情况是，随着全球变暖，北极永冻土融化，将释放储存其中的大量甲烷（也是温室气体），从而将引起气温无法逆转的骤然上升。这将造成地球生命史上最严重的大灾难。[②]

第二，物种灭绝。2019 年 5 月 6 日，联合国在巴黎发布《生物多样性和生态系统服务全球评估报告》显示，如今在全世界 800 万个物种中，有 100 万个正因人类活动而遭受灭绝威胁，全球物种灭绝的平均速度已经大大高于 1000 万年前。这份1800 页的报告是自 2005 年联合国千年生态系统评估报告发布以来，对全球自然环境最全面的一次评估，为全球生物多样性保护再次敲响了警钟。[③] 地球生态系统是一个有机整体，物种之间相互依存，物种的大量减少甚至灭绝将打破地球系统的平衡，后果难以想象。

第三，环境污染。当前全球面临着严重的空气污染、水污染、土壤污染等问题。随着工业化发展，全球每年都向大气排放大量的二氧化碳、二氧化硫和其他工业粉尘。以二氧化碳为例，全球每年的排放量达到 315 亿吨。据资料统计，全球每年约有 2000 亿吨的废料流入江河湖海之中，从而造成了严重的水体污染。此外，当前全球共有 62 万平方公里的农田已被污染。据联合国一份报告显示，世界上每天因盐分太高而失去的农业用地面积达 19.9 平方公里。[④]

随着我国经济社会发展，环境问题也相当严峻：森林锐减、草原退化、水土流失、沙漠化等生态破坏问题；能源危机问题；大气污染、水污染、固化污染、噪音污染等环境污染问题；垃圾围城问题等。比如，近几年来一到冬季，大气污染如雾霾总是如期而至，笼罩大半个中国，严重影响人们正常的生活工作，已成为大众热

---

① 加拿大最后一个完整北极冰架坍塌　全球变暖再发信号 [EB/OL].（2020-08-09）[2020-8-10]. http://www.xinhuanet.com/world/2020-08/09/c_1126344767.htm?baike.

② Rene Guillierier, 萧舟编译. 世界末日的二十个脚本 [J]. 新发现，2011（7）:90-91.

③ 全球百万物种濒临灭绝 [N]. 人民日报，2019-05-08（16）.

④ 联合国报告称全球土壤盐化毁掉法国面积大小农田 [EB/OL].（2014-11-3）[2020-8-10]. http://science.cankaoxiaoxi.com/2014/1103/551671.shtml.

议的话题之一，人人"谈霾色变"。并且，诸多环境问题及其影响会相互交织在一起。具体而言，过度地开发利用各类矿产资源、石油资源、天然气资源以及森林资源等造成了资源或能源面临枯竭，而现代工业生产和交通在消耗大量资源的基础上每天还向大气排放出数千种化学物质，严重影响大气质量，进而导致酸雨、气候变暖、极端天气、洪涝灾害以及臭氧层漏洞，此外，对森林的过度砍伐还造成了生物多样性锐减、土地沙漠化现象以及水资源短缺和污染。概言之，自然环境的破坏产生的后果影响深远、难以预测，最终必将威胁人类的生存与发展。空气污染造成了人群发病率的上升，饮用水源的污染威胁人的身体健康、造成畸形。近年来，我国频频出现癌症村、儿童血铅超标、镉稻米等环境污染事件，这些环境污染事件已经直接威胁老百姓的身体健康和生活质量，甚至直接威胁老百姓的生存。而一些地方政府不顾百姓利益，纷纷上马污染企业，更是加深了百姓与政府的矛盾和冲突。

中国既是发展中国家，也是社会主义国家。作为发展中国家，中国还需发展经济，进行全面的现代化建设。但是作为社会主义国家，如果我们以环境作为代价换取经济发展，以人民幸福作为代价换取现代化进程，这是得不偿失的。因此，在中国特色社会主义建设中，一个亟待解决的问题就是，如何在发展经济的同时保护环境，如何避免"先污染，后治理"的资本主义发展模式，这就要求我们必须由传统工业文明转向建设生态文明，由粗放型经济增长方式向集约型增长方式转变，走新型的工业化道路。这是当前中国特色社会主义建设中的一大难题，也是必须解决的问题。

（二）生态文明建设是主动参与全球性环境保护的重要抉择

随着生态危机的日益加剧，人类不得不开始反思"对大自然宣战""征服大自然"等工业文明时期的思想，重新思考人与自然的关系。有西方学者认为，日益严重的环境问题将全世界各国都绑在了高危的生态之船上，如果人类不想灭亡的话，全球生态治理就成了唯一选择。要根本解决日益严重的全球生态危机，世界各国都有责任参与到这场全球性的环境保护运动之中。作为一个负责任、有担当的大国，我国通过生态文明建设承担着自身的国际责任。

早在 1962 年，美国学者蕾切尔·卡逊（Rachel Carson）出版《寂静的春天》一书，拉开了环境保护运动的序幕。1968 年，来自 10 多个国家的企业家、学者们聚集罗马猞猁学院，共同讨论人类面临的环境问题。这就是环境保护运动的先驱——"罗马俱乐部"（Club of Rome）。1972 年，他们向世界提交第一份报告，名为"增长的极限"。报告指出："地球是有限的，任何人类活动愈是接近地球支撑这种活动的能力限度，对不能同时兼顾的因素的权衡就要求变得更加明显和不可能解决。当没有利用的可耕地很多时，就可以有更多的人，每个人也可以有更多的粮食。当所有土地都已利用，在更多的人或每人更多的粮食之间权衡就成为绝对的选择。"[①] 同年，联合国召开"联合国人类环境会议"，这是人类历史上第一次以保护全球环境为主要内容的国际会议。这次会议发表了世界第一个维护改善环境的纲领性文件——《人类环境宣言》，呼吁人类在开发自然的同时承担维护自然改善环境的义务。同年，联合国将每年 6 月 5 日定为"世界环境日"。20 世纪 70 年代，联合国逐渐将环境保护纳入正式的议事轨道，分别召开了世界人口会议（1974 年）、生态环境和人类住区会议（1976 年）、沙漠化问题会议（1977 年）、水源会议和国际环境教育大会（1977年）。1983 年，联合国正式成立了世界环境与发展委员会。

环境保护关涉世界上各个国家的利益，一方面，各国为解决全球环境问题必须加强深度交流与合作；另一方面，各国为维护自身利益也展开激烈博弈与斗争。中国政府立足新时代向全世界提出构建"人类命运共同体"，这也是应对全球环境问题与生态危机的一种主张。习近平总书记在十九大报告中呼吁，各国人民应同心协力构建"人类命运共同体"，建设持久和平、普遍安全、共同繁荣、开放包容、清洁美丽的世界。罗马俱乐部的最新研究报告《2052：未来四十年的中国与世界》预测，气候变化、环境污染等生态问题将是未来社会的重要问题。"科学家对人类每年免费得到的生态服务价值进行估算，其数值和全球 GDP 总量是一个数量级的。"[②]面对生态危机带来的生存困境，全人类应当认识到自身命运紧密相连，人类与生态环境是一个密不可分的整体，宇宙只有一个地球，人类共有一个家园。不过，随着全球性环境保护运动的深入开展，世界各国的利益斗争也逐渐突显，外交博弈日益激烈。我国由于近年发展速度快，更是成为西方发达国家关注的对象，"生态威胁论"成为西方发达国家唱衰中国的"中国威胁论"的升级版本。我国在对待西方发达国家的生态威胁论上有明确立场。其一，我国资源能源消费量较低，并非造成全球环境污染的主要责任国家。尤其从人均消费量来看，我国更是资源能源消费小国。其二，发达国家与发展中国家的环保责任是有差别的，发达国家应承担更大环保责任。"坚持共同但有区别的责任等原则，不是说发展中国家就不要为全球应对

① 丹尼斯·米都斯，等.增长的极限 [M].李宝恒，译.长春：吉林人民出版社，2005：56.
② 兰德斯.2052：未来四十年的中国与世界 [M].秦雪征，谭静，叶硕，译.南京：译林出版社，2013：240−241.

气候变化作出贡献了，而是说要符合发展中国家能力和要求。"① 其三，积极参与环境谈判，争得本国环保权益。近年来，我国在关于环境问题的国际谈判中不断提升外交能力、调整外交政策，但同时坚持自己的固有立场：既体现合作诚意和责任意识，与此同时，又把"不能做"和"做不到"的说明说透，打消外界不切实际的幻想和要求。

更为重要的是，我国一直是一个负责任的大国，勇于承担自己的国际责任。我国较早地参与到全球性的环境保护运动之中。1980 年，我国加入了《濒危野生动植物国际贸易公约》。1992 年，李鹏率团出席里约大会，签署了《里约宣言》《21 世纪议程》。1994 年，我国签订了《蒙特利尔议定书》。1998 年，我国签署了《京都议定书》。2007 年 G8+5 峰会上，胡锦涛主席承诺中国将对已受到气候变化不利影响的小岛屿发展中国家提供援助。2016 年，习近平总书记在 G20 杭州峰会上指出："中国是负责任的发展中大国，是全球气候治理的积极参与者。中国已经向世界承诺将于 2030 年左右时二氧化碳排放达到峰值，并争取尽早实现。中国将落实创新、协调、绿色、开放、共享的发展理念，坚持尊重自然、顺应自然、保护自然，坚持节约资源和保护环境的基本国策，全面推进节能减排和低碳发展，迈向生态文明新时代。"② 总言之，加强环境保护、开展生态文明建设，是当前我国主动参与全球环境保护运动的重要抉择。

（三）生态文明建设是实现中华民族永续发展的必由之路

工业文明创造人类社会繁荣的同时，也造成了深重的生态危机，不仅使经济持续发展难以为继，而且使人类社会的未来生存与发展面临困境。化解生态危机，不仅要具有空间维度的全球意识，还要立足时间维度，考虑当代人与后代人的共同利益。古人云："人无远虑，必有近忧。"生态危机的爆发在很大程度上与人们盲目追求眼前利益密切相关。《增长的极限》研究报告使用有效的数据和简单的逻辑，对工业社会的短视进行了一次直接的攻击。盲目追求眼前的增长注定要使社会从自然界和人类两方面达到极限，从而引起灾难性的冲击。罗马俱乐部的另外一份研究报告《人类处于转折点》深刻剖析道："人类有一种倾向，总是为了眼前需要而寻求短期利益，甚至以牺牲长远利益为代价。再者，如果人们把一种令人满意的短期现

---

① 中共中央文献研究室．习近平关于社会主义生态文明建设论述摘编 [M]．北京：中央文献出版社，2017：132．
② 中共中央文献研究室．习近平关于社会主义生态文明建设论述摘编 [M]．北京：中央文献出版社，2017：142．

象错误地当作长期现象，也会导致严重的后果。"[①] 当前科技迅猛发展，人类已然获得了凌驾于自然之上的决定性力量，而人类的未来基本上就取决于如何运用这种力量。为了中华民族的永续发展，维护当代人与后代人的共同生存家园，我们应将环境与人口、经济和社会发展结合起来，系统推进生态文明建设来谋求社会的可持续发展。

　　1972 年，联合国在瑞典斯德哥尔摩召开人类环境大会，通过著名的《人类环境宣言》，探讨生态环境保护问题。1980 年，国际自然保护同盟发表的《世界自然资源保护大纲》，首次提出了"可持续发展"概念。1987 年 2 月，第八次世界环境与发展大会上通过关于人类未来的报告《我们共同的未来》，在集中分析了全球人口、粮食、物种和遗传、资源、能源、工业和人类居住等方面情况，探讨了一系列重大的经济、社会和环境问题的基础上，提出了三大观点：环境危机、能源危机和发展危机不能分割；地球的资源和能源远不能满足人类发展的需要；必须为当代人和下代人的利益改变发展模式。在此基础上，报告提出我们必须选择一条新的"可持续发展"道路。在《我们共同的未来》中，"可持续发展"被阐述为"既能满足当代人的需要，又不对后代人满足其需要的能力构成危害的发展"[②]。它包括两个方面的意思：一是必须满足当代人的基本需求；二是不损害子孙后代满足生活需求的能力。1992 年联合国环境与发展大会更是将环境保护与人类的可持续发展联系在一起，深化了全球对可持续发展的认识。可持续发展是一种全新的经济社会发展理念与战略。可持续发展既是当今世界经济社会发展的方向，也是我国经济社会发展的目标。《中国 21 世纪议程》首次将可持续发展战略纳入我国经济和社会发展的长远规划。《议程》指出可持续发展必须建立在资源的可持续性利用和良好生态环境基础上。1997 年，党的十五大将可持续发展战略确定为我国现代化建设中必须实施的战略。2002 年，党的十六大把可持续发展能力作为全面建设小康社会的目标之一。2007 年，党的十七大明确提出要贯彻落实科学发展观。党的十八大以来，习近平总书记顺应时代和实践发展的新要求，坚持以人民为中心的发展思想，鲜明地提出要贯彻创新、协调、绿色、开放、共享的新发展理念。其中，绿色发展是永续发展的必要条件，实际上就是把生态文明建设的重要性提升至中华民族永续发展的战略高度。树立绿色发展理念，就必须坚持可持续发展，坚定走生产发展、生活富裕、生态良好的文明

---

① 梅萨罗维克，佩斯特尔. 人类处于转折点——给罗马俱乐部的第二个报告 [M]. 梅艳，译. 北京：生活·读书·新知三联书店，1987：84-85.
② 世界环境与发展委员会. 我们共同的未来 [M]. 长春：吉林人民出版社，2007：52.

发展道路。由此可见，可持续发展是我国的基本发展战略。

生态文明建设是践行新发展理念、实现中华民族永续发展的基础。一方面，中国是当今世界上发展最快的经济体，创造了举世瞩目的经济发展奇迹。但与此同时，人口迅猛增长、资源能源短缺、环境污染、气候变暖、生物多样性减少等生态环境问题也必将影响我国经济社会的可持续发展能力。如果我们继续以生态环境为代价发展经济的话，我国的经济发展不可避免地会面临生态环境的限制瓶颈。另一方面，保护生态环境就是保护生产力，改善生态环境就是发展生产力。生态环境是人类生存与发展的条件。随着我国经济社会的发展，老百姓对生态环境质量的需求逐渐增长。良好的生态环境本身就具有经济功能，能够促进招商引资、发展旅游、创造绿色经济；而恶劣的生态环境可能导致人口、资金外流。近年来，许多有远见的地方政府利用良好生态环境发展经济，也是一个证明。可见，生态环境本身就是生产力，能够促进可持续发展。生态文明建设战略正是针对当前中国社会发展的困境而提出的。生态文明建设有助于转变当前中国经济增长方式，有助于继承中华民族传统"天人合一"的社会理想，也有助于建设中国特色社会主义。

三、生态文明建设的内涵和目标

生态文明是一种崭新的文明形态，意味着对人类历史上其他文明形态的继承与反思。人类文明发展的历史轨迹，即"原始文明—农耕文明—工业文明"。在原始文明和农耕文明社会，工具发展相对落后，人类改造自然的能力有限，生态环境得到了较好的保持。而随着工业文明的发展，机械化使人类能够在更深层次上、更广范围内改造自然，规模化生产为人类带来了丰富廉价的商品。与此同时，自然资源被大量消耗，污染加剧，生态环境受到严重破坏。生态文明通过发展循环经济、绿色经济等高科技经济模式，达到对这种机械化、规模化生产为特征的工业文明之否定。但这并不意味着发展生态文明就要放弃工业文明、放弃经济发展。生态文明是对工业文明的否定，也是对工业文明的超越和发展。当然，生态文明建设还需要从理论上厘清生态文明的内涵、特征和目标等问题。

（一）生态文明的概念

自"生态文明建设"提出以来，学界就有大量文章对生态文明进行解读和阐释。对于何为生态文明，目前学者们已经从不同角度进行界定，概括起来主要包括三种观点。

1. 从人类文明发展阶段的角度界定

这种观点认为生态文明是人类文明发展的新阶段。人类文明已经经历了原始文明、农业文明和工业文明三个阶段。而生态文明是对工业文明的一种超越和反思，是一种后工业文明，是人类社会一种新的文明形态，是人类迄今最高的文明形态。[①]生态文明意味着人类生产、生活方式的全面变革。当然，作为后工业文明，生态文明并不仅仅是对工业文明的一种简单否定，而是否定之否定。

2. 从人类文明形式的角度界定

还有学者认为，从广义上看，生态文明是人类文明发展的一个阶段，但从狭义上看，生态文明也可以看作是人类文明的一个方面，是人类在处理与自然的关系时所达到的文明程度，它是相对于物质文明、精神文明和政治文明而言的。[②]物质文明是为了满足人民群众日益增长的物质需求；精神文明是引导人们精神世界的健康发展；生态文明则是要促进人与自然关系的和谐发展。

3. 从生态文明的内容的角度界定

有学者认为生态文明是调整人与自然关系的物质成果和精神成果的总和。凡是处理人与自然关系的物质成果和精神成果都可以纳入生态文明。陈寿朋教授认为，生态文明是人类在发展物质文明的过程中保护和改善生态环境的成果，它表现为人与自然和谐程度的进步，人类生态文明观念的增强，主要包括生态意识文明、生态制度文明、生态行为文明。[③]

从这三个角度来理解生态文明都各有其合理性。那什么是生态文明呢？"生态"一词源自古希腊语，原意是家和我们生活的环境，到19世纪中叶被赋予现代科学的意义，指的是自然界的主体和要素之间错综复杂的关系。"文明"是相对于"野蛮、未开化"而言，指人们在生产实践活动中所产生的积极的文化成果，是物质、精神、制度等方面优秀成果的总和。我们认为生态文明是人类生产实践活动在超越工业文明基础上所实现的人与人、人与社会以及人与自然的和谐统一，是人类在保护生态环境方面的意识、法律、制度及政策等全部文明成果。

生态文明是一个结构复杂、内涵丰富、意蕴深刻的综合性概念。生态文明具体包括生态意识、生态道德及生态文化，生态物质文明、生态行为文明与生态制度文明。

---

① 俞可平. 科学发展观与生态文明 [J]. 马克思主义与现实，2005（4）：4.
② 赵建军. 建设生态文明是时代的要求 [N]. 光明日报，2007-08-07（9）.
③ 陈寿朋. 浅析生态文明的基本内涵 [N]. 人民日报，2008-01-08（7）.

生态意识。生态意识是人对人与自然深层联系的一种情感体悟和理性反思。人作为自然界的一个组成部分，在人类的生产生活实践活动中会逐渐形成对自然家园的依赖感，对大自然拥有的无穷奥秘以及人力难以改变的力量的敬畏感，对大自然的喜爱之情。而随着工业发展带来人口膨胀、城市扩张、资源短缺以及环境污染等问题，人类逐渐产生了环境保护的危机意识、责任意识和使命感。这种危机意识、责任意识和使命感不仅仅是对人与自然关系的情感体悟，更是对当前生态环境危机的理性反思和经验总结。生态意识要求以生态科学的眼光审视自然，尊重自然发展规律。

生态道德。生态道德是指用道德规范调整生态环境问题所涉及的人与人、人与社会、人与自然的关系。生态道德在调整人与人、人与社会之间的关系时要求个体不能以牺牲社会利益为代价满足自身利益，当代人不能以牺牲子孙后代的利益为代价来满足当代人的利益。另外，生态道德将道德主体从人的世界扩展到自然界，承担对大自然的道德责任。诚如，西汉大儒董仲舒所言："质于爱民，以下至于鸟兽昆虫莫不爱。不爱，奚足谓仁？"

生态文化。生态文化是以生态价值观为指导的社会意识形态的总和，由政治思想、道德、艺术、宗教、哲学等意识形态构成。生态文化是生态意识、生态道德深化、积淀的结果。

生态物质文明。生态物质文明是生态文明成果在人类物质生产中的进步和物质生活中的改善的具体体现，是人们在生产生活中感觉到的实实在在的成果，例如，生态技术、生态产业。

生态行为文明。生态文明不仅仅是一种观念体系，更体现为一种实践体系。生态文明主体的行为不仅受生态意识、生态道德及生态文化的影响，而且还会受各种利益因素的制约，从而导致行为主体的内在意识和外在行为的不统一。生态行为文明要求协调主体内在的各种矛盾，从而促进生态文明建设。

生态制度文明。生态制度是以生态环境保护和建设为中心，调整人与生态环境关系的制度规范的总称。生态制度是生态文明建设的制度保障。生态制度文明不仅仅需要生态制度的不断完善，还需要这些制度为人们所认同和遵守。唯有如此，才能建设生态文明。

（二）生态文明建设的特征

在特征上，生态文明建设追求人、社会与自然的和谐发展，包括人与人的和谐发展，人与自然的协调发展，经济社会的全面、协调、可持续发展。

1. 实践性与反思性的有机统一

生态文明建设是实践性与反思性的有机统一。生态文明建设体现在人类社会实践活动中。一方面，人类的生存与发展离不开自然，也离不开对大自然的利用与改造；另一方面，大自然有其自身发展的规律，拥有人类尚未掌握的奥秘。人与自然的关系始终是人类社会实践活动必须处理的社会关系，这需要培养人类理性反思的能力。缺乏反思能力的实践可能是盲目的、野蛮的，会破坏人与自然的和谐关系，造成难以弥补的恶果。而生态文明建设恰恰反映了人类利用自然改造自然的实践性与反思性的统一。

2. 系统性与和谐性的有机统一

生态是自然界的诸多主体和要素构成的有机统一的整体，是一个系统。组成生态系统的诸主体和要素包括人和自然界其他植物、动物、有机物、无机物都处于能量、物质、信息的交换中，只有这种交换维持平衡，整个系统才处于和谐状态，系统才是稳定的。相反，如果系统内部诸主体要素之间交换不平等、不平衡，打破了系统本身的和谐状态，系统就会蜕变。因此，生态文明建设是系统性与和谐性的统一。

3. 持续性与高效性的有机统一

持续性是生态文明建设的基本原则。持续性是指整个生态系统与经济社会都得到持续发展，不能以生态系统的持续性作为代价换取经济社会的发展。生态文明建设的持续性与高效性是统一的。这意味着自然资源利用率显著提高，自然资源得到有效利用，只有这样才能在工业化社会实现经济社会和整个生态系统共同的持续发展。

4. 规律性与创造性的有机统一

生态系统有其自身运动发展的规律，这一规律是能够为人类不断认识和发现的，人类利用自然与改造自然的活动发挥了人类的主观能动性，是创造性的；与此同时，也是尊重了生态系统的自然规律，是规律性的。唯有如此，生态文明才有可能实现。如果人的创造性违反了自然发展规律，那么，必然造成人与自然之间产生尖锐矛盾，后患无穷。

（三）生态文明建设的目标

"建设美丽中国已经成为中国人民心向往之的奋斗目标。"① 当前，我国生态文明

---

① 人民日报评论员.建设美丽中国是我们心向往之的奋斗目标——论学习领会习近平主席在北京世界园艺博览会开幕式上重要讲话精神 [N].人民日报，2019-05-01（4）.

建设正处于压力叠加、负重前行的关键期，已进入提供更多优质生态产品以满足人民日益增长的优美生态环境需要的攻坚期，也到了有条件有能力解决生态环境突出问题的窗口期。党的十九大将坚持人与自然和谐共生作为新时代坚持和发展中国特色社会主义的基本方略之一，将污染防治作为全面建成小康社会必须打好的三大攻坚战之一，将建设美丽中国作为建成社会主义现代化强国的目标，并在党章中增加"增强绿水青山就是金山银山的意识"等内容。[①] 由此可见，建设美丽中国是中国特色社会主义生态文明建设的重要目标。

具体而言，加快构建生态文明体系，要坚持节约优先、保护优先、自然恢复为主的方针，加快建立健全以生态价值观念为准则的生态文化体系、以产业生态化和生态产业化为主体的生态经济体系、以改善生态环境质量为核心的目标责任体系、以治理体系和治理能力现代化为保障的生态文明制度体系、以生态系统良性循环和环境风险有效防控为重点的生态安全体系。要通过加快构建生态文明体系，确保到 2035 年，生态环境质量实现根本好转，美丽中国目标基本实现；到 21 世纪中叶，物质文明、政治文明、精神文明、社会文明、生态文明全面提升，绿色发展方式和生活方式全面形成，人与自然和谐共生，生态环境领域国家治理体系和治理能力现代化全面实现，建成美丽中国。[②]

四、积极应对重大环境挑战，努力建设美丽中国

建设美丽中国是我国经济社会发展的历史必然要求，也是各级政府、各个行业未来发展的目标和方向。生态环境没有替代品，用之不觉，失之难存。大力推进生态文明建设，努力打造青山常在、绿水长流、空气常新的美丽中国，让广大人民群众望得见山、看得见水、记得住乡愁，在优美生态环境中生产生活。

（一）协同推进经济发展与生态保护

习近平总书记多次强调，"绿水青山就是金山银山"。这深刻揭示了生态环境保护与经济社会发展之间辩证统一的关系，阐明了保护生态环境就是保护生产力、改善生态环境就是发展生产力的道理。当前，我们应贯彻落实新发展理念，协同推进经济高质量发展与生态环境高水平保护。积极推动产业结构调整，培育壮大新兴产业、改造提升传统产业、淘汰落后产能，全面整治"散乱污"企业及集群，推动形

---

① 生态环境部党组.以习近平生态文明思想引领美丽中国建设——深入学习《习近平谈治国理政》第三卷 [N]. 人民日报，2020-08-14（9）.
② 习近平.推动生态文明建设迈上新台阶 [N]. 人民日报，2018-10-29（16）.

成绿色发展方式。绿色经济有利于实现经济、社会与环境的和谐发展，是生态文明时代的经济形态。有学者指出："在当今世界已经掀起了一股'绿色风潮'，在环境问题日益成为全世界的焦点以来，改变传统制造业模式，推行绿色制造模式已经在全世界广泛进行。"[①]中国要将产业转型升级与发展绿色产业结合起来，力争走在世界绿色技术与绿色产业发展的前列。

1. 大力发展循环经济

发展绿色经济的一个重要环节就是扩大循环经济的规模。循环经济是一种通过提高资源的利用效率、倡导与环境和谐共生的经济模式，通过将经济形成一个"资源—产品—再生资源"的反馈式流程，所有的物质和能源在这种不断进行的经济循环中得到合理和持久的利用，将经济活动对自然环境的影响降低到尽可能小的程度。循环经济是对传统经济资源高开采、低利用、高排放模式的否定。循环经济是将物质资源看作是循环流动的过程而非结果。在这一过程中，物质资源不仅仅指自然界的天然资源，也包括再生资源，这些资源在经济循环中不断得到再利用，从而实现物质资源的有效利用和经济社会的可持续性发展。

2. 积极推动低碳经济

低碳经济是应对气候变化背景下人类实现可持续发展的重要途径。人类燃烧化石燃料、砍伐森林等活动产生过量的二氧化碳等温室气体，造成了全球气候变暖。全球气候变暖的后果，使全球降水量重新分配、南极冰川和北极永久冻土消融、海平面上升、气候异常等问题，既危害自然生态系统的平衡，也威胁人类居住的环境。当前我国的低碳经济主要可以从四个方面发展。其一，能源的高效利用以及能源结构向低碳化发展。我国必须改变以煤为主的能源结构，逐渐开发利用风能、核能、光伏电池等低碳能源。其二，调整产业结构，优化传统产业，发展高新技术产业、第三产业以及现代服务业。其三，与发达国家进行技术合作，降低产业能耗，提高产业效能。其四，国家统筹低碳与发展。[②]

（二）完善生态文明制度体系建设

习近平总书记指出："只有实行最严格的制度、最严明的法治，才能为生态文明建设提供可靠保障。"[③]建设美丽中国要求制度完善和制度创新，克服现有制度不足

---

① 赵建军，杨博. 绿色制造：未来制造技术的发展方向 [N]. 学习时报，2016-03-31（7）.

② 鲍文. 低碳经济与循环经济发展模式比较 [J]. 商业时代，2011（2）：11-12.

③ 中共中央文献研究室. 习近平关于社会主义生态文明建设论述摘编 [M]. 北京：中央文献出版社，2017：99.

和政策障碍，为新时代生态文明建设提供支持和保障。生态文明的制度建设包括三个重要方面。

1. 建立健全一套全面科学的政绩考核考评体系

政绩，简单来讲，就是政府绩效。政绩考核就是对政府官员所创造的业绩和所获得的效益的考察和评估。一般来讲，政绩考核方式反映了一国政府的职能定位。在改革开放之后，尤其是邓小平 1992 年南方谈话明确提出"发展就是硬道理"，我国政府将促进经济快速增长作为重要职能。相应地，政绩考核体系是以 GDP 增长速度为核心的。但是，仅以 GDP 作为政绩考核指标是有局限的，然而目前尚未有一个科学的成熟的尺度能够取代 GDP。比较可行的方法是在充分考虑各种基本因素和可持续发展的基础上，建立一个更加完善的包括 GDP 在内的指标体系。美国经济学家约瑟夫·斯蒂格利茨（Joseph Stiglitz）做了一个很形象的比喻，他说："假如你正在开车，你想要知道这辆车运行如何，却发现你的仪表盘只有一个测量仪（这显然不是一辆安全的车）。这个单一的刻度盘只能传达一条重要信息：你的行驶速度有多快。这就好像现在的 GDP，它本身并不坏，但它不会告诉你有更多的信息：你已经行驶了多少公里？你还剩多少燃料？你还能开多远？"他认为："要评估一国人口生活质量，需要至少 7 类指标：健康、教育、环境、就业、物质生活条件、人际关系以及政治参与情况。"[①] 但是现行的政治环境下，GDP 指标在各级政府考核中的重要性不言而喻。

所以，生态文明建设要求政府职能的转变。近年来，我国政府由管理型向服务型的转变，干部的政绩考核也逐渐将效率和服务质量纳入考评体系中。政府不仅要保经济、促发展，而且要走一条科学的、可持续的发展道路。这要求深化改革现有的政府干部政绩考核和评价标准，增加生态文明的考核比重，将生态文明建设方面的工作实绩作为综合考核干部成绩的标准。习近平总书记指出："把资源消耗、环境损害、生态效益等体现生态文明建设状况的指标纳入经济社会发展评价体系，建立体现生态文明要求的目标体系、考核办法、奖惩机制，使之成为推进生态文明建设的重要导向和约束。"[②]

2. 完善生态环境监督管理机制

早在 20 世纪 70 年代，国务院就成立了一个由 20 多名部委领导组成的环境保

---

① 沈颢，尤拉. 国民幸福——一个国家发展的指标体系 [M]. 北京：北京大学出版社，2011：12-13.
② 中共中央文献研究室. 习近平关于社会主义生态文明建设论述摘编 [M]. 北京：中央文献出版社，2017：99.

护领导小组。1984 年 12 月成立了国家环境保护局。1989 年,《中华人民共和国环境保护法》颁布实施,确立了我国现行的环境监管管理体制。这种体制强调统一监督管理与分级分部门管理相结合的原则。1998 年,国家环保局升格为部级单位即国家环境保护总局。2008 年,"环保总局"再次升格为"环保部"。升格后,环保部在政府的决策体系中所起的作用大大增强,可以更多地参与国家的综合决策,解决环保问题也就更方便、更有效。从我国生态环境保护监督管理机制的发展过程可以看出,党和政府对生态环境保护越来越重视,环境保护机构的地位也越来越重要。从另一方面看,这一机制在实践中也暴露出问题,所以需要不断改革、完善现有的生态环境监督管理机制。习近平总书记明确指出:"要加大环境督查工作力度,严肃查处违法违纪行为,着力解决生态环境方面突出问题,让人民群众不断感受到生态环境的改善。"①

3. 建立资源有偿使用制度和生态环境补偿机制

建立健全资源有偿使用制度和生态环境补偿机制是十七大提出的一项战略性任务,也是我国财税制度创新的重要内容。长久以来,我国一直处于资源无偿使用或低价使用的状况,矿山资源补偿费很低,仅为 1.18%。相比之下,国外的矿山资源补偿费率一般为 2-8%。不仅如此,我国矿山资源补偿费还存在着严重的欠缴现象。2003 年,我国矿山资源补偿费实际征收占应收额的 48.3%。由此导致的后果:一方面,各企业甚至私人私挖乱采的问题严重,造成了资源的极大浪费;另一方面,矿业税费没有考虑到环境成本,对环境也造成了巨大的破坏。② 因此,必须加快资源税费改革,按照"谁开发谁保护、谁破坏谁恢复、谁受益谁补偿、谁排污谁付费"的根本原则,建立资源有偿使用制度和生态环境补偿机制。这要求对我国现有一些资源产品征收资源税,对资源型矿区的生态环境恶化的责任由中央、地方与相关企业共同承担,从而从根本上改变现有资源无偿使用和环境恶化的状况。

(三)健全生态环境保护法律基础

环境法律法规在我国生态环境和自然资源保护方面发挥着重要作用,为我国生态文明建设提供重要的法制基础。《中华人民共和国民法典》自 2021 年 1 月 1 日起施行,其中就生态环境资源保护做出了若干新规定,为美丽中国建设保驾护航。随

---

① 中共中央文献研究室. 习近平关于社会主义生态文明建设论述摘编 [M]. 北京: 中央文献出版社, 2017: 109-110.

② 苏明. 建立健全资源有偿使用制度和生态环境补偿机制 [EB/OL]. (2008-05-19) [2020-08-10]. http://www.mof.gov.cn/zhuantihuigu/xx17d/zjjd/200805/t20080519_27893.html.

着新时代生态文明建设的不断深入，环境法治的任务任重道远。环境法治要求：一要进一步完善生态环境的法律法规，做到"有法可依"；二要严格执法保障生态安全，做到"执法必严"；三要通过司法公正维护生态正义。

1. 完善生态环境的相关法律法规

环境立法是环境法治的起始环节。我国在 20 世纪 70 年代就开始了环境立法工作，1989 年正式颁布了《中华人民共和国环境保护法》，近 20 年来，我国陆续制定了较多的环境与生态保护方面的法规、规章。目前已经形成了以宪法为核心，以环境保护法和一系列生态保护和防治污染单行法为主，以各种行政法规、地方性法规和具有规范性的环境标准为辅的法律体系。随着经济社会发展，我国环境问题也发生了巨大变化。为此，2015 年 1 月 1 日起我国开始实施新修订的《中国人民共和国环境保护法》，新环保法除进一步明确了政府环境保护监督管理职责外，还加大了强化企业污染防治责任、加大环境违法处罚力度、为公众参与环境保护提供更加便捷的法治渠道等方面的立法力度，因而被誉为"史上最严"环保法。但是，当前我国环境法律体系中仍然存在着诸多问题：立法体系不适应导致环境立法整体性不强，立法方式不适应导致环境立法协调性不够，立法程序不适应导致环境立法权威性不足，由此导致环境立法碎片化问题显著，并使得法律实施遭遇困难。同时，体系化思路缺失也导致环境立法选择摇摆不定。[①] 因此，健全环境立法迫在眉睫。这需要以生态文明为理念完善立法体系，制定环境基本法、构建完整环境法律体系框架；也需要为生态环境的法律责任、绿税制度、环境产权制度、生态补偿制度等提供法律支持。

2. 严格执法保障生态安全

我国环境保护中存在的严重问题在于"有法不依""执法不严"，严格环境执法是保证生态环境安全的重要手段之一。造成当前环境执法不严的原因主要有三个：第一，地方政府为污染企业提供保护，环保部门无法正常执法。现有政绩评价体系主要建立在 GDP 的数字增长之上，缺乏公众参与，许多地方政府和政府官员在政策决策上降低环境门槛，引入一些高污染、高风险的企业，有的甚至在环境管理中为地方污染大户提供保护，而地方环保部门同时受环保部和地方政府的双重领导，受制于地方政府，无法正常执法。第二，地方环保部门与被监管单位的利益关系导致了环保部门不愿根除企业污染行为。我国于 1978 年开始实施了排污收费制度，促使当事人消除污染行为。地方环保部门的建设经费就是来自这些排污费。排污费曾

---

① 吕忠梅. 环境法典编撰：实践需求与理论供给 [J]. 甘肃社会科学，2020（1）：1.

发挥过一定的作用，但也影响了环境保护和污染治理工作的深入展开。第三，环保部门执法能力不足。人力、物力、财力的限制使环保部门不具有与地方政府、利益集团抗衡的能力，使其无力执法。2014 年，国务院印发《关于加强环境监管执法的通知》，部署全面加强环境监管执法，严惩环境违法行为。该《通知》显示了我国政府严格执法，加快解决影响科学发展和损害群众健康的突出环境问题，着力推进环境质量改善的决心和态度。

3. 司法公正维护生态正义

我国环境司法工作从 20 世纪 80 年代展开，近年来各地更是纷纷设立了环保法庭。环境司法对于保护环境、惩罚污染行为、维护人民的生存环境，发挥了重要作用。但是，近年来发生的一系列重大环境事件很少看到司法的介入，这说明我国生态司法还存在着许多问题。其一，我国现行民事、行政、刑事三种诉讼规则都是针对传统的人身纠纷、财产纠纷而言的，而环境纠纷具有很大的社会性，依靠民事、行政或刑事诉讼模式解决环境问题的效果不佳。在缺乏针对环境问题的专门诉讼规则的情况下，将司法救济作为解决环境问题的主要途径是不现实的。其二，环境司法不仅要求法官拥有法律专业知识和一般伦理观念，还必须参照某些技术指标。在现有法律依据不足的情况下，能在环境理念和环境思维的指引下，参照现有法律规则对环境保护的宗旨和目标进行适用，这些对从事环境司法的法官有极高的要求。除此之外，环境立法不足、环境处罚机制不足等也是导致环境司法缺位的重要原因。可见，当前我国环境司法的完善需要健全环境司法保障体系，加强对政府行为的环境审查，避免环境执法和环境司法之间的矛盾和冲突，提高法官环境司法的专业素质。

（四）加快形成绿色生产生活方式

绿色是生命的象征、大自然的底色。通过生活方式绿色革命，倒逼生产方式绿色转型，把建设美丽中国转化为全体人民自觉行动。加快形成绿色生产生活方式，要在全社会牢固树立生态文明理念。具体而言，提高人们的生态道德意识，为人们保护环境的自觉行动奠定思想基础；健全生态教育机制，运用多种教育手段，广泛宣传美丽中国建设的科普知识，切实提高人们的生态环境保护意识、参与意识和责任意识。

1. 培养生态道德意识

绿色生产生活方式的具体实践中最重要的方面是培养企业和公民的生态环保意识。无论是企业还是公民个人，如果不能意识到生态环境保护是最终有利于企业和公民的长远利益的，如果不能意识到生态环境保护是每个企业和公民的社会责任，那么，在面临企业生存和发展压力的挑战时，或者面临环保生活抑或便利生活的选择时，他们必然将首先追求个人的利益和方便。但是，无论是企业和个人最终都离不开我们生存的环境，生态环境的恶化意味着企业和个人都将被剥夺生存和发展的空间和机会，所以，生态环保意识归根结底是为了每个人，同时也需要每个人的参与。每个人都是生态文明建设的主体，环境保护不单单是政府、少数企业或某一些人的事，而是每个人的事。

2. 大力倡导生态宣传教育

如何培养企业和公民的生态环保意识？这就需要教育。教育部门应当积极推进生态环境保护方面的教育。在高等院校增加环境科学专业，在公共选修课中增加或提高生态文化教育课程的比重，充分利用高校科研优势加强对生态文明相关问题的研究；在中小学，普及生态环境方面的知识，可以利用多种教学手段，寓教于情、寓教于乐，使生态教育生活化、形象化、现实化；校园建设突出人与自然和谐共生的关系，在潜移默化中培养学生的生态观念。除了学校教育，通过大众传媒展开宣传，通过社区建设加强邻里监督，通过科普展览普及环保知识，通过加强环保企业和一般民众之间的互动，动员全社会的力量，使生态文明建设成为全社会的行动，让生态文明观念深入人心，让生态文明意识转化为生态文明行动，唯有如此，才能更好地建设生态文明。

总言之，保护生态环境，建设生态文明，是一场深刻而伟大的革命，需要我国经济、政治、文化、教育等各方面进行历史性的变革。

参考文献

1. 中共中央文献研究室. 习近平关于社会主义生态文明建设论述摘编 [M]. 北京：中央文献出版社，2017.
2. 葛慧君. "两山" 重要思想在浙江的实践研究 [M]. 杭州：浙江人民出版社，2017.
3. 郇庆治. 生态文明建设十讲 [M]. 北京：商务印书馆，2014.
4. 高中华. 环境问题抉择论——生态文明时代的理性思考 [M]. 北京：社会科学文献出版社，2004.
5. 卢风. 从现代文明到生态文明 [M]. 北京：中央编译出版社，2009.
6. 余谋昌. 生态文明论 [M]. 北京：中央编译出版社，2010.
7. 宋宗水. 生态文明与循环经济 [M]. 北京：中国水利水电出版社，2009.
8. 李惠斌，薛晓源，王治河. 生态文明与马克思主义 [M]. 北京：中央编译出版社，2008.

思考题

1. 简述我国开展生态文明建设的现实依据。

2. 何为生态文明？简述生态文明建设的内涵与目标。

3. 结合实例，谈谈践行"绿水青山就是金山银山"理念的具体路径方式。

▶▶▶ **第九专题**

坚持总体国家安全观维护国家主权安全和发展利益

国家安全是安邦定国的重要基石，是国家生存和发展的基本前提。维护国家安全，是坚持和发展中国特色社会主义，实现"两个一百年"奋斗目标和中华民族伟大复兴中国梦的重要保障。2014 年 4 月 15 日，习近平总书记在中央国家安全委员会第一次会议上提出总体国家安全观，并作了全面阐述："坚持总体国家安全观，以人民安全为宗旨，以政治安全为根本，以经济安全为基础，以军事、文化、社会安全为保障，以促进国际安全为依托，走出一条中国特色国家安全道路。"[①] 总体国家安全观是以习近平同志为核心的党中央对国家安全理论和实践的重大创新，是新形势下指导国家安全工作的强大思想武器，是我们党奋力开创国家安全工作新局面的战略智慧和使命担当。

一、国家安全是安邦定国的基石

国家安全是指国家政权、主权、统一和领土完整，人民福祉、经济社会可持续发展和国家其他重大利益相对处于没有危险和不受内外威胁的状态，充分保障国家始终持续发展的能力。从一定程度上来说，维护国家安全是全国各民族人民的根本利益所在，党和政府要维护好、实现好、发展好最广大人民群众的利益，需要坚决维护和捍卫国家主权、安全和发展，这既是国家安全战略思想的核心内容，也是国家安全工作开展的必然要求。坚决维护我国的核心利益，全面贯彻总体国家安全观，推动构建人类命运共同体，真正实现人类的普遍安全和共同安全。

（一）国家安全形势呈现新特点

世界正面临百年未有之大变局，影响国家安全的不稳定因素也逐渐增多。为应对新变化，我国给国家安全赋予了新内容，丰富拓展了其内涵和外延，扩大了其时空领域。面对错综复杂的新局面，我国顺应时代发展潮流提出总体国家安全观，既符合新时代国家安全形势内在要求，又反映了我国对国家安全新形势新特点的准确

---

① 习近平. 习近平谈治国理政（1）[M]. 北京：外文出版社，2018:200-201.

把握。

1. 我国发展走入新时代

全球化时代，我国国内发展任务艰巨繁重，国际环境也愈加复杂，但在党的坚强领导和人民群众的共同奋斗之下，奋力开创了中国特色社会主义发展新局面。迈入新时代，我国在经济、政治、科技、文化、国防等诸多领域取得举世瞩目的成就。在社会治理上，坚持创新、协调、绿色、开放、共享的新发展理念，使我国不断适应经济发展新常态，逐渐形成经济结构优化、发展动力转换、发展方式转变加快的良好态势；在科技领域内，实施创新驱动发展战略，一批重大科技成果已达到世界先进水平；在军事领域内，强军兴军迈出新步伐，中国特色军事改革取得显著成就，致力于建设世界一流军队，努力夺取我军在军事竞争中的主动权；在外交领域内，继续扩大对外开放，与世界各国保持友好往来，共同谋求和平发展与繁荣。在法治建设上，坚持全面推进依法治国，"坚持法治国家、法治政府、法治社会一体化建设，不断开创依法治国新局面"[1]。依法治国不断加强，党风廉政建设成效显著。"这样的发展、这样的巨变，在人类发展史上都是罕见的。"[2] 事实表明，中华民族的伟大复兴已展现出前所未有的光明前景。

当然，我国正处于并将长期处于社会主义初级阶段的基本国情没有变，我国是世界上最大的发展中国家的国际地位没有变。新时代，我国的主要矛盾已经转变为人民日益增长的美好生活需要同不平衡不充分发展之间的矛盾。主要矛盾的转变，说明我国发展不平衡不充分不协调的问题依然较为突出，区域之间发展的协调度不够、城乡居民收入差距依然较大，重要领域的科技创新不足、产业结构有待调整，重大安全事故频发，基本公共服务供给不足，人口老龄化加快，社会保障制度有待进一步完善……针对此类问题，我国始终坚持以人民为中心的发展思想，统筹推进"五位一体"总体布局，协调推进"四个全面"战略布局，全面贯彻总体国家安全观。国家安全是国家生存和发展的基本条件，坚持总体国家安全观，坚定不移地走中国特色国家安全道路，对我国实现"两个一百年"的奋斗目标具有十分重要的意义。当前，我国正处于实现中华民族伟大复兴的关键期、推动社会发展的重要战略机遇期，诸多矛盾叠加、风险隐患增多为快速发展带来了严峻挑战，为了更好地适应战略机遇期内涵的深刻变化，维护国家安全是国家生存和发展的必然要求。

---

[1]　中共中央文献研究室. 习近平关于协调推进"四个全面"战略布局论述摘编 [M]. 北京: 中央文献出版社，2015:91.

[2]　中共中央宣传部，习近平总书记系列重要讲话读本 [M]. 北京：学习出版社，2014:14.

2. 世界发展经历深刻变革

伴随着经济化程度的不断深入，世界的发展有了新的态势。世界经济在深度调整中曲折复苏，新一轮科技革命和产业变革蓄势待发。国际体系进入了加速演变和深刻调整的时期，各种战略力量加快分化组合。发展中国家群体力量继续增强，国际力量对比深刻变化，并朝着有利于和平与发展的方向发展。全球治理体系发生深刻变革，国家形势出现新的转折点，世界各国总体发展保持和平态势。21世纪初期，全球主要力量受到金融危机的影响，发展力量日益出现分化。当前，全球治理体系结构、亚太地缘战略格局和国际经济、科技、军事竞争格局正在发生历史性变化。

在复杂多变的世界格局中，强军卫国是维护国家安全的重要保障。在经济全球化浪潮的推动下，西方敌对势力企图针对社会主义国家进行新一轮的"和平演变"。面对如此困境，新军事革命深入发展，其速度之快、范围之广、程度之深、影响之大，直接影响着各国的军事实力和综合国力对比，关乎世界各国的战略主动权。

分析世界发展局势，要看到政治多极化、经济全球化、信息网络化、文化多样化发展的趋势不可逆转，要想在风云变幻的国际格局中牢牢屹立，就需要树立世界眼光、把握时代脉搏，认清长远发展趋势。在复杂的国际格局发展演变中、曲折的世界经济调整中、尖锐的国际矛盾斗争中，看到和平与发展的时代主题永不会变。必须认识到，加强国际合作，实现共同安全是许多国家顺应时代发展的战略选择。

3. 我国与世界的关系发生历史性变迁

随着对外开放的不断深化，我国与世界的联系日益密切，与各国之间的相互影响日益广泛。我国提出与各国共同建设"一带一路"倡议，致力于亚欧非大陆及附近海洋的互联互通，实现沿线各国多元、自主、平衡、可持续的发展。我国积极与沿线各国构建互联互通伙伴关系，形成全方位、多层次、复合型的互联互通网络，推动与沿线国家在经济、文化、科技等领域的对接与耦合，进而提升整个区域的经济合作水平，增进沿线各国人民的人文交流与文明互鉴，让各国人民相逢相知、互信互敬，共享和谐、安宁、富裕的生活。我国正处在新发展时期，积极统筹国内国际两个大局，推动建立以合作共赢为核心的新型国际关系，在与世界互联互动空前紧密的前进潮流中赢得了统筹发展与安全的战略主动。

世界繁荣稳定是我国发展的机遇，我国和平稳定发展也是世界的机遇。作为一个负责任的大国，我国积极参与国际事务，积极参与地区和全球安全的治理。我国加入国际组织、国际条约和多边机制等参与性活动，这是我国参与国际事务的突出表现。在解决气候变化、重大公共卫生事件、核扩散等全球性问题过程中，我国与

其他国家共同协商，积极参与全球治理，充分展现负责任的大国形象。2020年，一场突如其来的新冠肺炎疫情蔓延全球，我国积极参与全球治理，与世界卫生组织通力合作，做出举世无双的努力，全国人民众志成城，为整个世界抗击疫情提供了中国智慧和中国方案。

4. 国家安全面临新挑战

在经济全球化时代，我国仍然面临多元复杂的安全威胁，维护国家安全的任务艰巨繁重。国内民族分离主义、敌对势力颠覆活动等因素也对国家安全造成威胁。台独分子、港独分子、疆独分子、藏独分子等分裂活动仍严重威胁到国家局势的稳定，非传统安全威胁依然存在，甚至重大自然灾害和疾病疫情等都可能对国家安全构成威胁。

我国周边安全环境复杂多变。随着亚太地区经济加速发展，各国都开始致力于推进亚太"再平衡"，积极构建军事同盟体系；有的邻国大幅调整军事安全政策，企图摆脱二战后的体制；更有个别国家一直对我国领土主权和海洋权益问题采取挑衅行为，非法"占据"中方岛礁以显示其军事存在；有的国家不依不饶对历史遗留的陆地领土与我国产生争端，肆意破坏边防政策；由于外部阻力和挑战逐步增多，朝鲜半岛和东北亚地区局势动荡不安，存在诸多不稳定因素。生存安全和发展问题、传统安全威胁和非传统安全威胁相互交织，世界不确定性增强。

世界面临现实和潜在的局部战争威胁。新兴安全威胁和非传统安全问题也日益增多，为国际安全局势增添新的变数。20世纪以来，个别大国凭借经济实力和军事实力，到处侵略。当今世界，霸权主义、强权政治依然存在，有时表现还非常突出。各种国际力量围绕权力展开激烈斗争，矛盾冲突不止，危机频发，试图瓦解对方的政治制度、意识形态，争夺世界政治的控制权。同时，气候变化、恐怖主义、经济发展、金融危机、网络安全、能源与粮食安全、重大传染性疾病等全球性的挑战也层出不穷，成为影响国家安全的重要因素。需要世界各国和国际组织以联合国为主要平台开展各种国际合作，致力于解决威胁各国的国家安全问题。

（二）总体国家安全观的提出

提出总体国家安全观理念，是新时代国家安全形势的内在需求，是对中国传统文化的传承，也是对新中国成立以来国家安全战略思想的发展和升华。党的十八大以来，党中央积极推进国家安全理论和实践的创新，国家安全工作呈现出全方位、多领域协同发展的鲜明特点，反映了我们党对国家安全形势新特点的准确把握。

1. 总体国家安全观的思想基础

强调和谐理念，是我国古代安全战略思想的精华，具有较高的当代价值。总体国家安全观是对中国传统文化安全战略思想的超越。数千年来，和平、和睦、和谐的倡导和追求，深深扎根于中华民族的精神世界之中，直到今天依然深刻地影响着我国与他国交往的方式。我国的传统文化安全战略思想要从古代中国战略文化说起，古代中国一直提倡"以和为贵"，当与周边国家发生冲突时，在"战"与"和"的选择中总体上倾向于"和"。若发生战争，统治者也是尽可能以"战"促"和"。中国古代还强调道法自然，人与自然和谐统一，这与人与自然命运共同体相呼应，为当今中国的资源安全和生态安全等方面提供理论支撑。

党和国家向来高度重视国家安全问题，几代领导人都提出了不同历史阶段的国家安全战略思想。新中国成立后，毛泽东面对新中国面临严峻复杂的形势提出了国防安全思想。他强调重视国防安全的前提要推动经济发展，指出："只有经济建设发展得更快了，国防建设才能有更大的进步。"[①] 邓小平、江泽民、胡锦涛等领导人在探索和接续推进中国特色社会主义事业的过程中，也时刻将国家安全问题放在心上，置于重要位置，并日益以更广阔的视野审视安全，更加重视综合安全。随着中国的进一步快速发展，国家安全意识被提升到新的战略高度。

2. 党的十八大以来国家安全理论的不断丰富

党的十八大以来，党中央高度重视国家安全问题，国家安全理论得以不断丰富发展，提出并强调要坚持维护国家主权、安全、发展利益，推进建设文化强国、网络强国和新型大国关系，构建中国特色现代军事力量体系，搭建强有力的国家安全工作统筹平台。这些理论，总体涉及了国家安全利益问题、安全战略目标问题和实现安全的手段保证问题。习近平指出："坚持走和平发展道路，但决不能放弃我们的正当权益，决不能牺牲国家核心利益。任何外国不要指望我们会拿自己的核心利益做交易，不要指望我们会吞下损害我国主权、安全、发展利益的苦果。"[②] 也就是说，要辩证把握和平发展道路所提出的新的时代要求，深刻认识和平发展与国家核心利益的相互关系，要立足更高的战略制高点做好国家安全工作。

我国站在新的历史起点上，提出国家安全观是应对国家安全环境新变化的客观要求。推进构建文化强国、网络强国、新型大国关系，是我国维护国家安全，谨防敌对势力的渗透的重要举措。习近平总书记指出："当前我国国家安全内涵和外延

---

① 毛泽东.毛泽东文集（7）[M].北京：人民出版社，1999:27.
② 习近平.习近平谈治国理政（1）[M].北京：外文出版社，2014:249.

比历史上任何时候都要丰富，时空领域比历史上任何时候都要宽广，内外因素比历史上任何时候都要复杂。"① 这些新变化，说明了我们国家安全不仅要重视国内安全，也要重视国际安全。对内，主要维护政治安全和社会稳定，保障广大人民群众的根本利益；对外，要维护好国家安全，运筹好大国关系是关键。我国致力于同各大国发展全方位合作关系，积极同美国发展新型大国关系，同俄罗斯发展全面战略协作伙伴关系，同欧洲发展和平、增长、改革、文明伙伴关系，同发展中大国扩大合作。推动构建新型大国关系，不仅是党中央关于运筹大国关系的重要理念，也是新时期我国国家安全战略谋划的重点方向之一。在 2020 年，中美关系又呈现出紧张局面，我国从总体国家安全观的角度出发，始终坚持和平共处五项原则，但是对于美国的恶意中伤，我们要正面应对。

3. 总体国家安全观的提出和内涵

利莫大于治，害莫大于乱。国家安全是国泰民安的重要保障，是增进民生福祉的重要依靠，是安邦定国的重要基石。习近平在中央国家安全委员会第一次会议上的讲话中指出，"增强忧患意识，做到居安思危，是我们治党治国必须始终坚持的一个重大原则。我们党要巩固执政地位，要团结带领人民坚持和发展中国特色社会主义，保证国家安全是头等大事。"② 以习近平为核心的党中央站在统筹两个大局的战略高度，首次正式提出总体国家安全观，并系统阐述了总体国家观的基本内容和坚守原则。总体国家安全观指引我国国家安全工作始终走在正确的方向上，走出一条中国特色的国家安全道路。

总体国家安全观是一种立足当下、展望未来的系统性国家安全观。党的十九大报告将"坚持总体国家安全观"列为新时代坚持和发展中国特色社会主义的基本方略之一。总体国家安全观的内涵丰富，涉及的安全问题较为广泛。新时代，随着经济全球化趋势的深入发展，在你中有我、我中有你的局势中，国家安全观内涵和外延进一步拓宽和延伸，我国积极统筹外部安全和内部安全、国土安全和国民安全、传统安全和非传统安全、自身安全和共同安全等显得至关重要。新时期的国家安全战略将外部安全与内部安全置于同等重要的地位，以协调推进国家安全工作为着力点，党和政府将国内外两方面安全纳入统一的治理框架，形成维护国家安全的强大合力。

---

① 习近平. 习近平谈治国理政（1）[M]. 北京：外文出版社，2014:200.
② 中共中央党史和文献研究室. 习近平关于总体国家安全观论述摘编 [M]. 北京：中央文献出版社，2018:3.

（三）总体国家安全观的价值意义

总体国家安全观是以习近平同志为核心的党中央对国家安全理论的重大创新，其立意高远，意义重大。在实现中国民族伟大复兴的征程上，书写了中国特色国家安全理论壮丽史诗，续写了马克思主义中国化的新篇章，为推进国家治理体系和治理能力现代化提供指引，同时也为新时代国家安全工作提供纲领性指导。

1. 中国国家安全理论的最新成果

当前，我国面临的各种安全问题和安全挑战，在国家安全形势日益复杂多变的局势下，总体国家安全观正确顺应了时代发展变化的新趋势，有效回应了人民对国家安全的新期待。站在新的历史方位，我们党全面贯彻总体国家安全观，是马克思主义中国化在安全领域的最新体现，是对国家安全理论认识的新高度。总体国家安全观与中国实际相契合、与世界发展相联系、与时代进步相结合，它呈现了系统性、全面性、持续性三个重要特征。

第一，系统性。总体国家安全观揭示了国家安全的整体性，不同领域的安全相互联系，相互协同，是一个整体。也就是说，维护国家安全，不但要维护各个领域的安全，也要维护整体和系统的安全。例如，国家的政治安全同国土安全密切相关，领土不完整，国家就无政治安全可言。党的十九届五中全会提出："统筹发展和安全，建设更高水平的平安中国。"[1] 深入贯彻总体国家安全观，做好发展与安全两大任务。从系统角度看，发展与安全之间是相互影响的。对国家来说，发展是根本，但发展又离不开安全。社会不稳定，金融体系发生危机，科技不安全，发展就会出问题。因此，我们要统筹兼顾社会发展和国家安全，把安全和发展放在同等重要的位置上，形成新的国家安全观理念。

第二，全面性。国家安全涉及各个领域，各领域相互交叉、相互作用，构成一个有机整体。党中央提出："坚持总体国家安全观，实施国家安全战略，维护和塑造国家安全，统筹传统安全和非传统安全，把发展安全贯彻到国家发展各领域和全过程，防范和化解影响我国现代化进程的各种风险，筑牢国家安全屏障。"[2] 党中央对总体国家安全观有全面认知和部署，相比以往历史时期的国家安全观，总体国家安全观更具有完整性。它涵盖政治、国土、军事等传统安全领域，也涵盖经济、文

---

[1] 中共中央关于制定国民经济和社会发展第十四个五年规划和二〇三五年远景目标的建设 [M]. 北京：人民出版社，2020：36.

[2] 中共中央关于制定国民经济和社会发展第十四个五年规划和二〇三五年远景目标的建设 [M]. 北京：人民出版社，2020：36.

化、社会、科技、网络、生态、资源、核安全等非传统安全领域。新形势下，我们以开放眼光讨论国家安全问题，避免像过去那样顾此失彼，过度关注政治、军事问题，而忽视经济、文化、社会、网络、生态等领域问题。同样，也要避免局限于当下的安全领域，而忽视太空、深海、极地等新型安全领域。只有全面认知和关注存在安全问题的领域，才能够真正理解国家安全的属性与特点。

第三，持续性。总体国家安全观的持续性，体现在实现国家安全的总体设想上，即国家谋求安全，不是权宜之计，而是为了长治久安。国家所面临的安全问题短期内不会消失，甚至可能会发生复杂变化，因此维护安全必定是一个持续的过程。这个过程不但要治标，也要治本；不但要有现实的应对措施，也要有后续手段；不但要着眼于眼前，也要立足于长远。持久安全是国家安全的长远目标。维持国家长治久安，就需要以前瞻性的眼光，掌握治理主动权，积极追求国家安全状态的可持续性。总体国家安全观的持续性，也体现在对可持续发展的重视。习近平总书记指出："可持续，就是要发展和安全并重以实现持久安全。"[①]正如贫瘠的土地长不出参天大树，贫穷和落后也无法实现安全和稳定。总体国家安全观的持续性，还体现在国家安全的长远发展上。只要国家安全还存在着问题，我国维护国家安全的举动和措施就不会停止。

2.指导国家安全工作的强大思想武器

总体国家安全观明确了国家安全工作的战略目标。总体国家安全观站在全局的高度，统筹把握国内国外因素，兼顾国内国际两个大局，走出与中国发展实际相结合的中国特色国家安全道路。新的历史条件下，坚决维护国家统一、维护国家领土主权，为实现中华民族伟大复兴的"中国梦"保驾护航，为国家改革发展稳定创造良好的内部条件。当今世界，国际安全威胁依然新旧交替，错综复杂，为更好应对纷纭多变的国际挑战，党中央恰逢其时地提出了具有时代特色的总体国家安全观，坚持共同、综合、合作、可持续安全新理念，倡导与世界各国共命运的新理念，与世界各国同心协力应对各种问题，实现共享发展成果，共享安全保障。当代中国正向强国迈进，坚持总体国家安全观，需要把握发展机遇和拓展发展空间，积极争取世界各国对"中国梦"的理解和支持，同世界各国一道，推动构建人类命运共同体，提供维护国家安全的外部稳定条件。

总体国家安全观紧紧围绕国家安全工作的统一部署狠抓落实。十九届中央国家安全委员会第一次会议强调，要加强党对国家安全工作的集中统一领导，正确把握

---

① 习近平.习近平谈治国理政（1）[M].北京：外文出版社，2014:356.

当前国家安全形势，全面贯彻落实总体国家安全观，每一个历史时期对国家安全都提出不同的要求，但是最根本的内容没有变，始终都是维护国家领土主权统一，始终以维护人民安全为宗旨，始终为实现中华民族伟大复兴的"中国梦"提供坚固的安全保障。对外安全工作，既要着力解决当前突出的地区安全问题，又要统筹谋划应对各种潜在的外部安全威胁，避免头痛医头、脚痛医脚。按照总体国家安全观的要求，各地区、各部门要准确把握我国国家安全形势变化的新特点新趋势，密切配合、通力合作，力争形成维护国家安全和社会安定的强大合力。加强对人民群众的国家安全教育，提高全民国家安全意识。

3. 保障中华民族伟大复兴的新理念

总体国家安全观的形成与实现"中国梦"的战略部署息息相关。保障国家安全，贯彻落实总体国家安全观，是实现中华民族伟大复兴的重要保证。随着国家发展新变化出现，对于国家安全有了新的要求。目前，我国已经进入实现民族复兴的关键阶段，既面临重要发展机遇，也面临前所未有的困难和挑战。践行总体国家安全观，是实现中华民族伟大复兴的"中国梦"的坚强保障。国家安全是国家生存与发展的重要基础。总体国家安全观以实现"中国梦"为重要目标。我国正处于中华民族复兴的伟大征程上，国家安全为其提供坚实的安全保障，使中华民族伟大复兴清除道路障碍。就内部环境而言，在改革攻坚期突破利益固化藩篱、清除体制性障碍时，仍有不少"地雷""险滩"，稍不注意就可能触雷、触礁。就外部环境而言，个别国家始终不愿看到中国强大，总是试图阻断社会主义中国的发展进程。我国越是发展壮大，遇到的外部战略压力就可能越大。为此，必须构筑维护国家安全的铜墙铁壁。

实现中华民族的伟大复兴需要践行总体国家安全观。从国内发展来看，总体国家安全观是符合新阶段发展要求的。从世界视野来看，国与国之间联系日益密切，不乏矛盾和冲突，重视提高国家安全是关键所在。在全球化、信息化时代，对安全主体的认知从人民、地区、国家扩展到全球，对安全治理领域的认知从经济、政治、文化、社会等拓展到环境、网络、海洋、太空等全球公域，对安全关系的认知从传统的零和逻辑、相互猜疑转向到安全共享、安全共担、安全共建、安全共赢。只有我们更好地践行总体国家安全观，才能为实现中华民族伟大复兴的"中国梦"提供安全保障。

二、中国特色国家安全道路建设

中国特色国家安全道路，是国家安全工作要走的新道路，是推进国家繁荣发展的防护栏，是实现中华民族伟大复兴的安全屏障。我们坚持立足于基本国情、基本国际地位，又依据国内国外安全形势新变化科学预判未来发展方向，逐步走出了一条中国特色国家安全道路，为中国特色社会主义社会安全建设谱写了新篇章。

（一）始终坚持并全面贯彻总体国家安全观

当今世界是一个利益交织、密切联系、各国共命运的世界，全球共同发展已成为不可逆转的大趋势。任何国家生存和发展都不可能脱离世界而实现自身安全，也不可能将自身安全建立在其他国家不安全的基础上。当前，我国国家安全面临着复杂多变的新形势，维护国家安全面临新任务、新目标。这要求我国必须始终坚持总体国家安全观，积极践行人类命运共同体理念，与世界携手共建普遍安全、共同安全，为走中国特色国家安全道路创造和谐稳定的国际环境。

1. 坚持中国共产党的领导，积极构建国家安全大格局

"中国特色社会主义最本质的特征是中国共产党的领导，中国特色社会主义制度的最大优势是中国共产党的领导。"[①] 当前和今后要继续沿着中国特色国家安全道路前进，必须始终坚持党对国家安全工作的绝对领导。在新时代，我国人民生活水平得到较高层次的提高，国家综合实力、军事实力得到更高水平的提升，与稳定发展安全的社会环境紧密相连，与中国共产党的领导密不可分。党是最高的领导力量，全面贯彻总体国家安全观需要一个强大政党的科学引领，中国共产党为中国人民谋幸福的初心、为中华民族谋复兴的使命决定党有资格、有能力、有必要成为领导中国特色国家安全道路建设的大党。

中国共产党的领导是中国特色社会主义的最大政治优势，是坚持总体国家安全观、走中国特色国家安全道路的根本政治原则。中国的事情要办好，首先是中国共产党的事情要办好。应对和战胜前进道路上的各种风险和挑战，关键在党。保障国家安全，最核心的领导力量是中国共产党。国家安全事关国家前途命运，事关国家长治久安，事关新世纪"中国梦"的顺利实现。因此，必须坚持和全面贯彻总体国家安全观，走中国特色国家安全道路。在此前提下，必须"坚持党对国家安全工

---

① 习近平.决胜全面建成小康社会夺取新时代中国特色社会主义伟大胜利[M].北京：人民出版社，2017：20.

作的领导，是做好国家安全工作的根本原则"①。纵观党史，党作为中国革命、建设和改革强有力的领导核心，都是在应对重大危机与挑战的过程中产生的，我们党力挽狂澜、化危为机，通过艰巨卓绝的努力开创伟大事业的新局面。故而，必须始终坚持党对国家安全工作的绝对领导，努力开创新时代国家安全工作新局面，为实现"两个一百年"奋斗目标提供牢靠安全保障。

2. 坚持国家利益至上，推动建设中国特色国家安全道路

"我国发展仍然处于可以大有作为的重要战略期，但重要战略机遇的内涵和条件发生新的变化，其中一个突出的方面是国际和周边安全环境更趋复杂，维护国家安全面临一些值得高度重视和认真对待的新情况新问题。"②国内外局势日益复杂，"我国面临对外维护国家主权、安全、发展利益，对内维护政治安全和社会稳定的双重压力，各种可以预见和难以预见的风险增多"③，要求党和国家必须始终坚持国家利益至上，既是国家安全工作的最高目标，又是全面贯彻总体国家安全观的重要前提，更是推动建设中国特色国家安全道路必然选择。

国家利益是主权国家对外决策的决定性因素。世界是一个普遍联系的整体，随着经济全球化发展，各个国家之间的交流与合作日益加强，但行为体利益不均、发展不平衡，又以冲突形式爆发出来，甚至科技实力、军事实力之间的较量、意识形态领域的渗透，损害本国国家利益。因此我国与世界各国互通互鉴过程中，始终坚持国家利益至上。国家安全工作的开展，离不开对国家利益坚守。捍卫国家利益与开展国家安全工作共同发力，进而有效维护国家利益。捍卫国家利益离不开国家安全工作的坚强保障。国家利益受到侵犯时，必须有效地予以回击，这是国家安全工作的神圣使命。

3. 坚持共同安全，完善走中国特色国家安全道路战略举措

坚持共同安全符合时代发展潮流。当今世界，大多数国家都将经济发展和国内建设置于首要位置。在这种背景下，实现持久和平和共同繁荣已经成为人类社会的共同利益。一个国家的发展离不开整个社会的稳定。由于所有国家的利益是相互关联的，所以国家安全已不再局限于狭义的自身安全。习近平指出："今天的亚洲，区域经济合作方兴未艾，安全合作正在迎难而上，各种合作机制更加活跃，地区安全

---

① 中共中央党史和文献研究室. 习近平关于总体国家安全观论述摘编 [M]. 北京：中央文献出版社，2018：13.

② 中共中央文献研究室. 习近平关于社会主义建设论述摘编 [M]. 北京：中央文献出版社，2017：167.

③ 中共中央文献研究室. 习近平关于社会主义建设论述摘编 [M]. 北京：中央文献出版社，2017：167.

合作进程正处在承前启后的关键阶段。"① 随着越来越多的国家接受共同安全理念，在今后的合作中维护共同利益愈发强劲。

坚持共同安全符合中国的根本利益。坚持共同安全是维护我国和平发展的需要，我国需要安全环境来保护发展成果，也需要其他国家和地区保持稳定。从地缘上来讲，我国所处的东亚地区既是全球经济增长最活跃的地方，也是历史遗留问题较多、政治和经济矛盾突出的地方。维护地区的稳定需要明智的安全理念，化解安全困境需要新思维。倡导共同理念，已成为我国推进安全合作的现实选择。坚持共同理念，有利于树立良好的国家形象。作为一个大国，我国的崛起引起国际社会的普遍关注。一些国家担心中国会利用取得的实力违反、挑战甚至重塑国际秩序，威胁地区稳定与安全。在这样的舆论背景下，倡导共同安全观展示了我国积极融入国际社会的负责任态度，妥善应对国际上对我国发展的种种议论和猜测，有利于增强各方对我国的信任和理解。

（二）始终坚持以人民为中心的发展思想

人民利益是一切国家安全工作的目标和归宿。我国是人民当家做主的社会主义国家，人民是国家的主人，维护国家安全，最终是为了人民安全。人民安全是国家安全核心部分，是不同领域、不同角度的集中统一体，维护各个领域的安全，最终统一于人民安全。可见，贯彻以人民安全为宗旨的总体国家安全观，与国家性质相统一，与历史规律相符合，与时代发展要求相一致。开展国家安全工作，始终要坚持以人民为中心的发展思想，为构建中国特色国家安全体系提供现实指导意义。

1. 紧紧依靠人民群众，为国家安全工作提供力量支撑

人民群众是历史的创造者，是物质财富和精神财富的创造者，是社会变革的决定力量。坚持发展依靠人民，是我们党执政的最大勇气。维护国家安全不仅需要强大武装力量的支撑，更要依靠广大人民群众的有力支持。历史向前发展的重要力量源于人民，人民群众是维护国家安全最为可靠的力量源泉，国家安全只有依靠人民群众并始终坚持以人民为中心才有意义。历史事实也证明，社会要想取得较大进步，必须紧紧依靠人民群众，从人民群众那里获得力量，赢得人民群众的信任，获得人民对国家的认同和支持，最终实现社会永续发展、国家繁荣昌盛。

群众路线一直都是我们党勇往直前取得巨大成就的重要法宝。毛泽东指出："真正的铜墙铁壁是什么？是群众，是百万真心实意地拥护革命的群众。"② 国家安全工

---

① 习近平. 习近平谈治国理政（1）[M]. 北京：外文出版社，2014:354.

② 毛泽东. 毛泽东文选（1）[M]. 北京：人民出版社，1991:139.

作必须坚持从群众来到群众中去的国家安全工作方针。习近平总书记指出，我们党之所以得到人民拥护和支持，从根本上说，就是因为能始终代表中国最广大人民根本利益。① 不论过去、现在还是将来，都始终把坚持群众路线作为党和国家安全工作的生命线，这是做好国家安全工作的基本要求。坚定走好群众路线，必须坚持紧紧依靠人民，为国家安全发展打造铜墙铁壁。

2. 切实维护国家安全，保障发展成果由人民共享

人民对美好生活的需要，是新时代党的奋斗目标，是国家安全工作的出发点和落脚点。实现人民对美好生活的向往，不仅要有雄厚的物质基础，更要有坚实的安全保障。"国泰民安是人民群众最基本、最普遍的愿望。"② 坚持好实现好维护好最广大人民的根本利益，保证人民安居乐业，国家安全是头等大事。基于人民群众重要性，要求党始终"坚持国家安全一切为了人民、一切依靠人民，动员全党全社会共同努力，汇聚起维护国家安全的强大力量，夯实国家安全的社会基础，防范各类安全风险，不断提高人民群众的安全感、幸福感"③。

坚持共建共享，建设一个普遍安全的国家。"国家安全涵盖领域十分广泛，在党和国家工作全局中的重要性日益凸显"④，维护国家安全，始终把人民的根本利益放在首位，使人民群众的安稳生活得到充分保障，避免各种威胁对自身发展产生不利影响。推动国家安全事业建设，需要牢牢把握时代要求，把人民需要作为一切工作的重心，最终助力国家筑牢安全之盾。国家安全工作归根结底是保障人民利益，在国家安全保障下，实现发展成果由人民共享是社会稳定发展最有力的证明。切实维护国家安全，保障发展成果由人民共享，在理论创新和实践创新相互促进中不断开创中国特色国家安全工作新局面。

（三）坚持依法治国，为建设中国特色安全道路提供法治保障

加强国家安全法治建设，是全面依法治国的题中应有之义。通过构建国家安全制度体系，提高国家安全法治水平，推动国家安全领域治理体系和治理能力现代化，为贯彻落实总体国家安全观、维护重点领域国家安全提供法治保障，为继续推进走中国特色国家安全道路奠定法治根基。

法治是治国理政的基本方式，依法治国是我们党领导人民治理国家的基本方

---

① 习近平. 在对历史的深入思考中更好走向未来交出发展中国特色社会主义合格答卷 [N]. 人民日报，2013-06-27.

② 中共中央文献研究室. 习近平关于社会主义建设论述摘编 [M]. 北京：中央文献出版社，2017：181.

③ 中共中央文献研究室. 习近平关于社会主义建设论述摘编 [M]. 北京：中央文献出版社，2017：181.

④ 中共中央文献研究室. 习近平关于社会主义建设论述摘编 [M]. 北京：中央文献出版社，2017：185.

略。依法维护国家安全，是全面依法治国的组成部分。党中央提出了"建设法治国家"的战略目标，是党对形势变化的科学判断、对执政规律的深刻把握、对历史使命的勇于担当，为建设社会主义法治国家的伟大航程提供重要指引。"依法治国，是党领导人民治理国家基本方略，是发展社会主义市场经济的客观需要，是社会文明进步的重要标志，是国家长治久安的重要保障。"① 党的十八届四中全会提出，完善以宪法为核心的中国特色社会主义法律体系，加强宪法实施。

我国制定《国家安全法》是依据国家经济社会发展和保障国家安全的现实需要。用法治的高度强调国家安全法，是推进国家治理体系和治理能力现代化，实现国家长治久安的重要壮举。《国家安全法》全面贯彻落实总体国家安全观，就国内安全法治建设而言，针对2019年6月"修例风波"以来，香港暴力破坏活动不断升级，外部势力深度干预香港事务，在2020年，全国人大通过制定香港国安法的根本依据是《宪法》和《香港特别行政区基本法》，《中华人民共和国香港特别行政区维护国家安全法》。此法为香港市民的幸福生活、香港地区的繁荣发展以及祖国的繁荣昌盛筑牢安全堤坝。香港必将发展得越来越好，不断谱写经济繁荣发展、市民幸福生活新篇章，继续为中华民族的伟大复兴做出重要贡献。

三、维护重点领域国家安全

在国家安全形势发生新变化的条件下，为实现全面保障国家安全的目标，必须重视各种安全风险和挑战，充分评估国家外部环境中的不确定性，增强危机意识和忧患意识。同时更要看到，我国依然保持社会大局稳定、外部总体稳定的态势不会改变。做好国家安全工作，是一项长期的、复杂的系统工程，我们要从战略高度出发，明确国家安全工作任务，分析和处理各种形式的国家安全问题，制定切实有效的国家安全政策措施，切实维护好重点领域的国家安全。

1.维护政治、经济、文化、社会和生态安全

维护国家安全，首先要了解我国面临的各种安全挑战。全面贯彻总体国家安全观，需要充分考虑政治、经济、文化、社会、生态等各个领域的安全，把握机遇、应对挑战，谱写中国特色国家安全道路新篇章。

（1）政治安全是国家安全的根本

习近平总书记指出："政治安全是涉及国家主权、政权、制度和意识形态的稳

---

① 江泽民.江泽民文选（2）[M].北京：人民出版社，2006:29.

固，是一个国家最根本的需求，是一个国家生存和发展的基础条件。"[1] 政治安全是国家安全中最基础、最恒定的组成部分。从当今世界的"阿拉伯之春"到"阿拉伯之冬"，我们可以深刻认识到，"政治安全是国家安全的根本，离开了政治安全，国家安全就无从谈起"[2]。可见，政治安全的维护是国家安全最根本的目标。维护政治安全的主要任务包括：坚持中国共产党的领导，维护中国特色社会主义制度，坚持马克思主义的指导地位，发展社会主义民主政治，健全社会主义法治，强化权力运行制约和监督机制，保障人民当家做主的各项权利。政治安全是国家安全的根本。经济、社会、科技等领域安全的维系，最终都需要以政治安全为前提条件；而其他领域的安全问题，最终也会反作用于政治安全。

当前，我国维护政治安全面临的挑战主要包括：精神懈怠、能力不足、脱离群众、消极腐败……如果不加以管制而任其发展，将会严重损害党的形象，削弱党的战斗力，进而危及国家政治安全。另外，我们必须时刻警惕"颜色革命"对我国的政治安全构成的重大现实威胁。在意识形态领域，我国意识形态的斗争也日益复杂，这需要我们提高警觉性，坚守"四个自信"底线。

坚持以政治安全为根本。一是必须坚持以维护中国共产党的领导和执政地位为根本。中国共产党领导是中国特色社会主义最本质的特征，是中国特色社会主义制度的最大优势。有中国共产党的坚强领导，中国特色社会主义事业就能够沿着正确的方向稳步前行；二是必须加强党同人民群众的血肉联系。坚持从群众中来到群众中去的群众路线不动摇，牢固树立"四个意识"，做到"两个维护"，齐心协力共同抵制外部势力的渗透，防范"颜色革命"；三是加强社会主义核心价值观的凝心聚力能力，做好意识形态工作，建立意识形态防范预警机制，理性应对西方"普世价值"战略；四是必须严格依法执政、依宪执政，用法治保障"一国两制"的实践，维护国家政治安全。严格按照宪法和基本法办事，是法治最基本的要求，也是"一国两制"成功实践的基础。如果没有法治的保障，政府的权威必然会受到挑战，国家也会陷入四分五裂、一盘散沙。[3] 所以，必须以法治来保障国家政治安全，坚决维护中华民族屹立世界之林的根本安全保障。

（2）经济安全是国家安全的基础

经济基础决定上层建筑，经济对于整个国家发展发挥基础性作用。随着经济

---

① 中共中央宣传部. 习近平新时代中国特色社会主义思想学习问答 [M]. 北京：人民出版社，2021：373.

② 中共中央宣传部. 习近平新时代中国特色社会主义思想学习问答 [M]. 北京：人民出版社，2021：373.

③ 中共中央宣传部. 习近平新时代中国特色社会主义思想学习问答 [M]. 北京：人民出版社，2021：390.

全球化的纵深发展，经济安全在国家安全体系中的地位越来越重要，对于国家安全的影响愈来愈深远。没有经济安全，文化、教育、社会、生态等领域安全也就无从谈起。

维护经济安全，坚持社会主义基本经济制度不动摇，深化经济体制改革。当前，世界市场不断扩大，全球产业分工不断细化，各个国家都不可避免地被卷入世界市场之中，既遇到过一些机遇，同时也面临更多的挑战。一是国际经济金融动荡对我国经济平稳运行带来风险隐患。以 2020 年全球新冠疫情为例，在疫情全球蔓延形势的影响下，从生产资料的供应到资本的供给，从最初的生产到最终的消费，产业链受到了极大的冲击，全球经济的不稳定导致国内经济的低迷，影响到我国经济的平稳运行；二是国际经济秩序变革带来深层次挑战。随着国际力量对比发生新变化，国际经济规则制定主动权之争日趋激烈。不少国家为了获得更大的国际话语权，积极谋求倡导构建国际经济新秩序；三是金融风险挑战埋下隐患。特别是地方政府财政安全和社会保险持续性发展面临风险，地方政府的债务水平、行业信贷风险逐步显现，产能过剩、结构失衡、效率下降等问题均对社会经济水平提高构成威胁；四是经济安全环境面临内外部多种风险因素威胁。当前，我国科研水平和自主研发能力还有很大的提升空间，科技投入不够，产业结构优化升级、实体经济转型发展的目标还未实现；五是粮食安全风险将逐步上升。放眼全球，粮食安全危机从未过去，另一方面，粮食的浪费现象触目惊心。粮食安全保障问题还需我们花大力气解决。除了以上所指出的问题，人口、就业、环保等领域也还存在一定的风险，需要引起我们的极大重视。

维护经济安全为国家安全提供经济基础。其一，必须坚持党对经济安全工作的统一领导。"东西南北中，党是领导一切的"，必须坚持党在目标方向、全局规划、实施战略和法律制度等方面维护国家经济安全的核心领导地位。其二，必须深化经济体制改革，增强综合国力。处理好发展与安全的关系，是维护国家长治久安的重要基石，二者统一于实现中华民族伟大复兴中国梦的历史征程中。其三，必须处理好国内国际两个发展大局的关系。维护国家经济安全，在提高国内经济国际竞争力的同时，不断加强维护经济安全国际合作，充分把握国际合作的机会，实现开放、发展、安全三者的共赢。其四，加快完善社会主义市场经济体制的法治保障。经济安全必须与依法治国相结合，才能走出一条具有中国特色的国家经济安全道路。

（3）文化安全是国家安全的前提

文化安全是国家安全的基本构成要素，是国家稳定发展的重要前提。文化安全与政治安全、网络安全等密切相关、相互交织，确保社会主义政权不变色，确保中华文化存续绵延。维护国家文化安全，对协调推进"四个全面"战略布局，对增强全社会的凝聚力和向心力都具有重要意义。首先必须坚持社会主义先进文化前进方向，坚持以人民为中心的工作导向，坚定文化自信，增强文化自觉，加快文化改革发展，加强社会主义精神文明建设，建设社会主义文化强国。可见，维护国家文化安全具有重要意义。

维护文化安全面临诸多挑战。一方面，当前，我国经济社会正处于经济结构调整转型时期，良莠不齐的文化无时无刻不在影响着整个社会。同时，信息技术迅速发展和广泛普及，使得网络生态环境极其复杂，发展健康向上的网络文化任重道远。另一方面，世界范围文化交流、交融、交锋日益频繁，不少西方国家打着文化交流的幌子，假借文化交流之名，大肆推行文化渗透、文化扩张和文化殖民，在这样的文化环境下维护我国文化安全的任务更加艰巨。在自身文化发展建设中，我国存在中华优秀传统文化的内涵逐步丧失，传统文化的保护力度不强，人们价值天平在西方市场化冲击下而发生偏差等困境，对维护中国特色社会主义文化的先进性造成一定影响。

维护文化安全需重点把握以下几个方面。首先，必须坚持马克思主义中国化，坚持以马克思列宁主义、毛泽东思想、邓小平理论、"三个代表"重要思想、科学发展观、习近平新时代中国特色社会主义思想引领人们的思想，维护马克思主义在文化领域的引领作用。其次，必须加快构建网络和谐、绿色文化发展环境，坚决打击网络文化市场的违法犯罪活动，还大众一片风清气正的网络空间。再次，牢牢掌握国际话语权，加强构建对外话语体系，构筑维护文化安全阵地防线，增强对外话语权的创造力、感召力、公信力，发挥好新媒体的作用，讲好中国故事，传播好中国声音，阐释好中国特色，展现中华文化魅力。最后，要大力弘扬民族精神和时代精神，弘扬社会主义核心价值观，努力传播当代中国文化价值观念，大力推进文化产业、文化事业的发展，夯实国家文化建设根基，提升国家文化软实力，用"中国梦"和社会主义核心价值观凝聚共识、汇聚力量、齐聚人心，形成维护文化安全的精神支柱，坚持走中国特色社会主义文化道路。

（4）社会安全是国家安全的保障

社会安全是国家安全的重要保障。总体国家安全观要求国家的发展既要重视外部安全，又要重视内部安全。这里所强调的国内安全，主要就是指国家内部的社会安全。单从国家安全角度来看，社会安全是"对共同体的认同度及认同危机"[1]。新时代所做出的开展打击犯罪、维护稳定、社会治理、公共服务等社会安全规划，都是旨在确保人民安居乐业，维护社会稳定有序，实现国家长治久安。改革开放以来，我们党高度重视社会安全，始终把维护社会安定作为一项基础性工作来抓。习近平总书记指出："公共安全连着千家万户，确保公共安全事关人民群众生命财产安全，事关改革发展稳定大局。"[2]维护社会安全，坚持以总体国家安全观为指导，努力创造和谐温馨的社会环境。

当前我国维护社会安全面临多方威胁和重大挑战。一是国家地理环境复杂，区域性自然灾害事件频发；二是社会矛盾积聚，群体性事件频发；三是火灾、交通事故等社会安全事件时有发生，影响国民生命财产安全；四是世界暴力恐怖活动多发，严重影响了国际社会安全，对我国海外华侨、国际企业造成威胁。

维护社会安全，需要重点建立几个机制。第一，维护社会公平正义，创新社会治理体制。加快完善社会保障制度，保障社会发展安定有序，促进社会民主平等，积极构建公正合理、公平有序的社会治理格局。第二，建立制度化表达机制。拓宽利益表达渠道，充分满足不同群体利益诉求，"以制度建设来保障社会公平正义"[3]，确保机制运转高效，维护社会稳定发展。第三，国际社会安全方面，完善转移、救治海外侨胞的工作责任机制，切实加强民众海外出行的安全感。

（5）生态安全是国家安全的基石

生态安全在国家安全体系中发挥着举足轻重的作用。十九届五中全会强调："坚持绿水青山就是金山银山理念，坚持尊重自然、顺应自然、保护自然，坚持节约优先、保护优先、自然恢复为主，守住自然生态安全边界。"[4]重视生态环境的保护，加强生态安全体系建设，建设人与自然和谐共生的现代化。生态问题不仅关系到人民群众幸福安康，更直接关系到国家经济社会的发展，事关国家兴衰和民族存亡。生态安全是人类生存发展的基本条件，生态安全也是国家安全的基石，可以说，没有生态安全，就没有经济的可持续发展，也就没有综合实力的整体提升。

维护生态安全面临着严峻挑战。在经济发展的压力下，自然生态空间被过度挤

---

①　侯娜，池志培．总体国家安全观研究新探 [M]．北京：中国商务出版社，2020:104.

②　习近平．牢固树立切实落实安全观发展理念确保广大人民群众生命财产安全 [N]．人民日报，2015-05-31.

③　刘建飞．中国特色社会国家安全战略研究 [M]．北京：中共中央党校出版社，2015:151.

④　中共中央关于制定国民经济和社会发展第十四个五年规划和二〇三五年远景目标的建设 [M]．北京：人民出版社，2020：27.

压，民众对生态安全强烈关注。当前，土地沙化、退化及水土流失不容忽视；水资源严重短缺，工业用水污染影响农业、居民用水；外来生物的入侵破坏当地的生态平衡，生物多样性面临严峻挑战；全球变暖引发极端天气，严重威胁生态安全。

维护生态安全，着重关注几个层面。源头上，强化国土空间和资源开发管制。坚定不移实施主体功能区制度，健全财政、投资、产业、土地、人口、环境等配套政策。管理上，完善相关法律法规和财税制度。加快推进生态安全重点领域立法修法工作，做好环境保护监督工作。治理上，加强自然生态系统保护和修复。加强林草植被保护与建设，提升森林和草原质量。推进重点环境问题综合治理。加强水生态保护，系统整治江河流域，连通江河湖库水系，开展退耕还湿、退养还滩，推进荒漠化、水土流失综合治理。监管上，加强生态安全监测、研判生态安全形势、积极参与全球生态环境治理。积极推进国家在环保基础设施建设、绿色低碳技术、装备与产业等方面的发展。

（二）维护国土、资源、科技以及军事安全

国土是国家主权赖以存在的物质空间，包括领陆、领水（包括内水和领海）和领空三部分，上至高空，下及陆地。资源安全在国家安全中居于重要地位。军事安全关系到国家主权和领土完整，是维护国家核心利益的重要保证。科技安全是国家安全的重要力量和物质技术的基础，也是实现其他相关领域安全的关键因素。

1. 国土安全是国家安全的基本要素

国土安全是国家安全体系的重要组成部分，与政治安全、经济安全、军事安全等方面相互依赖、相互影响、相互作用。实践证明，国土安全作为国家安全最敏感的要素，具有很强的联动性。如果国土安全能够得到切实有效维护，国家的政治、经济、文化安全就有保障。一旦国土安全遭受破坏，将很快波及其他领域安全，进而引发国家安全的总体危机。

加强全领域多方位体制机制建设，全面夯实维护国土安全的重要基础。提升国土安全能力。坚持以经济建设为中心，集中力量推进现代化建设，大力加强国防建设，为打击侵害国土安全的各种图谋和行为提供重要支撑；加强国土安全体制机制建设，全面推进维护国土安全工作涉及国家和政府工作的方方面面。持续推进这一重要工作，建立相关配套体制机制；完善国土安全法律法规体系，将法律法规作为维护国土安全工作的有力武器；加强国土安全宣传教育，不断提升国民对国土安全的认识，开拓视野、坚定信念、提升认知、增强能力，筑牢维护国土安全的全民防线。

2. 资源安全是国家安全的重要支撑

资源安全作为战略保障，是国家维护政治、军事安全的基础，是经济社会平稳可持续发展必不可少的要素。由于资源是环境的一部分，因此又与生态安全息息相关。资源安全既是国家安全的重要支撑，也是其他领域安全的依托。

维护资源安全面临重大挑战。水资源供需矛盾突出，人均占有水资源比重较小且空间分布严重失衡；土地资源形势严峻，对土地的无序开发和粗放利用，导致生态用地存量锐减，生态循环日益脆弱；资源对外依存度过高，国家战略资源安全遭到威胁；由于科技创新能力不足，资源开发利用率低。

确保资源安全。首先，既要坚持立足本国，又要充分利用国际资源。维持必要的资源自给能力是保障资源安全的战略基点。其次，着力提高资源开发利用水平，坚持资源开发和环境保护并重，谋求资源开发利用和环境保护的平衡点，全面保障国家资源有序开发。最后，坚持底线思维，坚决防范资源对外依赖可能导致的极端风险。健全战略储备体系，完善应急处置预案，提高抵御极端风险挑战和应急状态的能力。

3. 科技安全是国家安全的重要标志

科技安全是国家安全的重要标志之一，是国家总体安全观的重要支撑。随着科学技术日新月异的迅猛发展，维护科技安全将有效地推动经济发展和社会进步。在信息时代，科学技术已经成为各国综合国力竞争的关键因素，但是万千变化的国际环境中，科技安全问题日益突出。科技安全是国家安全体系的重要组成部分，是支撑国家安全的重要力量。维护科技安全既要确保科技自身安全，更要发挥科技支撑引领作用确保相关领域安全。历史实践表明，如果没有先进科技的支撑，国家军事实力、经济实力等就会明显减弱，因此，保障国家科技安全，有利于提升国家综合实力。维护我国科技持续发展的安全状态，就需要把科技创新摆在国家发展全局的核心位置，坚持走中国特色自主创新道路。

维护科技安全，还有不少难关要突破。一是能否在新一轮科技革命中实现产业发展弯道超车，推进产学研融合发展，是提升我国未来阶段科技水平的关键。二是重点领域核心关键技术仍然受制于人，严重威胁我国产业发展安全。因此要立足新发展阶段，集中力量发展重点领域，力求取得关键核心技术的突破。三是军民科技相互融合转化不畅，制约我国国防建设与经济社会的融合发展。

维护科技安全需要加强科技创新。第一，坚持实施创新驱动发展战略，发挥人民群众首创精神，推进产学研深度融合。深化科技体制改革，掌握核心技术，把握战略发展领域主动权。第二，加强重点突破，实现关键核心技术安全可控。关键领域研发是维护国家科技安全的核心，必须构建高效强大的关键技术支撑体系，集中力量抢占科技高地。第三，加强科技安全基础设施和能力建设，推进重大创新基地和科技平台建设。

4. 军事安全是国家安全的重要支柱

军事安全是国家安全的重要支柱。所谓军事安全，是指"国家不受外部军事入侵和战争威胁的状态，以及保障这一持续安全状态的能力"[①]。军事安全既是国家安全体系的重要领域，也是国家其他安全的重要保障。党的十八大提出构建人类命运共同体的倡议，强调增强我国的军事力量不仅仅是维护国家安全，同时也是维护全人类的共同利益。当前，维护我国军事安全要有效应对国家面临的各类安全威胁，筹划和推进国防和军队建设，坚持走中国特色强军之路，"确保2027年实现建军百年奋斗目标；到2035年实现国防和军队现代化；到本世纪中叶，把人民军队建设成世界一流的军队"[②]。

当前我国军事安全面临诸多挑战。一是国际地位的提高为维护军事安全带来了新的契机，但世界新军事革命给中国军事安全的压力与威胁也随之增加，如何在复杂的世界军事力量漩涡中立足，需要全面战略考量。二是军队现代化水平与国家安全需求和世界先进军事水平相比仍存在一定差距。面对新使命新要求，我们的军事能力仍有待进一步提高。三是军队在思想、组织、作风等领域影响战斗力的现象依然存在。

维护军事安全需要建设世界一流的军队。第一，坚持党对军队的绝对领导，筑牢军事安全防线。"党对人民军队的绝对领导是人民军队的建军之本、强军之魂。"[③]第二，全面贯彻习近平强军思想，坚持政治建军、改革强军、科技强军、人才强军、依法治军，把新时代强军事业不断推向前进，统筹应对威胁和挑战，保持战略全局平衡和稳定。第三，大力推进军事改革创新，创新军事战略指导和作战思想，根据国家安全和发展战略，积极应对新型安全领域挑战。第四，积极参与地区和国际安全合作，坚持走军民融合式发展道路，推动经济建设和国防建设融合发展。实施军民融合发展战略，形成全要素、多领域、高效益的军民深度融合发展格局。

---

① 总体国家安全观干部读本编委会. 总体国家安全观干部读本 [M]. 北京：人民出版社，2016:97.

② 中共中央宣传部. 习近平新时代中国特色社会主义思想学习问答 [M]. 北京：人民出版社，2021:382.

③ 中共中央关于坚持和完善中国特色社会主义制度推进国家治理体系和治理能力现代化若干重大问题的决定 [M]. 北京：人民出版社，2019:33.

（三）维护网络安全、核安全和海外利益的安全

网络是现代化信息交流的重要方式，网络信息安全事关国家安全和社会稳定发展。科技革命时代，核安全对于整个国家的安全、人民群众的健康、社会的稳定发展、经济发展的持续至关重要。海外利益是新时期我国国际利益的重要组成部分，事关国家发展和安全大局。随着新一轮对外开放的全面推进，海外安全显得格外重要。全面贯彻总体国家安全观，网络安全、核安全和海外安全是不容忽视的。

1. 网络安全是国家安全的最敏感领域

网络安全已经成为国家安全的重要组成部分，国家安全的维护离不开网络安全的维护。伴随着科技的日新月异，网络技术随之迅速发展，铺盖全球，渗透到社会生活的方方面面。网络将人与人、组织与组织、国家与国家的交流和合作密切联系在一起，拉近彼此之间的距离，为人类的活动开辟了新领域。同时，网络又是一把双刃剑，在给民众、国家提供便捷沟通、获取信息和创造财富的同时，其安全问题也相伴而生。网络空间开始出现侵害个人隐私、侵犯知识产权、网络犯罪等危害社会行为，并且时有发生网络监听、攻击等活动，对国家安全造成威胁，维护网络安全刻不容缓。

当前，网络安全面临重大挑战。一是网络安全建设总体滞后，多头管理导致权责不清，更加复杂多元的网络安全问题频发，亟须建立切实可行的网络管理制度，形成一套系统完备、安全高效的网络安全监测评估体系。二是网络信息安全法律法规亟待完善。日益增多的网络攻击，不良信息、虚假信息的传播，致使网络信息安全形势日益严峻。三是网络安全技术水平落后，给网络安全防护带来巨大的压力。互联网时代，意识形态博弈交锋日益集中在网络空间，网络空间逐渐成为外部渗透的主要工具，必须谨防国外意识形态的恶意入侵，构筑网络安全重要防线。

维护网络安全，需要高度重视以下方面。第一，加强网络法制建设，积极贯彻执行《中华人民共和国网络安全法》，依法治理网络空间，"坚持依法治网、依法办网、依法上网，让互联网在法治轨道上健康运行"[①]，为网络空间的运行营造一个风清气正的环境；第二，提升网络安全的国家安全战略地位，坚决防范和打击通过网络颠覆国家政权、破坏国家安全的一切行为；第三，加强网络安全宣传教育，提升民众网络安全意识，严格执行网络规章制度，打造新时代开放、有序的网络空间，积极与各国共同维护网络安全秩序。

---

① 习近平在第二届世界互联网大会开幕式上的讲话 [N]. 人民日报，2015-12-17.

2. 核安全是国家安全的最终底线

核安全是国家安全体系的重要组成部分。我国是拥有核武器国家，也是和平利用核能的国家，维护核安全关乎国家的政治安全、社会安全以及生态安全各个方面。作为负责任和爱好和平的国家，我国一贯高度重视核安全问题，对国际社会负责。在国际舞台上，坚决反对核扩散和核恐怖主义，积极支持国际社会加强核安全合作。

我国核安全面临巨大挑战。一是核扩散形势严峻。核扩散主要是指核武器或其他核爆炸装置及控制权的扩展与传播的活动。我国边境接壤国家众多，维护边境核安全压力巨大。二是核恐怖主义威胁弥漫。恐怖组织攻击破坏核材料，盗取核材料、放射性物质的可能性加大。三是核电、核技术利用事业防范事故风险高。广泛的核能与核技术的利用，对核安全提出了挑战。

核安全与我们生存发展息息相关，维护核安全是当前国家安全最终的底线。其一，坚守安全第一、质量第一的原则，系统制定、严格落实核安全保障举措；其二，加强事故解决和应急管理能力建设，保障其能够降低事故严重程度，降低核突发事故对我国社会的影响；其三，提升技术和管理水平，加大核安全技术研发和人力资源投入力度，从源头上降低事故发生率；其四，加强公众沟通，提升公众理性认知，全面加强国际合作和维护国际核安全体系建设。

3. 海外利益是国家安全的重要依托

海外利益是国家利益的重要组成部分。随着经济全球化的不断深入，我国与世界各国的联系日益密切，交流与合作也随之加深。随着世界格局的变化，国家海外利益安全的重要性也随之提高。在总体国家安全观下，海外利益安全主要包括海外能源资源安全、海上战略通道以及海外公民、法人的安全。维护海外利益安全，对促进国家发展和维护人民安全有着重要的意义。

当前，中国海外利益面临的安全风险主要有几个方面。一是海外国家利益安全面临威胁和挑战，国家海洋领土争端不断，海外侨民遭受攻击事件频发，国际贸易争端不断，西方各国对我国的态度阴晴不定。二是世界政治格局正处于百年未有之大变局，世界各国的种族冲突、恐怖袭击和跨国犯罪等非传统安全威胁层出不穷。三是重大自然灾害和重大卫生公共事件等突发状况，对本国居民海外行动造成威胁。

维护海外利益安全，着力从几个方面破解。首先，通过公共外交，为我国发展营造有利的局部安全环境。所谓公共外交，是指"利用各种力量资源、通过改变对方的价值判断和目标选择，来实现政治意图的外交方式"①。其次，加强与世界各国的交流，积极与各国建立政治互信。以"一带一路"建设为契机，在全球范围内发展战略合作伙伴关系，不断形成新的外交合力。最后，积极倡导人类命运共同体理念，寻找国际合作最大公约数，实现互利共赢、合作发展，切实维护好我国的海外利益安全。

四、增强忧患意识，防范风险挑战

国家的安危存亡始终是中国生存和发展的头等大事。当前，我国正处于数字化经济时代，国家发展总体向好，但国家安全形势发生新的变化，国家发展面临新的挑战。基于此，在实现中国民族伟大复兴的征程上，必须增强忧患意识、防范风险挑战，做到居安思危，为我国建设社会主义现代化构筑安全防线。

（一）坚持"增强忧患意识，防范风险挑战要一以贯之"

备豫不虞，为国常道。"面对波谲云诡的国际局势、复杂敏感的周边环境、艰巨繁重的改革发展稳定任务，我们既要有防范风险的重要先手，也要有应对和化解风险挑战的高招。"②当前我国正处于"两个一百年"奋斗目标历史交汇期，国内发展前景十分光明，但挑战也十分严峻。我们必须保持清醒的风险意识，深入贯彻落实好三个"一以贯之"，才能团结带领全国人民不断从胜利走向新的胜利。

1.提高政治站位、增强大局观念

不谋万世者，不足谋一时；不谋全局者，不足谋一域。中国共产党由一艘小小红船成为引领中国行稳致远的巍巍巨轮，团结带领全国各族人民为实现国家富强、民族振兴、人民幸福而不懈奋斗。在继往开来的道路上，全党全社会要善于从整体、大局、全局上考虑问题，沉着冷静应对国家发展所面临的各种风险挑战。大局凸显政治、大局折射品格、大局彰显担当，党和国家坚持从政治高度把握国家大局，提升解决问题的能力，形成推动中华民族巨轮驶向伟大复兴的强大合力。

习近平总书记强调，"要强化风险意识，常观大势、常思大局，科学预见形式发展走势和隐藏其中的风险挑战，做到未雨绸缪"③。要求党和政府坚持新发展理念，提高政治站位，善于观大势、谋大事；强化大局意识，行动上与党中央保持高度；只有提高政治站位，增强大局观念，才能牢牢把握国家发展的大方向。增强政治判

①　于军.中国海外安全利益蓝皮书 2017-2018[M].北京：国家行政学院出版社，2018:3.

②　习近平.习近平谈治国理政（3）[M].北京：外文出版社，2020:219.

③　习近平.习近平谈治国理政（3）[M].北京：外文出版社，2020:223.

断力、提升政治执行力，是党站在新的历史方位上提出的重要要求。在党的百年华诞之际，维护好国家政治安全和社会稳定各项工作，必须坚持树立大局意识，在大局下全面贯彻总体国家安全观，为国家治理提供坚实的安全方案。

"保持政治定力，增强信心，集中精力办好自己的事情，是我们应对各种风险挑战的关键"①，以更高的政治站位牢牢把握国家的主动权。在奋力推进社会主义建设过程中，要始终胸怀大局，从政治上认识和判断形势，把握事物发展的客观规律，依据规律突破发展瓶颈，在把握国家安全战略中谋大局、谋未来，在人类命运共同体的倡议中寻契机，在继续坚持和发展中国特色社会主义道路上开新局。

2. 树立历史眼光、强化理论思维

历史是过去的现实，现实是未来的历史。在历史上，各个国家、各个朝代的统治者都面临王朝更替、外敌入侵、内部动乱等问题，由此国家安全观念也随之产生。"居安思危，思则有备，有备无患"的箴言，强调治理国家要有忧患意识，时刻做好保卫国家的战略准备；"天下虽安，忘战必危"的警世名言，强调要胸怀大局，善于从全局视角防范风险，对各种潜在的威胁保持戒备，做到预先防备；正如"为之于未有，治之于为乱"，强调治理国家要做到防患于未然。这些思想中所蕴含的国家治理的安全理念，为后世国家安全战略思想提供了重要依据。

不忘本来，以史为鉴；矢志复兴，面向未来。树立历史眼光，善于从前人治国理政中借鉴治国理念，在社会治理中善于发现并总结事物发展的客观规律和内在逻辑，充分运用好历史这面镜子，把握解决现实问题的方法，为国家持续向好发展指明走向。只有做到以史为鉴、鉴往开来，对中国古代史、党史、新中国史、改革开放史、社会主义发展史以及世界史都有深刻的认识和了解，才能为当下工作做好准备，为前进道路指明方向。

当今世界，和平与发展仍然是时代的主题。但国内国际安全形势十分严峻，强化理论思维、丰富知识素养将使我们站在思想的最前沿、历史的制高点。理论是实践指南，蕴藏着强大力量，政治上的坚定离不开理论上的坚定。国家综合国力的提升、国际地位的提高，一个最重要的原因就是坚持理论创新。新时代强调理论素养，将安全理论和治安实践相结合，运用科学的思想方式和工作方法，为抵御国内国外风险提供理论指导，为走中国特色安全道路开辟新境界，为建设普遍安全的世界提供中国智慧和中国方案。

---

① 习近平. 习近平谈治国理政（3）[M]. 北京：外文出版社，2020：263.

3.增强问题意识、坚持问题导向

问题是时代的声音。每个时代都有属于自己的问题与矛盾，一个国家要想前进发展，必须有深厚的问题意识。要善于在实践中发现问题；在探索中提出问题，并以历史勇气直面问题，以责任担当研究问题，以智慧回答问题，以实干解决问题。当下中国正处于一个大有作为的历史机遇期，问题的提出和解决是我国有效应对挑战、充分把握机遇的关键，更是新的时代条件下开创事业发展新局面的必然要求。

问题就是事物的矛盾，哪里有得不到解决的矛盾，哪里就有问题。新的历史时期，我国取得了历史性成就，但不能忘危，始终要有居安思危的忧患，避免犯战略性、颠覆性的错误。每个时代总有属于自己的问题，只有树立强烈的问题意识，才能为推进社会治理现代化提供建设方法。在国际国内相互联系、改革发展实践、总结经验教训中发现问题，在实践中坚持具体问题具体分析的处事原则，抓住事关全局的重要问题，把握大势和大局，扎实推进国家安全工作的有效开展，为维护国家安全提供思想指导。

增强问题意识符合马克思主义认识论和辩证法，是贯彻党的思想路线的具体体现。坚持问题导向，是党历经百年的成功经验，是实现伟大斗争、伟大事业、伟大工程、伟大梦想的重要助推器。现在，国际国内的联系互动日益加深，但国际局势发生新变化，这就要求党和国家善于在变局中发现问题，在统筹国际国内两个大局中解决问题；在全球化趋势中及时把握新机遇，准确研判不确定不稳定因素。总之，在国际形势风云变幻中，善于从历史和现实相贯通、国际和国内相关联、理论和实际相结合的宽广视角，增强问题意识、坚持问题导向，不断开创新时代中国特色社会主义事业新局面。

（二）聚焦重点领域

近些年来，从互联网泡沫破灭到波及全球的经济危机，从埃博拉病毒暴发到新冠肺炎疫情在世界蔓延，人类社会发展面临的各种风险显著增加。风险治理则成为各国治理普遍面临的难题。如何应对在政治、经济、文化、社会、生态、军事、科技、核安全等领域内的重大风险挑战，成为各国稳定发展首要思考的问题。

1.高度重视防范系统性风险

党的十八大以来，习近平总书记立足治国理政全局，科学把握世界局势和我国面临的风险形势，强调要始终保持清醒的风险意识，把风险治理提升到了前所未有的战略位置。在栉风沐雨中，中国共产党已经走过了百年历程，"党所经历的困难与风险世所罕见，其中有危难之际的绝处逢生，有挫折之后的毅然奋起，有失误之后的拨乱反正，有磨难面前的百折不挠"①；有"小概率高风险的'黑天鹅'，也有大概率高风险的'灰犀牛'"。基于这些不安因素和危机，党和国家必须始终"要聚焦重点，抓纲带目，着力防范各类风险挑战内外联动、累计叠加，不断提高国家安全能力"②。

于治思危，于治忧乱。高度重视防范系统性风险，是当前和今后一个时期国家安全发展的防范风险的重要安全保障。现今，我国综合实力的增强、军事力量的提高、国际地位的提升，为我国建设社会主义现代化强国增强信心。但不能忽视我国发展面临的前所未有的复杂环境，在国际、国内、自然界中诸多矛盾问题叠加、风险挑战问题凸显，"各种威胁和挑战联动效应明显，各种矛盾风险挑战源、各类矛盾风险挑战点相互交织、相互作用"。③基于科学判断和战略考虑，党高度重视通过对社会发展特点的深入认识进行风险治理，着力破解各种矛盾和问题，在纷纭复杂的发展环境中，增强忧患意识，做到居安思危，努力在危机中育新机，于变局中开新局，推动我国经济乘风破浪、行稳致远。

2. 坚决避免出现颠覆性危机

千里之堤，溃于蚁穴。在国家战略筹谋上绝对不能忽视看似微小不起眼的潜在危害，注重防微杜渐，警惕突发事件。在中华民族复兴的进程中，重大公共卫生事件、市场经济的"二律背反""修昔底德陷阱"论等颠覆性风险给国家的经济社会发展带来巨大的挑战。重大公共卫生领域的颠覆性风险具有未知性较强、不确定性较大、不可控性较高的特性，威胁我国人民乃至全世界人类的生存和发展；社会主义市场经济存在的"二律背反"，使市场经济正常秩序难以为继；国家实力的提升带来敌对势力的嫉恨和肆意污蔑。故而，全党全国各族人民需要警惕颠覆性危机，提升应对风险的能力。

颠覆性危机对社会经济发展是具有较大破坏力的。一个国家、民族乃至整个世界，如果发生重大风险又扛不住，其安全就可能面临重大威胁，严重阻碍经济发展，甚至出现颠覆性的毁灭；就中国而言，如果发生重大风险和挑战又没有强力应对，国家安全可能出现危机，实现中华民族的进程就可能会停止或被迫中断。颠覆性风险是不会一蹴而就，是要一浪接一浪、后浪推前浪地扑过来。颠覆性风险犹如"黑天鹅""灰犀牛"等高风险事件，严重威胁国家内外安全，严重影响社会繁荣发

---

① 中共中央宣传部. 习近平新时代中国特色社会主义思想学习问答 [M]. 北京：人民出版社，2021：376.
② 习近平. 习近平谈治国理政（3）[M]. 北京：外文出版社，2020：217.
③ 中共中央宣传部. 习近平新时代中国特色社会主义思想学习问答 [M]. 北京：人民出版社，2021：378.

展。世界日益紧密联系，给我国发展带来了发展机遇，但也带来重大风险挑战，防止实现中华民族伟大复兴的过程中"颠覆性危机"的发生，必须增强忧患意识。正如习近平总书记强调，"前进的道路不可能一帆风顺，越是前景光明，越是要增强忧患意识，做到居安思危，全面认识和有力应对一些重大风险挑战。"[①]树立重大危险防范意识，战胜前进道路上的一切风险，为国家发展提供坚实的安全保障。

（三）打赢防范化解重大风险攻坚战

居安而念危，则终不危；操治而虑乱，则终不乱。防范化解重大风险是以习近平为核心的党中央治理国家的重大决策部署，是国家持续向好发展、稳中求进的内在要求，是全面贯彻总体国家安全观的重中之重。坚决打好防范化解重大风险攻坚战，为维护国家安全筑牢安全之基。

1. 始终坚持以习近平新时代中国特色社会主义思想为科学指导

习近平总书记深刻把握人类社会风险的共性规律，并结合中国具体国情和治理实践，形成了具有中国特色的风险治理方针原则。世界正处于百年未有之大变局，坚持习近平新时代中国特色社会主义思想，是新时代全面贯彻总体国家安全观的思想基础，是全党全国人民为实现中华民族伟大复兴而奋斗的行动指南，是实现社会主义现代化风险治理的指导思想，是人类命运共同体伟大倡议的理论基础。

随着世界和平发展的进程不断推进，我国靠近世界舞台中央距离又拉近了一步，昂首屹立于世界民族之林的态势更加坚定，任何国家、任何民族、任何势力都无法阻挡中华民族前进的脚步。自党成立始，我们党肩负历史重任，攻克各个阶段难关、沉着应对各种重大风险、破解阻遏社会发展难题，团结带领全国各族人民实现了由站起来、富起来，再到强起来的历史性飞跃。这些高光时刻、历史瞬间、质的飞跃，始终离不开马克思主义、毛泽东思想、邓小平理论、"三个代表"重要思想、科学发展观、习近平新时代中国特色社会主义思想等思想的指导和引领。缺乏科学理论的有力指导，是难以有效战胜各种风险挑战的。新形势下，始终坚持以习近平新时代中国特色社会主义思想为科学指导，是维护国家安全的行动导向。

2. 在推进国家治理体系和治理能力现代化中提升风险治理能力

打赢防范化解重大风险攻坚战，必须坚持和完善中国特色社会主义制度、推进国家治理体系和治理能力现代化，运用制度威力应对风险挑战的冲击。在新形势下，我国国家安全和社会安定面临的威胁和挑战增多，各种威胁和挑战联动效应明

---

① 习近平. 习近平谈治国理政（3）[M] 北京：外文出版社，2020:217.

显增强。为此，"要提高风险化解能力，透过复杂现象把握本质，抓主要害，找准原因，果断决策，善于引导群众、组织群众，善于整合各方力量、科学排兵布阵，有效予以处理"①。提升风险治理能力，全力筑牢维护国家安全的铜墙铁壁。

增强抵御安全风险的能力，关键是维护好国家核心利益。坚决捍卫国家主权、领土完整，做到"凡是危害我国实现'两个一百年'奋斗目标、实现中华民族伟大复兴的各种挑战，只要来了，我们就必须进行坚决斗争，而且必须取得斗争胜利"②。国家面对"修昔底德陷阱"的威胁和挑战时，不惹事，但也不怕事，勇于决断、敢于担当；面临重大公共卫生事件，党和国家必须立足当前、系统规划、放眼长远、总结经验、吸取教训，全面提高国家安全治理能力。

3. 全面构建系统治理、依法治理、综合治理、源头治理新格局

风险治理是新时代全面贯彻总体国家安全观关键任务，也是未来社会发展的极为艰巨复杂的重大任务。加强系统治理、依法治理、综合治理、源头治理，把我国制度优势更好转化为治理效能，党和国家必须树立维护国家利益的机遇意识，坚持维护国家利益的底线思维，增强忧患意识，防范重大风险，提升风险治理能力。做好新形势下的国家安全工作，必须坚持系统观念，科学统筹发展与安全，牢牢抓住并用好维护国家利益的各种机遇，为新时代国家风险治理构建新格局。

坚持系统治理、依法治理、综合治理、源头治理，提高社会风险治理水平。从总体安全观的广阔视野，对国际国内不同领域、不同类型、不同角度的重大风险进行科学分析和评估，不断完善风险治理顶层设计，为维护整体国家安全奠定理论基础，为推进社会治理风险现代化提供行动纲领。推动中国特色社会主义的发展的过程中，全党和政府"要完善风险防控机制，建立全风险研判机制、决策风险防控责任机制，主动加强协调配合，坚持一级抓一级、层层落实"③。提高风险防范化解能力，建立健全防范化解各类风险的体制机制。坚持增强风险意识，提升风险治理水平和能力，为谱写全面建设社会主义现代化国家新篇章、描绘好新时代改革发展新画卷创造安全稳定环境。

---

① 习近平. 习近平谈治国理政（3）[M] 北京：外文出版社，2020:223.
② 习近平. 习近平谈治国理政（3）[M] 北京：外文出版社，2020:226.
③ 习近平. 习近平谈治国理政（3）[M] 北京：外文出版社，2020:223.

参考文献

[1]　毛泽东.毛泽东文集（7）[M].北京：人民出版社，1999.

[2]　江泽民.江泽民文选（2）[M].北京：人民出版社，2006.

[3]　习近平.习近平谈治国理政（1）[M].北京：外文出版社，2014.

[4]　习近平.习近平谈治国理政（3）[M].北京：外文出版社，2020.

[5]　中共中央宣传部.习近平新时代中国特色社会主义思想学习问答[M].北京：人民出版社，2021.

[6]　中共中央关于坚持和完善中国特色社会主义制度推进国家治理体系和治理能力现代化若干重大问题的决定[M].北京：人民出版社，2019.

[7]　总体国家安全观干部读本编委会.总体国家安全观干部读本[M].北京：人民出版社，2016.

[8]　于军，中国海外安全利益蓝皮书（2017-2018）[M].北京：国家行政学院出版社，2018.

[9]　习近平.决胜全面建成小康社会　夺取新时代中国特色社会主义伟大胜利[M].北京：人民出版社，2017.

[10]中共中央关于制定国民经济和社会发展第十四个五年规划和二〇三五年远景目标的建议[M].北京：人民出版社，2020.

思考题：

1. 为什么说保证国家安全是头等大事?

2. 结合实际谈谈党对国家安全工作为什么要绝对领导。

3. 结合"黑天鹅""灰犀牛"事件谈谈增强忧患意识、防范风险挑战的意义。

▶▶▶▶ 第十专题

人类命运共同体下的中国特色大国外交

中国的发展离不开世界,世界的和平与发展也离不开中国。外交事业是中国特色社会主义事业的重要组成部分,中国特色社会主义事业的推进需要有一个良好的国际环境,离不开外交事业的发展和支持。中国的外交事业在艰难中起步,在几代人的奋斗努力下,取得了辉煌的成就,不仅为国家的建设发展争取到了有利的外部环境条件的支持,也不断推进中国国际地位的提升。今天,中国特色社会主义昂首迈进新时代,久经磨难的中华民族迎来了从站起来、富起来到强起来的伟大飞跃,中国正前所未有地接近实现中华民族伟大复兴梦想,前所未有地走近世界舞台中央。与此同时,世界处于百年未有之大变局,正在经历深刻复杂的变化。中国坚定不移走和平发展道路,始终不渝倡导合作共赢理念。但是,中国走和平发展道路、倡导合作共赢是有底线的,这就是坚决维护国家核心利益。党的十八大以来,以习近平同志为核心的党中央,牢牢把握中国和世界发展大势,深刻思考人类前途命运,以实现中华民族伟大复兴为使命,以推动构建人类命运共同体为总目标,提出了一系列富有中国特色、体现时代精神、引领人类发展进步潮流的新理念新主张新倡议,形成了习近平新时代中国特色社会主义外交思想即习近平外交思想,走出了一条中国特色大国外交新路。新时代的中国外交,必须以习近平外交思想为指导,不断开创中国特色大国外交新局面。

一、人类是一个命运共同体

进入 21 世纪的世界,人类正处于大发展大变革大调整时期。世界多极化、经济全球化深入发展,社会信息化、文化多样化持续推进,新一轮科技革命和产业革命正在孕育成长,各国相互联系、相互依存,全球命运与共、休戚相关,和平力量的上升远远超过了战争因素的增长,和平、发展、合作、共赢的时代潮流更加强劲。与此同时,人类也正处于一个挑战层出不穷、风险日益增多的时代。经济增长的乏力、贫富差距的扩大、恐怖主义、重大传染性疾病等问题仍然持续蔓延;国际格局风云变幻,人类在生态危机、军备竞赛、和谐共生等方面面临前所未有的挑战。

人类共有一个家园，没有一个国家可以独自面对所有挑战，和平与发展是世界各国人民的共同心声。基于对人类整体命运的深刻关切，中国政府提出了人类命运共同体的伟大理论构想，主张共同面对人类共同挑战，最大程度谋求实现共同利益。"我们应该倡导人类命运共同体意识，在追求本国利益时兼顾他国合理关切，在谋求本国发展中促进各国共同发展，建立更加平等均衡的新型全球发展伙伴关系。"①

（一）人类命运共同体理念提出的时代背景

在帝国主义时代，国际社会在实践上遵循的是"强权即是公理"的强盗逻辑和"弱肉强食"的丛林法则，这是对人类理性和普遍利益的极大践踏。一些大国强国凭借自身实力上的优势便可以恃强凌弱，通过霸权手段制定有利于自身的国际规则，忽视其他平等的主权国家的根本利益，最终造成危机四伏的世界格局。

1643—1648 年的威斯特伐利亚和约标志着近代国际法的诞生，人类相信通过理性的平等协商可以将矛盾所产生的风险降至最低。1814 年的维也纳会议上，俄国、英国、普鲁士等地区强国以维护宗教、和平、正义的名义干涉他国，建立所谓"神圣同盟"。20 世纪，帝国主义国家开始瓜分世界市场，虽然为了协调各方矛盾而成立了国际联盟等机构，但是国际联盟并没有力量对不合理的地区争斗采取强制措施，某些霸权国家的自由出入使国际联盟并不能真正成为正义原则的体现，地区间的分歧逐渐激化，最终爆发了第二次世界大战。战后的雅尔塔体系依旧是地区大国协商的产物，虽然形式上强调民主原则，但是大国无疑有着更多的话语权。从国际秩序的调整变化中我们也可以看出，任何缔约国都将本国利益作为根本的出发点和落脚点，国家利益与国际社会利益面临着一定程度的冲突。由于国际社会并没有像国家内部一样制定具有有效约束力的普遍法则，相对弱小国家往往会以地区大国为中心建构区域共同体，但这也说明联合的意愿是普遍的，缔约国认识到对任何个体的侵犯其实本质上是对共同体本身的威胁，也是对所有共同体成员的权利的损害。如果一旦大家共同维护的秩序遭到破坏，那么任何个体都不再能够从共同体之中得到保护。

自现代主权国家的交往原则逐步确立以来，各国利益可以说紧密相连，互相依存，既相互对立，又辩证统一，在动态演化过程中连接成一个休戚与共的命运共同

---

① 习近平.弘扬传统友好共谱合作新篇——在巴西国会的演讲 [N]. 人民日报，2014-07-17.

体。当今时代是一个不同国家走向共生共荣的时代，任何一个国家的利益往往关系到地区和世界整体的利益，虽然科学技术的巨大飞跃让人类实现了物质财富的迅猛增长，生活水平大幅提高，但是在历史走向世界历史的过程中彼此的差异与差距总是成为一种难以克服的阻碍力量。当今时代，人类似乎并没有因为技术的进步、物质条件的改变、文明的发展而消弭各种分歧和矛盾，找到一种和谐的相处之道，反而面临着越来越多的冲突、矛盾、相互隔阂、狭隘的种族歧视、价值观偏见、暴力伤害，并衍生出越来越多的全球性问题，对人类的生存发展构成巨大威胁，与此同时，人类自身且常常体现出固守一隅，难以相互包容妥协。

"人类命运共同体"理念正是在回答"世界怎么了？我们怎么办？人类向何处去？"[①] 时代之问中提出的。新世纪以来，世界政治多极化、经济全球化、社会信息化、文化多样化不断推进，但在此过程中，全球化面临着深刻变革，原有的支撑全球化的思想体系与政治经济体系越来越难以为继，并由此引发了全球性的动荡。从大历史观看，全球化是不可抵挡的潮流，世界需要的不是抛弃全球化，而是更好地推进全球化。全球化本来是由国家推动的，但长期深入的发展已经使其超越了国家性，逐渐向全球性与人类整体性逼近。[②] 与此同时，西方世界在整体上知识日趋僵化，并表现出越来越难以脱离国家思维的框架，当全球化发展日益超出其思维框架后，于是产生出越来越强烈的思维和行动上的反弹，具体表现为民粹主义等排外思想和反全球化的逆流举动。与此同时，万物互联、大数据、人工智能、区块链技术深刻改变人类的生产方式、生活方式、思维方式。技术创新一方面在消解世界原有的"中心—边缘"体系，另一方面又催生着国际思潮大变革。这些发展变化客观上要求各国必须"秉持和平、主权、普惠、共治原则，把深海、极地、外空、互联网等领域打造成各方合作的新疆域，而不是相互博弈的竞技场"[③]。2020 年以来，突如其来的新冠疫情的全球大流行，更是表明人类是一个休戚与共的命运共同体，必须树立人类命运共同体意识，守望相助，携手应对风险挑战，才能共同应对人类面临的各种问题和风险，共建美好地球家园。因此，要解决当前的各种全球性问题和挑战，并着眼未来世界秩序，必须有一套超越西方思维模式与学科分野的方案，为全球化重新铸魂。人类命运共同体正是基于人类历史，立足当前现实，面向未来提出的一套完整方案。全球化需要新的核心价值观引导，人类命运共同体既是价值观，

---

① 习近平. 共同构建人类命运共同体 [N]. 人民日报，2017.1.20.

② Marco Antonsich. International migration and the rise of the "civil" nation[J]. Journal of Ethnic and Migration Studies, 2016, 42（11）：1790–1807.

③ 习近平. 论坚持推动构建人类命运共同体 [M]. 北京：中央文献出版社，2018:419.

又是行动方案。人类命运共同体理念的提出是全球现代性反思的结果，是在马克思世界历史理论所揭示的"世界市场"的形成过程和"历史向世界历史转化"过程中开启的，是指向人类社会发展美好愿景的中国方案。"人类命运共同体怀有相互尊重、彼此包容、求同存异的文明理念，强调发展多元现代性的自主选择权、平等发展权；同时又尊重自由、平等、民主、法治、公平和正义等人类共同价值；还具有兼济天下的'大道之行也，天下为公'的雄伟气派，以'共商共建共享'思想引领多元现代性，强调要顺应世界各国利益共生、命运与共的发展趋势；坚持'并育而不相害'的多样化的现代化模式，必将推动人类走向协调发展、均衡发展和共同发展。"[①]正是由于人类生产力发展到今天，经济全球化带来各国人民的相互依赖性空前加强，有了更大的共同连带意识，感受到可能遭受共同的危险，认识到有休戚相关的共同命运，才会需要超越社会制度、宗教和文明的"我们"的认知。共同体是共同的认知、身份的产物。从最小共同体——家庭，到最大共同体——人类，从家庭、部落、国家，乃至国际社会，人们组成不同层次的共同体，即德国社会学家滕尼斯所说的地域共同体、血缘共同体与精神共同体。[②]个体命运与国家命运相连，就是家国情怀；全球化时代，国家命运与人类命运相连，形成地球村村民的概念，于是共同体就上升到命运共同体。

（二）"人类命运共同体"理念的丰富思想内涵

党的十八大以来，以习近平同志为核心的党中央深刻洞察人类前途命运和时代发展趋势，准确把握中国与世界关系的战略走向，在一系列国际场合提出打造人类命运共同体的重要倡议，引起国际社会热烈反响，对当代国际关系正在产生积极而深远的影响。

人类命运共同体理念是中国特色大国外交理论创新的重大成果。人类命运共同体理念植根于源远流长的中华文明和波澜壮阔的中国外交实践，契合各国求和平、谋发展、促合作、要进步的真诚愿望和崇高追求，有着深刻丰富的理论内涵。2015年9月，在联合国成立70周年系列峰会上，习近平全面阐述打造人类命运共同体的内涵，强调要建立平等相待、互商互谅的伙伴关系，营造公道正义、共建共享的安全格局，谋求开放创新、包容互惠的发展前景，促进和而不同、兼收并蓄的文明交流，构筑尊崇自然、绿色发展的生态体系。这五个方面形成了打造人类命运共同体的总布局和总路径，描绘了国际关系发展的美好前景，成为中国特色大国外交理

---

① 于沛.从大历史观看人类命运共同体 [J].求是，2019（3）.

② 滕尼斯.共同体与社会 [M].林荣远，译.北京：商务印书馆，1999.

论创新的重大成果。这五个方面从不同角度诠释了人类命运共同体的内涵，相辅相成、缺一不可，形成一个完整统一的有机整体。

构建伙伴关系是主要途径。打造人类命运共同体，要从构建全球伙伴关系做起。习近平同志强调，我们要在国际和区域层面建设全球伙伴关系，走出一条"对话而不对抗，结伴而不结盟"的国与国交往新路。打造人类命运共同体，倡导各国摆脱结盟或对抗的窠臼，顺应时代发展潮流，平等相待、互商互谅，探索构建不设假想敌、不针对第三方、具有包容性和建设性的伙伴关系。这为各国正确处理相互关系指明了方向和途径。

实现共同安全是重要保障。当今世界，各国安全相互关联、彼此影响。没有真正的安全，就不可能打造人类命运共同体。习近平同志指出，要树立共同、综合、合作、可持续安全的新观念，统筹应对传统和非传统安全威胁，走出一条共建共享共赢的安全之路。这一安全观是对世界和平与安全事业的积极贡献，有利于各国增进互信与协作、共同应对安全难题、维护世界和地区和平。

坚持合作共赢是基本原则。新的时代呼唤新的思维。习近平同志指出，要构建以合作共赢为核心的新型国际关系，摒弃零和游戏、你输我赢的旧思维，树立双赢、共赢的新理念，在追求自身利益时兼顾他方利益，在寻求自身发展时促进共同发展。中国积极倡导合作共赢，以合作取代对抗，以共赢取代独占。这从根本上摒弃了弱肉强食的丛林法则，有利于开辟国与国之间携手共进、共同发展的新时代。

促进文明交流是牢固纽带。建设人类命运共同体，促进文明交流互鉴是重要一环。习近平同志强调，不同民族、不同文明没有优劣之分，只有特色之别；不同文明和谐共处、交流互鉴，可以成为增进各国人民友谊的桥梁、推动人类社会进步的动力、维护世界和平的纽带。只有秉持这样的文明观，不同文明才能实现共同发展，共同促进人类社会和谐进步。而鼓吹"文明冲突论"或"文明优越论"，是与打造人类命运共同体背道而驰的。

推动可持续发展是必要条件。习近平同志指出，国际社会应该携手同行，牢固树立尊重自然、顺应自然、保护自然的意识，坚持走绿色、低碳、循环、可持续发展之路，实现世界的可持续发展和人的全面发展。人类社会实践表明，只有如此，各国才能解决好工业文明带来的矛盾，以人与自然和谐相处为目标，一起建设和维护人类共同的地球家园。

人类命运共同体理念的提出，并以此引领人类发展进步潮流，推动世界和平与繁荣实践，为人类发展与世界和平事业注入了强劲的中国元素，并使之具有鲜明的中国特征，体现在以下方面。

一是具有正义性。打造人类命运共同体，意味着各国不分大小、强弱、贫富一律平等，共同享受尊严、发展成果和安全保障，维护以联合国宪章宗旨和原则为核心的国际关系基本准则和国际法基本原则，弘扬和平、发展、公平、正义、民主、自由等全人类的共同价值。这就牢牢占据了人类道义和时代发展的制高点。

二是具有和平性。和平是中国外交的根本属性，也是打造人类命运共同体的本质特征和重要前提。打造人类命运共同体，需要各国都坚持走和平发展道路，反对使用或威胁使用武力；既坚定维护国家主权和正当权益，又坚持通过对话协商以和平方式处理国际争端，实现各国和睦相处、和谐共生、和平发展。

三是包容性。人类命运共同体是一个生机勃勃、开放包容的体系。不同地理区域、历史文化、社会制度、经济体量、发展阶段的国家，只要认同人类命运共同体的核心理念，就可以求同存异、和而不同、加强合作、谋求共赢，维护和拓展各自正当国家利益，并为推动人类社会发展进步作出应有贡献。

四是综合性。人类命运共同体是一个多向度的概念。从地理区域看，中国在双边、地区、全球层面都提出了构建命运共同体倡议。从领域内涵看，人类命运共同体理念涵盖政治、安全、发展、文明、生态等多个领域。从发展进程看，可以分为利益共同体、责任共同体和命运共同体三个阶段。利益共享、责任共担，为打造命运共同体提供重要基础和必由之路，打造命运共同体则是构建利益共同体和责任共同体的结合和升华。

五是科学性。打造人类命运共同体，是对人类社会发展进步潮流的前瞻性思考，是需要国际社会为之长期奋斗的共同理想和愿景目标，同时也是各国共同破解当下发展与安全难题、正确处理相互关系所应秉持的共同价值、行为准则和路径。打造人类命运共同体思想，从国际关系实践中产生，又在实践中不断丰富发展，闪耀着辩证唯物主义和历史唯物主义科学精神的光芒。

（三）"打造人类命运共同体"是推动国际秩序和国际体系变革的中国方案

打造人类命运共同体，为人类社会发展进步指明了方向、描绘了蓝图。当前，世界正处于历史性变革之中，国际秩序和格局以及全球治理体系正在发生深刻复杂演变。在此背景下，应如何维护二战后建立的以联合国宪章宗旨和原则为核心的国际秩序？如何推动国际关系朝着民主化、法治化、合理化的方向发展？如何在经济全球化、世界多极化、文化多样化、社会信息化的时代背景下推动各国同舟共济、携手合作，共同走向美好的明天？面对这些重大课题，许多国家都有各自的思考。

中国倡导打造人类命运共同体，提出了推动国际秩序和国际体系变革的中国方案。按照这一方案，中国将与其他国家共同营造人人免于匮乏、获得发展、享有尊严的光明前景，建设"各美其美，美人之美，美美与共，天下大同"的美好世界。

打造人类命运共同体，为中华民族伟大复兴开辟了新境界、提供了新动力。当今中国比历史上任何时期都更加走近世界舞台的中央，比历史上任何时候都更加接近实现民族复兴的目标。随着中华民族伟大复兴进入关键阶段，中国与世界的前途命运空前紧密地联系在一起。中国倡导并推动人类命运共同体建设，把中国人民的利益同各国人民的共同利益结合起来，把"中国梦"同"世界梦"连结起来，赋予中华民族伟大复兴更加深刻的世界意义，体现了中国将自身发展与世界共同发展相统一的全球视野、世界胸怀和大国担当。在打造人类命运共同体进程中，中国推动世界各国和平共处、良性互动、合作共赢，将为中华民族伟大复兴营造良好外部环境。

打造人类命运共同体，引领中国特色大国外交理论与实践创新，丰富了党中央治国理政的理念和方略。党的十八大以来，以习近平同志为核心的党中央在保持对外大政方针稳定性连续性基础上，大力推进外交理论与实践创新，开启了中国特色大国外交新征程。作为中国外交创新的核心成果，打造人类命运共同体和实现中华民族伟大复兴一道成为中国特色大国外交追求的目标。在这一目标指引下，确立了以坚持和平发展为战略选择、以寻求合作共赢为基本原则、以建设伙伴关系为主要路径、以践行正确义利观为价值取向的中国特色大国外交理论体系框架，丰富了以习近平同志为核心的党中央治国理政的理念和方略，成为中国特色社会主义理论体系的重要组成部分。

打造人类命运共同体，融会贯通中外优秀思想文化和智慧，增进了中国同世界的沟通认知。打造人类命运共同体理念，传承和弘扬"和为贵""世界大同""天人合一"等中华优秀传统思想文化，同坚持独立自主的和平外交政策、坚持和平共处五项原则、坚持互利共赢的开放战略、坚持推动建设和谐世界等新中国优秀外交传统一脉相承，同时反映了各国人民追求发展进步的共同愿望以及一些区域和国家建立不同形式共同体的有益经验，既具有鲜明的中国特色，又蕴含全人类共同价值，获得世界各国特别是发展中国家的广泛支持。这一理念寻求各国建设美好世界的最大公约数，不断增进中外人民之间的思想和心灵沟通，加强中国同世界各国的认知认同。

党的十九大报告指出：中国人民的梦想同各国人民的梦想息息相通，实现"中国梦"离不开和平的国际环境和稳定的国际秩序。我们必须统筹国内国际两个大局，始终不渝走和平发展道路、奉行互利共赢的开放战略，坚持正确义利观，树立共同、综合、合作、可持续的新安全观，谋求开放创新、包容互惠的发展前景，促进和而不同、兼收并蓄的文明交流，构筑尊崇自然、绿色发展的生态体系，始终做世界和平的建设者、全球发展的贡献者、国际秩序的维护者，坚持推动构建人类命运共同体。

二、中国坚定走和平发展道路

中国是维护世界和平、促进世界共同发展的重要力量。坚持走和平发展道路，是中国根据时代发展潮流和国家根本利益作出的战略选择。

一个国家能否独立自主地发展对外关系，是其国家主权是否独立完整的重要标志。新中国建立以前，我国长期受到西方国家的侵犯和欺辱，一度沦为半殖民地半封建国家，外交上很难自主，长期受到帝国主义列强的摆布和掣肘。新中国建立以后，我国才真正开始了独立自主的外交活动，而独立自主的和平外交在我国几代领导集体的不懈努力下，不断取得辉煌的成就，成为中国特色社会主义事业的重要组成部分。

（一）中国和平发展的战略选择

新中国成立之初，以毛泽东为核心的党的第一代领导集体，就制定了独立自主的和平外交政策。根据这一政策，党在不同历史时期针对国际形势发展的具体情况，制定并实施了不同的外交策略。

新中国成立初期，为了与旧中国外交彻底决裂，谋求有利的国际安全环境，毛泽东提出了"另起炉灶""打扫干净屋子再请客""一边倒"三大外交方针。"另起炉灶"，就是新中国的人民政府不承认国民党政府同各国建立的一切旧的外交关系，而要在新的基础上同各国另行建立外交关系。"打扫干净屋子再请客"，就是指新中国的建立必须清理旧中国残留的对外关系痕迹，建立良好的国内环境，以全新的面貌建立、发展同其他国家的关系。"一边倒"，就是在帝国主义对新生的人民政权实行敌视政策的情况下，中国只能倒向社会主义阵营一边。"一边倒"，并不意味着放弃独立自主的原则。为和平友好地发展同其他国家的关系，1953 年 12 月，周恩来在会见印度政府代表团时，首次系统地提出了和平共处五项原则，即：互相尊重主权和领土完整、互不侵犯、互不干涉内政、平等互利、和平共处。这五项原则在 1955 年的万隆会议上为许多亚非国家所接受，也成为我国处理对外关系的基本准则。

20世纪60年代，鉴于美国等西方国家长期对我国实行孤立、封锁和禁运，以及中苏关系破裂后苏联对中国实行的军事威胁，我国的外交政策从"一边倒"，调整为"两个拳头打人"，即不惧怕美苏两个超级大国的封锁和威胁，同时反对他们到处侵略扩张、肆意干涉别国内政的霸权主义政策。

20世纪60—70年代，苏联加强在中苏边境地区和蒙古的军事部署，并通过在阿富汗、印度、越南等国的军事活动，企图从北、南、西三面包围中国。美国鉴于在越南战争中深陷泥沼，国内人民反战情绪高涨，急于从中脱身，谋求打开对华关系。毛泽东审时度势，果断地决定打开中美关系的大门，提出了"一条线"的外交战略，即中国、日本、欧洲、美国，加上同一条线上的第三世界各国，联合努力，共同对付苏联的霸权主义。这是我国外交战略的一次重大调整，对缓和我国面临的紧张局势，维护世界和平发挥了重要作用。

无论新中国成立后我国外交政策发生了怎样的调整，独立自主和平共处的基本方针始终没有变，一直是贯穿我国外交的一条主线。

十一届三中全会以后，邓小平在继承毛泽东、周恩来外交思想的基础上，依据对时代主题的科学判断和国际形势的科学分析，坚持并发展了独立自主的和平外交政策。他指出："中国的对外政策是独立自主的，是真正的不结盟。中国不打美国牌，也不打苏联牌，中国也不允许别人打中国牌。中国对外政策的目标是争取世界和平。"① 保持自己的独立地位，主张一切从中国人民和世界人民的根本利益出发，坚决反对超级大国争夺世界霸权，维护世界和平。邓小平还强调，在和平共处五项原则的基础上发展同所有国家的友好合作关系，提出了冷静观察、稳住阵脚、沉着应付、韬光养晦、有所作为、善于守拙、决不当头的外交方针，推动建立国际政治经济新秩序，强调中国是维护世界和平的重要力量，要对人类进步事业做出更大的贡献。

世纪之交，面对风云变幻的国际形势，江泽民继承并发展了邓小平的外交思想，继续实行独立自主的和平外交政策，开创我国外交工作的新局面。在党的十六大报告中，江泽民指出："各国政治上应相互尊重，共同协商，而不应把自己意志强加于人；经济上应相互促进，共同发展，而不应造成贫富悬殊；文化上应相互借鉴，共同繁荣，而不应排斥其他民族的文化；安全上应相互信任，共同维护，树立互信、互利、平等和协作的新安全观，通过对话和合作解决争端，而不应诉诸武力或以武

---

① 邓小平. 邓小平文选（第三卷）[M]. 北京：人民出版社，1993:57.

力相威胁。反对各种形式的霸权主义和强权政治。"① 他多次指出，外交工作归根到底要坚定不移地维护我们国家和民族的最高利益，巩固和发展有利于我国的和平国际环境，特别是和平的周边环境，为我国的改革开放和现代化建设服务，为我国的统一大业服务。

党的十六大以来，以胡锦涛为核心的新一届领导集体，高举和平、发展、合作的旗帜，继续坚持独立自主的和平外交政策，走和平发展道路，强调中国永远做维护世界和平、促进共同发展的坚定力量。在国际交往中，胡锦涛强调应遵循联合国宪章的宗旨和原则，恪守国际法和公认的国际关系准则，弘扬民主、和睦、协作、共赢精神，共同促进国际关系民主化的形成；坚持用和平的方式解决国际争端，相互信任，加强合作，共同维护世界的和平稳定，共同推动国际秩序向公正合理的方向发展；主张各国人民一起共同分享发展机遇，共同应对各种挑战，努力推动建设一个持久和平、共同繁荣的和谐世界。

在经过新中国成立以来的 70 多年、改革开放以来的 40 多年间，无数中华民族的志士仁人尤其是中国共产党人前仆后继，奋斗不息的努力，终于再次迎来了民族复兴的曙光。党的十八大之后，进入新时代的中国，已经成为世界第二大经济体、第一大工业国、第一大出口国和第一大外汇储备国，也是世界上 100 多个国家的最大贸易伙伴。近些年来，中国的经济增长对世界经济增长的贡献率一直居于世界首位，达到年均近 30%。中国已经成为拉动全球经济复苏与增长的最重要引擎，并在当今重大国际和地区事务中发挥着举足轻重的作用。可以说，我们的国家从来没有像今天这样靠近世界舞台的中心，从来没有像今天这样接近实现民族复兴的目标。

行百里者半九十。越是接近目标的时候我们越要保持清醒头脑，增强忧患意识。可以预料的是，未来几十年对于中华民族，必定是一段振奋人心的岁月，也将是一段充满风险挑战的旅程。从外部来看，我们要面对的最主要挑战就是如何化解国际社会对我国未来发展的疑虑和担心，包括如何应对一些国家的偏见和误解，如何回击敌对势力的干扰和挑衅。

人类历史上从未有过如此巨大国家的快速崛起，从未有过如此众多人口的全面现代化。中国的复兴将是 21 世纪最为重大的历史现象，必将对世界格局、力量对比和全球秩序产生全方位的深远影响。因此，从一定意义上看，国际社会关注我国的战略走向（即能否通过和平方式实现崛起）是正常的，而且这种关注势必会伴随我们民族复兴的整个过程。

---

① 江泽民文选：第 3 卷 [M]. 北京：人民出版社，2006：567.

冷战之后的一段时间里，国际上流行过各种版本的"中国崩溃论"，以为中国的发展只是昙花一现，难以持久。如今，"崩溃论"几乎销声匿迹，随之而起的是形形色色的"中国威胁论""中国强硬论"甚或"中国渗透论"。美国现实主义学派的国际关系学者米尔斯海默在其著作中曾提出的核心观点，就是预测中美之间必有一战。米氏笃信这一前景并不奇怪，因为迄今为止，世界近代史上几乎所有的西方国家当年崛起时走的都是一条殖民扩张、进而争夺霸权的非和平之路。按照西方人的理念，国强必霸是很自然的，也是不可避免的。因此他们认定当今中国也定难摆脱这一传统的大国兴衰规律。

古希腊历史学家修昔底德曾写过一本《伯罗奔尼撒战争史》。书中认为，当年雅典和斯巴达两个最大城邦之间爆发战争的根源，是雅典作为新兴强国快速增长的实力，引起了斯巴达这个既有强国的恐惧，最后双方不可避免兵戎相见。后人把这种新兴国家与既有强国之间必然发生战争的现象，称为"修昔底德陷阱"。有学者做过统计，人类近代历史上总共有过 15 次新兴大国的崛起，其中 11 次最终引发了战争。由此作出推论，新旧强国通过战争方式实现权力的交替是一个大概率事件。

回看以往世界力量对比演变的规律，改变全球面貌的重大力量对比变化，确实多是通过激烈的方式甚至是战争实现的。近代欧洲 30 年战争后建立起威斯特伐利亚和约体系，拿破仑战争后建立起维也纳体系，一战后建立起凡尔赛体系，二战后建立起雅尔塔体系等，大都如此。20 世纪 90 年代，苏联解体也带来世界力量对比的重新"洗牌"，虽未采用战争方式实现，但其对苏联自身的破坏性及其对世界的广泛影响并不亚于一场战争。

总之，随着中国的发展壮大，国际上（主要是传统西方大国特别是美国）对中国可能挑战现有世界大国、挑战现行国际秩序从而引发冲突抱有疑虑。中国能否跨越"修昔底德陷阱"，能否打破国强必霸规律，能否为古老问题寻找新答案，从而最大限度地减少民族复兴的阻力，以最小代价实现我们的发展目标，这一重大而又紧迫的课题，现实地摆在了中国共产党和中国政府的面前，摆到所有中国人面前。

进入 21 世纪以来，中国共产党深入研究历史经验教训，把握当今时代潮流，明确提出中国将始终不渝坚持和平发展，决不会走历史上大国依靠侵略和扩张实现崛起的老路，而将坚定致力于探索一条以和平方式实现国家发展和民族复兴的新路。坚持走和平发展道路不仅写入党的十七大、十八大报告，而且载入了中国共产党党章。2013 年初，中共中央政治局就走和平发展道路举行集体学习时，习近平总书记再次强调，走和平发展道路，是我们党根据时代发展潮流和我国根本利益作出的战略抉择。他还进一步指出，实现我们的奋斗目标，必须有和平的国际环境。没有和平，中国和世界都不可能顺利发展；没有发展，中国和世界也不可能持久和平。因此，我们将坚定不移地做和平发展道路的践行者。

选择走和平发展道路不仅是中国共产党人适应国情世情作出的重大决定，也是中国政府面向世界作出的庄严承诺。这条道路的出发点在于，积极争取和平的国际环境发展自己，同时又以自身的发展促进世界和平。这条道路的落脚点在于，通过和平方式实现民族振兴，同时又带动其他国家共同繁荣。和平发展道路是一条和平与发展相互依存、内政与外交有机统一、本国利益与人类共同利益密切结合的新型发展道路，是国际关系史上一大创举，也是人类社会发展的一大进步。

（二）为什么中国必须走和平发展道路

为什么中国必须走和平发展道路？这条路走得通吗？其必然性和可行性何以体现？

1. 坚持走和平发展道路是经济全球化的必然要求

当前，经济全球化和社会信息化正在深刻改变我们生存的世界，改变人类的日常生活。地球越来越小，世界越来越平，国与国之间的联系越来越紧密，日益形成你中有我、我中有你，一荣俱荣、一损俱损的利益格局。同样是两场百年一遇的大危机，20世纪30年代大萧条冲击的只是美欧日，对中国、对广大亚非拉国家的影响并不直接。始于2008年的国际金融危机则席卷了全球，无一国能够幸免，无一隅可以偏安，人类社会的全球化达到了前所未有的深度和广度。近几年，美联储不时传出的货币政策的信号，常常即刻引发多个新兴市场国家金融市场的剧烈动荡。中国经济增长的放缓或增速也往往引起全球紧张或兴奋。现在不仅大国打喷嚏小国会感冒，小国风吹草动也可能产生蝴蝶效应，欧元区主权债务危机的起因就是一个典型例子。

如果说，冷战期间美国和苏联依靠核威慑打造了"恐怖平衡"，那么在全球化深入发展的今天，各国特别是大国之间越来越通过利益融合形成了"利益制衡"。发动战争冲突的代价越来越高，武力解决争端的选择越来越受到局限。此外，国际金融危机、恐怖主义、气候变化等各种全球性挑战也日益增多，都需要各国合作应对，加强全球治理。可以说，世界正在成为一个休戚与共的命运共同体。正因为如此，世界上主张和平、反对战争的声音不断增强，支持以和平方式处理国际争端的力量日趋增长，这将成为一个持续发展的潮流与趋势。比如叙利亚爆发化武问题后，由于受到本国人民越来越强烈的反对，英国议会否决了出兵动武的计划，法国转为支持召开第二次日内瓦会议，美国也在最后一刻改弦更张，重新回到在联合国框架下和平解决的轨道。

基辛格博士在《论中国》这本书中，研究 21 世纪中美两国会不会重演 19 世纪英德对抗的一幕，他认为未来中美之间的决定性竞争更可能是经济竞争、社会竞争，而不是军事竞争。这是因为基辛格看到了一个越来越清晰的事实，那就是中美之间事实上正在结成日趋紧密的利益共同体，双方每年的贸易额已经接近 5000 亿美元，相互投资超过 800 亿美元，2020 年新冠疫情暴发前的几年间，每年的人员往来高达 350 万人次。目前，中美经济总量占世界三分之一，人口总和占世界四分之一，贸易额总和占世界五分之一。如果中美发生冲突，不仅双方都会受损，还将殃及整个世界，这也正是世界各国不愿看到中美爆发冲突的重要原因。从这个意义上说，坚持和平发展不仅符合中国的长远和根本利益，也符合世界各国的长远和根本利益，是一条切实可行的也是理应选择的道路。

2. 走和平发展道路是中国自身发展的必然要求

一方面，中国已经成为世界第二大经济体，并且正在逐步成长为世界强国，但同时必须清醒地认识到，我们现在仍然是一个发展中国家，人均收入水平排在世界第 80 位左右，还有一部分人刚摆脱贫困，国内还存在发展不平衡、不协调、不可持续的现象。要让 14 亿中国人民都过上富裕幸福的生活，我们还有很长的路要走。因此，发展经济、改善民生，始终是一项长期而艰巨的任务，是中国共产党治国理政的第一要务。要加快发展，就需要有一个更为和平稳定的国际环境，就需要我们率先坚持并践行和平发展，其他国家则会因此感受到中国的发展是和平友好的，不是扩张掠夺；是互利共赢的，不是零和博弈。中国的发展将因此而会越来越为国际社会所接受和欢迎，发展的环境会越来越好，发展的阻力会越来越小。

另一方面，随着中国对外开放水平不断提高，企业和人员"走出去"规模不断扩大，中国发展日益呈现出资源和市场"两头在外"、利益权益分布本土和海外兼有的新特点。2020 年，我国进出口贸易总额达到 32.16 万亿元人民币，对外直接投资存量超 2.3 万亿美元，海外资产总规模数万亿美元，其中，中国跨国公司 100 大海外资产总额超过 10 万亿元人民币；我国原油、铁矿石的对外依存度超过 50%。可以说，正在形成的这个"海外中国"，占了中国经济增量的很大一块，成为我国整体国家利益的重要组成部分。捍卫中国的海外正当权益是我们义不容辞的责任。维护好不断扩大的海外权益首先要靠我国综合国力的不断增强，同时也需要我们与各国保持和平友好的关系，需要我们维护好地区与世界的和平与稳定，需要我们通过和平发展把中国同各国的利益联系得更紧密，把经贸投资的渠道开辟得更通畅，把国际合作的机制梳理得更顺当。

3. 走和平发展道路是中国社会制度的必然要求

中国是社会主义国家，代表的是先进的社会制度和执政理念。对内要追求公平正义、共同富裕、社会和谐；对外要主持公道、捍卫公理、伸张正义。作为一个社会主义国家，特别是曾经遭受过西方侵略、掠夺、蹂躏的第三世界国家，在通过自身努力逐步发展起来后，决不能像过去的西方列强那样崇尚丛林法则，必须反对任何形式的霸权主义。如果我们发展起来后，走上了霸权主义的道路，就是自打嘴巴。邓小平同志早就指出："我们搞的社会主义是不断发展生产力的社会主义，是主张和平的社会主义。"新中国成立70多年来，不论国际风云如何变幻，独立自主、爱好和平，始终是中国外交的两大本质特征，不仅构成了我国对外政策的基石，也使中国能够站在国际公理和道义的制高点上。

4. 走和平发展道路也是中国文化传统的必然要求

中国走和平发展道路不仅是中国特色社会主义制度的重要特征，也是中国文化传统的必然要求，充分彰显了中华传统文化的优秀理念。自古以来，中国对疆域以外的民族，不以征服和掠夺为荣，而是以"协和万邦"为己任，始终以"王者不欺四海，霸者不欺四邻"为原则来处理周边关系。中华民族传承几千年的仁者爱人的人本精神，亲仁善邻的和平志向，以和为贵的和谐理念等等，都为我们今天走和平发展道路提供了重要支撑。当年的丝绸之路就是一条和平之路，一条致力于共同发展的纽带。明朝的郑和在1405—1433年间七次下西洋，先后到访亚洲、非洲30多个国家。其间，他广交朋友并大力开展贸易和文化交流，他的旅行是和平和友谊之旅，展现了中华民族重视友谊与和平的传统精神。这一壮举充分表明了中国的历史文化传统。英国哲学家罗素说过，中国人天性是喜好和平的。世界著名历史学家汤因比在比较了各种文明的发展之后，指出中国这个东方大国从来没有对其疆域以外表示过帝国主义野心，是一个大而不霸的国家。德国前总理施密特认为，中国是世界历史上最爱好和平的大国。走和平发展道路是中华传统文化脉络的自然延续，也是中国人民从近代以后的苦难遭遇中得出的必然结论。

（三）中国选择走和平发展道路的意义

中国在深入研究历史经验教训、把握当今时代潮流的基础上，明确提出将始终不渝坚持和平发展，决不会走历史上大国依靠侵略和扩张实现崛起的老路，而将坚定致力于探索一条以和平方式实现国家发展和民族复兴的新路。坚持走和平发展道路不仅写入中国共产党的十七大、十八大报告，而且载入了中国共产党党章。中国坚定选择走和平发展道路，可谓意义重大：

第一，走和平发展道路是一个全新的国际战略，不同于历史上所有列强国家所走过的战略选择，中国所做出的这一选择，是一次新的战略实践。这条道路新就新在打破了"国强必霸"的传统模式。

第二，走和平发展道路是一个中国特色的国际战略，是科学发展观统筹内外关系的科学体现，是传统国际战略理论和国际秩序观的一个重大突破，是对西方现实主义与理想主义的超越。

第三，走和平发展道路使中国有了一个道义的制高点，有助于化解国际矛盾，有利于营造中国改革开放的良好国际环境。

第四，走和平发展道路也有助于国际社会看清中国国际战略的走向，也为崛起中的中国提供了处理对外关系的战略原则和战略方针。

当然，正如习近平总书记所说：我们要坚持走和平发展道路，但决不能放弃我们的正当权益，决不能牺牲国家核心利益。任何外国不要指望我们会拿自己的核心利益做交易，不要指望我们会吞下损害我国主权、安全、发展利益的苦果。中国走和平发展道路，其他国家也都要走和平发展道路，只有各国都走和平发展道路，各国才能共同发展，国与国才能和平相处。中国不惹事也不怕事，决不会屈服于任何外来压力。

三、当今世界正经历百年未有之大变局

世界面临百年未有之大变局，我国发展仍处于并将长期处于重要战略机遇期，这是习近平总书记对世界发展大势和中国自身发展作出的重大判断。深入理解世界百年未有之大变局的理论内涵和历史演进趋势，深刻认识世界大变局与中国大发展之间的历史性交汇，有助于我们在世界大变局之下更好维护和延长中国发展的重要战略机遇期，更好应对世界大发展大变化大调整背景下中国面临的外部风险和挑战。

（一）具有历史性、时代性和战略性的重大判断

"世界面临百年未有之大变局"是习近平总书记站在人类历史进程的高度，以大国领袖的担当，对世界发展大势作出的重大战略判断，在当前复杂变化的时代具有举旗定向的重要意义。作为大战略判断，这里的"百年"在本质上是一个大历史概念，是指一个相对较长且正在发生巨大变化的历史时期。这里的"世界"，不只是传统意义的国际关系，而是指视野更为宏大、内涵更为丰富的人类社会。所谓世界百

年未有之大变局，是指在一个相对较长的历史时期深刻影响人类历史发展方向和进程的世界大发展、大变化、大调整、大转折、大进步。研究大变局，应该有全局的战略高度和宽广的历史视野。作出世界面临百年未有之大变局的判断，体现了认识世界大势的一种全球维度的大历史视野。在当前国际形势风云变幻、世界不确定性显著增多的背景下，要清醒把脉人类历史发展方向和世界发展大势，更需要有大视野、大格局和大胸怀。

（二）百年未有之大变局主要内容与动力

大变局的本质在于世界秩序的历史演进，其核心议题是世界秩序的演进方向和发展趋势。

当前世界历史演进趋向包括五个"百年之变"。

一是全球化进程百年之变。世界范围的商品大流通、贸易大繁荣、投资大便利、技术大发展、人员大流动、信息大传播不断深入发展，深刻影响着当今世界的发展模式、交往模式、思维模式和治理模式。

二是世界经济格局百年之变。随着一大批新兴大国和发展中国家快速崛起，延续几个世纪的"大西洋时代"已经演变为大西洋和太平洋"两洋"并举并重的新时代。

三是国际权力格局百年之变。伴随世界经济重心的逐步多元，国际力量对比更趋均衡的态势更加明显，多极化进程继续稳步向前推进，特别是亚非拉第三世界国家实现政治独立，开始全面追求发展和复兴，在国际体系中的地位和影响力也在逐步提高。

四是全球治理体系及治理规则百年之变。随着全球治理主体和议题更加多元，以及全球治理规则和理念加速演变，长期发达国家"治人"、发展中国家"治于人"的全球治理格局也出现了新的变化趋向。

五是人类文明及交往模式百年之变。一大批新兴国家开始成为知识、技术、信息的生产源和传播源，在方兴未艾的新技术、新产业革命中不断崭露头角，同时伴随中国特色社会主义的不断发展完善和一些转轨国家在制度上的不断探索，世界范围的思想、观念、制度、模式也呈现出日益多元的格局。

出现大变局的根本动力在于科技革命的突破性进展和制度的伟大创新。近代以来，人类历史相继经历了三次大的技术革命，推动人类社会相继进入"蒸汽时代""电气时代"和"信息时代"，由此带来了世界经济的飞跃性发展以及国际权力格局的重塑。当前，以人工智能、大数据、物联网、太空技术、生物技术、量子科技为代表的新科技革命正在全面酝酿，由此推动了新产业、新业态、新模式的巨大发展，带来了人们生产方式、生活方式、思维方式的显著变化。与科技革命和产业革命相伴随的是，人类社会在思想和制度层面的创新也在不断推陈出新，从封建制度、资本主义制度到社会主义制度，每一次社会制度创新都推动了生产力的巨大发展和人的更大程度解放。当前时代，各主要国家纷纷以科技发展和制度创新为依托，以重塑国际规则为手段，推动国际力量对比和国际秩序不断演变和调整，世界范围内的利益、权力和观念格局都在发生富有历史意义的大变化。

今天，百年未有之大变局构成了推动构建人类命运共同体的重要时代背景。从世界中长期发展趋向着眼，可以预测，世界性的科技和产业革命深入发展的基本态势不会根本改变，各国各地区相互联系日益紧密的基本态势不会根本改变，人类社会追求和平、发展、合作、共赢的强烈愿望不会根本改变，全球化进程不断深入发展的基本态势自然也不会根本改变。但同时，在世界大发展大变化大调整的背景下，保护主义、狭隘的民粹主义思潮在不少国家中盛行，百年来的全球化进程遭遇前所未有的阻力与逆流，大国竞争明显回归，全球治理面临空前的严峻挑战。在当今世界充满不稳定性不确定性因素的今天，习近平总书记明确提出推动构建人类命运共同体的重大愿景，就是旨在回答"建设一个什么样的世界，如何建设这个世界"这一关乎人类前途命运的重大课题。推动构建人类命运共同体思想为人类社会破解世界难题、携手共创美好未来提供了中国方案。

（三）努力在变局中开新局

综合分析当前世界大变局的发展趋势，总体上对我国有利。第一，面对大变局，西方阵营内部矛盾、部分大国内部各政治势力及社会思潮之间的矛盾都在发展。中国之治和世界之乱形成强烈对比，中国虽然已被一些西方大国日益当作眼中钉，作为力图遏制打压的对象，同时，中国由于其所具有的各种独特的优势条件，也成为各方竞相争取的合作对象，有利于我国纵横捭阖，扩大战略回旋空间。第二，秩序新旧交替、体系破立并举的转型过渡期，为我国培育和扩大国际制度性权力提供了重要机遇。新一轮科技革命和产业变革兴起，有利于我国发挥制度优势实现"弯道超车"。第三，在世界向何处去的关键十字路口，中国为世界注入了巨大的稳定性和确定性，发挥了国际形势稳定锚、世界增长发动机、和平发展正能量、全球治理新动力的积极作用。世界对中国发挥更大作用的期待增强，为我国树立形象、扩大影响、塑造变局提供了机遇。第四，中国提出构建人类命运共同体，顺应时代潮流，符合中国人民利益与世界人民的共同利益，契合世界对新局的期待。这为实现中华民族伟大复兴的"中国梦"，为推动构建人类命运共同体不断创造和积累良好外部条件。

当然，大变局也意味着我国的外部环境必定风云变幻，不可避免地会遇到各种风险挑战。中美经贸摩擦升级、周边安全问题频发、海外利益安全风险高企等问题错综复杂，危机与良机相互交织，快速转化。但总的看，我国发展仍处于重要的战略机遇期。因此，我们要以习近平外交思想为指引，以正确历史观、大局观、角色观把握国际大变局和中国发展的历史方位，努力在变局中开新局：

——要以历史思维把握变局。习近平总书记指出，我们面对的种种难题和挑战都有其产生的历史必然性。纵观历史，大国崛起必然面临守成大国的打压。中国作为社会主义大国，民族复兴进程更不可能轻轻松松。同时，国际舞台中央也是国际矛盾风口浪尖，阻力与风险如影随形，不进则退。我们要以中华五千年文明的历史积淀从容把握"百年未有之大变局"的规律走向，坚定战略自信和战略定力，同时积极进取，乘势造势，推动大变局向促进人类共同进步的历史正确方向前进。

——要以辩证思维应对变局。世界之变同时蕴含机遇与挑战，很多变化均利弊皆有，必须常怀忧患意识和进取精神，机中见危，化危为机。我们要牢牢把握为中国人民谋幸福，为中华民族谋复兴，为人类谋和平与发展的初心和使命不动摇，不为任何风险所惧，不被任何干扰所惑，善于驾驭和利用矛盾，准确把握主次矛盾，始终掌握应对变局的主动权。

——要以战略思维引领变局。大变局中，国际事务的中国印记和中国事务的国际属性同步增强，我们要从更高层次、更广视野统筹国内国际两个大局，提升推进全球战略的意识和能力，走稳和平发展之路，更深入地融入世界影响世界。

——以创新思维塑造变局。中国特色大国外交理论和实践永无止境，要永不懈怠，勇于创新，勇立国际变局潮头。要探索中国与各国发展战略对接新路，推动"一带一路"走深走实，不断打造构建人类命运共同体的示范田。要用好科技创新成果，持续推动中国特色大国外交与时俱进，为变局提供理论、手段、机制支撑。

总之，面对"百年未有之大变局"，我们唯有积极作为，才能开创中国外交新局，为推进中国特色社会主义事业发展营造良好的外部环境。

四、全面推进新时代中国特色大国外交

新中国成立 70 多年来，经过几代人的奋斗努力，外交作为新中国发展进程的重要组成部分，助推了中华民族前途命运的历史性转折，实现了中国同世界关系的

历史性变化。特别是党的十八大以来，在以习近平同志为核心的党中央坚强领导下，我国外交工作继往开来，开拓奋进，中国特色大国外交昂首迈入了新时代。

（一）中国外交取得的历史性成就

春华秋实，中国外交为民族复兴尽责，为人类进步担当，坚持做国家发展的推动者、世界和平的建设者、全球合作的贡献者、国际秩序的维护者，取得辉煌成就。

第一，推动我国外部环境实现历史性改善。70多年来，新中国建交国从18个增加到一百八十多个，建立了一百多对各种形式的伙伴关系，构建起遍布全球的伙伴关系网络。我国同主要大国关系总体稳定、均衡发展。中俄全面战略协作达到历史最高水平，中美致力推进以协调、合作、稳定为基调的关系，中欧全面战略伙伴关系建设取得积极进展。我国同周边各国建立了伙伴与合作关系，解决了大多数历史遗留问题。我国同发展中国家加强团结合作，实现整体合作机制全覆盖，形成携手并进、共同发展的新局面。

第二，捍卫国家主权安全取得历史性进展。从打破美西方孤立封锁到开展反帝反霸斗争，再到改革开放以来坚决捍卫国家主权、安全、发展利益，中国外交经历了一次次重大考验，交出了一份份满意答卷。70多年来，我们坚决反对外部势力干涉台湾事务，不断巩固一个中国的国际共识。贯彻"一国两制"方针，为香港、澳门顺利回归以及反干预斗争作出贡献。坚定捍卫领土主权和海洋权益，同14个陆地邻国中的12个划定和勘定边界，积极稳妥应对东海、南海争议，推动南海局势趋稳向好。同各种分裂势力坚决斗争，加强打击"三股势力"国际合作，牢牢把握反分裂国际斗争的主动权。大力协助开展国际追逃追赃。

第三，助力国家对外合作实现历史性跨越。70多年来特别是改革开放40多年来，外交以服务国家发展为己任，为维护中国作为发展中国家的正当权益、拓展同世界各国的互利合作作出了重要贡献。2013年，习近平总书记总揽世界大势，提出共建"一带一路"重大国际合作倡议。自提出倡议以来，我国同160多个国家和国际组织签署合作文件，成功举办两届"一带一路"国际合作高峰论坛、达成550多项合作成果，为促进中国开放发展和增进各国民生福祉带来新机遇。

第四，推动我国国际地位实现历史性提升。新中国成立伊始，毛泽东主席在天安门城楼上就宣布："凡愿遵守平等、互利及互相尊重领土主权等项原则的任何外国政府，本政府均愿与之建立外交关系。"通过日内瓦会议和万隆会议，新中国登上国际舞台，展现了社会主义国家的全新风貌。我国恢复联合国合法席位，是联合国安理会常任理事国、联合国第二大会费国、维和行动第二大出资国和安理会五常中派遣维和军事人员最多的国家。我国参与了几乎所有政府间国际组织和 500 多项国际公约。联合国粮农组织等四个联合国专门机构的主要负责人由中方人员出任。我国在世界银行和国际货币基金组织投票权份额上升至第三位，成功主办二十国集团、亚太经合组织、上海合作组织、亚信、金砖国家等多场峰会，创设了亚洲基础设施投资银行、金砖国家新开发银行等新多边金融机构，国际话语权、规则制定权、议程设置权全面提升。我国同各国携手应对气候变化、网络安全、公共卫生等全球性挑战，积极参与解决朝鲜半岛、伊朗、叙利亚、阿富汗等热点问题，作出了举世公认的重要贡献。

第五，中国外交理念的影响力得到历史性增强。从首倡和平共处五项原则到"三个世界"响彻联合国讲坛，从作出和平与发展是时代主题重要论断到促进世界多极化和国际关系民主化、推动建设和谐世界，新中国外交把握时代脉搏，以理念指导行动、以道义引领实践，对当代国际关系产生重大深远影响。党的十八大以来，以习近平同志为核心的党中央勇立时代潮头，推进一系列重大外交理论和实践创新，形成并确立了习近平新时代中国特色社会主义外交思想，成为新时代我国外交的根本遵循和行动指南。习近平主席提出的推动建设新型国际关系、推动构建人类命运共同体以及正确义利观、新发展观、新安全观、全球治理观等诸多新理念新思想新主张，极富中国特色，体现时代精神，引领了人类发展潮流，开辟了当今世界国际关系理论创新的新境界。

（二）中国特色社会主义外交的优良传统和精神品质

七十余年栉风沐雨，中国外交铸就了独特精神，积淀了优良传统，砥砺了坚韧风骨。中国特色大国外交进入新时代，继承和发扬好这些优良传统和精神品质，对我国外交事业从胜利走向胜利具有重大理论与实践意义。

党的领导是中国外交的灵魂。中国共产党的领导是中国特色社会主义最本质的特征，是中国特色社会主义制度的最大优势，也是新时代中国特色大国外交的根本政治保障。我们党是一个用马克思主义理论武装起来的政党，是一个有远大理想和国际主义精神指引的政党，是一个勇于开拓创新、始终走在时代前列的政党。正是因为有了中国共产党的坚强领导，中国外交才能在 70 多年风云变幻中攻坚克难、赢得胜利；才能在百年未有之大变局的惊涛骇浪中不畏浮云、坚定前行。

独立自主是中国外交的基石。独立自主是立党立国的重要原则。70 多年来，中国始终坚持独立自主的和平外交政策，坚持不干涉内政原则，坚定捍卫国家主权和民族尊严，绝不允许任何人把他们的意志强加于中国人民。始终坚持从中国人民和世界人民根本利益出发，根据事情本身是非曲直独立决定政策立场，尊重各国自主选择发展道路和社会制度的权利，走出一条对话而不对抗、结伴而不结盟的国与国交往新路。

天下为公是中国外交的胸怀。大道之行，天下为公。70多年来中国与世界同行的历程证明，中国是世界之中国，中国发展进步离不开世界，世界和平繁荣也离不开中国，中国同世界是休戚与共的命运共同体。我们在国际社会应对1997年亚洲金融危机、2008年国际金融危机中发挥了中流砥柱作用。作为最大的发展中国家，我们心系其他发展中伙伴，迄今已向160多个国家和国际组织提供了近4000亿元人民币发展援助，派遣60多万名援助人员，700多人为他国建设与发展献出了宝贵生命。历史已经证明，在攸关世界前途命运的重大关头，中国没有缺席，也决不会缺席。

公平正义是中国外交的坚守。70多年来，新中国在国际政治中坚持主持公道、伸张正义，在国际合作中践行互利共赢、共同发展，在国际交往中讲究相互尊重、重信守诺，赢得了国际社会广泛赞誉和尊重。面对保护主义逆流，中国坚持开放包容发展的正确方向；面对单边主义肆虐，中国坚守多边主义的道义高地；面对地区热点动荡不定，中国坚持劝和促谈和政治解决。不管国际风云如何变幻，中国都会坚守原则底线，言出必行，约定必守，决不拿原则问题做交易。

互利共赢是中国外交的追求。不断扩大同世界各国的利益交汇点，做大共同利益的蛋糕，是新中国70多年特别是改革开放40多年来中国发展的成功经验。中国致力于打破零和博弈、赢者通吃的旧藩篱，倡导同舟共济、合作共赢的新理念，中国仍是一个发展中国家，欢迎各国搭乘中国发展的"快车"。改革开放以来，中国累计吸引非金融类外商直接投资两万多亿美元，设立近一百万家外商投资企业。2019年中国对外直接投资1369.1亿美元。货物进出口总额达315446亿元，比1978年增长230倍，连续三年居世界首位。

外交为民是中国外交的宗旨。新中国是人民共和国，新中国外交是人民外交，为人民服务是中国外交的宗旨。中国外交把中国人民对美好生活的向往作为奋斗目标，为维护人民群众海外合法权益而不懈奋斗。改革开放以来，随着我国海外利益持续扩大，中国外交统筹推进海外中国平安体系建设，全面维护中国公民和机构的海外安全与正当权益，不断提升人民群众海外出行的幸福感、获得感、安全感，让中国公民在世界各地都能感受到五星红旗的力量与温暖，感受到伟大祖国的尊严与荣耀。

（三）不断推进新时代中国特色大国外交

当今世界，正处于大发展大变革大调整时期，和平与发展仍然是时代主题。世界多极化、经济全球化、社会信息化、文化多样化深入发展，全球治理体系和国际秩序变革加速推进，各国相互联系和依存日益加深，国际力量对比更趋平衡，和平发展大势不可逆转。同时，世界面临的不稳定性不确定性突出，世界经济增长动能不足，贫富分化日益严重，地区热点问题此起彼伏，恐怖主义、网络安全、重大传染性疾病、气候变化等非传统安全威胁持续蔓延，人类面临许多共同挑战。特别是在当前，新冠肺炎疫情仍在全球肆虐，各国人民健康遭受严重威胁，经济全球化遭遇空前冲击，世界经济陷入深度衰退。单边主义、保护主义、霸凌行径逆流而动，治理赤字、信任赤字、和平赤字、发展赤字有增无减。面对充满不确定性的国际形势，我们必须深入学习贯彻习近平新时代中国特色社会主义思想和习近平外交思想，积极统筹国内国际两个大局，妥善应对和防范化解各种风险挑战，在乱局中保持定力、在变局中抓住机遇，把新时代中国特色大国外交不断推向前进。

——坚持以维护党中央权威为统领　加强党对对外工作的集中统一领导。这是做好对外工作的根本保证。办好中国的事情，关键在党。要在错综复杂的国际形势中始终掌握主动，必须坚持外交大权在党中央，坚决维护以习近平同志为核心的党中央权威和集中统一领导，确保令行禁止、步调统一。我们要加强对外工作的集中统一领导和统筹协调，调动各方面力量共同参与和推动国家总体外交，形成党总揽全局、协调各方的对外工作大协同局面。

——坚持以实现中华民族伟大复兴为使命　推进中国特色大国外交。这是新时代赋予对外工作的历史使命。做好新时代对外工作，要为全面深化改革和对外开放提供全方位、全覆盖、高质量的服务，为实现"两个一百年"奋斗目标，实现中华民族伟大复兴的"中国梦"营造良好外部环境、争取更多理解支持。我们要坚持贯彻以人民为中心的外交理念，将中国发展同世界发展更好结合起来，为实现中国人民和世界人民对美好生活的向往而奋斗。

——坚持以维护世界和平、促进共同发展为宗旨　推动构建人类命运共同体。这是新时代对外工作的总目标。构建人类命运共同体，需要各国齐心协力，建设持久和平、普遍安全、共同繁荣、开放包容、清洁美丽的世界，同时推动建设相互尊重、公平正义、合作共赢的新型国际关系，共同走国与国交往的新路。构建人类命运共同体是目标和方向，建设新型国际关系是前提和路径。我们要高举中国外交这面旗帜，引领人类前进方向，为中国和世界开辟一条共同发展的康庄大道。

——坚持以中国特色社会主义为根本 增强战略自信。这是新时代对外工作必须遵循的根本要求。"四个自信"是我们的力量之源和信念之基，体现了新时代中国的国家意志、民族精神和国际形象。中国特色社会主义道路、理论、制度、文化不断发展，为解决人类问题贡献了中国智慧和中国方案。我们要始终高举中国特色社会主义伟大旗帜，坚定战略自信，对外工作就有了根和魂，中国特色大国外交之路就会越走越宽广。

——坚持以共商共建共享为原则 推动"一带一路"建设。这是我国今后相当长时期对外开放和对外合作的总规划，也是人类命运共同体理念的重要实践平台。共建"一带一路"倡议源于中国，机会和成果属于世界。要通过建设"一带一路"，加强同有关国家的政策沟通、设施联通、贸易畅通、资金融通、民心相通，使共商共建共享原则进一步转化为多赢共赢的合作成果。我们要弘扬"丝路精神"，同各国分享共同发展的机遇，开辟共同发展的前景。

——坚持以相互尊重、合作共赢为基础 走和平发展道路。这是中国外交必须长期坚持的基本原则。坚持独立自主的和平外交政策，始终不渝走和平发展道路，始终不渝奉行互利共赢的开放战略，这是我们根据自身国情和根本利益作出的战略抉择。和平需要相互尊重，发展需要合作共赢。中国坚持走和平发展道路，其他国家也要一起走和平发展道路。我们要始终做世界和平的建设者、全球发展的贡献者、国际秩序的维护者。

——坚持以深化外交布局为依托 打造全球伙伴关系。这是新时代中国外交的重要内涵。要以推进大国协调与合作构建总体稳定、均衡发展的大国关系框架，按照亲诚惠容理念和与邻为善、以邻为伴周边外交方针加强同周边国家睦邻友好关系，秉持正确义利观和真实亲诚理念增进与发展中国家团结合作，积极做好多边外交工作，不断深化和完善外交布局。我们要打造全方位、多层次、立体化的全球伙伴关系网络，形成遍布全球的"朋友圈"。

——坚持以公平正义为理念 引领全球治理体系改革。这是新时代中国外交的重要努力方向。全球治理体系正处在深刻演变的重要阶段，全球治理日益成为我国对外工作的前沿和关键问题。我们要抓住契机，勇担重任，积极参与全球治理体系改革和建设，倡导国际关系民主化和法治化，支持联合国发挥积极作用，促进提高发展中国家在国际事务中的代表性和发言权，积极推动构建更加平衡、反映大多数国家意愿和利益的全球治理体系。

　　——坚持以国家核心利益为底线　维护国家主权、安全、发展利益。这是对外工作的出发点和落脚点。必须坚决维护中国共产党领导和中国特色社会主义制度，坚决捍卫国家主权、安全、领土完整，坚决遏制和打击一切形式的分裂行径，积极保障经济金融安全，有效维护海外利益。我们要不断丰富和发展维护国家利益的方式手段，有效防范和化解各种风险挑战，为改革发展和民族复兴保驾护航。

　　——坚持以对外工作优良传统和时代特征相结合为方向　塑造中国外交独特风范。这是中国外交的精神标识。中华民族是爱好和平的民族，具有坚韧不拔的精神品质和天下为公的世界情怀。新中国成立以来，我们形成了以独立自主、和平发展、合作共赢为鲜明特色的外交传统。进入新时代，对外工作展现出与时俱进、奋发有为、开拓进取的崭新风貌，形成了一整套行之有效的战略思想和策略方法。我们要弘扬优良传统，不断丰富发展外交方略，把中国特色大国外交推向更高境界。

　　乘风破浪会有时，直挂云帆济沧海。我们要紧密团结在以习近平同志为核心的党中央周围，以习近平新时代中国特色社会主义外交思想为指引，不忘初心、牢记使命，砥砺奋进、攻坚克难，不断开创新时代中国特色大国外交新局面，为实现中华民族伟大复兴"中国梦"，为实现持久和平、共同繁荣"世界梦"作出新贡献。

参考文献：

1.　习近平 . 决胜全面建成小康社会夺取新时代中国特色社会主义伟大胜利——在中国共产党第十九次全国代表大会上的报告 [M]. 北京：人民出版社，2017.

2.　中共中央宣传部 . 习近平新时代中国特色社会主义思想学习问答 [M]. 北京：人民出版社，2021:373，382，390.

3.　习近平 . 共同构建人类命运共同体 [J]. 求是，2021（1）.

4.　王毅 . 坚定不移走和平发展道路为实现民族复兴中国梦营造良好国际环境 [J]. 国际问题研究，2014（1）.

5.　王毅 . 携手打造人类命运共同体 [J]. 人民日报，2016-05-31（7）.

6.　罗建波 . 从全局高度理解和把握世界百年未有之大变局 [N]. 学习时报，2019-06-10.

7.　王毅 . 谱写中国特色大国外交的时代华章 [N]. 人民日报，2019-09-23.

8.　王毅 . 在习近平总书记外交思想指引下开拓前进 [N]. 学习时报，2017-09-01（1）.

9.　王义桅 . 人类命运共同体如何引领中国外交？ [J]. 东南学术，2021（3）.

思考题:

1. 为什么说人类是一个命运共同体?中国提出的"人类命运共同体"理念包含哪些思想内涵?

2. 什么是中国的和平发展道路?为什么中国必须走和平发展道路?

3. 为什么说当今世界正经历百年未有之大变局?如何推进新时代中国特色大国外交?

▶▶▶ **第十一专题**

中国特色社会主义执政党建设理论与实践

中国共产党是中国特色社会主义事业的领导核心，是中国共产党人在长期革命奋斗历程中形成和确立起来的。在中国这样一个多民族的发展中大国，要把全体人民的意志和力量凝聚起来，全面建设有中国特色的社会主义，必须毫不动摇地坚持党的领导、加强和改善党的领导。坚持中国共产党的领导，是中国人民的历史选择，是中国革命、建设和改革的一条基本经验，是中国特色社会主义事业的政治保障。在建设有中国特色社会主义的征程中，中国共产党仍然面临着世情、国情、党情等多方面严峻挑战和巨大危险。因此，中国共产党必须准确地把握党的历史方位，增强执政意识、使命意识和忧患意识，以改革的精神全面推进党的建设新的伟大工程，全面加强党的建设，把党建设得更加坚强有力。

一、中国共产党是中国特色社会主义事业的领导核心

中国共产党的领导核心地位，是中国人民在长期实践中经过反复比较和选择的结果。一百年来，我们党经过持久不懈、不屈不挠的努力奋斗，领导全国各族人民完成了反帝反封建的新民主主义革命任务，结束了中国半殖民地半封建社会的历史；消灭了剥削制度和剥削阶级，确立了社会主义制度；开创了建设有中国特色社会主义的道路。中国共产党的领导是推进中国社会主义现代化建设的客观需要，是中国特色社会主义取得胜利的根本保证，是实现中华民族伟大复兴的领导力量。这是中国人民的历史选择，是中国社会发展的基本规律，也是中国革命、建设、改革和发展的基本经验。

（一）中国共产党执政的理论依据

1949 年 10 月 1 日，中华人民共和国成立，中国共产党开启了执政的伟大实践，这一实践与马克思主义关于无产阶级政党执政的理论密不可分。

共产党执政的理论依据来源于马克思、恩格斯关于无产阶级政党执政的理论阐述。《共产党宣言》指出："共产党人的最近目的是和其他一切无产阶级政党的最

近目的一样的：使无产阶级形成为阶级，推翻资产阶级的统治，由无产阶级夺取政权。"① 无产阶级政党要建立"代替那存在着阶级和阶级对立的资产阶级旧社会的，将是这样一个联合体，在那里，每个人的自由发展是一切人的自由发展的条件"②。主要理论观点如下：

第一，无产阶级政党必须由先进分子组成，必须是一个用科学社会主义理论武装起来的政党。科学社会主义理论不可能在工人运动中自发地产生，必须依靠先进政党的努力才能使"无产阶级拥护我们的信念"③。先进政党在社会发展中起着至关重要的作用。

第二，坚持无产阶级专政是实现共产主义的必要条件。"在资本主义社会和共产主义社会之间，有一个从前者变为后者的革命转变时期。同这个时期相适应的也有一个政治上的过渡时期，这个时期的国家只能是无产阶级的革命专政。"④ 这说明，从资本主义到社会主义及共产主义这个社会历史发展进程中坚持无产阶级政党的领导是非常必要的。

第三，无产阶级政党要和私有制决裂。废除先前存在的所有制关系，并不是共产主义所独具的特征。一切所有制关系都经历了经常的历史更替、经常的历史变更。例如，法国革命废除了封建的所有制，代之以资产阶级的所有制。共产主义的特征并不是要废除一般的所有制，而是要废除资产阶级的所有制。但是，现代的资产阶级私有制是建立在阶级对立上面、建立在一些人对另一些人的剥削上面的产品生产和占有的最后而又完备的表现。从这个意义上说，共产党人可以把自己的理论概括为一句话：消灭私有制。⑤

第四，无产阶级政党要大力发展社会生产力。"无产阶级将利用自己的政治统治，一步一步地夺取资产阶级的全部资本，把一切生产工具集中在国家即组织成为统治阶级的无产阶级手里，并且尽可能快地增加生产力的总量。"⑥ 社会生产力是社会发展中最活跃的因素，如果社会生产力停滞不前，就会引发社会动荡和不稳定。无产阶级政党掌握政权以后，要把发展生产力、提高和改善人民生活、增强综合国力作为重要的任务。

---

① 马克思恩格斯文集（1）[M]. 北京：人民出版社，2009：44.
② 马克思恩格斯文集（2）[M]. 北京：人民出版社，2009：53.
③ 马克思恩格斯选集（4）[M]. 北京：人民出版社，1995：197.
④ 马克思恩格斯选集（3）[M]. 北京：人民出版社，1995：314.
⑤ 马克思恩格斯选集（4）[M]. 北京：人民出版社，1995：465.
⑥ 马克思恩格斯文集（2）[M]. 北京：人民出版社，2009：52.

第五，要确保人民当家做主，防范工人阶级政党由"社会公仆"变为"社会主人"。执政理论的核心问题是：由谁执政？为谁执政？巴黎公社是无产阶级夺取政权建立新国家的一次尝试，马克思评论指出："公社是由巴黎各区通过普选选出的市政委员组成的。这些委员是负责的，随时可以罢免。其中大多数自然都是工人或公认的工人阶级代表。"① 强调了在无产阶级政党执政的国家，人民当家做主的重要性。

第六，要消除悬殊的收入差距。马克思、恩格斯对巴黎公社的工作人员只领取"相当于工人工资的报酬"非常赞赏。认为他们是"社会负责人的勤务员"而不是"从前国家的高官显贵"。

第七，必须建立精干高效的国家政权机关。马克思、恩格斯评价巴黎公社："公社是一个实干的而不是议会式的机构，它既是行政机关，同时也是立法机关"②，是议行合一的政权机构。

第八，党的组织形式应当与党的历史任务相适应。在不同的历史阶段，由于历史条件的变化，党的任务也发生了变化，党的组织形式也要和这些变化相适应。

马克思主义的政党理论是马克思、恩格斯在资本主义繁荣、发达时期看到资本主义的弊端，希望共产主义可以取代资本主义，建立自由人联合体的理想社会的理论推测。这种理论推测，由列宁、斯大林、毛泽东等共产党国家的领袖带领本国人民进行了探索、实践，并且继承和发展了马克思主义无产阶级政党执政的理论。全世界范围内的其他共产党执政国家也根据本国的实际都做了不同的探索和实践。这期间既有成功的经验，也有失败的教训。中国共产党的执政理论和实践经验表明，中国共产党是中国特色社会主义事业的领导核心力量。

（二）党的领导是中国人民的历史选择

我国宪法确立了中国共产党的领导地位。这不是中国共产党自封的，而是全国各族人民的意志和愿望的反映，是中国各族人民长期艰苦奋斗的经验总结，是中国各族人民的历史选择。

自 1840 年鸦片战争以来，中国逐步沦为半殖民地半封建的国家，帝国主义同中华民族的矛盾、封建主义同人民大众的矛盾，成为近代中国社会的主要矛盾。摆在中国人民面前的首要任务是推翻帝国主义和封建主义势力在中国的统治。中国共产党成立前的半个多世纪中，无数的先进人物和有识之士，为了外御列强，内求发展，寻找救国救民的真理，曾提出过许多振兴民族、富国强民的方案，进行过多次

---

① 马克思恩格斯选集（3）[M]. 北京：人民出版社，1995：55.
② 马克思恩格斯选集（3）[M]. 北京：人民出版社，1995：55.

不屈不挠的反抗和斗争，其中规模最大的有太平天国运动、义和团运动、戊戌变法和辛亥革命。但是，所有的救国方案和可歌可泣的斗争，都一次又一次地失败了。其基本教训就是没有一个以先进理论为指导的革命政党的领导。中国的农民阶级固然是一支巨大的革命力量，具有强烈的反帝反封建的革命性，但是由于农民是分散的小生产者，长期受到落后的生产方式的限制和束缚，没有科学的革命理论的指导，提不出正确的纲领和路线，不可能领导中国革命取得胜利。中国的民族资产阶级受帝国主义、封建势力和官僚资产阶级的压迫，有一定的反帝反封建的革命性。但是，由于经济上和政治上的软弱，并与帝国主义、封建主义有着千丝万缕的联系，缺乏彻底的反帝反封建的革命勇气，对革命敌人有相当大的妥协性，也不可能领导中国革命取得胜利。中国的无产阶级深受帝国主义、封建主义和资产阶级的三重压迫，是革命性最坚决最彻底的阶级。而且中国工人阶级中的绝大多数人都是破产农民出身，同农民阶级有着天然的联系，便于和农民结成亲密的联盟。因此，领导中国革命的历史重任就责无旁贷地落到了中国无产阶级及其政党的肩上。中国无产阶级政党——中国共产党正是顺应中国近代历史发展的需要产生的。中国共产党于1921年成立以后，以马克思列宁主义为指导，并把马克思主义的普遍原理同中国革命的具体实际相结合，实现了第一次历史性飞跃，其理论成果就是毛泽东思想。正是在毛泽东思想指引下，中国共产党找到了中国革命的正确道路，提出中国革命必须分"两步走"，第一步是进行新民主主义革命，第二步是进行社会主义革命。中国革命的前途是社会主义，而不是资本主义。在实践中，中国共产党领导各族人民进行了艰苦卓绝的斗争，经过北伐战争、土地革命战争、抗日战争和解放战争的28年的奋斗，终于推翻了"三座大山"，建立了社会主义的新中国。中国的历史发展，得出这样一个的结论："没有共产党，就没有新中国！"

新中国成立后，为了保证社会主义建设的顺利进行，中国共产党领导人民于1954年制定了中华人民共和国第一部宪法，将中国共产党的领导地位是由党的性质和斗争历史形成的事实，以国家大法的形式记载下来。尽管宪法进行了多次修改，但是，关于中国共产党的领导地位的规定始终没有改变。中华人民共和国宪法对共产党领导地位的规定主要体现在以下三个方面：一是体现在宪法的指导思想上。中华人民共和国宪法的总的指导思想是坚持四项基本原则，即坚持社会主义道路，坚持人民民主专政，坚持中国共产党的领导，坚持马克思列宁主义、毛泽东思想。其中，坚持中国共产党的领导，是四项基本原则的核心内容。对此，宪法序言有明确概括，指出："中国新民主主义革命的胜利和社会主义事业的成就，是中国共产党领导中国各族人民，在马克思列宁主义、毛泽东思想的指引下，坚持真理，修正错误，战胜许多艰难险阻而取得的。"二是体现在宪法对国体的规定上。根据宪法总纲第一条规定："中华人民共和国是工人阶级领导的、以工农联盟为基础的人民民主专政的社会主义国家。"中国共产党是中国工人阶级的先锋队。所以，工人阶级领导，就是中国共产党领导。三是体现在我国政党制度上。为了进一步明确中国共产党的领导地位，1993 年宪法修正案在 1982 年宪法序言第十自然段末尾增加了"中国共产党领导的多党合作和政治协商制度将长期存在和发展"，使中国共产党的领导地位有了宪法依据，并且明确提出："中国各族人民将继续在中国共产党领导下，在马克思列宁主义、毛泽东思想、邓小平理论指引下，坚持人民民主专政，坚持社会主义道路，坚持改革开放，不断完善社会主义的各项制度，发展社会主义市场经济，发展社会主义民主，健全社会主义法制，自力更生，艰苦奋斗，逐步实现工业、农业、国防和科学技术的现代化，把我国建设成为富强、民主、文明的社会主义国家。"因此，坚持中国共产党的领导地位，是中国人民的历史选择，中国人民并将这种历史的选择通过全国人民代表大会以宪法的形式确定下来的。

（三）党的领导是中国社会主义现代化的客观需要

中国共产党党章总纲提出，逐步推进社会主义现代化建设是我国社会主义建设的根本任务，是党在新世纪要完成的三大历史任务之一，并且明确提出到中华人民共和国一百年时，人均国内生产总值达到中等发达国家水平，基本实现现代化。

中国实行现代化的历史进程和社会现实表明，中国社会主义现代化建设既和早期资本主义国家有所不同，也与其他后现代化国家有所区别。这就决定了中国社会主义现代化建设是在中国共产党领导下进行的一场有组织、有秩序的自上而下的自觉运动。

早期资本主义国家如英、法、德等资本主义国家的现代化，早在 19 世纪中叶就已经完成。资本主义国家在完成本国工业革命之前，世界各国正处在封建社会末期。当时，还没有一个工业现代化国家的先例供其借鉴，也没有一个模式供其挑选，一切都是靠社会的自发演进。而资本主义的生产方式又是在封建专制制度和封建生产方式的束缚下逐渐产生和发展起来的，因此资本主义国家的工业革命可以说是一场自下而上的自发运动，存在着较大的盲目性、自由性、自发性、破坏性，必然经历一个漫长而艰苦的历程。从家庭手工业到工场手工业、再到大机器工业的资本主义生产方式的演进过程，前后经历了 300 多年的岁月。

相对于资本主义现代化国家而言，中国属于后现代化国家。中国从 20 世纪中叶开始进行社会主义现代化建设的时候，从外部条件来说，和其他后现代化国家一样可以借鉴和吸收早期资本主义国家工业化的成功经验和失败教训，可以参考和选择它们的发展模式。这种有利的外部条件，使中国的现代化可以避免早期资本主义国家那种自下而上的、盲目的、自发性的运动，走一条自上而下的有领导、有目标的自觉运动。从内部条件来说，尽管在广大人民群众强烈地要求尽快摆脱贫困落后、过上富裕生活的愿望这一点上和其他后现代化国家也是一样的，但是中国的现代化和其他后现代化国家也有着一个根本的不同，就是中国国情有许多特殊性，使我们在进行现代化的过程中必须寻求适合国情的独特模式。

从中国现代化的历史进程来看，无论洋务运动的现代化，还是维新变法的制度现代化，以及辛亥革命和新文化运动的思想文化的现代化，在一定程度上都搬用资本主义国家现代化模式，而且均以失败而告终。这就清楚地表明西方的现代化道路在中国行不通。新中国成立后，也搬用过"苏联模式"进行社会主义现代化建设，但这一模式也没有使中国顺利步入现代化的轨道。

从中国现代化所面临的社会现实来看：一方面，中国是在社会主义初级阶段这个基础上开始社会主义现代化建设的。这种特殊的国情表明，中国在特定的历史条件下跨越了资本主义社会发展阶段，从封建社会直接进入了社会主义社会，中国所进行的现代化是社会主义现代化。另一方面，当今世界上还没有哪一个社会主义国家成功地实现了社会主义现代化。这就决定了中国的社会主义现代化，既没有书本可以照抄，也不能完全照搬外国经验和模式。面对这种情况，要想在较短时间内走完资本主义现代化国家所需的二三百年的历史进程，在吸收早期资本主义现代化国家和其他后现代化国家的先进经验的同时，必须避免早期资本主义国家在现代化的过程中由于自发运动而产生的盲目性、消极性和破坏性，加强社会变革的直接推动力——国家政权的作用，通过政府制定明确的奋斗目标和强有力的政策来推动现代化的发展；还必须从中国的国情出发，把马克思主义基本原理同中国实际结合起来，在实践中开辟中国特色的社会主义现代化道路。

中国现代化道路的特殊性决定了必须坚持中国共产党的领导。没有中国共产党，就没有中国特色的社会主义，就没有中国的社会主义现代化。对于这个问题。邓小平指出：我们要在中国实现"四个现代化"，必须在思想政治上坚持四项基本原则。这是实现"四个现代化"的根本前提。如果动摇了这四项基本原则中的任何一项，那就动摇了整个社会主义事业、整个现代化建设事业。从根本上说，没有党的领导，就没有中国的现代化，就没有现代中国的一切。这是中国社会和历史的发展规律的昭示，是中国人民在探索现代化进程中得出的正确结论。

（四）党具有领导社会主义现代化建设的能力

在中国这样一个大国，要把十几亿人的思想和力量统一起来，进行社会主义现代化这样如此艰巨而伟大的事业，没有一个具有先进性、纪律性和组织性的，能够真正代表和团结人民群众的党，是不可设想的。中国共产党作为中国社会的一个政治组织和领导力量，不仅有着比其他政党和社会组织更先进的政治优势，而且也有着比其他社会组织更具凝聚力、吸引力和号召力的组织优势。这些优势既是中国社会主义现代化建设的客观需要，也是中国共产党领导社会主义现代化建设能力的体现。

1.中国共产党具有强大的政治优势。主要表现在：第一，中国共产党的性质具有先进性。同其他任何政党和社会组织相比，中国共产党是由中国工人阶级和人民群众中最有觉悟、最有理想的先进分子所组成的。第二，中国共产党的理论具有科学性。中国共产党是以科学的理论即毛泽东思想和中国特色社会主义理论体系作为自己的行动指南。这些理论既一脉相承又与时俱进，是中国经济社会发展的指导方针，是发展中国特色社会主义必须坚持和贯彻的指导思想。第三，中国共产党的宗旨具有无私性。中国共产党以全心全意为人民服务为根本宗旨，代表最广大人民的根本利益。党把人民群众当作党的力量源泉和胜利之本，把为人民谋利益作为自己全部活动的出发点和归宿。党在自己的工作中实行群众路线，把党的正确主张变为群众的自觉行动，能够最大限度地团结广大人民群众和一切进步力量，为实现人民的利益而奋斗。党把在长期斗争中创立和发展起来的一切为了群众、一切依靠群众、从群众中来到群众中去的群众路线，作为实现党的思想路线、政治路线、组织路线的根本工作路线。党把人民满意不满意、人民拥护不拥护、人民高兴不高兴作为党密切联系群众的首要问题来抓，要求领导干部必须经常深入群众，扎实工作，不允许任何党员脱离群众，凌驾于群众之上。党提出在深化政治体制改革中，推进社会主义民主和法制建设，积极疏通和拓宽党同人民群众联系的渠道，坚定不移地加强党风廉政建设，克服党内存在的消极腐败现象，建立和完善党内监督与党外监督、自上而下的监督与自下而上的监督制度。

中国共产党所具有的政治优势决定了中国共产党有基础、有能力来领导中国的社会主义现代化建设。因为进行社会主义现代化建设，需要有一条真正代表人民利益的、坚定不移的、贯彻始终的正确的政治路线。在中国，只有中国共产党能够从总体上把握历史发展的客观规律，从人民的利益出发，把马克思主义基本原理同当代中国的具体实际相结合，制定和执行正确的路线、方针和政策。现在，中国共产党已经制定了一条被实践证明是正确的基本路线。只有坚持党的领导。才能保证全面正确地贯彻执行党的基本路线。从而保证我国的社会主义现代化的实现。

2. 中国共产党具有强大的组织优势。主要表现在：第一，中国共产党把民主集中制作为党的根本的组织原则。民主集中制是民主基础上的集中和集中指导下的民主相结合。它把民主和集中辩证地统一起来，能够充分发扬党内民主，发挥各级党组织和广大党员的积极性和创造性。它能够实行正确的集中，保证全党行动一致，保证党的决定得到迅速有效的贯彻执行。它能够加强组织纪律性，在党的纪律面前人人平等。党在自己的政治生活中能正确地开展批评与自我批评。在原则问题上进行思想斗争，坚持真理。修正错误，努力造成又有集中又有民主，又有纪律又有自由，又有统一意志又有个人，心情舒畅、生动活泼的政治局面。第二，2019 年中国共产党党内统计公报显示，截至 2021 年 6 月 5 日，中国共产党现有基层组织 486.4 万个，基层党委 27.3 万个，总支部 31.4 万个，支部 427.7 万个[①]，是世界上最大的政党组织。这些基层党组织在各条战线上发挥着重要作用，这些党员在各自的工作岗位上发挥着先锋模范作用。

中国共产党所具有的政治优势和组织优势是其他任何政党和组织都不具备的。这种政治优势和组织优势使中国共产党具有领导社会主义现代化建设的强大能力。实践反复证明。在中国，没有党的领导，就没有一条正确的政治路线；没有党的领导，就没有安定团结的政治局面；没有党的领导，艰苦创业的精神就提倡不起来；没有党的领导，真正又红又专、特别是有专业知识和专业能力的队伍也建立不起来。

中国特色社会主义进入新时代，推进社会主义现代化建设，沿着中国特色社会主义道路继续前进，实现中华民族伟大复兴都需要中国共产党的统一领导。中国人民已经走上了一条光明大道，但前面的路并不都是平坦的，还会有各种困难和风险，包括可以预料的和难以预料的，来自国内的和来自国外的，经济生活中的和社会生活中的。这就要求在新的历史条件下必须坚持党的领导。在建设中国特色社会主义的进程中，党的领导只能加强而不能削弱。

---

① 2021 年中国共产党党内统计公报［EB/OL］.http://www.xinhuanet.com/2021-06/30/c_1127611673.htm.

二、新形势下全面加强党的建设的重要性和紧迫性

中国共产党已经走过了 100 年的历程，历经无数艰难险阻，不断地发展壮大。之所以如此，主要在于中国共产党掌握了自身建设的法宝，能够根据世情、国情和党情的变化把握党的建设的重要性和紧迫性，并进行适时的变革，不断提高党的执政能力和执政水平。

（一）党的建设是适应复杂多变世界形势的客观要求

当前，我们所处的时代，是一个和平与发展成为时代主题、世界多极化不可逆转、经济全球化深入发展的时代，是一个综合国力竞争日趋激烈、国际交往愈益频繁、国与国之间联系和互动越来越密切的时代，是一个新情况、新矛盾、新问题、新经验、新事物层出不穷的时代。政治上，自 20 世纪 80 年代末 90 年代东欧剧变、苏联解体以来，美国作为世界上唯一的超级大国，极力使世界向单极化方向发展，谋求建立以其为领导的世界秩序。在这种形势下，中国作为世界上最大的发展中国家，实际上处于两种社会制度对立、斗争的最前沿。中国共产党面临长期的国际压力，渗透与反渗透、遏制与反遏制、分裂与反分裂、颠覆与反颠覆的斗争将长期存在，并且异常尖锐、复杂，霸权主义和强权政治依然存在，世界仍不安宁。当然，和平与发展仍然是时代的主题，世界多极化仍然在曲折中获得了发展，这为我国的社会主义建设带来了一个难得的相对稳定的和平的外部环境。经济全球化成为不可阻挡的大趋势，积极参与经济全球化是包括我国在内的发展中国家实现现代化的必由之路。同时，以信息技术和生命科学为核心的现代科学技术日新月异，并且深刻地推动着世界经济的发展与全球化进程，并在国家社会经济的发展中越来越起着决定性的作用。无论是在发达国家，还是在发展中国家，人们对通过科技振兴积极提高综合国力的认识从来没有像今天这样一致和深刻，因此各国之间的科技竞争变得更加激烈。对此，我国作为发展中国家，如何发展科学技术并利用科技革命创造的良好机遇抢占新兴产业的制高点，以加速我国经济结构、产业结构和产品结构的换代升级和调整，实现社会生产力的跨越式发展都是中国共产党必须正确回应和解决的重大问题。可见，加强党的建设是适应复杂多变世界形势的客观要求。

（二）党的建设是应对国内各种风险考验的必然要求

党的十一届三中全会以来，我国进入了社会主义建设新的历史时期。新时期最鲜明的特点是改革开放，最显著的成就是快速发展，最突出的标志是与时俱进。40多年来，我国改革开放和现代化建设的历史，从一定意义上说是一部解放思想、实

事求是、与时俱进，不断推进社会主义制度自我完善和发展的改革史，是一部不断推进实践基础上的理论创新、制度创新和其他方面创新的创新史。党的十三届四中全会以来，我国改革开放和现代化建设的进程波澜壮阔。我们党从容应对一系列关系我国主权和安全的国际突发事件，战胜在政治、经济领域和自然界出现的困难和风险，经受住一次又一次考验，排除各种干扰，保证了改革开放和现代化建设的航船始终沿着正确的方向破浪前进。伴随着改革开放和发展社会主义市场经济的进程，我国社会生活发生了广泛而深刻的变化，社会经济成分、组织形式、利益分配和就业方式等的多样化进一步发展，这给国家的政治经济文化和社会生活的各个方面带来深刻影响。随着我国社会就业方式、分配方式的多样化，出现了更为复杂的利益关系，原有的社会阶层发生了极大变化，除了工人、农民、知识分子、干部等社会阶层外，还出现了一些新的社会阶层。中国特色社会主义进入新时代，我国社会主要矛盾已经转化为人民日益增长的美好生活需要和不平衡不充分的发展之间的矛盾。我们要在继续推动发展的基础上，着力解决好发展不平衡不充分问题，大力提升发展质量和效益，更好满足人民在经济、政治、文化、社会、生态等方面日益增长的需要，更好推动人的全面发展、社会全面进步。在这样的情况下，党如何正确处理社会主义现代化建设中的若干重大关系，如何完善社会主义市场经济体制，如何推进政治体制改革，如何解决经济发展与资源、环境的矛盾，保持国民经济的可持续发展，都是摆在中国共产党面前的必须解决的紧迫而重大的问题。可见，加强党的建设是应对国内各种风险考验的必然要求。

（三）党的建设是增强自身执政本领的内在要求

我们党历经革命、建设和改革，已经从领导人民为夺取全国政权而奋斗的党，成为领导人民掌握全国政权并长期执政的党；已经从受到外部封锁和实行计划经济条件下领导国家建设的党，成为对外开放和发展社会主义市场经济条件下领导国家建设的党。党所处的地位和环境、党所肩负的历史任务、党自身状况，都发生了新的重大变化。党领导的改革开放给党注入巨大活力，也使党在深刻变化的社会环境中面临许多前所未有的新课题新考验。我们党已经拥有9500多万名党员，新党员数量大量增加，新老干部队伍交替不断，一大批年轻干部走上领导岗位。这给党增添了新鲜血液，也使党的教育和管理任务比过去任何时候都更为繁重。新的历史条件下，党组织的状况发生了许多新的变化，党的教育和管理、提高全党整体素质的任务比过去任何时候都更为繁重；党的执政能力同新形势新任务的要求还不完全适应，如党的领导方式和执政方式、领导体制和工作机制还不完善；一些领导干部和领导班子素质能力还不够强；一些党的基层组织软弱涣散；少数党员干部形式主义、官僚主义、享乐主义、奢靡之风比较突出。新形势下，党面临着执政考验、改革开放考验、市场经济考验、外部环境考验是长期的、复杂的、严峻的。精神懈怠危险、能力不足危险、脱离群众危险、消极腐败危险更加尖锐地摆在全党面前。不断提高党的领导水平和执政水平、提高拒腐防变和抵御风险能力，是党巩固执政地位、实现执政使命必须解决好的重大课题。可见，党的建设是增强自身执政本领的内在要求。

三、以改革的精神全面推进党的建设新的伟大工程

历史已经并将继续证明，没有中国共产党的领导，民族复兴必然是空想。我们党要始终成为时代先锋、民族脊梁，始终成为马克思主义执政党，自身必须始终过硬。新时代，以改革的精神全面推进党的建设新的伟大工程，是今后一个时期党的建设的根本方向和基本路径。

（一）勇于自我革命保持党的先进性

勇于自我革命，从严管党治党，是我们党最鲜明的品格，也是我们党最大的优势。我们党是马克思主义执政党，同时是马克思主义革命党。在领导中国革命、建设、改革的奋斗历程中，我们党能够在各种政治力量反复较量中脱颖而出，始终走在时代前列，成为中华人民共和国的主心骨，根本原因在于我们党始终保持了自我革命精神，保持了承认并改正错误的勇气，一次次拿起手术刀来革除自身病症，一次次靠自己解决了自身问题。习近平总书记指出，"中国共产党的伟大不在于不犯错误，而在于从不讳疾忌医，敢于直面问题，勇于自我革命"。实践证明，不断进行自我革命，同一切影响党的先进性、弱化党的纯洁性的问题作坚决斗争，实现自我净化、自我完善、自我革新、自我提高，是我们党实现由小到大、由弱变强，实现执政能力整体性提升的必要环节。勇于自我革命，还必须做到以下几点：

第一，加强党的全面严格领导。打铁必须自身硬。我们党进行自我革命，核心是加强党的领导，基础在全面，关键在严，要害在治。"全面"就是管全党、治全党，面向全体党员、党组织，覆盖党的建设各个领域、各个方面、各个部门，重点是抓住"关键少数"。"严"就是真管真严、敢管敢严、长管长严。"治"就是从党中央到地方各级党委，从中央部委、国家机关部门党组（党委）到基层党支部，都要肩负起主体责任，党委书记要把抓好党建当作分内之事、必须担当的职责；各级纪委要担负起监督责任，敢于瞪眼黑脸，勇于执纪问责。

第二，抓住新时代党的建设总要求。这个总要求是坚持和加强党的全面领导，坚持党要管党、全面从严治党，以加强党的长期执政能力建设、先进性和纯洁性建设为主线，以党的政治建设为统领，以坚定理想信念宗旨为根基，以调动全党积极性、主动性、创造性为着力点，全面推进党的政治建设、思想建设、组织建设、作风建设、纪律建设，把制度建设贯穿其中，深入推进反腐败斗争，不断提高党的建设质量，把党建设成为始终走在时代前列、人民衷心拥护、勇于自我革命、经得起各种风浪考验、朝气蓬勃的马克思主义执政党。

第三，坚持自我革命的常态化和制度化。我们党要始终牢记为中国人民谋幸福、为中华民族谋复兴的初心和使命，坚持除了国家、民族、人民的利益，没有任何自己的特殊利益的原则，保持党的纯洁性和先进性，使我们党始终成为中国人民和中华民族的先锋队并使这种状态常态化和制度化。

（二）必须坚持党的建设的正确方向

如同改革是社会主义制度的自我完善和发展一样，勇于自我革命加强党的建设也是党自身的完善和发展。这里所说的自我革命，决不是要改变党的性质、宗旨、指导思想和奋斗目标，也决不是要改变党的根本组织制度和领导地位，改变党的政治优势和优良传统。这些根本的方面，不仅不能改变，而且必须结合新的实际赋予新的时代内涵，在新的实践中长期坚持。我们所要改革的，是党的自身建设和党的工作中不适应、不符合新形势新任务的地方；我们所要创新的，是党的具体领导体制、执政方式、组织方式、活动方式和思维理念等。通过这样的改革和创新，加强和改善党的领导，保持和发展党的先进性，更好地发挥党在中国特色社会主义事业中的领导核心作用。也就是说，勇于自我革命、加强党的建设，必须坚持正确的方向。

第一，一定要高举中国特色社会主义伟大旗帜不动摇。对于马克思主义政党来说，旗帜问题至关重要。旗帜就是方向，旗帜就是形象，旗帜就是党的指导思想和行动指南、党的共同理想和奋斗目标的集中表达。党的十九大报告明确指出，高举中国特色社会主义伟大旗帜，最根本的就是要坚持中国特色社会主义道路和中国特色社会主义理论体系。鲜明地回答了新时代我们党举什么旗、走什么路、朝着什么样的发展目标继续前进的根本问题，为党和国家的各项工作进一步指明了方向，也为党的建设的改革创新提供了根本指针。

《共产党宣言》发表170多年来的实践证明，马克思主义只有与本国国情相结合、与时代发展同进步、与人民群众共命运，才能焕发出强大的生命力、创造力、感召力。中国特色社会主义，就是中国共产党人把马克思主义的科学社会主义基本原理与中国国情和时代特征相结合的产物，是深深扎根于中国大地、切合中国实际的科学社会主义。建设有中国特色的社会主义，是一个以社会主义初级阶段为起始阶段、需要经历若干个发展阶段的漫长历史进程。在这个历史进程中，中国共产党人全部实践的主题，马克思主义中国化的主题，始终是建设有中国特色的社会主义。邓小平理论、"三个代表"重要思想、科学发展观以及习近平新时代中国特色社会主义思想等，都是我们党在领导人民推进改革开放和现代化建设伟大实践中形成的、以建设有中国特色的社会主义为主题的理论成果，共同构成中国特色社会主义理论体系。这个理论体系，坚持和发展了马克思列宁主义、毛泽东思想，凝结了几代中国共产党人带领人民不懈探索实践的智慧和心血，是马克思主义中国化最新成果，是党最可宝贵的政治财富和精神财富，是全国各族人民团结奋斗的共同思想基础。实践已经证明并将继续证明，在当代中国，坚持中国特色社会主义理论体系，就是真正坚持马克思主义；坚持中国特色社会主义道路，就是真正坚持社会主义。勇于自我革命加强党的建设，就要紧紧围绕高举中国特色社会主义伟大旗帜这个根本要求，确保全党坚定不移地在以习近平为核心的党的中央领导下，继续坚持中国特色社会主义道路，确保党的各方面建设更好地为发展中国特色社会主义服务。把握住这一点，就把握住了勇于自我革命加强党的建设的本质。

第二，一定要坚持党在社会主义初级阶段的基本路线不动摇。党的政治路线正确与否，是关系全局、决定全局的，也决定着党的建设的前途命运。我们党形成的社会主义初级阶段的基本路线，是党和国家的生命线，是实现科学发展的政治保证，也是党的建设改革创新沿着正确方向前进的政治保证。几十年来，我们党之所以能够以新的面貌和强大的战斗力带领人民为实现新的历史任务而奋斗并取得举世瞩目的成就，根本的一条就是按照党的基本路线的要求坚持不懈地加强和改进党的建设，不断增强全党贯彻执行党的基本路线的自觉性和坚定性。在党的建设中坚持党的基本路线不动摇，首先要全面理解和把握党的基本路线。以经济建设为中心是兴国之要，是我们党和国家兴旺发达与长治久安的根本要求；四项基本原则是立国之本，是我们党、我们国家生存发展的政治基石；改革开放是强国之路，是我们党、我们国家发展进步的活力源泉。这些精辟论断，把"一个中心、两个基本点"在党和国家事业中的地位和作用讲得很透彻、很深刻、很到位。应当明确，我们的经济建设，是以四项基本原则为政治保证、以改革开放为强大动力的；我们的改革开放，是以不断解放和发展生产力、建设和发展中国特色社会主义为根本目的的；我们的四项基本原则，是保证改革开放和经济建设沿着正确的方向前进，同时又从新的实践中不断取得新的经验来丰富和发展的。按照党的基本路线的要求加强和改进党的建设，就要牢牢把握经济建设和四项基本原则，改革开放之间相互贯通、相互依存、不可分割的辩证统一关系，坚持把以经济建设为中心同四项基本原则、改革开放这两个基本点统一于发展中国特色社会主义的伟大实践，贯穿于党的思想、组织、作风、制度建设和反腐倡廉建设的全部工作之中，体现到各级党组织和广大党员干部的工作和行动中去。

第三，一定要坚持党要管党、从严治党的方针。党要管党、从严治党，是保持和发展党的先进性的必然要求，是我们党加强和改进自身建设的宝贵经验。新时代，我们党的性质，党在国家和社会生活中所处的地位，党肩负的历史使命，党组织和党员干部队伍的状况和所处的新环境，都决定了治国必先治党、治党务必从严。坚持党要管党、从严治党，最根本的就是要严格按党章办事、按党的制度和规定办事。这与勇于自我革命加强党的建设是相辅相成、完全一致的，应当把这两方面的工作结合起来，在党要管党、从严治党中贯彻和体现改革创新精神，在党的建设改革创新中更好地做到党要管党、从严治党。这种结合，要贯彻到党的建设的全部工作中，贯彻到对各级党组织、广大党员和干部进行教育、管理、监督等各个环节中。特别要以改革创新精神从严抓好各级领导班子建设，对党员领导干部严格要求、严格管理、严格监督，以此影响和推动整个党的建设，努力使党的生活既严格有序、步调一致，又朝气蓬勃、充满活力。

第四，要坚持面向现代化、面向世界、面向未来，着眼于解决党的建设面临的重大现实问题和突出矛盾。在党的建设中勇于自我革命，不能满足于就党建抓党建，必须坚持以马克思主义党建理论为指导，坚持解放思想、求真务实，坚持面向现代化、面向世界、面向未来，敢于研究和回答实践提出的重点、热点、难点问题。改革开放以来，党的建设在理论和实践上取得的一系列创新成果，都是在这"三个面向"的过程中，在深入研究实际工作中提出的新情况新问题、不断总结来自实践的新鲜经验的基础上形成的。党的建设新的伟大工程，我国亿万人民群众和9000多万名党员生机勃勃的创造性活动，我们党生动、丰富的治党、管党的实践，是党的建设改革创新取之不竭的源头活水。着眼于新的实践和新的发展，着眼于对实际问题的理论思考，不断深入实际、深入基层，认真总结各级党组织特别是基层党组织和广大党员在实践中创造的新鲜经验，从亿万人民群众和广大党员的伟大实践中汲取营养，党的建设改革创新就能始终不脱离时代、不脱离实际、不脱离群众，不断取得新的成果。

（三）努力成为担负起民族复兴重任的马克思主义执政党

党的十九大报告明确了新时代党的建设总要求，指出把党建设成为始终走在时代前列、人民衷心拥护、勇于自我革命、经得起各种风浪考验、朝气蓬勃的马克思主义执政党的目标任务。这为新时代加强和改善党的建设指明了方向。马克思主义执政党，应该是学习型、服务型、创新型的。

第一，学习型政党的建设就是以学习为兴党之要。重视学习、善于学习，是我们党的优良传统和政治优势。在当今这个以变革、调整、创新为显著特征的时代，重视和加强学习，建设学习型社会、学习型组织，已经成为世界潮流。我们党要更好地肩负起历史和时代赋予的崇高使命，就必须不断加强学习，努力成为学习型的马克思主义执政党。坚持以学固本。马克思主义是我们立党立国的根本指导思想。坚持和巩固马克思主义的指导地位，是全面建成小康社会和建设富强民主文明和谐的社会主义现代化国家的根本思想保证。马克思主义基本原理同中国革命、建设、改革实际相结合，产生了毛泽东思想和包括邓小平理论、"三个代表"重要思想、科学发展观、习近平新时代中国特色社会主义思想在内的中国特色社会主义理论体系。习近平新时代中国特色社会主义思想是中国特色社会主义理论体系最新成果，是指导党和国家全部工作的强大思想武器。在当代中国，坚持中国特色社会主义理论体系，就是真正坚持马克思主义。应抓好思想理论建设这个根本、党性教育这个核心、道德建设这个基础，教育引导党员干部牢固树立正确的世界观、权力观、事业观，模范践行社会主义荣辱观，学习社会主义核心价值观等以实际行动发挥共产党人的先锋模范作用。坚持以学增智。执政智慧来源于执政者的不断学习。应着眼于坚定理想信念、继承优良传统、培育世界眼光、增长智慧才干，更新学习理念，改进学习方法，向书本学习、向实践学习、向群众学习，学习新思想、新知识、新经验，学习世界各国创造的一切有益文明成果，不断增强自我净化、自我完善、自我革新、自我提高能力。以历史为镜，以人民为师，使执政智慧和执政能力的增长根植于人民的创造性实践之中，切实解决目前党内存在的思想观念、执政能力、领导水平与新形势新任务的要求还不完全适应的问题，不断增强工作的预见性、创造性、实效性。坚持以学兴业。习近平同志指出："我们的事业是向世界开放学习的事业。"100年来，我们党始终把加强学习作为战胜艰难险阻、不断开拓前进的重要法宝，推动了党的事业蓬勃发展。发展无止境，学习无穷期。在新的历史条件下，我们党面对执政考验、改革开放考验、市场经济考验、外部环境考验，面临精神懈怠的危险、能力不足的危险、脱离群众的危险、消极腐败的危险。应对这些考验、防范这些危险，离不开发挥学习这一重要法宝的作用。只有真正成为学习型的马克思主义执政党，才能应对自如、处变不惊、化险为夷、永葆生机，担负起全面深化改革开放、全面建成小康社会、实现民族复兴的历史重任。

第二，服务型政党的建设就是以服务为执政之基。我们党是全心全意为人民服务的党，来自人民、植根人民、服务人民是我们党始终立于不败之地的根基所在。建设服务型的马克思主义执政党，是党的性质和根本宗旨的集中体现。树立牢固的服务意识。人民是历史的创造者，是社会主义国家的主人，而党员干部是人民的公仆。当好人民的公仆，就要恪守以人为本、执政为民的理念，自觉践行"人民对美好生活的向往，就是我们的奋斗目标"的庄严承诺，发挥人民主体作用，自觉接受群众监督。围绕保持党的先进性和纯洁性，在全党深入开展以为民、务实、清廉为主要内容的党的群众路线教育实践活动，切实改进工作作风，着力解决人民群众反映强烈的突出问题。始终把人民放在心中最高位置，关心群众疾苦，维护群众利益，坚决克服形式主义、官僚主义，真正在感情上贴近群众、行动上深入群众、工作上依靠群众，使党的工作获得最广泛最可靠最牢固的群众基础和力量源泉。

强化服务功能。服务是党组织和党员干部发挥作用、完成使命的基本途径。应积极转变观念，寓管理于服务之中，通过深化服务内涵、拓展服务领域、创新服务载体、健全服务机制，推动形成上级党组织服务下级党组织、党组织服务党员、党组织和党员服务群众、城乡党组织互帮互助、各级党组织和广大党员干部共同服务、科学发展的良好局面。党的基层组织处于党的工作第一线，是联系和服务群众的桥梁和纽带。必须把服务群众、做群众工作作为基层党组织的主要任务和基层干部的基本职责，使基层党组织真正成为推动发展、服务群众、凝聚人心、促进和谐的坚强战斗堡垒。努力实现党组织和党的工作全覆盖，做到哪里有群众哪里就有党的工作、哪里有党员哪里就有党组织、哪里有党组织哪里就有健全的服务体系。

提高服务本领。服务群众仅有良好愿望是不够的，还需要过硬本领。应坚持问政于民、问需于民、问计于民，整合各种资源，运用现代技术，创新方式方法，完善服务措施，提高服务水平，使服务工作更好适应人民群众的需求。引导和督促党员干部深入基层、深入群众，"零距离"倾听民声、"零障碍"了解民情，练就群众家里坐得下、粗茶淡饭吃得进、大事小事谈得拢、难题难事解得开的功夫，不断增强服务群众本领。寓教育群众、引导群众于服务群众之中，通过耐心、细致、周到的服务疏导群众情绪，依法保障人民群众的经济、政治、文化、社会等权益，妥善处理人民内部矛盾和其他社会矛盾，让人民群众生活得更有质量、更有尊严，不断提高人民群众的幸福指数。

第三，创新型政党的建设就是以创新为发展之源。当前，世情、国情、党情继续发生深刻变化，我们面对着前所未有的机遇和挑战。我们党要始终走在时代前列，有效履行执政使命，就必须努力成为创新型的马克思主义执政党。建设创新型的马克思主义执政党，既要坚定道路自信、理论自信、制度自信，又要以改革创新精神发展党的理论、丰富党和人民的实践、完善党和国家的制度。

坚持理论创新。实践基础上的理论创新是社会发展和变革的先导。正是由于我们党始终坚持理论创新，用发展着的马克思主义指导新的实践，我国的革命、建设和改革事业才始终沿着正确方向阔步前进。大力推进理论创新，必须运用马克思主义的立场、观点、方法，准确把握世界发展形势，准确把握社会主义初级阶段基本国情，深入研究我国发展的阶段性特征，及时总结党领导人民创造的新经验，重点抓住经济社会发展重大问题，不断做出新的理论概括，不断深化对共产党执政规律、社会主义建设规律、人类社会发展规律的认识，永葆科学理论的旺盛生命力。

推进实践创新。实践永无止境，创新永无止境。中国特色社会主义作为一项全新的事业，面临的艰巨任务、复杂矛盾、风险挑战是世所罕见的。当前，改革进入"深水区"和"攻坚期"，面临许多新情况、新问题、新矛盾，应根据时代的变化和实践的发展，勇于变革、勇于创新，推进治党管党和治国理政的实践创新，才能永葆党的生机活力和国家发展动力。

加强制度创新。制度创新是党和国家制度的自我完善和发展，是党和国家充满生机和活力的根本保证。制度创新既包括经济、政治、文化、社会、生态等领域的体制机制创新，又包括党的制度建设和创新。中国特色社会主义制度是当代中国发展进步的根本制度保障，集中体现了中国特色社会主义的特点和优势。必须始终坚持中国特色社会主义制度不动摇，以中国特色社会主义理论体系为行动指南，大力弘扬改革创新精神，积极大胆而又稳妥有序地推进党和国家的制度建设，决不走封闭僵化的老路和改旗易帜的邪路，坚定不移地走中国特色社会主义道路，奋力开拓中国特色社会主义更为广阔的发展前景。

四、全面加强党的建设，把党建设得更加坚强有力

习近平总书记指出，"办好中国的事情，关键在党"。不管时代如何变化，在新的历史条件下最重要的就是全面加强党的建设，把党建设得更加坚强有力；就是坚

持用习近平新时代中国特色社会主义思想武装全党，切实加强党的先进性建设和纯洁性建设，并将其体现和贯穿在党的政治建设、思想建设、作风建设、组织建设、纪律制度建设和反腐败斗争之中，使党始终成为时代先锋、民族脊梁，始终保持马克思主义执政党地位。习近平指出，先进性和纯洁性是马克思主义政党的本质属性，贯穿于党的性质、宗旨、任务和全部工作中，体现在各级党组织和全体党员的实际行动上。这种先进性和纯洁性，不是固定不变的，而是与时俱进、随着形势和任务的发展变化而不断丰富与发展的；不是一劳永逸的，而是必须通过坚持不懈地加强党的自身建设才能保持与发展的。正反两方面历史经验深刻表明，保持、发展先进性和纯洁性始终是马克思主义政党根本的思想政治任务，关系着党的生死存亡和前途命运。

（一）用习近平新时代中国特色社会主义思想武装全党

党的十九大把习近平新时代中国特色社会主义思想确立为我们党必须长期坚持的指导思想，十三届全国人大一次会议通过的宪法修正案将这一思想载入宪法。坚持用习近平新时代中国特色社会主义思想武装全党，是一项重大战略任务。要以高度的政治责任感和历史使命感贯彻落实好这一重大战略任务，按照学懂弄通做实的要求，推动干部群众充分认识这一思想的重要意义、深刻把握这一思想的精髓、切实把这一思想学深悟透、多措并举抓好这一思想的学习教育，大力推动这一思想的学习教育不断取得新成效。

第一，充分认识用习近平新时代中国特色社会主义思想武装全党的重大意义。习近平新时代中国特色社会主义思想是 21 世纪马克思主义、当代中国马克思主义，是全党全国各族人民为实现中华伟大复兴而奋斗的行动指南，是党和国家必须长期坚持的指导思想。坚持用这一思想武装全党和全国各族人民，对于统一思想认识、明确前进方向、凝聚奋进力量，更好地进行伟大斗争、建设伟大工程、推进伟大事业、实现伟大梦想，意义重大而深远。一是用习近平新时代中国特色社会主义思想武装起来，是新时代坚持和发展中国特色社会主义的必然要求。习近平新时代中国特色社会主义思想站在战略和全局的高度，从理论和实践的结合上，以一系列战略性、前瞻性、创造性的观点，深刻回答了新时代坚持和发展中国特色社会主义的总目标、总任务、总体布局、战略布局和发展方向、发展方式、发展动力、战略步骤、外部条件、政治保证等基本问题，为坚持和发展中国特色社会主义注入了时代内涵，提供了根本遵循。只有深入学习贯彻这一思想，才能更好引导广大党员干部群众牢固树立"四个意识"、切实坚定"四个自信"，以永不懈怠的精神状态和一往无前的奋斗姿态把新时代中国特色社会主义一以贯之推向前进。二是用习近平新时代中国特色社会主义思想武装起来，是实现"两个一百年"奋斗目标、实现中华民族伟大复兴中国梦的必然要求。习近平新时代中国特色社会主义思想，系统论述了中华民族伟大复兴的实现路径和战略安排。只有深入学习贯彻这一思想，才能坚定实现宏伟蓝图的信心，增强克服困难的勇气，不忘初心、继续前进，创造无愧于时代、无愧于人民、无愧于历史的新业绩。三是用习近平新时代中国特色社会主义思想武装起来，是坚持和加强党的全面领导、推动全面从严治党向纵深发展的必然要求。习近平新时代中国特色社会主义思想丰富和发展了马克思主义建党学说，为实现管党有方、治党有力、党建有效提供了科学指南。只有深入学习贯彻这一思想，切实增强党要管党、全面从严治党的坚定性自觉性，提高执政能力和领导水平，增强拒腐防变和抵御风险的能力，才能确保党始终成为中国特色社会主义事业的坚强领导核心，才能引导广大党员干部群众更加自觉地信赖党、拥护党、爱戴党，坚定不移跟党走。四是用习近平新时代中国特色社会主义思想武装起来，是建设高素质专业化干部队伍、全面增强执政本领的必然要求。习近平新时代中国特色社会主义思想，是广大党员干部提升理论素养、增长工作本领的思想宝库，是改造主观世界和客观世界的锐利武器。只有深入学习贯彻这一思想，才能有效提升马克思主义水平和政治理论素养，全面增强执政本领，提高干事创业的专业化能力，更好适应新时代中国特色社会主义发展要求，更好担负起党和人民赋予的重要职责。

第二，深刻把握习近平新时代中国特色社会主义思想的精髓。习近平新时代中国特色社会主义思想，对回答"世界怎么了，世界向何处去"的世界之问给出了中国智慧、中国方案，构建人类命运共同体的思想赢得了世界人民的心。习近平新时代中国特色社会主义思想的精髓，就是为人民谋幸福、为民族谋复兴、为世界作贡献。这一思想的精髓集中反映了当代中国共产党人的人民立场、民族抱负、世界责任。学习习近平新时代中国特色社会主义思想，要在领会基本内容的同时，深入理解和掌握贯穿其中的精髓要义。一是为人民谋幸福，是中国共产党毫不动摇的初心。习近平新时代中国特色社会主义思想，始终坚持以民为本，把人民放在最高位置，坚持人民主体地位，尊重人民群众首创精神，注重从人民群众中汲取智慧和力量，充分体现了党来自人民、不忘人民、依靠人民的价值追求；始终坚持以人民为中心，坚持把人民对美好生活的向往作为奋斗目标，把让老百姓过上好日子作为全部工作的出发点和落脚点，时刻关注人民群众的喜怒哀乐，充分体现了为了人民、先忧后乐、舍身为民的公仆情怀；始终坚持为人民立德、为人民立功、为人民立言，充分体现了大公无私、立党为公、执政为民的政治本色。要通过深入学习，切实解决好"为了谁、依靠谁、我是谁"的问题，把实现好、维护好、发展好最广大人民根本利益作为不懈追求，充分体现在我们党治国理政全部理论和实践中。二是为民族谋复兴，是中国共产党应运而生就肩负起的伟大历史使命。习近平新时代中国特色社会主义思想，鲜明提出并系统论述了实现中华民族伟大复兴的"中国梦"这个重大命题，深刻阐述了民族伟大复兴的基本内涵、实现路径、战略步骤、目标任务，深刻揭示了中华民族在伟大复兴历史进程中的新时代方位。要通过深入学习，以更坚定的信念信心，承担起新时代的新使命，为实现国家富强、民族振兴、人民幸福的"中国梦"而不懈奋斗。三是为世界作贡献，是中国共产党为人类谋和平、谋发展的使命担当。习近平新时代中国特色社会主义思想，站在人类道义制高点上，着眼于统筹国内国际两个大局、统筹发展和安全两件大事，把全面建成社会主义现代化强国、实现中华民族伟大复兴与促进世界和平发展、各国合作共赢结合起来，创造性提出共商共建共享"一带一路"倡议，构建人类命运共同体，超越近代以来"国强必霸"、靠战争和掠夺推进现代化的陈旧逻辑，开辟了人类实现现代化的新道路，拓展了发展中国家走向现代化的新途径，彰显了中国共产党人的宽广视野和博大情怀。要通过深入学习，进一步推动中国发展，为世界创造更多机遇，为世界和平安宁、共同发展和文明交流互鉴作出更大贡献。

第三，切实把习近平新时代中国特色社会主义思想学深悟透。马克思指出，"任何真正的哲学都是自己时代的精神上的精华"。习近平新时代中国特色社会主义思想，聚焦新的时代课题，总结开创性独创性的实践经验，提出一系列新理念新思想新战略，展现出强大真理力量和独特思想魅力。深入学习这一思想，要坚持习近平新时代中国特色社会主义思想，要坚持读原著、学原文、悟原理，坚持全面学、贯通学、深入学，带着信念学、带着感情学、带着使命学，真正做到学深悟透、融会贯通、真信笃行。一是读原著、学原文、悟原理。学习领会习近平新时代中国特色社会主义思想，有一个怎么学、如何学好的问题。原著原文是最权威的，只有学深学透原著原文，才能全面准确把握这一思想的真谛真义、思想精华。要坚持原原本本地学、专心致志地读、细嚼慢咽地去感悟思考，深入学习领会这一思想的核心要义和基本精神，学习领会这一思想的理论特色和内在要求，学习领会这一思想蕴含的一系列新的重要观点、重大判断、重大举措，防止片面化、简单化。学习习近平新时代中国特色社会主义思想，必须有一种"学到底"的精神，必须有一种反复读的恒心，对于习近平的重要讲话、文章等原文原著，要及时跟进、精研细读，把学习和思考结合起来，研机析理、学通弄透。二是全面学、贯通学、深入学。习近平新时代中国特色社会主义思想，内容丰富、内涵深刻、博大精神，涵盖改革发展稳定、内政外交国防、治党治国治军等各个领域、各个方面，构成了一个系统完整、逻辑严密、互相贯通的科学理论体系。深入学习领会这一思想，要突出整体性要求，全面理解其基本内容、基本观点。着力在全面系统上下功夫，深刻把握"八个明确"和"十四个坚持"在习近平新时代中国特色社会主义思想中的核心地位，深刻把握它们是相互贯通、相辅相成，有机统一、不可分隔的，必须联系地而不是孤立地、系统地而不是零散地、全面地而不是局部地去学习领会，真正理解掌握其内在逻辑和基本精神。着力在融会贯通上下功夫，坚持把学习领会习近平新时代中国特色社会主义思想同学习马克思列宁主义、毛泽东思想、邓小平理论、"三个代表"重要思想、科学发展观贯通起来，同党史、国史、社会主义发展史贯通起来，同我们党进行伟大斗争、建设伟大工程、推进伟大事业、实现伟大梦想的实践贯通起来，真正领会这一思想的历史逻辑、理论逻辑、实践逻辑。着力在深入深刻上下功夫，坚持在认真学习领会基本内容的同时，准确理解掌握贯穿其中的马克思主义立场观点方法，努力做到知其言更知其义，知其然更知其所以然，真正在深层次上提高思想理论水平。三是带着信念学、带着感情学、带着使命学。对马克思主义、共产主义的坚定信仰，对中国特色社会主义的坚定信念，是贯穿习近平新时代中国特色社会主义思想的一条红线。深入学习领会这一思想，必须带着信念学，把立根固本、补足精神之"钙"作为第一位要求，切实坚定理想追求，做远大理想和共同理想的坚定信仰者和忠实践行者。习近平新时代中国特色社会主义思想，处处体现着爱党、忧党、为党的拳拳之心，体现着亲民、爱民、为民的真挚情感。深入学习领会这一思想，必须始终保持对党、对人民、对事业的深厚感情，增强对马克思主义中国化最新成果的政治认同、理论认同和情感认同。习近平新时代中国特色社会主义思想，鲜明体现了新时代中国共产党的历史使命，体现了新时代中国共产党人的责任担当。深入学习领会这一思想，必须带着使命学，坚持问题意识、问题导向，认清面临的复杂形势和繁重任务，把握事业发展和人民群众的新期待，勇担当、敢担当、善担当，增强进取心、提振精气神，不断创造新的业绩，在新时代新征程中始终干在实处、走在前列。

第四，多措并举抓好习近平新时代中国特色社会主义思想学习教育。深入学习贯彻习近平新时代中国特色社会主义思想，是全党全国的首要政治任务。一是大力加强党内集中教育和经常性教育。要根据中央统一部署，推动全党来一个大学习。

坚持以县处级以上领导干部为重点，在全党开展"不忘初心、牢记使命"主题教育，突出用习近平新时代中国特色社会主义思想武装头脑，突出坚决维护以习近平同志为核心的党中央权威和集中统一领导，着力解决信念不坚定、宗旨不牢固、初心缺失、使命感不强、担当不力等问题，以直抵人心的方式，教育引导党员干部悟初心、守初心、践初心，更加自觉地为实现新时代党的历史使命不懈奋斗。要推进"两学一做"学习教育常态化制度化，坚持融入日常、抓在经常，组织开展基层党员集中轮训和经常性教育，严格执行"三会一课"、组织生活会等党的组织生活基本制度，推广主题党日、党性实践锻炼等有效做法，推动党员干部真正学有所思、学有所悟、学有所获。二是突出抓好领导干部这个"关键少数"。各级领导干部要坚持以身作则、率先垂范，自觉做习近平新时代中国特色社会主义思想的坚定信仰者、忠实实践者。要切实担负起学习习近平新时代中国特色社会主义思想的领导责任，精心组织、加强指导，同广大党员干部群众一起学习交流、一起调查研究、一起谋划工作，帮助大家准确把握这一思想的核心要义、创新观点、重大意义，努力做到学而信、学而思、学而行。三是切实强化各类各级教育培训工作。坚持把学习贯彻习近平新时代中国特色社会主义思想作为干部教育培训的重中之重，作为各级党校（行政学院）、干部学院的主课，全面纳入培训计划和教学布局，办好重点班次，分类分级抓好干部理论武装，重点抓好县处级以上领导干部的集中轮训。坚持把习近平新时代中国特色社会主义思想作为学校思想政治教育和课堂教学的重要内容，推动马克思主义中国化最新成果进教材、进课堂、进头脑。加强师资队伍建设，改进教育培训方式方法，不断增强教育培训的吸引力说服力。四是持续深化宣传研究阐释。各级各类媒体要同向发力、协同联动，形成全方位、多层次、多声部传播党的创新理论的舆论矩阵，综合运用各种栏目形式、各种节目形态进行报道，使习近平新时代中国特色社会主义思想成为时代最强音。充分发挥习近平新时代中国特色社会主义思想研究中心（院）的重要作用，发挥理论工作"四个平台"作用，开展专题研究，办好系列理论研讨会，推出一批高质量的研究成果，为用习近平新时代中国特色社会主义思想武装头脑、凝心聚力提供学理支撑。加强阐释引导，针对广大党员干部群众学习过程中提出的热点、难点、疑点问题，有针对性地解疑释惑，最大限度增进人们的理解认同。五是扎实开展基层理论宣讲。适应对象化、差异化、分众化的特点，深入城乡基层开展面对面理论宣讲，把习近平新时代中国特色社会主义思想讲清楚、讲明白，让老百姓听得懂、能领会、可落实。充分发挥各级党委讲师团的作用，组建各类宣讲队伍，采取多种方式，有针对性地进行靶向讲解，推动习近平新时代中国特色社会主义思想进企业、进农村、进机关、进校园、进社区、进军营、进网络。注重运用互联网、手机等新媒体，通过微博、微信、客户端等传播平台，开展立体化、互动式的理论宣讲，不断扩大宣讲工作的覆盖面影响力。充分利用百姓宣讲的独特优势，紧密联系百姓身边发生的变化、联系人们普遍关注的问题，坚持围绕"小切口"阐述大道理，注重身边人讲身边事，切实增强宣讲的亲和力和感染力。

第五，大力推动习近平新时代中国特色社会主义思想学习教育不断取得新成效。理论的价值在于指导实践，学习的目的在于运用。深入开展习近平新时代中国特色社会主义思想学习教育，要大力弘扬理论联系实际的优良学风，教育引导广大党员干部把自己摆进去、把职责摆进去、把工作摆进去，真正做到学思用贯通、知信行统一。一是学习教育成效要体现在提高政治站位、坚定维护核心上。讲政治是学习贯彻的首要要求，政治上认识清醒，思想上才能领会到位，行动上才能贯彻到位。要旗帜鲜明讲政治，增强"四个意识"，坚定"四个自信"，坚决维护习近平总书记党中央的核心、全党的核心地位，坚决维护党中央权威和集中统一领导，始终在政治立场、政治方向、政治原则、政治道路上同以习近平同志为核心的党中央保持高度一致。自觉用习近平新时代中国特色社会主义思想对照检视思想作风和精神状态，补钙壮骨、立根固本，解决好世界观、人生观、价值观这个"总开关"问题，坚守共产党人的精神高地。加强党性修养和党性锤炼，不断提高政治觉悟和政治能力，把对党忠诚、为党分忧、为党尽职、为民造福作为根本政治担当，永葆共产党人政治本色。二是学习教育成效要体现在增强过硬本领、推动实际工作上。坚持以习近平新时代中国特色社会主义思想为指导，自觉加强学习、加强实践，更好地适应党和国家工作的新进展新要求，不断在掌握科学思想方法上有新的提高，在全面增强执政本领上有新的进步，在新时代坚持和发展中国特色社会主义能力上有新的提升。坚持实事求是，学以致用，紧密联系思想和工作实际，不断在解决改革发展稳定的重大问题、人民群众反映强烈的突出问题、党的建设面临的紧迫问题上取得新的突破，切实把学习成果转化为做好本质工作、推动事业发展的生动实践。三是学习教育成效要体现在凝心聚力、不懈奋斗上。中国特色社会主义不是喊出来的，是实实在在干出来的。通过深入学习教育，让广大党员干部群众透过党的十八大以来党和国家事业发生的历史性变革、取得的历史性成就，深切体会到习近平新时代中国特色社会主义思想的真理力量和实践价值。要引导广大党员干部群众清醒认识到我国发展所处的新的历史方位，认清全面建成小康社会、开启全面建设社会主义现代化国家新征程面临的重大风险挑战，认清所肩负的历史使命和重大责任，更加自觉地坚持以习近平新时代中国特色社会主义思想为指导，拥抱新时代、展现新作为，不断提振信心和斗志，凝聚智慧和力量，奋力走好新时代的长征路，朝着全面建成社会主义现代化强国、实现中华民族伟大复兴的"中国梦"奋勇前进。

（二）抓住党的政治建设、思想建设、作风建设

党的先进性建设和纯洁性建设，通过党的政治建设、思想建设、作风建设体现出来。其中，党的政治建设是党的根本性建设，思想建设是党的基础性建设，作风建设是党的建设的重要组成部分。

第一，政治建设是党的根本性建设。旗帜鲜明讲政治是马克思主义执政党的根本要求。马克思主义政党具有崇高政治理想、高尚政治追求、纯洁政治品质、严明政治纪律。如果马克思主义政党政治上的先进性丧失了，党的先进性和纯洁性就无从谈起。我们党把政治建设纳入党的建设总体布局并摆在首位，明确了政治建设在新时代党的建设中的战略定位，抓住了全面从严治党的根本性问题。党的政治建设决定党的建设方向和效果，不抓党的政治建设或背离党的政治建设指引的方向，党的其他建设就难以取得预期成效。大量事实表明，党内存在的各种问题，从根本上讲，都与政治建设软弱乏力、政治生活不严肃不健康有关。因此，把握党的政治建设必须坚守党的政治方向、坚定党的政治立场、营造党的政治生态、提高党的政治能力，从而实现全党团结统一、行动一致。政治方向是党生存发展第一位的问题。我们要坚守的政治方向，就是共产主义远大理想和中国特色社会主义共同理想、"两个一百年"奋斗目标，就是党的基本理论、基本路线、基本方略。加强党的政治建设，就是要发挥政治指南针作用，引导全党把智慧和力量凝聚到新时代坚持和发展中国特色社会主义伟大事业中来，推动全党把坚持正确政治方向贯彻到谋划重大战略、制定重大政策、部署重大任务、推动重大工作的实践中去，确保党和国家各项事业始终沿着正确政治方向前进。政治立场事关党的政治建设根本。全党必须始终坚定马克思主义立场，坚决站稳党性立场和人民立场。要把对党负责和对人民负责高度统一起来，坚持以党的旗帜为旗帜、以党的方向为方向、以党的意志为意志，始终做到在党言党、在党忧党、在党为党，任何时候都与党同心同德；坚持以人民为中心，践行全心全意为人民服务的根本宗旨，树立真挚的人民情怀，崇尚实干、勤政为民。营造良好政治生态是一项长期任务，必须作为党的政治建设的基础性、经常性工作。要严格执行新形势下党内政治生活若干准则，增强党内政治生活的政治性、时代性、原则性、战斗性，自觉抵制商品交换原则对党内生活的侵蚀，坚决防止和克服党内政治生活忽视政治、淡化政治、不讲政治的倾向。加强党内政治文化建设，弘扬忠诚老实、公道正派、实事求是、清正廉洁等价值观，以良好政治文化涵养风清气正的政治生态。政治能力是在领导干部的所有能力中居第一位的。提高政治能力，很重要的一条就是要善于从政治上分析问题、解决问题。只有从政治上分析问题才能看清本质，只有从政治上解决问题才能抓住根本。要不断提高党员领导干部把握方向、把握大势、把握全局的能力，辨别政治是非、保持政治定力、驾驭政治局面、防范政治风险的能力。加强政治能力训练和政治实践历练，把对党忠诚、为党分忧、为党尽职、为民造福作为根本政治担当，永葆共产党人政治本色。

第二，思想建设是党的基础性建设，其首要任务是坚定理想信念。中国共产党的理想信念，就是马克思主义真理信仰、共产主义远大理想和中国特色社会主义共同理想。这是中国共产党人的精神支柱和政治灵魂，也是保持党的团结统一的思想基础。理想信念是共产党人精神上的"钙"。习近平总书记指出："共产党人如果没有信仰、没有理想，或信仰、理想不坚定，精神上就会'缺钙'，就会得'软骨病'，就必然导致政治上变质、经济上贪婪、道德上堕落、生活上腐化。"历史和实践反复证明，一个政党有了远大理想和崇高追求，就会坚强有力，无坚不摧，无往不胜，就能经受一次次挫折而又一次次奋起，一名干部有了坚定的理想信念，站位就高了，心胸就开阔了，就能坚持正确政治方向，做到"风雨不动安如山"。中国共产党从诞生之日起就把马克思主义写在自己的旗帜上，把实现共产主义确立为最高理想。一百年来，无数共产党人为了理想信念不怕流血牺牲，奋勇向前。尽管他们也知道，自己追求的理想并不会在自己手中实现，但他们坚信，只要一代又一代人为之持续努力，一代又一代人为此作出牺牲，崇高的理想就一定能实现。任何一名在党旗下宣过誓的共产党员都必须铭记，为了理想信念，就应该去拼搏、去奋斗、去献出自己的全部精力乃至生命。今天，衡量一名党员干部理想信念坚定不坚定，就看他是否能在重大政治考验面前有政治定力，是否能树立牢固的宗旨意识，是否能对工作极端负责，是否能做到吃苦在前、享受在后，是否能在急难险重任务面前勇挑重担，是否能经得起权力、金钱、美色的诱惑。因此，共产党员要炼就"金刚不坏之身"，必须用科学理论武装头脑，不断培植我们的精神家园。要深入学习马克思主义基本理论，深入学习习近平新时代中国特色社会主义思想，把理想信念建立在对科学理论的理性认同上，建立在对历史规律的正确认识上，建立在对基本国情的准确把握上。教育引导全党牢记党的宗旨，挺起共产党人的精神脊梁，解决好世界观、人生观、价值观这个"总开关"问题，真正让理想信念成为心中的灯塔，做到虔诚而执着、至信而深厚。

第三，作风建设是党的建设的重要组成部分，关系人心向背，关系党的生死存亡。习近平指出："我们党作为马克思主义执政党，不但要有强大的真理力量，而且要有强大的人格力量。真理力量集中体现为我们党的正确理论，人格力量集中体现为我们党的优良作风。"我们党要在中国长期执政，对作风问题任何时候都不能掉以轻心。一是作风建设的核心问题是保持党同人民群众的血肉联系。始终坚持人民立场，坚持人民主体地位，虚心向人民学习，倾听人民呼声，汲取人民智慧，把人民拥护不拥护、赞成不赞成、高兴不高兴、答应不答应作为衡量一切工作得失的根本标准，凡是群众反映强烈的问题都要严肃认真对待，凡是损害群众利益的行为都要坚决纠正。始终坚持走群众路线，增强群众观念和群众感情，落实中央"八项规定"精神，持之以恒正风肃纪，坚决反对形式主义、官僚主义、享乐主义和奢靡之风，让干部知敬畏、群众有信心，以优良党风凝聚党心民心。二是党的作风建设关键在于解决问题、务求实效。党的十八大以来，以习近平同志为核心的党中央以踏石留印、抓铁有痕的劲头抓作风建设，制定和落实中央八项规定，在全党开展以为民务实清廉为主要内容的党的群众路线教育实践活动，在县处级以上领导干部中开展"三严三实"专题教育，推进"两学一做"学习教育常态化制度化，进一步解决党员队伍在政治、思想、组织、作风、纪律等方面存在的问题，推动党风政风为之一新，党心民心为之大振。同时，根据党的十九大部署，以县处级以上领导干部为重点，在全党开展"不忘初心、牢记使命"主题教育。要牢牢把握守初心、担使命，找差距、抓落实的总要求，牢牢把握深入学习贯彻习近平新时代中国特色社会主义思想、锤炼忠诚干净担当的政治品格、团结带领全国各族人民为实现伟大梦想共同奋斗的根本任务，努力实现理论学习有收获、思想政治受洗礼、干事创业敢担当、为民服务解难题、清正廉洁作表率的具体目标。三是作风建设永远没有休止符。作风问题具有顽固性和反复性，形成优良作风不可能一劳永逸，克服不良作风也不可能一蹴而就。作风建设是攻坚战、持久战，既要以滚石上山、爬坡过坎的勇气，深化整合、见底见效，又要坚持抓常、抓细、抓长，锲而不舍、持之以恒。

（三）建设高素质专业化干部队伍

"为政之要，莫先于用人。"政治路线确定之后，干部就是决定的因素。习近平指出："党的干部是党和国家事业的中坚力量。要坚持党管干部原则，坚持德才兼备、以德为先，坚持五湖四海、任人唯贤，坚持事业为上、公道正派，把好干部标准落到实处。"

第一，坚持好干部标准。坚持习近平提出的"信念坚定、为民服务、勤政务实、敢于担当、清正廉洁"的新时代好干部标准。信念坚定，就是要坚定共产主义远大理想，真诚信仰马克思主义，为新时代坚持和发展中国特色社会主义而奋斗，坚持党的基本理论、基本路线、基本方略不动摇。为民服务，就是要做人民公仆，忠诚于人民，始终把人民放在心中最高的位置，始终全心全意为人民服务，始终为人民利益和幸福而努力工作。勤政务实，就是要勤勉敬业、求真务实、真抓实干、精益求精，创造出经得起实践、人民、历史检验的实绩。敢于担当，就是要坚持原则、认真负责，面对大是大非敢于亮剑，面对矛盾敢于迎难而上，面对危机敢于挺身而出，面对失误敢于承担责任，面对歪风邪气敢于坚决斗争。清正廉洁，就是要敬畏权力、管好权力、慎用权力，守住自己的政治生命，保持拒腐蚀、永不沾的政治本色。

第二，坚持正确选人用人导向。严格执行《党政领导干部选拔任用工作条例》，匡正选人用人风气，突出政治标准，培养选拔牢固树立"四个意识"和"四个自信"、坚决维护党中央权威、全面贯彻执行党的理论和路线方针政策、忠诚干净担当的干部；培养选拔具有专业能力专业精神、适应新时代中国特色社会主义发展要求的干部；培养选拔在基层扎实历练、在"吃劲"岗位和艰苦地区经受磨练、业绩突出的干部，优化干部成长路径，拓宽选人视野，统筹干部资源，把党和人民需要的好干部精心培养起来、及时发现出来、合理使用起来。强化党组织领导和把关作用，对政治上不合格的要"一票否决"，把廉洁作为底线要求，有问题的坚决不用；要着力破解"唯票取人""唯分取人""唯GDP取人""唯年龄取人"问题，不搞"海推""海选"；坚决查处说情打招呼、跑官要官、买官卖官、拉票贿选等行为，以用人环境的风清气正促进政治生态的山清水秀。

第三，坚持党管干部原则。党要管党，首先是管好干部。把从严管理干部贯彻落实到干部队伍建设全过程，坚持从严教育、从严管理、从严监督，让每一个干部都深刻懂得，当干部就必须付出更多辛劳、接受更严格的约束。同时，坚持严管和厚爱结合、激励和约束并重，完善干部考核评价机制，建立激励机制和容错纠错机制，旗帜鲜明为那些敢于担当、踏实做事、不谋私利的干部撑腰鼓劲，调动广大干部的积极性主动性创造性。坚持党管人才原则，聚天下英才而用之，加快建设人才强国。第四，加强基础组织建设。党的基础组织是确保党的路线方针政策和决策部署贯彻落实的基础。习近平指出："上面千条线、下面一根针，必须夯实基层。要有千千万万优秀基层骨干，结合实际情况落实好各项工作。"针对一些基层党组织弱化、虚化、边缘化问题，切实在打基础、补短板上下功夫。着力增强党的意识、党员意识，持续整顿软弱涣散的基层党组织；着力抓好基层组织设置和活动方式创新，推动基层党建传统优势于信息技术深度融合，不断扩大基层党组织教育和管理覆盖面；着力抓好党的组织生活制度落实，认真执行"三会一课"、组织生活会、谈心谈话等制度，严把发展党员政治关，稳妥有序开展不合格党员组织处置工作。以提升组织力为重点，突出政治功能，真正把基层党组织建设成为宣传党的主张、贯彻党的决定、领导基层治理、团结动员群众、推动改革发展的坚强战斗堡垒。

（四）用铁的纪律和制度管党治党

纪律建设是全面从严治党的治本之策，而制度建设是全面从严治党的重要保障。党要管党、从严治党，靠的就是严明纪律和规矩。习近平强调，党面临的形势越复杂、肩负的任务越艰巨，就越要把纪律建设摆在更加突出位置，坚持纪严于法、纪在法前，把纪律和规矩挺在前面。同时，推进全面从严治党，既要解决思想问题，也要解决制度问题，让思想建党和制度建党同向发力，把制度建设贯穿其中，加快形成覆盖党的领导和党的建设各方面的党内法规制度体系，全方位扎牢制度的笼子。

在纪律建设方面：

第一，严格遵守党章。党章是党的根本大法，是全党必须遵循的总规矩。每一个共产党员都要牢固树立党章意识，自觉用党章规范自己的一言一行，在任何情况下都要做到政治信仰不变、政治立场不移、政治方向不偏。把党章学习作为必修课，自觉遵守党章、贯彻党章、维护党章，做认真学习党章、严格遵守党章的模范。加强对遵守党章、执行党章情况的督促检查，对党章意识不强、不按照党章规定办事的要及时提醒，对严重违反党章规定的行为要坚决纠正，全党共同来维护党章的权威性和严肃性。

第二，增强纪律教育针对性。开展经常性纪律教育，把党章党规党纪作为党校、干部学院和党委（党组）理论学习中心组的必修课，增强教育实效性，让党员干部知敬畏、存戒惧、守底线，习惯在受监督和约束的环境中工作生活。牢记政治纪律是我们党最根本、最重要的纪律，要把坚决做到"两个维护"作为首要政治纪律，绝不允许在重大政治原则问题上、大是大非问题上同党中央唱反调，搞自由主义。发挥先进典型引领作用，让党员干部学有榜样、行有示范、赶有目标。提高警示教育的政治性，凡查结的党员领导干部违纪违法案件，都要在本地区本部门本单位开展警示教育，以案明纪、引为镜鉴，使铁的纪律转化为党员干部的日常习惯和自觉遵循。

第三，严格执行党的纪律，使纪律真正成为带电的高压线。习近平指出："遵守党的纪律是无条件的，要说到做到，有纪必执，有违必查，而不能合意的就执行，不合意的就不执行，不能把纪律作为一个软约束或是束之高阁的一纸空文。"对违规违纪、破坏法规制度踩"红线"、越"底线"、闯"雷区"的，要坚决严肃查处，不以权势大而破规，不以问题小而姑息，不以违者众而放任，不留"暗门"、不开"天窗"，坚决防止"破窗效应"。当然，要把维护党的纪律严肃性和信任爱护干部统一起来，体现严管就是厚爱、治病为了救人。

在制度建设方面：

第一，制定约束公权力的好制度。只要公权力存在，就必须受到制约，否则就会被滥用。因此，要合理确定权力归属，划清权力边界，厘清权力清单，扎细扎密扎牢制度的笼子。以党章为根本遵循，本着于法周延、于事有效的原则，制定新的法规制度，完善已有的法规制度，废止不适应的法规制度，加快形成覆盖党的领导和党的建设各方面的党内法规制度体系。

第二，健全党和国家监督体系。自我监督是世界性难题，但是全面从严治党的实践证明，我们党自我净化的机制是有效的，完全有能力解决自身存在的问题。要坚持党内监督没有禁区、没有例外，强化自上而下的组织监督，改进自下而上的民主监督，发挥同级相互监督作用，让日常管理监督与党员领导干部如影随形、不留空当。深化政治巡视，建立巡视巡察上下联动的监督网，继续健全派驻机构领导体制和工作机制，加强国家监察，形成纪律监督、监察监督、派驻监督、巡视监督"四个全覆盖"的权力监督格局。

第三，狠抓制度落实。制度的生命力在于执行。如果不抓落实，只是写在纸上、贴在墙上、锁在抽屉里，制度就会成为稻草人。要坚持制度面前人人平等、制度执行没有特权、制度约束没有例外，坚决维护制度的严肃性和权威性，坚决纠正有令不行、有禁不止的行为，使制度成为硬约束而不是橡皮筋。引导广大党员干部牢固树立法治意识、制度意识、纪律意识，形成尊崇制度、遵守制度、捍卫制度的良好氛围。

（五）夺取反腐败斗争压倒性胜利

腐败是社会毒瘤，是我们党面临的最大威胁。人民群众最痛恨腐败现象。如果任凭腐败问题愈演愈烈，最终必然亡党亡国。党的十八大以来，我们党以猛药去疴、重典治乱的决心，以刮骨疗毒、壮士断腕的勇气，坚定不移"打虎""拍蝇""猎狐"，不敢腐的目标初步实现，不能腐的笼子越扎越牢，不想腐的堤坝正在构筑，反腐败斗争已经取得压倒性胜利。但是，反腐败是一项艰巨和复杂的工作，反腐败斗争不能退，也无处可退，必须坚定不移向纵深推进。反腐败斗争要持续保持高压态势，巩固发展压倒性胜利。

第一，坚持标本兼治，关键在治，治是根本。深入进行反腐败斗争，要坚持无禁区、全覆盖、零容忍，坚持重遏制、强高压、长震慑，有力削减存量、有效遏制增量。重点查处政治问题和经济问题相互交织的腐败案件，坚决打击在党内培植个人势力、结成利益集团、妄图攫取党和国家权力的阴谋行径。坚持"老虎"露头就要打、"苍蝇"乱飞也要拍，严厉整治发生在群众身边的腐败问题。深化反腐败国际合作，推进追逃防逃追赃一体化建设，以天罗地网断其后路、绝其幻想。大力加强反腐倡廉教育和廉政文化建设，筑牢拒腐防变思想道德防线，在全社会弘扬清风正气。

第二，着力构建不敢腐、不能腐、不想腐的体制机制。不敢腐，侧重于惩治和威慑，让意欲腐败者在带电的高压线面前不敢越雷池一步；不能腐，侧重于制约和监督，让胆敢腐败者在严格监督中无机可乘；不想腐，侧重于教育和引导，着眼于产生问题的深层原因，让人从思想源头上消除贪腐之念。不敢腐、不能腐、不想腐是一个有机整体，要打通三者内在联系，一体推进不敢腐、不能腐、不想腐，通过不懈努力换来海晏河清、朗朗乾坤。

第三，反腐败斗争永远在路上。反腐败不是看人下菜的"势力店"，不是争权夺利的"纸牌屋"，也不是有头无尾的"烂尾楼"。必须一刻不停歇深入推进反腐败斗争，激浊扬清、固本培元，不断深化标本兼治。

参考文献：

1. 马克思，恩格斯 . 马克思恩格斯文集（2）[M]. 北京：人民出版社，2009.

2. 马克思，恩格斯 . 马克思恩格斯选集：第 3 卷 [M]. 北京：人民出版社，1995.

3. 毛泽东 . 毛泽东选集（第一卷）[M]. 北京：人民出版社，1991.

4. 邓小平 . 邓小平文选（第二卷）[M]. 北京：人民出版社，1994.

5. 邓小平 . 邓小平文选（第二卷）[M]. 北京：人民出版社，1994.

6. 中共中央党史和文献研究院 . 毛泽东邓小平江泽民论党的建设 [M]. 北京：中央文献出版社，1998.

7. 江泽民 . 论 "三个代表" [M]. 北京：中央文献出版社，2001.

8. 江泽民 . 在庆祝中国共产党成立八十周年大会上的讲话 [M]. 北京：人民出版社，2001 .

9. 中共中央关于加强党的执政能力建设的决定 [M]. 北京：人民出版社，2004.

10. 胡锦涛 . 在庆祝中国共产党成立八十五周年暨总结保持共产党员先进性教育活动大会上的讲话 [M]. 北京：人民出版社，2006.

11. 胡锦涛 . 中国共产党第十七次全国代表大会的政治报告 [M]. 北京：人民出版社，2007.

12. 习近平 . 全面贯彻落实党的十八大精神要突出抓好六个方面工作 [J]. 求是，2013（1）.

13. 习近平 . 论党的作风建设——十八大以来重要论述摘编 [J]. 党建，2014（7）.

14. 习近平 . 习近平新时代中国特色社会主义思想三十讲 [M]. 北京：学习出版社，2018.

15. 习近平 . 习近平新时代中国特色社会主义思想学习纲要 [M]. 北京：学习出版社，人民出版社，2019.

16. 中共中央关于坚持和完善中国特色社会主义制度推进国家治理体系和治理能力现代化若干重大问题的决定 [M]. 北京：人民出版社，2019.

思考题：

1. 为什么中国共产党是中国特色社会主义事业的领导核心？

2. 如何以改革的精神全面推进党的建设新的伟大工程？

3. 如何全面加强党的建设，把党建设得更加坚强有力？

后 记

　　根据《中共中央宣传部教育部关于高等学校研究生思想政治理论课课程设置调整的意见》（教社科〔2010〕2 号）精神（以下简称《意见》），为适应研究生教育改革和加强研究生思想政治理论课建设的需要，宁波大学及时对研究生思想政治理论课课程设置作了调整，自 2011 年秋季从 2011 级新生开始实施新的课程实施方案。其中原开设的公共必修课"科学社会主义的理论与实践"改为"中国特色社会主义理论与实践"。应教学所需，我们根据《意见》精神，2011 年底，马克思主义学院研究生教学部组织"中国特色社会主义理论与实践"教研组相关教师共同编写了"中国特色社会主义理论与实践专题"讲义稿，作为研究生学习参考资料。2013 年 10 月，在原讲义稿的基础上，完善修订了相关内容，由浙江大学出版社出版了《中国特色社会主义理论与实践专题》教材，作为我校研究生思想政治理论课教学用书，该教材立足于当代世界和当代中国的形势发展背景，分 11 个专题对中国特色社会主义理论体系和中国特色社会主义实践中的一系列重大问题进行了系统阐析，以期深化和拓展本科阶段思想政治理论课的学习，使研究生们进一步系统掌握中国特色社会主义理论体系，增强对中国特色社会主义实践和中国国情的认识了解，从而坚定对中国特色社会主义的道路自信、理论自信、制度自信、文化自信。党的十八大以来，以习近平同志为核心的党中央带领全国人民推进中国特色社会主义事业不断向前发展，在治国理政和促进马克思主义中国化等方面不断取得新进展、获得诸多理论与实践丰硕新成果。为尽可能反映体现这些新成果、新实践，2016 年 10 月，教研组对本教材进行了修订。党的十九大对习近平新时代中国特色社会主义思想进行了系统总结概括，在世界正经历百年未有之大变局的背景下，以习近平同志为核心的党中央，以巨大的政治勇气和强烈的责任担当，提出一系列新理念新思想新战略，出台一系列重大方针政策，推出一系列重大举措，推进一系列重大工作，解决了许多长期想解决而没有解决的难题，办成了许多过去想办而没有办成的大事，推动党和国家事业取得历史性成就、发生历史性变革。当代中国正经历着我国历史上最为广泛而深刻的社会变革，也正在进行着人类历史上最为宏大而独特的实践创新。习近平新时代中国特色社会主义思想，正是在中华民族迎来从站起来、富起来到强起来的伟大飞跃中创立并不断丰富发展的。习近平新时代中国特色社会主义思想是对马克思列宁主义、毛泽东思想、邓小平理论、"三个代表"重要思想、科学发展观的继承和发展，是马克思主义中国化最新成果，是党和人民实践经验和集体智慧的结晶，是中国特色社会主义理论体系的重要组成部分，是全党全国人民为实现中华民族伟大复兴而奋斗的行动指南，必须长期坚持并不断发展。为深入贯彻落实习近平新时代中国特色社会主义思想和党的十九大精神，推进习近平新时代中国特色社会主义思想进教材进课堂进学生头脑，以培养担当民族复兴大任的时代新人，2020年8月，教研组对教材进行了第三次系统的修改，在"中国特色社会主义理论与实践"的主题框架下，重点融会补充习近平新时代中国特色社会主义思想内容和新时代中国特色社会主义实践发展最新内容，以跟进理论与实践发展步伐并适应教学实际需要。

本书稿总论由于成文教授负责前三次稿撰写修改、刘举副教授负责本次修订；第一专题由陈正良教授负责前三次稿撰写修改，丁燃博士负责本次修订；第二专题由康洁副教授负责前三次稿撰写修改，薛秀霞副教授负责本次修订，第三专题由孟献丽教授撰写，第四专题由郭宝宏研究员撰写并负责第一修改，姚蕾副教授负责第二次与本次修订；第五专题由陈正良教授撰写并负责第一修改，邵光学博士负责第二次修订，李小兰副教授负责本次修订；第六专题由陈正良教授撰写并负责第一修改，陈燕博士第二次修订，陈兴亮博士负责本次修订；第七专题由李小兰副教授撰写并负责第一修改，王贤斌副教授第二次修订，王志俊博士负责本次修订；第八专题由曲蓉副教授负责撰写并负责第一、二次修改，裴士军博士负责本次修订；第九专题由刘友女教授负责撰写，第十专题由郭宝宏研究员撰写并负责第一修改，张天勇教授第二次修订，方舟博士负责本次修订；第十一专题由肖东波教授负责撰写并负责第一修改，李小兰副教授第二次修订，张庆花博士负责本次修订。陈正良教授拟定了本修订稿的写作大纲并统稿。

本书稿在编写、修订过程中引用了许多学者同仁的研究成果，有的列入参考文献，在此一并感谢！

本书已被列为宁波大学2021年研究生规划教材立项项目，同时也为浙江省中国特色社会主义理论体系研究中心宁波大学基地、宁波市新时代思想政治理论与实践研究基地、宁波大学新时代溯源工程研究中心、宁波大学软实力与中国精神研究中心研究成果。

本新修订教材力图最大程度地反映体现原教材出版以来中国特色社会主义理论

与实践发展最新成果，并在参照中宣部《习近平新时代中国特色社会主义思想学习纲要》、教育部颁硕士研究生思想政治理论课教学大纲《中国特色社会主义理论与实践研究》和本课程贯彻落实十九大以来历次全会精神"教学建议"的基础上对原书稿进行了补充修改，个别专题修改幅度还较大，并增加了第三、第九两个专题。由于中国特色社会主义理论与实践一直处于与时俱进的不断丰富发展之中，因此，本教材今后也将处于不断需要充实更新的状态中。

本书编写组

2011 年 11 月第一稿

2013 年 5 月修订

2016 年 10 月再修订

2021 年 3 月第三次修订